언택트 시대 - 콘텐츠, 새로운 소비자를 욕망하다

언택트 시대 - 콘텐츠, 새로운 소비자를 욕망하다

2020년 7월 17일 초판 1쇄 발행
2020년 7월 27일 초판 2쇄 발행
2020년 9월 17일 초판 3쇄 발행

⊙ 지은이 김상남 외 9명
⊙ 책임편집 김숙경
⊙ 표지디자인 김대성
⊙ 펴낸곳 (주)크린비디자인
⊙ 전화 02-3417-0952
⊙ 팩스 02-396-7909
⊙ 이메일 master@crinvi.co.kr
⊙ 등록번호 제300-2012-217호

ISBN 979-11-950913-2-4(93680)

정가는 뒤표지에 있습니다.
이 책의 저작권은 저자에게 있으며 무단 전재와 복제는 법으로 금지되어 있습니다.
잘못된 책은 구입하신 곳에서 교환해 드립니다.

언택트 시대 – 콘텐츠, 새로운 소비자를 욕망하다

김상남, 김상욱, 김은경, 김종철, 노창현,

신상기, 윤석진, 이관준, 한상기, 한승원 지음

(주)크린비디자인

책 출간에 즈음하여

콘텐츠 소비자의 시대가 왔다

과연 우리는 콘텐츠로부터 벗어날 수 있을까?

아침에 눈을 뜨면 가장 먼저 무엇을 할까? 대부분의 사람은 스마트폰으로 SNS를 확인하거나 뉴스를 보고 새로운 동영상을 확인한다. 그게 아니라면 날씨나 그날의 할 일을 살펴볼 것이다. 직장이나 학교에 갈 준비를 하면서도 TV나 라디오, 스마트폰 등으로 콘텐츠를 찾아 읽고, 본다. 그리고 집을 나서 목적지로 가는 시간에도 각자의 방식으로 시간을 활용한다. 일과 중에는 어떠한가? 눈치껏 관심 있는 분야에 대한 검색이나 속보, 그리고 사람들 사이의 소통을 이어간다. 귀갓길은 아침 시간의 반복이다. 콩나물시루 같은 교통지옥에서도 이어폰을 끼고 휴대폰을 뒤적거린다. 집에 도착하면, 편안한 휴식시간을 콘텐츠로 마무리하며 잠든다.

이처럼 장황하게 이야기하는 것은 그만큼 콘텐츠는 삶과 밀접하게 이어져 일상이 되고 있음을 이야기하고 싶기 때문이다. 그러나 자세히 들여다보면 모두가 똑같은 콘텐츠를 소비하고 있는 것은 분명 아닌 듯하다. 같은 콘텐츠라도 실시간 방송이 아니라면 그것을 소비하는 매체는 같지 않다. 각기 다른 취향을 가진 사람들은 바로 그 순간, 좋아하는 것을 즐길 뿐이다. 오늘날 콘텐츠 향유에 있어 이전의 방식처럼 사람들을 구분하기란 쉽지 않아 보인다.

이는 기술 발전으로 다양한 매체 중에서 자기가 좋아하는 것을 선택할 수 있고, 더 나아가 자기가 선호하는 콘텐츠만을 요구하는 '맞춤형 콘텐츠'를 즐기는 사람들이 늘어나게 한다. 또한 무한한 즐길 거리로 고민하는 사람들에게 누군가 자기에 맞는 콘텐츠를 골라주기를 원한다. 그리고 이런 방식으로 콘텐츠를 즐기기 시작한 세대에게는 '콘텐츠 큐레이션'이란 말이 새롭지도, 알 필요가 있지도 않은 당연한 것이 된다.

특히 이런 환경에 익숙한 세대는 주어지는 콘텐츠를 받아들이는 것뿐만 아니라 스스로 콘텐츠를 만들어 공개하거나 그것을 통해 돈을 벌기도 한다. 그만큼 소비자들은 외부의 환경변화에 보다 빨리 적응하면서 자기가 좋아하는 것을 즐기며, 트렌드를 따라가거나 새롭게 이끌며 콘텐츠를 욕망한다.

최근 미증유의 '코로나바이러스감염증-19(코로나19)' 사태를 겪으면서 이러한 콘텐츠 소비자들의 욕구는 더욱 증폭되었다. 사람들은 타의적 또는 자의적으로 격리를 하면서 야외활동이 제한되자 (코로나 사태) 이전의 일상처럼 콘텐츠를 즐기고, 사람들과 접촉하기를 갈망했다. 나아가 더 많은 콘텐츠를 갈망하게 되었다. 또한 인터넷을 통해 다양한 '랜선 문화'를 즐기게 되었으며 이는 전 세계적인 추세였다. 증가한 데이터 소비와 OTT 회사들의 매출 및 가입자 수의 급증 그리고 게임회사들의 매출액 증대 등이 이를 뒷받침한다.

한편, 이러한 욕구를 충족시키기 위해 콘텐츠 공급자들은 인터넷과 SNS를 통해 라이브 공연이나 TV 등 타 매체가 공급했던 콘텐츠를 제공하였고, 사람들은 그동안 다양한 매체의 콘텐츠를 디지털 형태로 자신의 취향을 이어 가게 되었다. 사람들이 좋아하는 콘텐츠는 결국 인터넷 기반의 매체들로 수렴되었으며, 사람들의 향유방식도 일정 부분 이들을 따라가야 할 수밖에 없게 되었다. 어찌 보면 다양한 콘텐츠는 즐기되 매체는 온라인과 모바일로 단순화되는 상황이 되어 버렸다.

그럼에도 불구하고 이처럼 다양한 사람들의 다양한 콘텐츠 욕구로 인해 콘텐츠 공급자들은 과거의 방식에서 벗어나 그들을 알기 위해 조사, 분석하고 발빠르게 적용해야만 했다. 바야흐로 콘텐츠 소비자 중심의 시대가 온 것이다.

콘텐츠 공급자의 역습

한편, 콘텐츠가 개인화되고 맞춤화되면서 소비자들에게 '콘텐츠 주권'이 넘어간 것처럼 보인다. 그렇다면 콘텐츠 공급자들은 가만히 있을 수 있을까? 그들은 소비자 분석과 이에 따른 콘텐츠 제작은 기본이고, 사람들이 좋아할 만한 것들을 먼저 제시하고 있다. 그래야 돈을 벌고, 그렇지 않으면 살아남기 어려운 시대가 된 것이다. 콘텐츠 트렌드를 파악하여 지속적으로 사람들을 자신의 콘텐츠에 머무르게 해 소비하게 하려는 역습을 준비하고 있다.

게다가 요즘은 콘텐츠 소비행태가 변하는 만큼 기술도 급격하게 변해야 해서 다양한 시도들이 이루어지고 개발되고 시험 되고 있다. 따라서 공급자들은 재빨리 이러한 기술을 활용하여 소비자들에게 더 현실적이며 더 호소력 있게 다가가야 하는 것이다. 이러한 공급자들의 기술과 융합한 콘텐츠 제공이 소비자의 선택권을 넓혀줄 것인지 아니면, 기술에 따른 공급자의 강요로 외면당할지는 시간이 조금 더 흘러봐야 할 것 같다.

이와 같은 소비자와 공급자 간 보이지 않는 주도권 싸움과 합의, 순응, 결렬이 반복되는 콘텐츠 생태계의 중요한 하나의 축인 소비자는 과연 누구일까? 그들은 다양한 소비 행태와 각자가 경험하고 처해 있는 익숙한 환경을 배경으로 새롭게 등장하는 콘텐츠와 매체에 적응하기 위해서 엄청난 노력을 하고 있으며, 동시에 문화적 욕구와 그것을 가능케 한 기술의 힘으로 이전 세대의 콘텐츠 또한 나름의 방식으로 향유하고 있다. 그렇다면 우리는 이들을 어떻게 구별하며 그러한 현상을 어떻게 이해하고 받아들여야 할까? 또한 콘텐츠를 대하는 이들의 행태는 어떻게 다른지, 새로운 매체에 이들은 어떻게 적응하고 있는지에 대한 논의가 필요한 시점이다.

한편, 콘텐츠 소비자를 바라보는 공급자는 어떻게 소비자를 분석하고 있으며 새로운 기술을 통한 플랫폼의 변화나 소비자의 행태변화는 콘텐츠를 어떻게 변화시키고 있을까? 그리고 기술과 소비자의 행태변화는 콘텐츠 미래에 과연 소비자를 어떻게 변화시킬까? 하는 일련의 질문들에 대해 답을 찾아보고 싶은 생각이 들었다. 이렇게 소비자와 관련된 수많은 질문을 콘텐츠 공급과 소비의 현장에서 분석하고 진단하기 위해 각 분야에서 실제로 현장에서 일하고, 연구하고 있는 10명의 전문가들이 함께 이 책을 집필하게 되었다.

이 책의 구성은 다음과 같다

　제1장에서는 콘텐츠 소비자를 어떻게 구분하고, 구분된 소비자들은 콘텐츠 소비에 있어 어떤 특징을 가지며 현실적으로 어떻게 소비를 하고 있는지를 살펴보았다. 또한, 세대 간에 기성 콘텐츠를 바라보는 방식인 '복고'와 '기억'이라는 관점에서 소비자들은 어떻게 받아들이고 현재에 재현되고 있는지를 살펴보았다. 한편 콘텐츠 소비자들의 행태변화가 '소유'에서 '구독'으로 변화하는 이유와 점점 활성화되는 이유를 살펴보았다. 그럼으로써 새로운 세대들이 추구하는 가치를 살펴보았다.

　제2장에서는 콘텐츠 플랫폼이 어떻게 소비에 영향을 미치는 것인지를 살펴보았다. 사람들이 점점 더 콘텐츠에 몰입해서 한꺼번에 많이 소비하는 '몰아보기'는 소비자 행태의 문제이기도 하지만 기술의 변화에 따른 디지털 플랫폼의 변화이기도 해서 이를 분석해 보았다. 그리고 대중매체가 인터넷을 통해 1인 미디어 플랫폼으로 전환된 과정을 살펴보고, 구독자들의 특성들을 살펴보았다. 한편, 공급자의 입장에서 브랜드가 있는 기존 콘텐츠를 새로운 형식의 플랫폼으로 전환하는 사례를 살펴봄으로써 공급자가 트랜스 미디어를 통해 소비자를 이해하기 위한 고민을 살펴보았다. 또한, 아날로그 매체에서 디지털 플랫폼으로 전환하면서 만화나, 소설은 소비자의 욕망을 어떻게

담아내고 있는 지도 고찰해 보았다.

제3장에서 미래의 새로운 콘텐츠를 개발하기 위해 어떠한 새로운 기술이 도입되고 적용되는지 공연 사례를 중심으로 살펴보고, 좀 더 꿈을 현실처럼 즐기기 위한 어떠한 미래 기술이 시험 되고 있는지, 그리고 대표적인 기술 집약 장르인 게임은 어떤 기술이 개발되고 집약되어 나타나는지를 살펴보았다.

콘텐츠의 산업에 있어 가장 중요한 것은 소비자다. 공급자가 역습을 통해 소비자를 주도하려 하지만 소비자는 다양한 매체와 취향, 그리고 트렌드를 따라 한발 빨리 움직이고 있기 때문에 따라 잡기는 결코 쉽지 않다. 이제 공급자 중심에서 소비자 중심의 콘텐츠산업으로 이동하고 있음을 부정하기는 어려워 보인다. 그럼에도 불구하고 언제나 냉정하고 정확한 소비자 중심 시장에서도 재미, 감동, 공감을 줄 수 있는 콘텐츠는 반드시 살아남고, 사랑받는다는 당연한 전제는 아직까지 유효하다. 이것이 소비자 중심의 콘텐츠 시장에서 공급자들이 살아남을 수 있는 방편이자 의무임을 확인하게 된다.

마지막으로 이 책이 나오기까지 묵묵히 지켜봐 준 가족들, 학문적으로 항상 지주가 되어 주셨던 이종대 선생님, 이만희 선생님께 감사의 말씀을 올린다. 그리고 이번 저술에 참여하지는 않았지만, 항상 함께한 지용일 교수께도 고마움을 표하며, 이 책이 세상에 나올 수 있도록 물심양면으로 도와주신 출판사에도 애정 어린 고마움을 표한다.

2020년 6월
저자 일동

목차

책 출간에 즈음하여   4

콘텐츠, 사람과 만나다

모든 콘텐츠를 욕망하는 한국 소비자, 그들은 누구인가? — 김상욱

I. 들어가며   27
II. 콘텐츠 소비자를 어떻게 구분할까?   30
    1. 당신은 콘텐츠 소비자로서 어떤 '세대'인가?   31
    2. 당신은 콘텐츠 소비를 혁신적으로 하고 있는가?   35
III. 누가 꼰대 세대일까? - 한국의 세대별 콘텐츠 주요 소비자 특징   38
    1. 베이비부머 세대의 콘텐츠 소비자   39
    2. X세대와 386세대의 콘텐츠 소비자   40
    3. 밀레니얼 세대의 콘텐츠 소비자   44
    4. Z세대의 콘텐츠 소비자   47
IV. SNS에 빠진 아저씨들 - 한국의 세대별 콘텐츠 소비현황   49
    1. 세대별 영화 소비분석   51
    2. 세대별 공연예술 소비분석   53
    3. 세대별 TV 소비분석   54
    4. 세대별 인터넷 소비분석   56
    5. 세대별 모바일 애플리케이션 소비분석   59
V. 나가며   63

복고(Retro), 콘텐츠로 기억을 소비하다! — 노창현

I. Prologue — 69
II. Irony : 미래로 가라 하는 사회, 과거로 가려 하는 우리! — 71
   1. Life Trend — 71
   2. Contents Trend! — 73
III. Memory : 정보기억 시대에서 감성기억 시대로! — 77
   1. Total Recall : 영화 제목으로만 기억하는 사람들에게... — 77
   2. Retro : 식상한, 그러나 여전히 매력적인.... — 84
IV. Harmony : 문화 기억을 통한 복고의 역할! — 93
   1. 기술과 감성의 조화 — 93
   2. OB와 YB의 조화 — 95
   3. 개인과 집단의 조화 — 98
V. Epilogue — 101

콘텐츠 소비, 소유와 구독 사이 — 윤석진

I. 구독경제, 튀어 오르다 — 107
II. 나는 '소유'하지 않는다. 다만 '구독'할 뿐 — 111
   1. 소유, 공유, 그리고 구독경제 — 114
   2. 구독경제의 서비스 유형 — 117
III. 왜 구독경제인가? — 119
   1. 구독경제의 등장 배경 — 119
   2. 구독경제의 활성화 원인 — 122
   3. 구독경제의 장단점 — 126

목 차

IV. 구독경제의 플랫폼   127
    1. 플랫폼에 기반한 구독경제   127
    2. 콘텐츠 구독 플랫폼의 대명사 : 넷플릭스   129
V. 구독하는 세대   133
    1. 경험을 구독하는 세대   133
    2. 콘텐츠를 구독하는 세대   135
VI. 콘텐츠 구독, 소비자 욕구에 주목하다   137

B.U.(BTS Universe 혹은 比喩)에 빠진 글로벌 팬덤 — 김은경

I. 들어가며   147
II. K-pop 팬덤의 문화와 역사   149
    1. 차별하는 팬덤, 구별짓는 팬덤   150
    2. 팬덤의 참여와 문화적 생산성   163
    3. K-pop의 문화자본을 축적하는 팬덤   164
III. 뉴미디어를 통한 K-pop 팬덤의 진화   166
    1. SNS를 통해 세계화된 K-pop 콘텐츠   166
    2. K-pop에서의 세계관 등장   170
VI. 글로벌 팬덤을 연대하는 BTS Universe   173
    1. BTS의 탄생과 정체성   174
    2. 팬덤이 만나는 BTS의 다양한 얼굴   176
    3. BTS가 차용하는 수많은 기표와 기의   179
    4. 독특하고 방대한 BTS 세계관과 스토리텔링, B.U.의 시작   181
V. 나가며 : K-pop 문화현상의 미래   184

콘텐츠, 진화된 플랫폼에 올라타다

밤새워 드라마 본 적 있니? - 몰아보기 ― 김상욱

Ⅰ. 들어가며	193
Ⅱ. 왜 사람들은 밤새워 몰아 볼까?	195
1. 몰아보기의 의미와 현황	195
2. 몰아보기의 원인	200
Ⅲ. 누가 밤새워 몰아보라고 유혹할까? - 넷플릭스 사례	213
1. 창작의 자유와 다양한 콘텐츠 제공	214
2. 빅데이터 활용 개인 맞춤화	215
3. 추천 알고리즘 활용	216
Ⅳ. 나가며	218

1인 미디어 시대, 구독자는 누구인가? ― 신상기

Ⅰ. 들어가며	227
Ⅱ. 1인 미디어 성장기	230
1. 진화하는 1인 미디어 플랫폼	235
2. 뉴미디어에 최적화된 병기, 1인 미디어	239
Ⅲ. 1인 미디어 구독자, 당신은 누구인가?	244
1. 1인 미디어의 브랜드化 : 팬덤 만들기	247
2. 취향을 소비하는 구독자: 구독자 스스로를 인식하는 행위	249
Ⅳ. 나가며	254

목 차

공연장으로 들어간 빈센트 반 고흐 — 한승원

I. 들어가며	261
II. 소비자를 움직이는 힘 : 브랜드 아이덴티티	263
1. 뮤지컬 시장의 명과 암	263
2. 절대 동기를 찾아라	264
3. 고흐의 힘, 그리고 응답한 관객	267
III. 빈센트 반 고흐가 뮤지컬로 들어간 이유	269
1. 나를 전율하게 만든 고흐, 나는 네가 알고 싶다	269
2. 고흐와 관객, 무대에서 만나다	270
IV. 무대는 하얀 캔버스, 그 캔버스를 물들인 영상	276
1. Multi-Channel Projection : 4 Channel Projection	277
2. Object Mapping	278
3. 3D 애니메이션	279
4. Interactive Media / 실사와 CG의 합성	281
V. 나가며	282

칸을 벗은 만화, 종이를 버린 소설 — 김상남

I. 들어가며	287
II. 칸을 벗은 만화, 종이를 버린 소설	289
1. 칸을 벗은 만화, 스크롤로 다시 살아나다.	289
2. 종이를 버린 장르 소설, 서자의 이름을 넘다.	292
3. 재매개와 멀티미디어, 이야기의 확장	296
III. 먼치킨과 절륜남 사이	299
1. 판타지와 로맨스 속 주인공과 현대인들의 욕망	300

2. 먼치킨, 몰락 없는 영웅의 등장	300
3. 절륜남, 여성들의 유토피아	306
IV. 누가 쓰느냐, 누가 읽느냐 : 브랜드와 빅데이터	310
1. 작가의 브랜드와 독자의 취향	310
2. 소비자의 키워드가 우월한 시장	312
V. 나가며	315

콘텐츠, 미래를 입다

VFX를 입은 공연과 해방된 관객 — 이관준

I. 환영(幻影)이 환영(歡迎)받는 공연시대	323
II. VFX와 공연의 만남	329
1. 가상공간과 가상 배우가 눈앞의 증강현실로	329
2. 생각, 감정, 느낌까지 보이는 공연	339
III. 자유, 그 이상으로 해방된 관객	344
IV. 소비관객에서 생산관객으로	347

게임의 소비자는 숫자다 — 한상기

I. 들어가며 - 게임은 숫자다	357
II. 게임 산업의 변화	359
1. 게임 산업과 함께 변화한 유저	361
2. IT의 3대 키워드 클라우드, 빅데이터, AI	364
3. 모바일 게임의 판을 바꾼 과금러들	368

목 차

    4. 모바일 마켓. 구글 플레이, 애플 앱스토어   369
    5. ARMY들 게임에서 BTS를 만나다   371
III. 미래의 게임   **374**
    1. 게임의 미래는 VR, AR, 뇌파 컨트롤러?   376
    2. 게임의 새로운 접근 방법 구글 스태디아 vs 애플 아케이드, 미래는 스트리밍?   378
IV. 나가며 - 게임은 일상이다   **380**

콘텐츠, 상상의 극한을 실현하다 (Feat. 미래기술) — 김종철

I. 들어가며   **387**
II. 콘텐츠 소비 환경의 변화   **389**
    1. 네트워크 : 5G 네트웍 시대의 도래   389
    2. 새로운 디스플레이(Display)의 등장   391
    3. 인터랙션의 변화   394
    4. '내'가 '나'임을 증명   395
    5. 언택트(Untact)와 온택트(Ontact) 시대로의 진입   397
III. 초실감 체험   **400**
    1. 확장 현실(XR : Extended Reality)   400
    2. 초실감 뷰(Immersive View)   413
IV. 상상의 극한   **417**
    1. 인간다움(Human 'Being')   417
    2. 상상의 극한(eXtreme Imagination)   420
V. 맺음말   **423**

    • 저자소개 - 편집자 주   427

언택트 시대 – 콘텐츠, 새로운 소비자를 욕망하다

1장
콘텐츠, 사람과 만나다

2장
콘텐츠, 진화된 플랫폼에 올라타다

3장
콘텐츠, 미래를 입다

콘텐츠, 사람과 만나다

모든 콘텐츠를 욕망하는 한국 소비자, 그들은 누구인가?

김 상 욱*

```
Ⅰ. 들어가며
Ⅱ. 콘텐츠 소비자를 어떻게 구분할까?
Ⅲ. 누가 꼰대세대일까?
     ─ 한국의 세대별 콘텐츠 소비자 특징
Ⅳ. SNS에 빠진 아저씨들
     ─ 한국의 세대별 콘텐츠 소비 현황
Ⅴ. 나가며
```

김 상 욱*

- 연세대학교 행정학과 및 동 행정대학원 석사
- 서울대학교 행정대학원 석사
- 호주영화학교(AFTRS : Austrailan Film, TV and Radio School)에서 수학
- 미국 인디애나 대학교 예술경영 석사
- 동국대 영상대학원 문화예술학 박사

모든 콘텐츠를 욕망하는 한국 소비자, 그들은 누구인가?

Ⅰ. 들어가며

사람들은 의·식·주가 해결되면 무엇을 할까? 많은 것을 말할 수 있지만 빼놓을 수 없는 것이 여가 또는 놀이일 것이다. 여가 또는 놀이가 야외에서 행해지는 것이 제한되고 사람들이 격리된다면 아무것도 하지 않는 휴식을 제외하고 반드시 콘텐츠를 다룬다는 점에서 공통점이 있다.

최근 '코로나바이러스감염증-19코로나19' 사태를 겪으면서 콘텐츠의 활용 내지 향유는 더욱 절실하게 요구되었다. 특히 사람들은 타의적 또는 자의적으로 격리를 하면서 의·식·주는 문제가 없지만, 야외활동이 제한되면서 외부 활동과 타 공간에서 이루어지고 있었던 콘텐츠를 평소와 같이 접촉하고 적극적으로 즐기기를 갈망한다.

이를 위해 콘텐츠 공급자들은 인터넷과 SNS를 통해 라이브 공연이나

TV 등 타 매체가 공급했던 콘텐츠를 공급하였고, 사람들은 다양한 매체의 콘텐츠를 인터넷이라는 선을 통해 디지털의 형태로 그들 자신의 취향을 즐기게 되었다. 그럼으로써 사람마다 선호하는 콘텐츠 매체들은 인터넷으로 수렴되었으며, 그들의 선호방식도 일정 부분 이들을 따라가야 할 수밖에 없게 되었다. 어찌 보면 다양한 콘텐츠는 즐기되 매체는 인터넷으로 단순화되는 상황이 되어 버렸다.

이러한 콘텐츠 매체의 발전은 역사적으로 4번의 산업혁명과 연관되어 있다고 볼 수 있다. 사람들은 대량 생산체제 등장 이후 노동시간에 대비되는 여가시간 개념을 만들어 뮤직홀 등에서의 라이브 공연, 그리고 책, 잡지 등의 인쇄 매체를 콘텐츠 소비에 활용했다. 전기를 사용할 수 있게 되자 TV와 라디오, 영화 등의 매체를 통해 콘텐츠를 소비했으며, '코로나19' 사태에서 콘텐츠 소비에 큰 위력을 발휘했던 인터넷과 모바일 도입과 활용으로 시·공간의 제약을 극복하여 더욱 더 개인화된 맞춤형 콘텐츠를 즐길 수 있게 되었다. 이는 한편으로 콘텐츠 소비자이면서 생산자 즉 프로슈머prosumer로서의 역할도 강화했다. 아울러 이제는 인공지능을 비롯하여 로봇, 빅데이터, 사물인터넷 등을 통해 사람만이 할 수 있었던 문화를 생산하고 창조하는 것이 가능하게 되었으며, 특히 감성과 문화적 영역에서 기술과 문화의 융합과 협업은 큰 도약을 이루었다.

이처럼 4번의 산업혁명은 시대를 거치면서 과거부터 존재했던 콘텐츠 매체인 라이브 공연과 인쇄 매체부터 새로운 인공지능이나 로봇에 이르기까지 콘텐츠 매체가 혼재되어 나타나게 하는 한편, 매체 간의 융합도 가능하게 했다.

혼재되어 나타나는 콘텐츠 매체들은 사람들이 각자 선호하는 매체를 선택하고 활용하여 자기만의 콘텐츠를 소비하도록 하고 있다. 이에 따라 이제 의미가 있는 것은 매체 그 자체보다는 다양한 매체를 통해 쏟아지는 콘텐츠들이며, 콘텐츠는 소비자의 선택을 받기 위해 치열한 경쟁을 하고 있다는 것이다. 이는 소비자의 시간은 하루 24시간으로 한정되어 있고, 다양한 매체를 통한 콘텐츠 공급이 늘어나는 만큼 소비가 그만큼 늘어나지 않기 때문이다.[1]

그렇다면 '콘텐츠 과잉'과 '콘텐츠 큐레이션'이라는 용어가 나타날 만큼 다양한 콘텐츠를 소비하는 사람은 누구일까? 단순하게 생각하면 세계 모든 사람일 것이고 그 범위를 좁혀보면 한국 사람일 것이다. 그리고 그 한국 사람도 콘텐츠 소비 측면에서 모두 내용과 형식 면에서 균질하지 않고 다양할 것이다.

해방 이후 한국은 격동의 시대를 거치면서 사회·문화적 분위기, 역사적 상황, 기술과 제도의 급격한 변화를 경험했으며, 콘텐츠 매체에도 많은 변화가 있었다. 그 속에서 소비자들은 당대에 본인에게 익숙했던 매체를 더 많이 활용하여 콘텐츠를 즐기고, 새로운 매체는 적응해서 활용하기 위해 노력해 왔다. 결국, 기존의 매체는 새로운 매체에 구축되는 경우도 많았지만 혼재되어, 기성세대는 새로운 매체보다는 기존 매체에 익숙하고, 새로운 세대는 새로운 매체에 더 능숙하게 되었다.

그렇다면 한국에서 동시대에 다양한 콘텐츠 매체가 혼재되어 있고 콘텐츠 향유 방식이 다를 수 있는데 어떻게 다르다는 것을 구분하고 분류할 수 있을까?

이러한 측면에서 현재 한국 콘텐츠 소비자는 누구이며 이들을 역사적, 사회적 맥락에서 어떻게 소그룹으로 분류할 수 있을지, 그리고 이들이 콘텐츠를 소비하는 특징은 무엇인지를 콘텐츠 매체와 함께 살펴보고자 한다.

Ⅱ. 콘텐츠 소비자를 어떻게 구분할까?

우리는 일상적으로 콘텐츠를 소비하고 살아간다. 아침에 일어나면 스마트폰으로 SNS를 확인하거나 뉴스를 보고 새로운 동영상을 확인한다. 직장이나 학교에 가면서 음악을 듣고, 영화를 보거나, 전날 놓쳤던 TV 프로그램을 보고, 게임을 하면서 콘텐츠를 즐기고 있다. 또 본인이 만든 영상이나 친구가 보내준 영상을 보고 평가하고 열심히 채팅하는 때도 있다. 이처럼 매일 매일 사람들은 자기에게 맞는 콘텐츠를 찾고 즐기지만 좋아하는 취향이 달라, 무엇을 소비하고 어떤 것을 좋아하는지 공통점을 찾을 수 없는 것처럼 보인다.

그렇다면 우선 이러한 콘텐츠 소비자를 어떻게 정의할까? 마케팅에서는 '개인과 조직의 목적(욕구와 필요)을 만족시키기 위해 교환을 위한 아이디어와 상품 및 서비스의 가격, 홍보 및 배급을 실행시키는 계획의 과정'[2]이라는 개념 속에서 개인과 조직을 소비자라고 보고 있다. 여기에서 조직은 개인들의 집합체로서 회사, 정보, 자선단체 등 다양하다고 볼 수 있다.

이러한 소비자들은 동시대에 어떻게든 자기들만의 소그룹으로 나누어 선호하는 콘텐츠를 선택하고 향유하는 경향이 있다. 비록 보이지는 않지만, 분명히 그러한 소그룹이 존재하거나 존재했다. 학생, 직장인, 부모, 청소년, 노인, 친구, 학연, 지연, 혈연 등이 그 사례가 될 것이다.

그러나 모호한 부분이 있기 때문에 현재 존재하는 전체 구성원을 분석하는 방법으로 인구통계학적 구분에 역사성과 문화적 가치를 부여하는 경우와 심리학적으로 구분하는 경우가 있다. 전자는 사회학에서 '세대'라는 개념을 사용하고 있으며 후자는 경영학적인 측면에서 소비자의 심리적 유형으로 나누고 있다. 아래에서는 이러한 소비자의 유형을 살펴보고 그들이 어떤 형태로 콘텐츠를 소비하는지 살펴보기로 하겠다.

1. 당신은 콘텐츠 소비자로서 어떤 '세대Generation'인가?

소비자를 구분할 때, 인구통계학적 측면에서는 단순히 출생연도나 나이를 중심으로 구별한다. 이를테면 10살을 기준으로 10대, 20대, 30대… 등이 그 사례가 될 것이다. 대부분 통계에서도 이러한 구분을 활용한다. 그러나 이러한 인구통계학적인 자료는 단순히 나이를 중심으로 기계적으로 구분하고 있기 때문에 현재의 특정 목적만 보여 줄 뿐 역사적이고 문화적인 변화에 따른 사람들의 성향을 반영하지 못한다.

즉 어떤 사람이 역사적, 문화적으로 당시에 어떤 것을 경험하고 그것이 역사적 흐름 속에서 어떻게 반영되었으며, 그것을 공유한 사람과 공유하지 못한 사람의 차이를 구별하지 못한다는 것이다. 실제 그러한 과거의 경험을 한 사람이 현재 여러 층의 사람과 비교를 했을 때는 그들만의 특징과 취향이 드러날 수 있는데도 단순히 인구통계학적 분류는 그것을 모두 묶어버릴 수 있다.

그렇다면 역사적, 문화적으로 경험을 공유하고 공통적인 취향을 가진 집단을 구별해 낼 수 있는 방법은 없을까? 사회학에서는 그러한 집단들을 '세대'라는 용어로 표현하는데 이는 실제 생활에서 '세대 차이'가 난다

느니 '요즘 젊은 세대는 우리와 다르다'라느니 하면서 부지불식간에 그러한 소그룹 분류를 활용하고 있다.

그러한 '세대'라는 용어는 어떻게 정의될까? 이에 대해서는 논쟁이 많은데 Kertzer라는 학자는 세대를 4가지로 분류하고 있다.[3]

① **친족 가계에 의한 세대** 개념은 조부모, 부모, 아들, 손자 등과 같이 분류한다.

② 태어난 **출생의 동년배(cohort) 세대**라는 개념으로 베이비부머 세대, X세대 등 문화적, 역사적 경험을 공유하는 동년배로 분류한다.

③ **생애주기 단계로서의 세대** 개념으로 유아기, 청년기, 장년기, 노년기 등 한 사람의 생애주기를 기준으로 세대를 분류한다.

④ **역사적 시기로서의 세대** 개념은 전후세대, 전쟁세대, 419세대로 분류하는 등으로 나누고 있다.

그러면서 태어난 출생의 동년배(cohort) 세대라는 개념이 가장 일반적이며 광범위하게 쓰이는 용어로 보았다.

한편 Ryder라는 학자는 이러한 동년배에 대해 "같은 시간 간격에서 같은 사건을 경험한 개인들의 총합"[4]이라고 정의하였다. 이는 결국 단순히 시간적인 연속선 상에서 연령이나 혈연관계가 아니라 동일한 역사적, 문화적, 사회적 경험을 갖는 개인의 집합을 말하며, 이들은 다른 개인의 집합과는 다른 정서가 행동이나 의식구조를 가진 것이라고 할 수 있다.

결국 세대generation라는 개념은 한 사회 내에서 보편적 공통점을 가진 동일한 연령대를 일컫는다고 할 수 있다. 같은 시기에 태어나 같은 환경에서 자란 이들이 유사한 사회적·경제적·정치적·문화적 영향을 받았을 가능성이 크고 사회를 바라보는 관점에서 유사한 특성을 지속해서 드러내

는 경우가 많기 때문이다.[5]

따라서 이러한 정의와 이해를 기반으로 세대를 구분해 보면 미국에서는 2차 세계대전이 끝난 것을 기점으로 〈표 1〉과 같이 현재 세대를 구분하고 있다.

<표 1> 미국 세대구분과 주요 특성

세대 구분 (출생연도)	성장환경	태도와 특징
베이비붐 세대 (1946~1964)	시민권, 여성운동, 워터게이트사건, 케네디, 킹목사 암살, 베트남 전쟁	합의와 네트워크 강조, 일중독, 낙관주의, 경제적 성공, 권위존중, 시간절약
X세대 (1965~1979)	경제적 불확실성, 소련의 붕괴	다양성, 권위에 냉소적, 독립적, 일-가정 균형
밀레니얼 세대 (1980~1999)	9.11 테러, 정보화 사회	멀티 태스킹, 자존감, 유연성, 사회의식, 시민의무, 기술이용
Z세대(또는 I세대) (2000~)	금융위기, 페이스북 등 SNS와 스마트폰에 능함	느린 성장, 소극적인 사회참여, 소득 불안정성, 독립성 추구

자료 : 오세영, 권영상, 이수영, "중앙정부 공무원의 자화상 : 세대 간 조직 몰입 영향요인에 대한 비교 연구", 『한국인사행정학회』, 13(2014), 35쪽 및 진 트웬지, 『#i세대』, 김현정 옮김. (서울 : 매일경제신문사, 2018) 재구성.

한편 한국의 경우는 한국전쟁이 1953년에 끝남에 따라 미국과 약간 다르게 세대 구분을 할 수 있다. 논자에 따라서는 X세대를 어디까지 볼 것인가에 따라 약간의 차이가 있지만 여기서는 김용섭의 의견[6]에 따라 〈표 2〉와 같이 세대를 분류해 보도록 하겠다.

<표 2> 한국의 주요 세대별 구분 및 특징

구 분	침묵세대 Silent Generation (1954년 이전 출생자)	베이비부머 세대 Baby Boomer Generation (1955년-1964년생)	X세대 X Generation 1969~1979년생
키워드	생존, 안정, 전쟁, 충효, 집단	생존, 경쟁, 소유, 부동산, 집단	경쟁, 소유, 경험, 글로벌, 개인
나 이	66세 이상	56~65세	41~51세
특 징	전쟁을 직접 겪어 반공의식이 강하며 극도로 보수적인 성향을 보인다. 한국사회의 가장 어려운 시기를 살아온 세대로 현재 노인세대다. 상당수가 노후 대비와 경제적 문제에서 벗어나지 못한다.	한국전쟁 후 베이비붐 출생자들이다. 한국의 경제 재건 시기의 주역 세대로서 자부심도 크다. 전반적으로 보수, 안정적 성향이 있으나, 이들 중 일부가 386세대이기도 하다.	1990년대 초중반 등장한 세대로, 1970~1974년생이 중심이다. 해외 문화와 소비를 본격적으로 받아들인 세대이자 가장 왕성한 대중문화 소비세대다.
인구수	740만명	780만명	870만명

구 분	밀레니얼 세대 Millennial Generation (1984~1999년생)	Z세대 Z Generation (2000년-2009년생)	알파세대 Alpha Generation (2010년 이후 출생자)
키워드	취향, 경험, 공유, 무경계, 개인	디지털, 공유, 환경, 탈국가, 동영상	하이테크, 우주, 미래, 미완
나 이	21~36세	11~20세	1~10세
특 징	베이비붐 세대의 자녀 세대로서 미래의 기성세대이자 향후 경제, 소비의 중심 세력이다. 소유보다는 경험과 공유에 가치를 둔다. 소비와 생산 활동 모두에서 향후 10년간 가장 큰 영향력을 가진 세대다.	X세대의 자녀 세대다. 디지털 환경에 능숙하고 텍스트보다 동영상에 익숙하며, 어느 세대보다 소셜 미디어를 주도하고 있다. 개인주의적인 성향이 강하고, 환경 및 사회적 인식에서 진보적이다.	Z세대보다 더 진화해 기술 중심적인 소비와 라이프스타일을 역사적으로 가장 크게 누릴 세대다. 아직은 소셜미디어를 비롯한 온라인으로 활동영역이 제한적이다.
인구수	1,100만명	520만명	440만명

자료 : 김용섭, 『요즘 애들, 요즘 어른들』(서울 : 21세기북스, 2019) 재구성

이러한 세대 구분은 외국의 사례와 비교하여 비교적 공감을 얻는다는 측면은 있지만 다소간 자의적인 측면이 있다. 이에 대해 10년 단위로 세대를 구별하는 경우도 있고[1], 특히 한국의 현실에서 미치는 영향력을 중심으로 '386세대'를 이들 세대와 별도로 분석하고 있는 경우가 있다. 한국적 특수 세대인 386세대는 1990년대부터 쓰이기 시작한 말인데 1980년대에 대학을 다닌 당시 30대로서 1960년대1961~1969 출생자들을 말한다. 이들은 베이비붐 세대와 X세대의 중간 세대이면서 두 세대와 일부 겹친다. 386세대 중 1960년대 초반생들은 베이비붐 세대에 해당하고, 386세대 중 가장 마지막인 1969년생은 X세대에 오히려 가깝다. 최근에는 이들이 정치, 경제, 사회, 문화 등 사회 전반에 미치는 영향이 크기 때문에 이를 별도로 분석하는 경우가 있다.[7]

한국적인 상황에서 이러한 세대 구분은 콘텐츠 기획·제작과 유통·배급 측면에서 누가 소비의 주체이며 어떤 매체에 의해 가장 영향을 받을 것인가하는 문제가 콘텐츠산업 전반적으로 매우 중요하다.

2. 당신은 콘텐츠 소비를 혁신적으로 하고 있는가?

경영학적인 측면에서 소비자를 심리적 유형에 따라 구분하는 경우가 있다. 대표적인 것이 조사전문기관인 스탠포드 연구소Stanford Research Institute : SRI가 개발한 VALSValues and Lifestyles이다. 이는 미국 소비자들의 문화적 가치가 어떻게 변화하고 있는지를 정기적으로 추적하기 위

---

1) 황상민, 김도환은 10년 단위로 세대를 구분하여 해방전후 복구 세대, 근대화 세대, 경제부흥기 세대, 민주화 세대(386세대), 자율화 세대, 신인류 세대 등으로 구분하기도 한다.(황상민, 김도환, "한국인의 라이프스타일과 세대의 심리적 정체성 : '세대 차이'연구를 위한 심리학적 모델", 『한국심리학회지』, Vol.18. No.2, 33쪽.)

한 프로그램이다.

VALS1은 외부 지향적outer-directed 소비자 집단과 내부 지향적inner-directed 소비자 집단 그리고 욕구 지향적need-driven 소비자 집단으로 나누었으나 세부시장이 너무 광범위하고 일반적이라는 측면 때문에 1988년 VALS2를 개발하였다가 최근에 다시 수정했다.

이에 따르면 발상Ideals에 따라 사고자Thinkers와 신뢰자Believers, 성취Achievement에 따라 성취자Achievers와 분투가Strivers로 구분된다. 그리고 자기표현Self-Expression과 관련해서 경험자Experiences와 주도Makers로 나뉜다. 그리고 상위에 혁신자Innovators가 있으며 하위에 생존자Survivors를 위치시키고 생존자는 낮은 자원 그리고 혁신자는 높은 자원으로 분류하였다.[8] 이렇게 분류된 8개의 소비자 유형을 세부적으로 살펴보면 〈표 3〉과 같다.

<표 3> VALS2의 8개 소비자 유형

구 분	정 의
혁신자 Innovators	- 항상 정보를 습득하고 충분한 경험에 확신을 가지며 많은 재무거래를 하고 광고에 회의적이다. - 국제적으로 노출되기를 원하며 미래 지향적이며 자기 지향적 소비자이다. - 과학을 믿으며 그들의 R&D는 신뢰할 만하다. 새로운 아이디어와 기술을 가장 먼저 수용하며 문제 해결의 도전을 즐긴다. 흥미와 활동이 가장 다양하다.
사고자 Thinkers	- 사회적 행동을 위해 반드시 기준을 가지며 그러나 기준을 분석하기 곤란하다. - 그들은 행동하기 전에 계획과 조사를 하고 신중하다. 역사적 관찰을 좋아하며 재정적으로 안정적이다. - 열광적인 것에 영향을 받지 않으며 기능적으로 기술을 이용한다. - 전통적인 지적 추구를 선호하며 검증된 상품을 구매한다.

구 분	정 의
신뢰자 Believers	- 좋은 삶을 이끄는 기본적인 옳고 그름을 믿으며 영감을 주는 영성과 믿음에 의존한다. - 친절한 공동체를 원하며 일상의 탈출을 위해 TV를 보고 로맨스 소설을 읽는다. - 사물이 제자리에 있기를 원하며 애매한 것을 견디기 힘들어 한다.
성취자 Achievers	- 나와 내 가족에 우선적인 태도를 가지고 돈이 권한의 근거라고 믿는다. - 가족과 일에 헌신하며 항상 계획이 꽉 차있다. - 목표 지향적이며 근면하고 온건하며 현상유지자로서 행동한다. - 동료를 의식하고 개인적이며 전문적이다.
분투가 Strivers	- 고용이 안정적이지 못하고 일시적으로 높은 실업상태이다. - 환상을 추구하기 위해 비디오와 비디오 게임을 즐긴다. - 모방적이며 대중교통에 의존하며 하층 길거리문화의 중심에 있다. - 그들의 삶이 나아지기를 욕망하지만 그 욕망을 실현하는데 어려움이 있다.
경험자 Experiences	- 모든 것을 원하고 유행의 첨단을 걷는다. 기성 주류적 유행을 거부하고 가장 최신 패션을 따른다. - 신체활동을 좋아하며 자신들을 매우 사교적으로 본다. - 친구가 매우 중요하다고 믿고 즉흥적이며 영상 자극에 고조된 감각을 가진다.
주도자 Makers	- 정부를 신뢰하지 않으며 모든 일에 자동적으로 큰 흥미를 갖는다. - 사냥, 낚시 등 야외활동에 큰 흥미를 가지고 성역할을 강하게 믿는다. - 그들의 것으로 인지한 것을 지키기를 원하며, 그들 스스로 솔직하다고 생각하지만 타인에게 반지성적으로 보인다. 또한 그들 자신의 토지를 소유하기를 원한다.
생존자 Survivors	- 조심스러워하고 위험 회피적이며 가장 나이가 많은 소비자이다. - 절약하며 전통과 유행에 둔감하며 일상적이고 친밀한 사람과 장소에서 안락함을 취한다. - 과도한 TV시청과 특정 브랜드와 상품에 대한 충성심을 갖고 혼자 대부분의 시간을 보낸다. - 인터넷을 거의 사용하지 않으며 가정에서의 소통을 위주로 한다.

자료 : Strategic Business Insights 홈페이지(http://www.strategicbusinessinsights.com/vals/)

비록 이러한 분류는 미국인을 대상으로 했기 때문에 반드시 한국 사회에 적용될 수는 없지만, 콘텐츠를 적극적으로 소비할 수 있는 소비자 유형을 분류해 낼 수 있을 것 같다. 특히 인터넷과 모바일 기술 발전이 획기적으로 변화하고 있는 시점에서는 '혁신자'나 '경험자'가 가장 유행을 따라갈 수 있는 사람으로 보인다. 또한 '신뢰자'나 '생존자'는 전통적인 미디어인 TV를 가장 많이 활용할 것이다.

그러나 전체적인 소비자의 유형에서 보면 소비자의 관심도와 재정적인 상태, 연령 등에 의해 콘텐츠 향유는 큰 격차가 존재할 것이며, 특히 인터넷, 모바일 콘텐츠라는 콘텐츠 '매체' 활용에서의 격차는 줄어들 것이지만 콘텐츠 '내용'에서의 향유 격차는 더욱 커질 것으로 보인다.[9]

Ⅲ. 누가 꼰대 세대일까?
– 한국의 세대별 콘텐츠 주요 소비자 특징

앞에서 살펴본 바와 같이 한국의 현재 콘텐츠 소비자를 사회학적 세대 개념으로 본다면 전 국민을 6개의 세대로 나누어 볼 수 있다. 현시점에서 활용할 수 있는 콘텐츠나 콘텐츠 매체는 모든 세대가 소비, 활용할 수 있지만, 세대마다 가장 익숙한 것들이 별도로 있다고 생각된다.

그렇다면 세대 간에 중요하게 쟁점이 되는 콘텐츠 측면에서, 변화는 어떤 것이 있을지 콘텐츠산업에 직접적으로 영향을 미칠 수 있는 세대 즉 경제력이 있거나 뒷받침되는 베이비부머 세대부터 Z세대까지를 중심으로 콘텐츠 소비에 대한 특징을 살펴보기로 하겠다.

1. 베이비부머 세대의 콘텐츠 소비자

한국의 베이비부머 세대는 한국전쟁이 끝나고 1955년에서 1964년 사이에 태어난 세대이다. 일부는 X세대와 386세대에 걸쳐 있다. 이들은 주로 1970~80년대에 학창시절과 20~30대를 보냈다. 전쟁 후 선배 세대들이 국가 재건을 위해 노력했던 토대 위에 본격적으로 경제가 성장하는 시기에 살았고, 군사 독재 시기를 보내면서 한국경제가 고도성장을 이룰 수 있도록 하는 주역을 담당했다.

경제성장을 위해 가정이나 개인 생활보다는 직장에 몰입했으며 X세대나 386세대로 넘어가기 전까지는 대학 진학률이 높지 않으면서도 가장 오랫동안 직장생활을 할 수 있었던 세대였다. 그럼에도 불구하고 IMF 금융위기를 가장 직접적으로 체험하고 지속해서 확장해 가던 경제에 저성장의 시작과 함께 경제 구조조정이라는 유산을 남겨 한국의 경제 방향을 새롭게 했던 세대들이다.[10]

콘텐츠와 관련해서 이들이 청소년기와 20~30대를 거친 1970~80년대에는 현재와 같이 인터넷이나 모바일이 존재하지 않던 시절이었다. 1980년 최초로 컬러TV가 방영되기 전까지는 흑백TV를 통해 모든 방송 프로그램을 접했다. 해외 콘텐츠를 쉽게 접할 수 없는 상황에서 지상파를 통한 외화, 그리고 영화관을 통한 외화 등이 영상콘텐츠를 접할 수 있는 주요한 통로였다. 일부에서는 미8군을 위한 방송이었던 AFKN주한미군방송 : American Forces Korean Network을 통해 미국 콘텐츠를 접하기도 했다.

한편 80년대 초반 컴퓨터가 보급되긴 했지만, 대중화가 안 된 상황에서 게임 오락실을 통한 해외 아케이드 게임이 주류를 이루었다. 당시 게임 산업은 산업으로서보다 오락으로서 존재했다.

결국, 경제성장 시대에는 콘텐츠에 대한 베이비부머 세대들의 욕구는 있었지만, 콘텐츠 매체가 다양하지 않고 콘텐츠산업이 발전하지 않았기 때문에, TV나 극장을 통해 주어지는 일방적인 콘텐츠를 소비할 수밖에 없었다.

그러나 현재는 베이비부머 세대들도 인터넷과 모바일을 통해 후배세대만큼 다양한 콘텐츠를 즐길 기반이 마련되었다. 갤럽조사에 의하면 스마트폰 사용에 있어 2019년 7월 현재 50대는 99%, 60대 이상은 76%라고 하여 베이비부머 세대에 해당하는 50~60대의 스마트폰 사용률은 90%를 훨씬 상회할 것으로 보인다.[11] 이러한 기반을 통해 콘텐츠 분야에서도 비록 주력 계층은 아니지만 다양하게 콘텐츠를 소비하고 있다.

2. X세대와 386세대의 콘텐츠 소비자

(1) X세대

X세대는 1960년대와 1970년대 베이비붐 세대 이후에 태어난 세대를 지칭하는 말로서, 정확한 특징을 묘사하기 어려운 모호한 세대이다. 이 명칭은 주로 1990년대 초에 이르러 신세대의 특징을 지칭하는 말로 사용되었다.

X세대라는 용어는 캐나다 작가인 더글러스 쿠플랜드 Douglas Coupland가 1991년 뉴욕에서 출간한 팝아트 스타일의 소설 『X세대 Generation-X: Tales for an Accelerated Culture』에서 처음 사용하였고, 이전의 세대들과는 분명히 다른 특성을 가지고는 있지만, 마땅히 한마디로 정의할 용어가 없다는 뜻으로 X를 붙여 새로운 세대를 지칭하게 되었다.[12]

한국의 X세대가 학창시절이었던 1990년대 초중반에는 한국경제가 연평균 10%의 성장에 가까울 만큼 고도성장을 하고 있던 때였다. 1988년 서울올림픽 개최를 전후해서 해외 문화, 해외 브랜드에 대한 개방정책을 추진하였으며 1989년 해외여행 자유화를 통해 자유롭게 해외여행을 할 수 있는 시기였다.

이를 통해 이들은 1990년대 해외 배낭여행 1세대인 동시에 어학연수를 통해 국제적인 감각과 외국에 대한 두려움을 없앤 최초의 세대가 되었다. 이러한 사회적 분위기는 기성세대들이 재산을 모으기 위해 전념하던 것과는 달리 기성세대가 누려본 적 없는 문화의 풍요로움을 소비할 수 있었고 라이프 스타일에도 변화가 왔다. 선배 세대보다는 부동산에 대한 집착을 버릴 수 있었고 결혼과 출산이라는 것에 대해서도 자유로울 수 있었다. 처음으로 국제화 시대를 살면서 자녀와의 소통을 위해 노력했다. 또 직장에서 자리를 잡아가기 시작하면서 2004년 주5일 근무제가 시행되어 학창시절의 풍요로움과 직장에서는 삶의 여유를 가질 수 있는 세대가 되었다. 2018년 그들이 40대가 되었을 때는 주 52시간 근무를 통해 삶과 일의 균형을 가질 수 있는 세대가 되었다.

콘텐츠와 관련해서 X세대는 1988년 서울올림픽 계기로 UIP 직배사 등을 통한 해외 영화 콘텐츠들의 개방이 이루어져 좀 더 다양한 콘텐츠를 쉽게 접할 수 있게 되었다. 대중음악에서는 한국의 음악역사를 바꿨다고도 하는 1992년 '서태지와 아이들'의 등장으로 이전과는 전혀 다른 음악적 표현을 수용했으며, 이러한 경험은 Z세대를 열광시킨 세계적인 K-pop 아이돌 그룹 '방탄소년단BTS'을 키워낸 원동력이 되었다고 한다.

한편 1990년대 말에는 넥슨과 엔씨소프트 등에서 온라인게임을 만들어 X세대가 즐길 수 있게 되었으며 온라인게임에서 세계적인 선두국가가 되었다. 공연 측면에서도 해외 라이선스 뮤지컬, 오페라, 가수 콘서트 등을 비롯한 다양한 공연들이 만들어지고 X세대는 유료관객으로서 한국 콘텐츠산업의 주요한 소비자가 되었다.

이러한 X세대의 경험은 현재에도 계속되는데 통계적으로도 증명되고 있다. 최근 인터파크에 따르면 〈맘마미아!〉 예매자 중 X세대인 40대 관객의 비중은 28.7%에 달한다. 20대(28.4%), 30대(30.2%)와 비교해도 큰 차이가 없다.[13] 극장에서도 2018년 1월부터 7월까지 롯데시네마의 관객 중 40대가 30%로 10대 23%, 20대 27%보다 높았다.[14] 또한, 넷플릭스나 유튜브에서 40대의 콘텐츠 소비는 지속해서 늘어나고 있다.

X세대는 콘텐츠를 소비하면서 팬덤 문화를 만들었으며 팬덤 현상은 후세대에 유산처럼 넘겨주고 있는 한편 콘텐츠산업에서 주요 방송 PD, 작가, 기획자가 되어 콘텐츠산업 각 영역에서 중요한 역할을 하고 있다. 또한, 이들은 인터넷과 모바일도 후세대에 뒤처지지 않을 만큼 활용능력을 갖추고 있어 다양한 콘텐츠를 제작하고 소비하고 있다.

이처럼 40대가 된 X세대는 경제적인 안정성을 확보한 상황에서 현재 주요 콘텐츠 소비자로서의 위치를 공고히 하고 있다.

(2) 386세대

'386세대'는 한국의 특이한 세대이다. 베이비부머 세대와 X세대 사이의 틈새를 메꾸는 세대로 정치, 경제, 사회, 문화적으로 일정 부분 동질감을 가진다고 보고 이를 하나의 그룹으로 묶어 분석하는 경우가 많다. '386세대'는 1990년대부터 쓰이기 시작한 용어인데 1960년대 태어나

1980년대 대학을 다니고 30대의 나이에 사회 주역이 되었으며 현재는 50대인 세대들이다.

이들은 학생운동과 민주화를 통해 문민정부를 수립하게 했으며 1960년대 초반생은 베이비부머에 가깝고 1960년대 후반생은 X세대에 가까워 2개 세대에 걸쳐 있는 세대라 할 수 있다. 물론 이들이 모두 동질적인 것은 아니지만 대표적으로 민주화 운동을 거치면서 정치 세력화되고 사회의 기득권 세력이 되었다.

1970년대에 들어와 대학에 진학하려는 학생 수가 급격히 증가하자 대학의 문이 좁아져 과열 과외, 재수생의 누적 등의 사회문제가 야기되었다. 이에 따라 1981년 졸업정원제가 생기면서 386세대들은 어느 세대보다 30% 더 많은 학생 선발의 혜택을 보았고, 이들이 졸업 때에는 졸업정원제가 사라지게 되었다. 이때부터 시작된 대졸자 중심 경제는 이후 세대가 대학을 통한 '개천의 용'을 꿈꾸게 하는 데 지대한 영향을 미쳤다.[15]

또한 IMF로부터 구제 금융을 받을 당시, 이들은 직장에 들어간 지 얼마 되지 않은 말단이나 그 바로 위의 대리급이어서 구조조정의 칼날을 피했다. 회사마다 연봉 높은 선배, 임원들은 잘려 나가고 신입직원은 뽑지 않았으며 허리띠를 졸라매던 시절에 386세대는 수년간 큰 어려움 없이 조직 내 위상을 키워갔다.[16]

386세대에게는 윗세대와는 확연히 다르게 IMF 외환위기가 발돋움의 계기가 되었다. IMF를 극복하기 위해 정부는 1996년 코스닥 시장 개설과 1997년 '벤처기업육성에 관한 특별조치법'을 시행하였고 IT 인프라 구축 사업을 추진하는 한편, 코스닥 시장(1996년)을 열어 벤처기업 자금 수혈이 원활히 이루어지도록 했다. 세금감면, 사무실 무상임대,

저금리 융자, 군 복무 면제 같은 특혜성 정책도 펼쳤다.[17] 이런 결과로 386세대들은 벤처 1세대가 되었다. 인터넷을 통한 벤처기업 육성은 결과적으로 콘텐츠 기업을 육성하는 결과가 되었다. 이해진(NHN 67년생), 김범수(카카오 66년생), 김정주(넥슨 68년생), 김택진(엔씨소프트 67년생), 안철수(안랩 62년생), 이동형(싸이월드 65년생), 이재웅(다음 68년생) 등이 그 사례가 될 것이다.[18]

그들이 학창시절이었을 때 88서울올림픽 유치가 확정(1981년)되고 나서 프로야구(1982년)와 프로축구(1983년)가 출범한 것도 그 무렵이다. 이 영향으로 엔씨소프트의 김택진은 'NC 다이노스' 야구단을 만들기까지 했다.

콘텐츠 측면에서 386세대들은 X세대의 일부로서 많은 것을 누렸고 인터넷을 접하면서 어떻게 인터넷을 사업화할까를 고민했던 세대이다. 아이러니하게도 이들이 콘텐츠 기업의 최고위층을 유지하고 이들이 만든 콘텐츠가 후배세대가 누린다는 측면에서 그들의 영향력은 아직도 건재하다 할 것이다. 그리고 그들의 콘텐츠 소비 성향들은 지속해서 남아 후배세대의 콘텐츠 소비가 다양화되고 확대될 수 있는 기반이 되었다.

3. 밀레니얼 세대의 콘텐츠 소비자

밀레니얼 세대Millennial Generation라는 말은 미국의 닐 하우Neil Howe와 윌리엄 스트라우스William Strauss가 쓴 『세대: 미국 미래의 역사Generation: Tje History of America's future』(1991)에서 처음 등장했는데, 1980년부터 2000년까지 태어난 사람들을 칭했다.[19] 미국의 퓨리서치센터Pew Research Center 는 2018년 3월에 1981~1996년생을 '밀레니얼 세대'라

고 정의한다고 발표하기도 했지만, 구체적으로 연도를 지정하기는 어렵다. 우리도 1980년대 이후 2000년 이전까지를 밀레니얼 세대로 보는 경우가 많다.

한국에서 이들은 일반적으로 베이비부머 세대의 자녀들로서, 부모들이 집과 자동차 등 재산을 소유하기를 원했다면 이들 세대는 공유경제와 구독경제로의 전환을 한 세대이며 소유보다 경험으로 소비의 방향을 바꾼 첫 세대다.

이들은 자기 취향에 따라 콘텐츠를 더 많이 소비하고 취미에 투자하는 한편 여행에 돈을 많이 썼다. 이는 다분히 사회, 경제적인 현상에 기인한다고 볼 수 있다. 이들이 학창시절이었던 1997년 IMF로 인한 국가 부도의 상황에서 부모들이 어려움을 겪는 것을 보고 자랐고, 2008년 금융위기를 겪으면서 한국의 경제는 구조조정을 통해 경제의 기본 틀을 바꾸는 것을 경험했다. 이런 속에서 그들은 학창시절에 가족의 해체나 어려움을 겪어야 했으며 본격적으로 직업을 구하는 시기에는 재산을 축적할 수 있는 여유가 없게 되었다. 이에 따라 욜로 YOLO : You Only Live Once 즉, 자신의 현재 행복을 가장 중요시하는 소비를 추구하게 되었다.

인간관계에서도 취향이 우선시 되어 나이나 성별과 관계없이 관심사를 중심으로 인간관계를 만들어 가고 있다. 취향은 경험의 양과 깊이와도 연관된다. 풍부한 경험 속에서 점점 자기만의 취향과 안목을 세밀하게 다듬어 가면서 자기가 관심 둔 분야에 대한 깊이를 더한다. 이에 따라 취향 공유를 지향하는 멤버십 중심의 물리적 공간이 비즈니스 차원에서 등장하고 있다.[20]

밀레니얼 세대는 남들에게 매력적으로 보일만 한 사진을 SNS에 올리기 위해 멋진 식당과 멋진 전시, 멋진 공연, 멋진 물건, 멋진 여행지 사진을 찍고 이런 사진을 공유함으로써 자신이 돋보이고자 했다. 또한, 기성세대보다 전시와 공연을 많이 찾고 여행도 훨씬 더 많이 갔다.[21] 콘텐츠 측면에서 보면 1994년 인터넷의 대중화와 1999년 국민 PC 사업에 의해 그들의 학창시절에 가장 인터넷 문화가 성숙하게 되었다. 이에 따라 밀레니얼 세대는 가장 디지털과 친숙하게 되었던 첫 세대일 것이다. 자연스럽게 기존 매체인 TV나 영화 이외에 2007년 도입된 인터넷 기반의 IP-TV를 통해 다양한 채널을 접할 수 있었고 VOD 서비스를 즐길 수 있었다.

무엇보다 인터넷의 발달은 콘텐츠 소비자가 수동적으로 콘텐츠를 받기만 하는 것이 아니라 능동적으로 참여하고 공유하는 방향으로 발전하였다. 이에 따라 기존의 사용자가 적극적인 생산의 주체가 되는 소위 프로슈머Prosumer가 가능하도록 했던 동영상 UCC사용자 제작 콘텐츠 : User Created Contents와 블로그Blog의 발전을 가져왔는데[22] 밀레니얼 세대가 그 선두에 있었다.

결국, 밀레니얼 세대는 기존 콘텐츠산업에 공유와 참여가 이루어지도록 했으며, 공급확대 만이 아니라 소비자의 콘텐츠 소비와 반응을 고려하게 만들었다. 이는 콘텐츠 공급자와 소비자 간 쌍방향 소통을 하게 되는 계기를 제공하였다.

한편 애플이 2007년 아이폰을 출시한 후 이들의 일부는 학창시절에 스마트폰의 애플리케이션을 접하고 이를 소비했던 첫 번째 세대들일 것이다. 이들은 인터넷에 익숙함을 스마트폰의 무선 인터넷에 그대로 활용하였고 어느 세대보다 인터넷을 확장하고 잘 활용하는 세대가 되었다.

4. Z세대의 콘텐츠 소비자

요즘 10대 즉 2000년을 전후로 태어난 세대들은 Z세대라 불리는데, 여기서 Z라는 말은 X세대, Y세대의 다음 세대라는 말로 특별한 의미는 없다. 이들은 태어날 때부터 디지털 네이티브이며 디지털을 중심으로 하는 콘텐츠의 소비자이자 생산자이다. 특히 2007년 애플의 아이폰이 출시된 이후 스마트폰과 함께 말을 배웠으며 이른 경우에는 유치원에 가기 전부터 스마트폰을 갖고 놀았다. 또한, 그들이 태어난 후 스마트 TV가 나왔고 어릴 적부터 유튜브 영상을 봤으며, 초등학교에 가서도 각종 디지털화된 교육환경에서 수업을 받았다.[23]

이들은 콘텐츠를 가장 잘 소비하는 청소년기에 이미 애플리케이션이라는 개념에 익숙하고 스마트폰을 통한 SNS를 잘 활용한 세대이다. 디지털 콘텐츠는 물론 게임, 방송 등을 스마트폰을 통해 즐기고, 필요한 것은 유튜브를 통해 배우고 소통하는 세대이다. 그만큼 콘텐츠의 활용은 텍스트 중심이기보다는 영상 중심이며 심지어 텍스트 중심인 인터넷 포털보다 이용률이 높다.[24]

한편 유튜브와 SNS의 활용에 뛰어나다 보니 콘텐츠 소비자에서 콘텐츠 공급자가 되는 경우가 많아졌다. 밀레니얼 세대가 프로슈머로서 활동했으면서도 소득으로 연결되는 경우는 많지 않았지만, 이들은 콘텐츠 공급자로서 소득을 통한 경제활동 인구로서 역할을 하게 되었다.

이들에게 있어 콘텐츠는 더 이상 일방향적이지 않고 쌍방향적이며 또래 집단과의 연계를 통해 검증을 받는다. 당연하게도 기존의 콘텐츠 매체보다는 쌍방향인 매체를 선호하게 되었고, 상대적으로 기존 매체들은 이들에게는 크게 영향력을 행사할 수 없게 되었다. 즉 방송과 신문 등 기성 매체들이 선배 세대를 중심으로 움직였다면, 이들은 유튜브나 SNS가 가장 중요한 미디어가 되면서 그들이 콘텐츠 공급자로서 돈을 벌고 영향력을 행사할 수 있다.

결론적으로 Z세대는 온라인과 문자메시지에 훨씬 많은 시간을 할애하며 잡지, 책, 텔레비전같이 전통적인 미디어에는 훨씬 적은 시간을 투자한다.[25]

한편 콘텐츠 제작에서 과거에는 영상을 제작하기 위해서는 고가의 장비와 많은 재원이 수반되었지만, Z세대들은 그러한 장비를 통해 잘 만들어진 영상이 아니라 일상의 사소한 영상을 콘텐츠화함으로써 비록 거칠지만 다양한 콘텐츠를 만들어 낼 수 있게 되었다. 이와 함께 디지털에 익숙한 그들에게는 아날로그 방식은 낯선 것이어서 그들의 선배 세대들이 즐기거나 향유했던 것들에는 낯설기 때문에 호기심을 갖게 되고 '복고' 또는 '레트로'라는 그들만의 방식으로 콘텐츠를 해석하고 있다.

한편 최근 한류의 최대 성과 중의 하나가 아이돌 그룹 '방탄소년단BTS'의 해외 진출이다. 많은 사람이 그들의 해외 진출에 이바지했지만 특별히 유튜브와 SNS에 능한 Z세대들의 활약이 이바지한 바 크다고 할 것이다. 그들은 선배 세대보다 외국과의 거리감이 크지 않고 온라인과 모바일을 통해 전 세계와 소통할 수 있는 능력이 크기 때문이다. 이와 함께 이들은 4차 산업혁명을 대표하는 AI나 VR, AR 등을 실험해 보고 이를 기반으로 하는 새로운 콘텐츠의 선도자가 될 것이다.

Ⅳ. SNS에 빠진 아저씨들 - 한국의 세대별 콘텐츠 소비현황

위에서 한국의 콘텐츠 소비를 알아보기 위해 인위적이지만 인구통계학적 구분으로 설명하지 못하는 내용을 고려하여 여러 학자나 연구자들이 주장했던 세대를 중심으로 콘텐츠 소비자를 살펴보았다. 그러나 그러한 인위적인 구분은 그 세대가 공감하는 문화나 세대 특성을 설명할 수는 있지만 세대 내에서 처음과 끝이 되는 사람들은 오히려 이전·이후 세대와 유사한 경우가 많아 명확히 구분 지을 수 없는 문제점이 있었다.

따라서 아래에서는 한국의 세대별 콘텐츠 소비현황을 대표적인 콘텐츠 매체를 중심으로 10년 단위의 인구통계학적 자료를 적용·보완하여 살펴봄으로써 앞에서의 콘텐츠 소비자 구분을 보완하기로 하겠다.

우선 1996년부터 2018년까지 세대별 대표 콘텐츠 매체가 얼마나 활용되고 있는지 매체 이용률은 〈표 4〉와 같다.

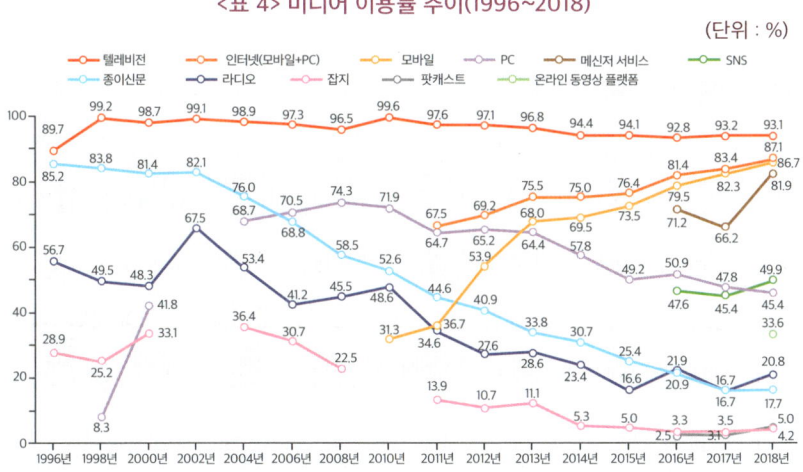

<표 4> 미디어 이용률 추이(1996~2018)

자료 : 한국언론진흥재단, 『2018 언론수용자 의식조사』(2018.12)

이는 조사 시점에 따라 편차는 있을 수 있지만 1996년에 이용할 수 있는 매체의 이용률과 2018년 이용률이 확연히 다름을 알 수 있다. 1996년에는 TV, 종이신문, 잡지, 라디오를 중심으로 콘텐츠를 향유할 수 있었다. 물론 조사기관이 조사항목에 넣지 않아서 조사가 안 된 매체도 있을 것이지만, 이러한 매체가 당시에 가장 많이 소비된 매체인 것은 맞는 것 같다. 이 매체들은 주로 아날로그 매체로서 주로 베이비부머 세대와 X세대를 중심으로 소비되었다고 보인다.

그러나 2018년을 보면 아날로그 매체뿐만 아니라 디지털 매체가 혼재되어 있으며 다양한 종류의 콘텐츠 매체를 통해 베이비부머 세대 이후 X세대, 밀레니얼 세대, Z세대까지 여러 세대가 콘텐츠를 소비하고 있는 것을 알 수 있다. 새로운 세대의 등장은 TV를 제외한 아날로그 매체의 급격한 하락과 함께 인터넷과 모바일, 메신저 서비스, SNS 등의 급격한 성장을 가져와 다양한 세대들이 다양한 매체를 통해 다양한 콘텐츠를 향수하고 있음을 보여 주고 있다.

그러나 그 속에서도 세대 간의 콘텐츠 매체 활용시간은 전혀 다르다는 것을 〈표 5〉가 보여 주고 있다.

표가 보여 주는 바와 같이 전통적인 매체인 TV의 경우 높은 이용률을 보이지만, 그 이용시간에서는 30대 이하 즉 밀레니얼 세대에서는 급격하게 떨어지고 대신에 인터넷(모바일+TV)이용에 대해서는 현격히 높은 점유율을 보여 주고 있다. 결국, 콘텐츠를 소비함에 있어서 밀레니얼 세대 이하에서는 디지털 중심으로 이용하고, X세대 이상에서는 아날로그 매체가 상대적으로 높은 비중을 차지하고 있음을 알 수 있다.

<표 5> 연령대별 하루 평균 미디어 이용시간 점유율

(단위 : %)

구분	텔레비전	인터넷 (모바일+PC)	인터넷 (모바일)	인터넷 (PC)	메신저 서비스	SNS	라디오	종이신문	잡지	온라인 동영상 플랫폼	합계
전체 (5,040)	40.0	37.9	26.0	11.8	9.2	4.4	3.6	1.6	0.2	3.1	100.0
20대(872)	17.3	54.2	37.2	17.1	13.7	8.1	0.6	0.3	0.2	5.6	100.0
30대(858)	27.3	48.9	31.8	17.0	11.8	5.2	2.4	0.6	0.3	3.7	100.0
40대(1,011)	39.0	39.3	27.1	12.3	8.9	3.9	4.7	1.3	0.2	2.5	100.0
50대(1,012)	48.9	30.2	21.8	8.3	7.3	2.8	5.2	3.1	0.2	2.4	100.0
60대 이상(1,286)	70.1	14.7	11.0	3.8	3.8	1.3	5.8	3.3	0.1	0.9	100.0

자료 : 한국언론진흥재단, 『2018 언론수용자 의식조사』(2018.12)

아래에서는 각 세대를 대표했던 매체인 영화, 공연, TV, 인터넷, 모바일을 중심으로 좀 더 구체적으로 살펴보기로 하겠다.

1. 세대별 영화 소비분석

영화는 100년이 넘는 역사를 가지고 있지만, 영화라는 형태는 크게 변하지 않았다. 그러나 기술의 발달로 영화를 소비하는 방식은 많이 바뀌었다. 영화는 전통적으로 극장이라는 형태를 중심으로 발전하였지만, 현재는 극장 이외에 가정에서 활용되는 IPTV, OTT, 케이블 형태로 변형되어 소비되고 있으며 모바일 인터넷에 의해 스마트 기기를 중심으로도 소비되고 있다.

먼저 2018년 극장에서 영화를 소비한 집단을 살펴보면 〈표 6〉과 같다.

<표 6> 2018년 극장 영화 소비 집단 현황

(단위: %)

		전 체	상(7편 이상)	중(4~6편)	하(1~3편)	미관람
	사례 수	(2518)	(774)	(592)	(938)	(214)
성별	남성	50.8	49.0	49.2	51.5	58.3
	여성	49.2	51.0	50.8	48.5	41.7
연령별	13~18세	7.3	7.0	9.1	6.8	5.0
	19~24세	7.4	8.8	9.2	6.4	1.5
	25~29세	11.1	15.8	11.7	7.8	7.1
	30~34세	7.5	9.4	8.0	6.1	5.5
	35~39세	10.5	10.4	8.7	12.0	9.6
	40~49세	20.9	21.1	21.6	21.4	15.8
	50~59세	21.0	21.3	21.3	19.6	24.9
	60~69세	14.3	6.3	10.4	19.8	30.6

자료 : 영화진흥위원회, 『2018년 영화 소비자 행태조사』(2019.5)

표에서 보는 바와 같이 극장에서 영화를 소비하는 주요 세대는 X세대 이상이다. 베이비부머 세대가 가장 높은 영화 소비행태를 보인다. 그리고 과거 극장 영화는 10대와 20대의 전유물이라고 했던 것에 비하면 이제는 40대 이상 즉 X세대 이상이 가장 중요한 영화 소비자임을 알 수 있다.

그러나 온라인을 통해 영화를 감상하는 경우에는 극장에서 소비되는 것과 다른 양상을 보여 주고 있다. 언론진흥재단의 만 6세 이상 인터넷을 이용하는 사람을 대상으로 영화 관람을 조사한 바에 의하면[26] 6-19세는 78.7%, 20대 89.5%, 30대 85.6%, 40대 77.1%, 50대 50.8%, 60대 42.7%, 70대 27.9%로 나타나 밀레니얼 세대는 인터넷을 통해 영화 소비가 높음을 알 수 있고, 상대적으로 베이비부머 세대 이상에서는 인터넷으로 영화를 소비하는 비율이 떨어져 인터넷에 가장 익숙한 세대가 인터넷을 통한 영화 소비가 가장 높음을 알 수 있다.

2. 세대별 공연예술 소비분석

공연예술은 세대를 거슬러 인류 문화예술의 가장 근간이 되는 콘텐츠이다. 한국에서는 공연예술에 대해 콘텐츠산업의 범주보다는 문화예술의 범주에 포함해 소비를 분석해왔다. 그러나 최근 뮤지컬 등 공연예술은 융·복합 콘텐츠로서 콘텐츠산업의 범주에 포함하고자 하는 노력이 있었으며, 특히 라이선스 뮤지컬의 경우에는 콘텐츠산업에 포함하여야 한다는 주장도 있다.

세대별로 보면 공연예술은 현재 뮤지컬에 소비가 쏠려 있다. 공연예술 내에서도 과거 세대가 소비했던 장르들이 현재는 많이 소비되지 못하고 있어 장르별로 다른 소비행태를 보인다.

가장 많이 소비되는 장르인 뮤지컬은 X세대 당시에 유행했던 장르였지만, 현재도 〈표 7〉과 같이 전체 입장권 판매 매수에서 70%로 가장 높은 소비를 기록하고 있다.

〈표 7〉 문화예술 분야의 성별·연령별 티켓판매 매수

장르	티켓판매매수 합계(장)						
	성 별		연 령 별				
	여성	남성	10대이하	20대	30대	40대	50대 이상
전체	2,880,007	793,021	73,974	881,293	1,415,163	788,395	206,129
뮤지컬	2,081,929	502,418	48,906	518,199	1,089,086	571,532	124,680
연극	562,305	208,821	20,639	309,056	232,651	120,199	49,486
클래식	128,304	52,599	2,794	31,377	53,778	55,748	19,716
오페라	18,981	7,202	471	4,186	6,189	8,794	3,624
무용	62,691	17,444	872	15,103	29,490	27,298	6,736
국악	25,797	4,537	292	3,372	3,969	4,824	1,887

자료 : 예술경영지원센터, 『2018년 공연예술 소비현황 조사 보고서』(2019.2)

그중 20대와 30대에 걸친, 즉 밀레니얼 세대가 62%를 차지하고 있으며, 40대인 X세대가 22%를 차지하고 있어 사실상 두 세대가 뮤지컬이라는 장르소비의 84%를 차지하고 있다. 즉 X세대와 밀레니얼 세대에 흥행한 뮤지컬은 베이비부머 세대에게는 상대적으로 그렇게 크게 소비를 끌어내지는 못하는 것 같다.

3. 세대별 TV 소비분석

TV는 1956년 KORCAD의 HLKZ-TV가 개국을 하고, 1961년 서울국제방송국과 서울 텔레비전 방송국이 개국한 이후로 침묵 세대들이 가장 먼저 청소년기에 즐겼던 콘텐츠 매체였다. 이후 베이비부머 세대가 청소년기였던 1980년에 컬러TV가 방송되면서 이를 이용하게 되었다.

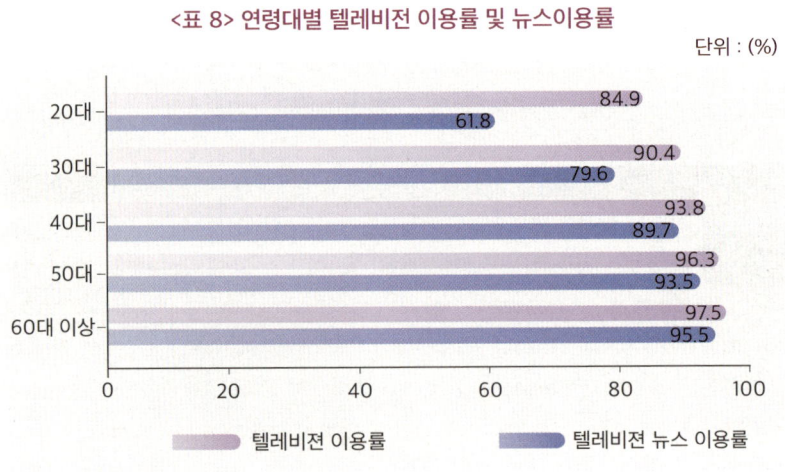

<표 8> 연령대별 텔레비전 이용률 및 뉴스이용률

자료 : 한국언론진흥재단, 『2018 언론수용자 의식조사』(2018.12)

TV는 현재까지 전 세대가 즐기는 콘텐츠 매체이지만 타 매체에 비해 〈표 8〉에서 보는 바와 같이 베이비부머 세대 이상에서 소비하는 비율이 높다. 특히 TV를 통해 뉴스를 이용하는 비율은 타 세대와 달리, 거의 뉴스 소비를 위해 TV라는 매체를 활용한다고 생각이 될 만큼 비율이 높다.

이처럼 모든 연령에서 전반적으로 TV를 통해 콘텐츠를 소비하고 있다고 할 수 있지만, 전체 미디어 이용시간을 통해 살펴보면 이와는 다르게 나타난다.

〈표 9〉는 이를 잘 보여 주고 있다. 표에 의하면 20~30대인 밀레니얼 세대는 하루 평균 30%를 넘지 않는 범위 내에서 텔레비전을 통해 콘텐츠를 소비하고 있음을 알 수 있다. 반면 베이비부머 세대 이상에서는 70.1%가 텔레비전을 통해서 콘텐츠를 소비하고 있어 세대 간의 TV를 이용한 콘텐츠 소비가 큰 차이가 있음을 알 수 있다.

<표 9> 연령대별 하루 평균 미디어 이용시간 점유율

(단위 : %)

구분	텔레비전	인터넷			메신저 서비스	SNS	라디오	종이신문	잡지	온라인 동영상 플랫폼	합계
		모바일+PC	모바일	PC							
전체 (5,040)	40.0	37.9	26.0	11.8	9.2	4.4	3.6	1.6	0.2	3.1	100.0
20대 (872)	17.3	54.2	37.2	17.1	13.7	8.1	0.6	0.3	0.2	5.6	100.0
30대 (858)	27.3	48.9	31.8	17.0	11.8	5.2	2.4	0.6	0.3	3.7	100.0
40대 (1,011)	39.0	39.3	27.1	12.3	8.9	3.9	4.7	1.3	0.2	2.4	100.0
50대 (1,012)	48.9	30.2	21.8	8.3	7.3	2.8	5.2	3.1	0.2	2.4	100.0
60대 이상 (1,286)	70.1	14.7	11.0	3.8	3.8	1.3	5.8	3.3	0.1	0.9	100.0

자료 : 한국언론진흥재단, 『2018 언론수용자 의식조사』(2018.12)

4. 세대별 인터넷 소비분석

인터넷은 모바일이 유행하기 전까지 PC를 통해서 모든 세대에서 콘텐츠를 소비할 수 있는 매체였다. 1990년대에 도입, 확대되어 인터넷을 사업적으로 잘 활용했던 세대는 X세대와 386세대였다. 이들에 의해 공급되었던 콘텐츠는 밀레니얼 세대와 그 이후 세대가 소비하게 되었다.

인터넷은 처음에는 PC를 통해 이용되었지만, 모바일 기술의 발전 때문에 무선 인터넷이 대세를 이루게 되자 세대 간의 구별 없이 모두가 무선 인터넷을 활용하여 콘텐츠를 소비하고 있다. 〈표 10〉은 유·무선을 통합하여 인터넷을 활용하는 세대 간의 현황을 보여 주고 있다.

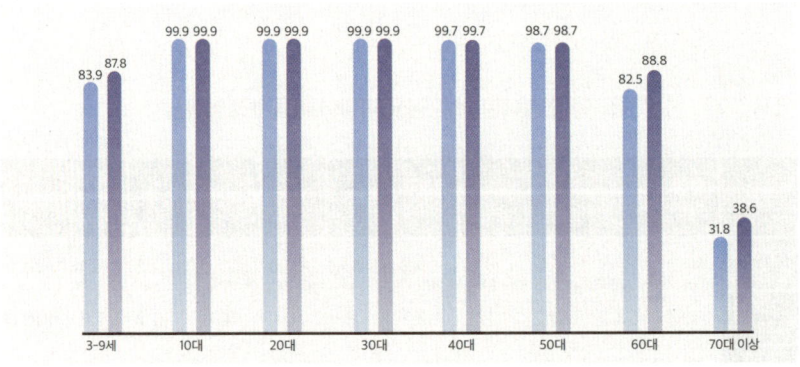

〈표 10〉 연령별 인터넷 이용률(2017/2018)
(단위 : %)

자료 : 과학기술정보통신부·한국인터넷진흥원, 『2018 인터넷 이용실태 조사』(2019.5)

우리나라 10대부터 50대까지 즉 Z세대부터 베이비부머 세대 일부까지는 대부분 높은 인터넷 이용률을 보여 주고 있다. 그 이용률은 비록 60대 즉 침묵세대부터는 떨어지지만 그래도 모바일의 대중화에 힘입어 인터넷을 전 세대에서 모두 활용하고 있음을 알 수 있다. 특히 60대 이상에서는 2017년에 비해 불과 1년 사이에 6~7% 이상 인터넷 이용률이 높아졌는데 이는 무선 인터넷에 기인한 것으로 보인다. 왜냐하면, 컴퓨터 이용률을 보면 앞에서 살펴본 바와 다른 결과가 나오기 때문이다.

〈표 11〉은 세대별 컴퓨터 이용률을 보여 주는데 3~9세까지는 인터넷 이용률은 〈표 10〉에서와 같이 높아졌는데 컴퓨터 이용률에서는 떨어졌다. 또한, 50대의 경우 컴퓨터 이용률을 63%이지만 인터넷 이용률은 98%이다. 60대 이상에서도 역시 컴퓨터 이용률은 높지 않지만, 상대적으로 인터넷 이용률은 높다. 이는 결국 모바일 인터넷 즉 스마트폰을 통한 인터넷이용이 증가했다는 것을 보여준다.

<표 11> 연령별 컴퓨터 이용률(2017/2018)

자료 : 과학기술정보통신부·한국인터넷진흥원, 『2018 인터넷 이용실태 조사』(2019.5)

그러나 대부분의 연령층에서 인터넷을 이용하는 비율이 높다고 해서 인터넷을 통한 콘텐츠 활용이나 소비가 같다고 할 수는 없다. 〈표 12〉는 전체적으로 커뮤니케이션이나 자료 및 정보획득이라는 차원에서는 3~9세 즉 알파세대와 침묵세대를 제외하고는 큰 편차가 없음을 보여 주고 있다. 그러나 여가활동 즉 게임을 하거나 콘텐츠를 소비하는 측면에서는 알파세대, Z세대, 밀레니얼 세대, X세대가 모두 높은 수준의 이용률을 보이며, 베이비부머 세대와 이전 세대에 있어서는 그 비율이 떨어지고 있다. 또한, 교육, 학습이라는 측면에서는 중·고등학생인 Z세대가 교육콘텐츠 소비를 위해서 가장 많이 사용하고 있고, 직장생활이나 사업을 하는 밀레니얼 세대에서는 홈페이지 운영이라는 측면에서 가장 많이 활용하고 있는 것을 알 수 있다.

<표 12> 연령별 인터넷이용 목적

(단위 : 복수 응답, %)

구 분		커뮤니케이션	자료 및 정보획득	여가활동	기타	홈페이지 등 운영	교육·학습	직업·직장
성별	남	95.0	94.2	93.1	64.6	59.7	48.8	27.3
	여	94.7	93.1	91.8	62.2	58.4	49.2	22.6
연령	3-9세	46.4	37.5	97.0	0.4	12.2	51.6	-
	10대	98.2	95.6	99.5	30.5	70.1	83.8	7.7
	20대	100.0	100.0	99.7	93.4	90.9	65.5	59.8
	30대	100.0	100.0	99.3	96.0	83.9	58.9	43.1
	40대	99.8	100.0	97.2	87.0	68.3	51.0	28.9
	50대	98.4	99.5	87.4	61.0	44.6	32.8	12.2
	60대	95.9	91.7	75.8	27.7	21.7	15.7	5.8
	70세 이상	77.5	75.3	60.3	8.2	7.6	5.4	1.3

자료 : 과학기술정보통신부·한국인터넷진흥원, 『2018 인터넷 이용실태 조사』(2019.5)

결국, 유·무선 인터넷은 전 세대를 통해 콘텐츠 소비라는 측면에서 가장 잘 활용되고 있으나 연령대 또는 세대별로는 소비하는 콘텐츠나 내용이 다름을 알 수 있다.

5. 세대별 모바일 애플리케이션 소비분석

2007년 애플의 아이폰이 출시되면서 그동안의 이동전화 즉 핸드폰은 스마트폰으로 교체되어 갔다. 스마트폰은 일종의 통화가 가능한 모바일 컴퓨터로 태블릿과 함께 사람들이 일반적으로 쓰던 PC나 노트북을 대체할 수 있게 된 것이다.

이에 따라 기존의 컴퓨터에서 즐길 수 있었던 콘텐츠는 모바일 인터넷을 통해 기존의 TV나 영화까지도 즐길 수 있었고, 특정 업무를 수행하는 다양한 프로그램인 애플리케이션을 통해 누구라도 쉽게 콘텐츠 소비는 물론 다양한 여가생활을 할 수 있게 되었다.

이제 스마트폰은 콘텐츠 소비와 관련해서 과거에는 각각의 매체가 담당했던 것들을 통합해서 수행할 수 있도록 하였다. 예를 들면 음악 기기나 TV, 케이블TV 기능 등을 스마트폰이 수행하고 있으며, 비록 극장의 형태는 아니지만 다양한 영화도 즐길 수 있다. 또한 SNS 서비스를 활용하여 그를 통해 전 세계와 소통하고 기존의 콘텐츠와는 다른 형태로 콘텐츠 제작과 소비가 동시에 이루어지기도 한다.

이러한 스마트폰은 전 국민으로 볼 때는 앞 〈표 4〉에서 본 바와 같이 87%가 이용하고 있어 사실상 나이가 많은 침묵세대나 알파세대 일부를 제외하고는 모든 국민이 이용하고 있다고 볼 수 있다.

스마트폰은 애플의 아이폰이 출시된 후 한국에는 2009년 이후 본격적으로 출시가 되었는데, 이는 밀레니얼 세대가 주로 학창시절이었을 때 도입이 된 것이다. 그러나 그 활용에 있어서는 태어나면서부터 또는 초등학교 시절부터 스마트폰을 접한 Z세대가 가장 잘 활용하는 세대일 것이다. 한편 콘텐츠산업 측면에서 보면, X세대나 밀레니얼 세대가 사업으로 또는 산업으로 발전시킨 주력 세대가 된다.

　이처럼 스마트폰을 접한 시점에는 차이가 있는데, 그것을 어떻게 쓰는가라는 측면에서 애플리케이션 활용에는 세대별로 차이가 있다. 〈표 13〉은 세대별로 5개의 애플리케이션 활용 순위를 보여 주고 있다.

<표 13> 세대별 주요 활용 애플리케이션 순위

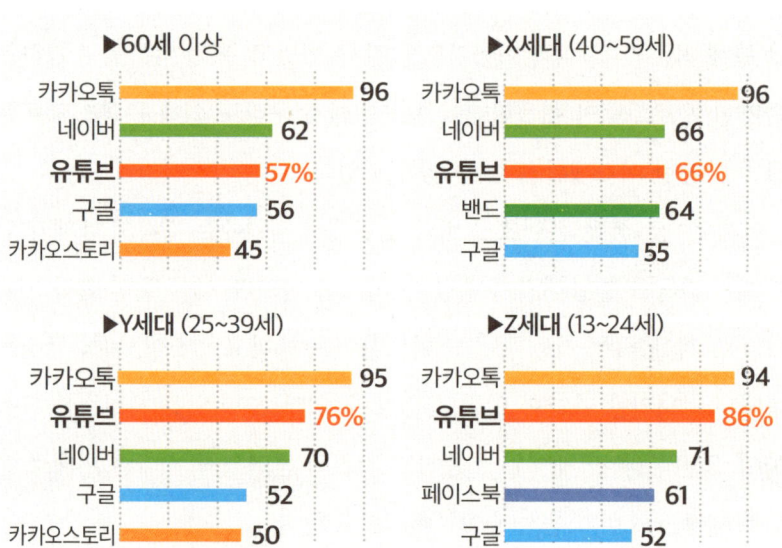

자료 : "10~20대는 유튜브 세대…하루 4.4회 52분 본다",
『연합뉴스』(2017.3.29) https://www.yna.co.kr/view/AKR20170329082000017)

〈표 13〉에서 보는 바와 같이 커뮤니케이션 매체로서 카카오톡 애플리케이션이 전 세대에서 가장 많이 사용되고 있음을 알 수 있다. 그러나 그 다음 애플리케이션의 경우에는 40대 즉 X세대와 베이비부머 세대 이상에서는 네이버가 가장 활용도가 높은 애플리케이션이지만, 밀레니얼 세대와 Z세대에 있어서는 유튜브가 네이버를 앞서고 있음을 알 수 있다.

이는 문자세대와 영상세대로 구분할 수 있지만 학창 시설부터 스마트폰을 활용해서 콘텐츠를 소비했던 세대와 PC나 노트북을 통해 인터넷을 활용한 세대 간에는 콘텐츠를 소비하는 익숙한 매체에 대한 차이가 있음을 보여 준다.

모바일 커뮤니티를 운영하는 방식에 있어서도 Z세대는 페이스북을 통해 커뮤니티를 운용하고 있어, 카카오스토리를 활용하는 베이비부머 세대 이상과 밴드를 중점적으로 활용하는 X세대와는 또 다른 차이를 보여 주고 있다.

결국, 이는 밀레니얼 세대 이하에서는 문자를 통한 콘텐츠 소비보다는 동영상 콘텐츠 소비가 훨씬 많으며 향후 애플리케이션 콘텐츠가 영상을 중심으로 제작되지 않는 한 젊은 세대의 호응을 얻기는 어려울 것으로 보인다. 이러한 경향은 애플리케이션이 콘텐츠 플랫폼으로써 그리고 영상 플랫폼으로써 콘텐츠를 공급하지 않으면 젊은 세대의 이용률은 떨어질 것이라는 것을 의미하기도 한다.

한편, 애플리케이션 사용시간을 중심으로 살펴보면〈표 14〉와 같이 다른 결과가 나온다.

<표 14> 주요 SNS 사용시간

(단위 ; 억분)

	유튜브	카카오톡	페이스북	네이버
10대	89	22	16	12
20대	81	49	21	14
30대	61	48	35	9
40대	57	46	46	13
50대 이상	101	60	39	15

자료 : "10대만 카카오톡 사용이 줄어들었다.", 『The PR news』(2019.5.14.)
http://www.the-pr.co.kr/news/articleView.html?idxno=42525

    표에 의하면 사용시간이 가장 많은 SNS 매체는 유튜브이다. Z세대나 밀레니얼 세대가 유튜브를 활용하여 콘텐츠를 가장 많이 소비하리라는 것은 위에서 살펴본 바와 같이 두 세대가 모바일에 가장 익숙하기 때문이다. 그런데 베이비부머 세대에서 사용시간이 가장 많다는 것은 의외의 결과다. 그들이 비록 문자 세대여서 카카오톡이나 네이버를 가장 많이 활용하기는 하지만, 사용시간에서는 어떤 세대보다도 유튜브 즉 영상콘텐츠를 더 많이 사용하고 있다.

    50대 영상콘텐츠 이용의 비약적인 상승은 최근 재테크, 부동산, 정치적 성향의 콘텐츠 등 50대 이용자를 사로잡는 동영상 콘텐츠가 확대된 결과로 분석된다. 또한, 아예 동영상 콘텐츠를 직접 제작하는 50대 이상 유튜버도 많아지고 있으며, 온라인 마켓에서 1인 방송 장비를 구매하는 50대 이상 소비자도 크게 늘었다는 점도 그 이유가 될 것 같다.[27] 이는 스마트폰을 전 세대가 사용하면서 베이비부머 세대 이상에서도 쉽게 콘텐츠를 소비할 수 있는 매체가 유튜브이기 때문이며, 특히 침묵 세대들은 여가시간의 많은 부분을 유튜브 콘텐츠 소비에 활용했다고 볼 수 있기 때문이다.

결국, 디지털 이전 매체인 TV는 콘텐츠를 아날로그와 디지털 모두로 소비할 수 있기 때문에 아직까지 건재할 수 있으며, 스마트폰은 누구라도 쉽게 이용할 수 있기 때문에 콘텐츠 소비 또한 지속해서 증가할 수 있는 것으로 보인다.

V. 나가며

사람들은 나이뿐만 아니라 겪었던 경험과 사회·문화적인 상황, 역사적인 배경 그리고 때로는 외부적인 충격에 의해 그들을 소그룹으로 구분할 수 있다. 이러한 소그룹에 대해 많은 통계가 단순히 나이를 중심으로 나누고 있지만, 사회학적으로는 특정한 경험과 문화적 경험 공유 등으로 집단을 나누어 '세대'라는 용어를 널리 사용하고 있다.

일반적으로 세대 구분은 전쟁을 중심으로 소위 침묵세대로 알려진 전쟁을 겪은 세대와 전쟁 이후의 베이비부머 세대 그리고 X세대, 밀레니얼 세대, Z세대로 나누는 것 같다. 이는 이 세대들이 문화적 특징을 포함하여 사회적으로 공통적인 경험을 갖고 있기 때문이다. 한국의 경우에는 독특하게 베이비부머 세대와 X세대 사이에 '386세대'가 자리 잡고 있어 이들을 별도로 분석하는 경우도 있다.

콘텐츠 측면에서도 이러한 세대 구분은 어느 정도 유효하다. 현재와 같이 디지털과 아날로그 매체가 혼재되어 있고, 모든 사람이 콘텐츠를 즐길지라도 그들이 소비하는 콘텐츠에 따라 어느 정도 소그룹으로 특징지어 볼 수 있다. 유사한 사회적 경험을 하고 그 세대에 대중적으로 유행했던, 특히 학창시절에 경험했던 콘텐츠들은 세대가 바뀌어도 여전히 유효한 것은 그들만의 소그룹 간의 동류의식이 있기 때문이다.

아날로그 중심의 콘텐츠 매체를 중심으로 콘텐츠를 소비했던 세대는 디지털 시대에도 그러한 경향이 남아 있고, 순수하게 디지털을 중심으로 콘텐츠를 소비하는 세대는 비록 디지털을 중심으로 콘텐츠를 소비하지만 때로는 아날로그 콘텐츠에 대한 호기심에서 '레트로'라는 이름으로 재해석해서 새롭게 즐기기도 한다.

그러나 또 한편으로는 최근 '코로나19' 사태를 겪으면서 사람들은 사회로부터 격리되어도 그들이 경험했던 콘텐츠를 그대로 즐기기를 원한다. 더 나아가 평소에 즐길 수 없는 타 영역의 콘텐츠 등을 경험해 보기를 원하고, 세계와 연결된 인터넷을 통해 밖으로 나가거나 해외여행을 통하지 않고서도 같은 공간에서 간접경험을 통해 더 많은 콘텐츠를 즐기고 있다.

이와 같은 새로운 충격은 콘텐츠 매체에 대한 변화를 가져오고 콘텐츠를 즐기는 각 사람에게 새로운 영향을 미치게 된다. 특히 '코로나19'는 아날로그 콘텐츠와 라이브 콘텐츠가 공간적인 제약으로 인해 인터넷 안으로 들어오게 함으로써 콘텐츠 매체의 단순화를 가져왔다. 이러한 사례는 세월이 흐르고 사람들이 각각의 시대를 살면서 즐겼던 콘텐츠를 즐기기 위해 콘텐츠 매체 변화에 능동적으로 대처할 수 있다는 것을 보여 준다.

향후 콘텐츠 소비는 다양한 콘텐츠에 대한 경험과 콘텐츠 매체 간의 혼재, 융합을 통해 더 다양하게 이루어질 것이다. 특히 새로운 세대는 이전과는 다른 경험과 기억을 가지고 있으며, 기존 세대의 경험과 기억을 새롭게 해석함으로써 우리 사회의 새로운 콘텐츠 주력 소비자로서 성장해 갈 것이다.

1　김상욱, 『4차산업시대의 문화콘텐츠산업』(서울 : ㈜크린비디자인, 2017), 350쪽.
2　Solomon, R. Michale and Elnora W. Stuart, *Marketing : Real People Real Choice* (New Jersey : Prentice-Hall, Inc.,2000), p.3
3　Kertzer, David I., "Generation as a Sociological Problem", *Annual Review of Sociology,* Vol.9. : 125-149(1983), p.126.
4　Ryder, Norman B., "The Cohort as a Concept in the Study of Social Change", *American Scociological Review*, Vol. 30, No. 6, PP. 843-861(1965), p.845
5　김용섭, 『요즘 애들, 요즘 어른들』(서울 : 21세기북스, 2019), 13쪽.
6　위의 책, 4-5쪽..
7　김용섭, 앞의 책, 281쪽.
8　Strategic Business Insights 홈페이지(http://www.strategicbusinessinsights.com/vals/).
9　김상욱, 앞의 책, 353쪽.
10　김용섭, 앞의 책, 231쪽.
11　갤럽, "2012-2019 스마트폰 사용률, 브랜드, 스마트워치, 손목시계에 대한 조사", 『갤럽리포트』(2019.8.29.)(https://www.gallup.co.kr/gallupdb/reportContent.asp?seqNo=1041)
12　네이버 지식백과 : https://terms.naver.com/entry.nhn?docId=5677628&cid=62841&categoryId=62841
13　중년 관객 춤추게 만드는 뮤지컬…새로운 소비층 부상", 『이데일리』(2019.8.5.) https://www.edaily.co.kr/news/read?newsId=01295606622584368&mediaCodeNo=257&OutLnkChk=Y
14　김용섭 앞의 책, 224쪽.
15　김정훈 외, 『386 세대유감』(서울 : 웅진지식하우스, 2019), 209쪽
16　위의 책, 26쪽.
17　위의 책, 78쪽.
18　위의 책, 27쪽.
19　네이버 한경 경제용어 : https://terms.naver.com/entry.nhn?docId=2454439&cid=42107&categoryId=42107
20　김용섭 앞의 책, 11쪽.
21　김용섭 앞의 책, 11쪽.
22　김상욱, 『문화콘텐츠산업 정책과 창조산업』(서울 : ㈜크린비디자인, 2013), 196쪽.
23　김용섭, 앞의 책, 178쪽.
24　"세대별 앱 사용현황으로 살펴 본 한국인 자화상", 『뉴스투데이』(2017.12.12.) http://www.news2day.co.kr/96242 "10~20대는 유튜브 세대…하루 4.4회 52분 본다", 『연합뉴스』(2017.3.29.) https://www.yna.co.kr/view/AKR20170329082000017
25　진 트웬지, 『i세대』, 김현정 옮김(서울 : 매일경제신문사, 2018), 116쪽.
26　한국언론진흥재단, 『2018 언론수용자 의식조사』(2018.12), 45쪽.

27 "유튜브 공화국' 50대가 정복한 비결은?", 『전자신문』(2019.5.16.)(http://www.etnews.com/20190516000075)

참고문헌

· 과학기술정보통신부·한국인터넷진흥원. 『2018 인터넷 이용실태 조사』, 2019.5.
· 김상욱. 『4차산업시대의 문화콘텐츠산업』. 서울 : ㈜크린비디자인, 2017.
· ____ . 『문화콘텐츠산업 정책과 창조산업』. 서울 : ㈜크린비디자인, 2013.
· 김용섭. 『요즘 애들, 요즘 어른들』. 서울 : 21세기북스, 2019.
· 김정훈 외. 『386 세대유감』. 서울 : 웅진지식하우스, 2019.
· 박재환·김문겸. 『근대 사회의 여가문화』. 서울대학교출판부, 1997.
· 스티븐 로벤바움. 『큐레이션 : 정보 과잉 시대의 돌파구』. 서울 : 명진출판, 2011.
· 영화진흥위원회. 『2018년 영화소비자 행태조사』, 2019.5.
· 예술경영지원센터. 『2018년 공연예술 소비현황 조사 보고서』, 2019.2.
· 오세영·권영상·이수영, "중앙정부 공무원의 자화상 : 세대 간 조직 몰입 영향요인에 대한 비교 연구". 『한국인사행정학회』. 13, 2014.
· 진 트웬지. 『i세대』. 김현정 옮김. 서울 : 매일경제신문사, 2018.
· 한국언론진흥재단. 『2018 언론수용자 의식조사』, 2018.12.
· 황상민·김도환. "한국인의 라이프스타일과 세대의 심리적 정체성 : '세대 차이'연구를 위한 심리학적 모델". 『한국심리학회지』. Vol.18. No.2.
· "10~20대는 유튜브 세대…하루 4.4회 52분 본다". 『연합뉴스』, 2017.3.29. (https://www.yna.co.kr/view/AKR20170329082000017)
· "세대별 앱 사용현황으로 살펴 본 한국인 자화상". 『뉴스투데이』, 2017.12.12. (http://www.news2day.co.kr/96242)
· "10대만 카카오톡 사용이 줄어들었다.", 『The PR news』, 2019.5.14.(http://www.the-pr.co.kr/news/articleView.html?idxno=42525)
· "유튜브 공화국' 50대가 정복한 비결은?". 『전자신문』, 2019.5.16. (http://www.etnews.com/20190516000075)
· "중년 관객 춤추게 만드는 뮤지컬…새로운 소비층 부상". 『이데일리』, 2019.8.5.(https://www.edaily.co.kr/news/read?newsId=01295606622584368&mediaCodeNo=257&OutLnkChk=Y)
· "2012-2019 스마트폰 사용률, 브랜드, 스마트워치, 손목시계에 대한 조사". 『갤럽리포트』, 2019.8.29. (https://www.gallup.co.kr/gallupdb/reportContent.asp?seqNo=1041)
· Kertzer, David I.. "Generation as a Sociological Problem". *Annual Review of Sociology*. Vol.9, 1983.
· Ryder, Norman B.. "The Cohort as a Concept in the Study of Social Change". *American Scociological Review*. Vol. 30, No. 6, 1965.
· Solomon, R. Michale and Elnora W. Stuart. Marketing : *Real People Real Choice*. New Jersey : Prentice-Hall, Inc.,2000.
· Strategic Business Insights 홈페이지(http://www.strategicbusinessinsights.com/vals/)

복고(Retro), 콘텐츠로 기억을 소비하다!

노 창 현

> I. Prologue
>
> II. Irony : 미래로 가라 하는 사회, 과거로 가려 하는 우리!
>
> III. Memory : 정보기억 시대에서 감성기억 시대로!
>
> IV. Harmony : 문화 기억을 통한 복고의 역할!
>
> V. Epilogue

노 창 현*

- 현 미디어코드 C&C(주) 대표
- 동국대 영상대학원 문화예술학 박사
- 동국대학교 Culture Oriented MBA 석사
- 건국대 대학원 겸임교수(공연예술경영전공)
- 콘텐츠문화학회, 한국멀티미디어학회, 미디어콘텐츠학회 이사

복고(Retro), 콘텐츠로 기억을 소비하다!

Ⅰ. Prologue

아이러니Irony! 하루가 다르게 변화, 발전하고 있는 뉴미디어 환경은 미래를 위한 도전의 여정이기도 하지만 동시에 지나간 과거를 기억하게 하는 중요한 수단이 되기도 한다. 과거를 탐험하려 만든 기술이 아닌데 말이다. 인공지능과 빅 데이터가 세상을 송두리째 바꿀 것이라는 조금은 두려운 미래 예측 시나리오 한 가운데 있는 우리는 언제 어디서나 지나간 시간을 소환할 수 있게 되었다. 그 덕분에 기술을 통해 주체간 정보와 감성 공유의 또 다른 가능을 발견할 수 있게 된 것이다.

이 중심에 우리의 기억, 문화 기억이 있다. 세상은 점점 빠르게 앞으로 향해 가는데 우리는 점점 과거를 들추려는 역설적인 현상, 기억을 통해 콘텐츠를 향유하는 현상은 그래서 더욱 주목할 만하다. 최근 복고의 지속적인 확산은 단순히 눈에 띄는 몇몇 사례만으로는 이해하기 어려운 복합적 현상의 집합체이다. 따라서 복고에 대한 다양한 담론들도 -특히 이러한 상황이 최근에 급속히 진행되고 있는 한국의 경우- 각각 처한 상황에서 각자 취한 입장에 따라 매우 대조적이고 극단적인 경우로 나타난다. 즉, 복고의 다양한 순기능은 물론이고 비판의 소리 또한 견해에 따라 다양하다. 과거를 통해 현재 삶의 새로운 동력을 획득하거나 감성을 회복하고, 공유하는 등 긍정적인 부분과 동시에 고된 현재와 불안한 미래 대신 그리운 과거로의 회귀가 추억의 상품화를 통한 지나친 상업화나 콘텐츠의 창의적 소재 고갈의 고착 등 비판의 소지도 분명하게 드러난다. 그만큼 복고는 심리적이고 감성적인 차원뿐만 아니라 산업적이고 경제적 측면에서도 그 원인을 찾아야 하는 주목할 만한 문화 현상임에 틀림없다.

 기술은 물론 문화와 같은 감성의 영역에서도 더 나은 미래로, 앞으로 발전해 나가려는 인류에게 지나친 '과거 앓이'는 어쩌면 나태한 습관을 갖게 하는 훼방꾼인지도 모른다. 그럼에도 불구하고 추억과 그리움을 바탕으로 한 복고문화 콘텐츠가 발전하는 뉴미디어 기술을 통해 우리의 감성과 기억을 소환하여 지속적으로 주목받을 것이라는 전망은 일상에서 흔히 벌어지는 문화 현상들을 볼 때, 그리 틀리지 않아 보인다.

Ⅱ. Irony : 미래로 가라 하는 사회, 과거로 가려 하는 우리 !

1. Life Trend

참 복잡한 세상이다. 자고 일어나면 새로운 기기들과 그에 맞는 시스템들이 눈앞에 펼쳐진다. 그러나 그것도 잠시! 이들에 간신히 적응하자마자 또다시 새로운 무언가가 나타난다. 이번엔 더욱 신기한 대신 조금 더 어렵고 복잡한 경우가 대부분이다. 이런 시대에 산다는 것 자체로 정신없는 우리들에게 편리함과 새로움을 내세운 환경변화는 종종 버거움으로 다가오기도 하는, 그런 복잡한 세상이다.

이러한 장면은 곳곳에서 목격된다. 사람들 사이의 감성적 교류와 공감은 차치하고 상호 기본적인 소통에 관한 담론보다는 '한낱' 인간으로서 '전지전능한' 기계와 그것을 구성하는 알고리즘과의 교류가 더 많이 거론되고 있다. 머지않아 세상은 빈 집에서 나를 기다린다고 믿게 만드는 인공지능AI 기기나 백화점과 마트에서 내 취향을 정확히 파악하고 기다리는 쇼핑 로봇의 성향과 기준에 어떻게 적응할 것인지가 더 중요한 시대가 될 듯하다.

물론 이런 변화는 분명 삶을 좀 더 편하게 만들어 준다. 스마트폰을 통해 세상을 접하고, TV를 통한 쇼핑이 일상이 되며, 마트에서 로봇카트에게 의지해 장보기를 해결하는 등 이전과 비교할 수 없을 정도로 편해진 요즘, 기술이 인간을 쓸데없는 노동과 노력으로부터 해방시켜주었다는 점은 부정할 수 없다. 그래서 복잡한 이 세상은 우리로부터 점점 더 빨리

도망치려는 듯하다.

이런 사회에서 이전의 것들은 모두 낡은 것이 된다. 얼마 전까지 사용하던 디바이스와 플랫폼들은 조금만 뒤돌아보면 너무 '올드'한 기계와 시스템인 것이다. 4G를 통해 동영상을 다운받으면 대단히 편리해 질것이라는 광고가 눈에 선한데, 5G 공짜 휴대폰 등장으로 소비자의 선택을 어렵게 한다. 또한 'Full HD'의 화질로 경쟁하던 가전업체들은 UHD를 넘어 우리 눈에는 그리 다를 바 없어 보이는 8K TV로 서로 티격태격 경쟁하고 있다. 이제 2G 폴더폰과 PDP TV는 이름도 낯선 먼 과거의 유물 같다. 기능을 이해하기 전에 그 이름조차 인지하기 쉽지 않은 상황이다. 새로운 것이 많아질수록 그만큼 낡은 것도 늘어나는 신기한 세상이다.

이처럼 새로운 환경으로 인해 우리는 많은 변화를 경험하게 된다. 새로운 기기와 시스템을 익혀야 하고 편의를 위해, 그리고 적응하기 위해 능숙하게 —적어도 남들이 하는 최소한의 수준이라도— 활용할 줄 알아야 한다. 그전에 이 새로운 것들의 이름부터 외워둬야 함은 물론이다. 그런데 이러한 변화는 단지 일상에서만 일어나지 않는다. 즉, 구매의 편리함과 결제의 혁신, 안전의 강화와 지식/정보의 활용 등과 같이 눈에 보이는 편리함의 영역에 국한되지 않는 것이다. 오히려 '문화'와 '콘텐츠'의 영역에서 훨씬 활력 있는 모습을 보인다는 점이 흥미롭다.

기술과 시스템을 활용한 콘텐츠 향유의 변화는 놀랍기까지 하다. 공학적, 기술적 차원의 매커니즘을 제대로 이해하지는 못하는 대부분의 우리에겐 기술의 개발보다 이를 통한 콘텐츠 향유가 좀 더 현실적인 변화가 되기 마련이다. 주요 콘텐츠 분야별로 살펴보면 쉽게 알 수 있다.

먼저, 콘텐츠 플랫폼Platform을 보자. 극장은 여전히 붐비는듯하지만 세상에 처음 나오는 영화들은 이제 극장뿐만 아니라 다양한 OTT 서비스를 통해 확대되고 있고, 특히 젊은 세대를 중심으로 자연스럽게 극장보다 '넷플릭스'나 휴대폰에서 관람하는 경우가 늘고 있다. 방송은 어떠한가? '본방사수'라는 말은 이제 옛말이 된 듯하다. 굳건할 것만 같던 지상파 방송 3사의 위상은 축소된 지 오래며, 그것이 종편이든 케이블 방송국이든, 혹은 유튜브 등 뉴미디어를 통한 영상콘텐츠의 향유로 시장은 급변하고 있음을 알 수 있다.

콘텐츠를 즐기는 기기Device들은 어떠한가? 필수 가전인 TV는 이제 지난날 새로운 소식전달 통로와 다양한 문화향유의 첨병으로서의 기능보다 수많은 콘텐츠를 담아내어 관람케 하는 기기Device로서의 역할에 좀 더 충실해 보인다. 아케이드 게임에서 온라인으로, 그리고 모바일 MMORPG라는 이름부터 복잡한 게임트렌드의 변화도 옛일이 되어 버린 듯하다. VR 기기를 쓴 채 다양한 공감각적 효과를 온몸으로 느끼는 요즘 아이들에게 '청룡열차'의 아찔함은 무엇이 더 실재적인가 하는 의문을 갖게 하는 세상이 되었다. 침대에 앉아 읽던 소설책의 향기도, 라면 먹으며 넘기던 만화책 소리도 스마트 폰 안에서 잊혀져 가는 오늘날 이제 또 무슨 새로운 요술이 펼쳐질지, 그리고 우리는 또 얼마나 빨리 익혀야 할지가 기대만큼 걱정되는 요즘이다.

2. Contents Trend !

한편으로 꽤나 흥미로운 세상이기도 하다. 미래를 상상하고, 그에 맞는 기술과 시스템의 주역으로서의 인간이 더 나은 이상향 건설에 매진하고 있음이 곳곳에서 확인되고 있지만, 역설적으로 우리가 찾는 곳은 찬란한 미래가 아니라 의외로 이미 지나간 빛바랜 기억 속의 과거이기 때문이다. 세상은 더욱 개인화되고 빠르게 변하고 있는데 과거를 뒤져 보고 있고, 개인의 문제만 아니라 이 당시 사회의 다양한 집단적 소재에까지 관심을 확대하고 있는, 그런 흥미로운 세상인 것이다.

이러한 과거 소환의 중심에 바로 복고復古[1]가 자리하고 있다. 이러한 과거 회귀 현상은 특히 문화와 관련된 분야에서 활발히 이루어지고 있다. 사실 삶의 양식이나 생활 방식이 과거로 돌아가는 것이 뭐 그리 편리하고 환영할 일이겠는가? 우리는 불편하고 비합리적이라 여겨지는 과거의 다양한 장애물을 그리워하는 것이 아니다. 사람들은 가슴 속 그리운 과거를 꺼내보고 싶은 것이다. 이 현상은 영화, 드라마, 음악, 방송 등 주로 접하게 되는 문화콘텐츠의 주요 분야는 물론이고, 패션, 완구, 인테리어 양식까지 문화적 가치와 감성이 내재된 분야에 집중되고 있는 것이 특징이다.

복고는 다양하고 복잡한 각각의 이유로 지나간 시간을 현재에 소환하려는 현대인의 본능적 욕구를 동기 삼아 인간의 모든 문화적 행위와 그 양식, 과정, 결과 등에 대한 다시보기, 즉 문화적 재현Representation으로 이해할 수 있다. 따라서 복고는 과거에 대한 사람들의 이성적 탐구나 사회분석의 대상으로서만 관심 받는 것이 아니라 경험에 의한 그 당시의 분위기, 즉 감성적 차원의 과거 그리기 또한 중요하다.

즉, 드라마 '응답하라 1988'과 영화 '건축학 개론' 등에서 우리가 보고, 느끼고자 하는 것은 실제 1988년도의 쌍문동의 모습이 그러한가 하는 것

---

[1] 사전적 의미로 복고(復古)는 '과거의 모양, 정치, 사상, 제도, 풍습 따위로 돌아감'(국립국어원, 표준국어대사전)을 의미한다. 여기서 모양, 정치, 사상, 제도, 풍습은 다분히 문화적 형식 내에 있는 특성으로 간주할 수 있는 개념들이다. 즉 바꾸어 말하면 '과거의 문화적 양태로 돌아감'이라고 재정의 할 수 있다. 한편, 영미권에서 복고를 표현하는 의미로 대표적으로 쓰이는 레트로(Retro)라는 개념은 'Retrospective'의 줄임말로써 과거에 대한 그리움과 회고의 의미를 담고 있다.

이나 건축학 개론 강좌가 해당 대학에서 실제 존재하였는가 하는 것들이 아니다. 또한 김광석과 전람회의 목소리나 녹음상태가 현재와 어떻게 다른지를 확인하기 위함도 아니다. 결국 우리의 감성을 자극하는 것은 당시를 복원한 콘텐츠 속 열악한 녹음, 촬영 환경 등에서 더욱 강하게 느껴지는, 과거 소환 과정에서 드러나는 회상과 공유의 감성적이면서 동시에 시대를 알려 주는 실천적인 문화 행위에 있는 것이다.

물론 영화 〈변호인〉, 〈1987〉 등이나 드라마 〈모래시계〉 등 단순한 감성 소재만이 아니라 역사적 사실이나 논란의 소재를 다룬 콘텐츠들도 존재하지만 이 또한 그 내용의 정확성, 즉 흔히 말하는 무엇이 '팩트'인가 아닌가 하는 문제가 전부는 아니다. 중요한 것은 그 시대를 기억하는 방법이 항상 사적 욕망이나 감성으로만 가능한 것이 아니라 콘텐츠를 통해 공적 영역의 관심사로도 확장시킬 수 있다는 점이다.

이처럼 과거는 우리에게 다양한 방식으로 소환된다. 뉴스나 다큐멘터리, 당시의 신문 등 객관적―물론 이런 매체들이 얼마나 객관적인가에 대한 논의는 뒤로 하고― 사실에 근거한 자료들은 물론이고, 콘텐츠로 새롭게 구성되거나 사실상 창조된 과거 모두 우리를 그 시절로 이끄는 문화 유인자Attractor가 된다. 그리고 이러한 복고의 확산은 콘텐츠 특성상 필연적으로 상업화와 연결된다. 이른바 '레트로 마케팅Retro Marketing'이라 불리는 과거에 대한 다른 차원의 관심 역시 다양한 해석을 낳고 있다.

과도한 상업화에 대한 비판을 뒤로 하고, 사람들이 '옛 것'에 시간과 비용을 기꺼이 지불하고 있다는 것은 단순히 경제적 분석 이외에 살펴볼 가치가 있음을 의미한다. '기능'보다 '기호'에 의한 비합리적 소비특성을 보이는 콘텐츠 시장에서 복고 산업의 성장은 그래서 더욱 주목할 만하다.

좋아하지 않으면 단돈 1원도 소비하지 않는 콘텐츠 시장에서 수백만 원도 넘는 낡은 LP 한 장과 수십 년 전 캐릭터 피규어를 구하러 해외로 출국하는 사람들의 행동을 단순히 마니아의 일탈로 치부하기에 이미 복고 산업은 정도의 차이만 있을 뿐 우리 삶 깊숙이 침잠해 있다. 깔끔하고 세련된 디자인의 소주병을 뒤로 하고, 그 옛날 스타일로 뒤돌아 간 소주병을 기울이며 과거를 회상하는 우리의 달라진 행동과 심리는 그래서 더욱 흥미롭다.

복고에 관한 다양한 견해는 그 관심만큼이나 많은 해석을 낳고 있다. 앞서 언급한 산업적 관점에서 경영학이나 경제학의 양적 분석, 과거에 대한 사람들의 관심의 원인을 파악하려는 사회학이나 심리학적 관점, 그리고 이러한 현상의 매개자이자 촉진자인 콘텐츠 자체에 대한 문화 예술적 관점 등 각자의 입장에서 그것을 바라보는 것이다. 좋은 이야깃거리가 되는 복고는 그래서 흥미롭다.

앞서 언급한 것처럼, 세상은 하루가 다르게 변하는데 사람들은 감성을 자극하는 불편하고 부족한 과거에 주목하는 현상을 이해하는데 무엇보다 중요한 개념은 바로 우리의 '경험'으로 각인된 지난날의 '기억'이다. 기억을 통해 우리는 과거와 교류하고 현재를 통과하며 미래를 만들어 간다. 이제부터 그 기억과 그로 인한 문화적 현상인 복고, 그리고 이를 통해 우리 삶에 미치는 다양한 영향 등에 대해 살펴보도록 하자.

Ⅲ. Memory : 정보기억 시대에서 감성기억 시대로 !

1. Total Recall : 영화 제목으로만 기억하는 사람들에게…

1) 기억의 시대

과거에 대한 그리움의 유발과 그 반응은 경우에 따라 다양하게 나타난다. 지식과 정보 차원의 과거 탐색도 있고, 나만의 사적 기억으로의 여행을 위한 시간도 있으며, 특정 사건에 대한 집단적 기억까지 상황과 맥락에 따라 공유되기도 혹은 분리되기도 한다. 이처럼 다양한 과거 찾기의 바탕에 우리의 경험과 기억이 자리하고 있다. 또한 앞서 말한 복고 현상을 이해하는 데에도 직간접 경험에 의한 기억의 중요성이 커지고 있다.

기억에 대한 관심과 그 중요성에 대한 인식은 인류의 역사와 함께 해 왔다고 해도 과언이 아니다. 특히 우리에겐 급격한 사회 발전의 역사를 겪은 20세기를 지나며 신분제도의 전복, 경제공황, 1, 2차 세계대전, 우주 진출 등 기억하고 싶은 사건뿐만 아니라, 기억해야만 하는 수많은 사건이 일어났다. 그야말로 후이센A. Huyssen이 말한 '기억 호황'의 시대를 지나, '기억 과잉'의 시대가 되어 가고 있다.

그렇다면 우리는 왜 기억에 주목하나?

첫째, 기억은 우리의 머리에만 머물러 있는 것이 아니라 우리 가슴속에 자리 잡는 다분히 심리적, 감성적 차원의 개념이기 때문이다. 우리가 과거를 기억한다는 것은 언제 어디서, 무엇을 했는가의 사실여부나 정보 확인만을 의미하지 않는다. 그 사건과 경험이 나에게 어떤 의미로 남아있는가, 그리고 그 경험을 공유한 사람의 기억과 어떻게 같고 다른가 하는 것이 중요한 것이다. 하나의 사건도 다르게 기억하고, 다른 감정으로 내 머리와 몸에 각인되는 것이 기억이기에 그렇다. 특히 콘텐츠를 통한 문화적 기억의 경우 재미와 감동, 슬픔 등의 지극히 감성적, 심리적 차원의 문제가 되는 것이다.

둘째, 기억은 사회적 존재로서 인간의 특성을 보여주는 증거가 된다. 누구도 결코 혼자 살아갈 수 없는 인간의 사회적 본성은 경험의 시기와 집단의 특성 등에 의해 유사 기억을 보유하게 된다. 2020년 전 세계를 공포에 떨게 만든 코로나 19 바이러스 사태에서의 낯선 경험은 정확히 그 시점에 그것을 겪은 사람들에게 각자 입장에서 각인되고, 향후 공유할 수 있는 중요한 사회적 기억이 되는 것이다. 사회적 존재로서 인간은 유사한 경험을 더 확고한 공통의 기억으로 변화시키기도, 반대로 그들과 분리되려는 목적에 의해 기억을 '변형'시키기도 한다. 그렇지만 우리는 모두 사회적 범주 속에서 기억을 활용하기 마련이다. 기억에 관한 관심은 모리스 알박스M. Halbwachs, 1950의 집단 기억, 알라이다 아스만A. Assmann, 1998의 문화 기억과 같이 그것을 사회문화적 현상으로 이해하려는 이론들로 발전하게 된다.

특히 아스만은 기억이 인간 내부의 추상적인 영역에서만 존재하는 것이 아니라 다양한 수단, 이를 테면 문화와 기억의 전승 매체Media를 통해 외부로 발화되고 전수되어 문화적인 힘을 갖게 된다고 주장한다. 더불어 역동적인 20세기 중심의 사례들로 분석하여 오늘날 우리가 관심 갖는 기억과 그것을 활용한 복고현상을 이해하는데 유용한 근거가 된다. 이론을 간략히 요약하면 다음과 같다.

연구의 시작으로 아스만은 먼저 기억을 '기술ars'로서의 기억과 '활력vis'

으로서의 기억으로 나누어 설명하고 있다. 이는 기억의 시간과 공간에 대한 구분으로 이해될 수 있는데, 기술로서의 기억은 인간의 뇌와 물리적 신체의 오감五感 등을 활용, 상황과 시간이 달라져도 변하지 않는 객관적인 정보나 자료들을 말한다. 어떠한 대상에 대한 기억은 각자 처한 상황에 따라 다를 수 있으나 종교 경전이나 법률, 의학지식처럼 기억 주체에 따라 달라질 수 없는 불변의 것들이 이에 해당한다.

반면 활력으로서의 기억은 과거에 대한 현재의 주체에 따라 달라질 수 있다는 점을 전제한다. 아련한 첫사랑처럼 우리의 무의식이 내재된 기억은 객관적 정보나 불변의 법칙이 아니라 각자의 입장과 당시의 상황에 따라 언제든 달라질 수 있는 것이다. 사랑 노래가 시공간의 변화, 그리고 정보와 감정의 변화로 변형, 왜곡, 전복, 개선, 삭제 등에 의해 누군가에게는 당시를 아름답게 하기도, 누군가에겐 쓰디쓴 이별의 노래로 기억될 수 있는 것처럼 말이다. 따라서 활력으로서의 기억은 문화콘텐츠가 시간이 흘러 복고로 다시 소환될 때, 다양한 감성으로 느껴지고 활용되는 소재가 된다.

한편 그녀는 문화 기억으로서 현재에 재현되는 과정을 설명하기 위해 기억을 '기능기억'과 '저장기억'으로 구분하였다. 활성적 기억이라고도 불리는 기능기억은 그 이름처럼 현재에 드러난 기억으로서 축제, 의식, 기념일 등 유사한 사회문화적 정체성을 보유한 사람들에게 공통으로 나타나는 전형화된 기억을 말한다. 콘텐츠 차원에서는 크리스마스면 방송되는 '나 홀로 집에'나 언제나 들리는 머라이어 캐리M. Carey의 수십 년 전 캐롤 등이 이에 해당한다.

이에 비해 저장기억은 '비활성적' 기억으로서 무정형의 덩어리로, 사용되지 않고 정돈되지 않은 기억의 마당이다. 이는 기능기억에 비해 체계나 의미가 명확하지 않을 수도 있는, 배경과 맥락Context으로의 역할을 한다. 이는 콘텐츠 제작, 소비 측면에서 에너지로 작용 가능한 기억이 된다. 예를 들어 유신 말기를 그린 영화 〈남산의 부장들〉을 보며 관객들은 저마다 암살범인 김재규와 대통령 박정희에 대한 다양한 차원의 시선이 생성, 변형, 보유된다. 그리고 두 인물에 대한 평가는 물론이고 해당 사건, 나아가 당시의 정치 상황 등에 대한 다양한 담론이 콘텐츠를 통해 확산되는 것이다.

그러나 이와 같은 문화 기억의 구분은 결코 대립적인 관계를 통한 '차이'를 전제로 하는 개념이 아니라 상호보완적 개념을 설명하기 위한 방법일 뿐이고 이를 통해 복고문화 콘텐츠의 다양한 자양분이 되는 것이다. 정리하면, 저장기억의 범위를 벗어난 기능기억은 실상이 없는 허구적 상상에 가깝고, 기능기억을 단단히 둘러싸지 못한 해체된 저장기억은 지표를 잃고 표류하는 거대한 정보의 덩어리에 불과할 수 있다.[2]

<그림 1> 기능기억과 저장기억의 관계[3]

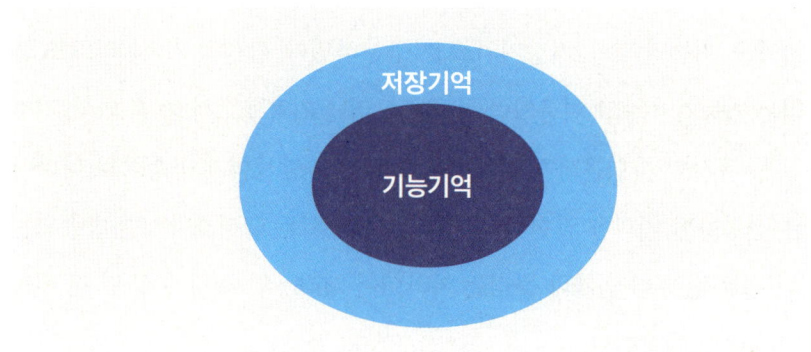

기능기억과 저장기억의 관계가 의미 있는 것은 단지 학술적 차원으로 그치는 것이 아니라 복고와 같은 문화 현상을 통해 콘텐츠 향유자의 심리를 파악하는데 유용하기 때문이다. 복고문화 콘텐츠가 지속적으로 확산되는 데에는 바로 이러한 기능기억과 저장기억의 활발한 교류가 일어나고 있기 때문이라고 할 수 있다. 해당 시대를 겪은 사람들에게 직접적으로 소환되는 기억은 물론이고, 당시를 경험하지 못한 사람들에게도 콘텐츠를 통해 기능기억과 저장기억의 경계가 허물어지고 교류되는 순간, 복고가 특정 세대에만 해당되는 일시적이고 파편적인 현상이 아님을 확인하게 되는 것이다.

2) 뉴미디어 시대의 문화 기억

기억에 대한 다양한 관심은 우리가 기억해야 할 것들이 많아짐과 동시에 기억할 수 있게 만드는 다양한 기술에 의해 더욱 확산되고 있다. 특히 20세기 이후 라디오, TV 등 전자 기술에 의한 다양한 매체Media에 의해 살아 있는 정보와 기억을 기록하고 언제든 꺼내어 볼 수 있는 과거가 탄생했다.

흥미로운 점은 이러한 시대의 도래와 동시에 인류가 그 이전 세기까지 겪었던 모든 변화와 발전의 총합보다 지난 100년의 그것이 훨씬 크다는 것이다. 기술의 급격한 발전에 따른 사회의 변화는 자연스럽게 수많은 사건과 그에 따른 과거의 기억을 남기게 했고, 이 지점에서부터 우리의 기억은 단순한 정보만 아니라 문화적 의미를 확보하게 된다.

과거의 경험을 단순한 암기나 인쇄물에 의해 기억하는 시대와 달리 우리가 물리적으로 '기억'한다는 것은 기억이라는 '명사'적 성질을 넘어 행위로의 무게 중심 이동, 즉, '동사'적 성질의 기억 시대로 변화함을 의미한다. 따라서 이것은 단순한 정보의 소환이 아니라 다분히 감성적이고 문화적인 기억 특성을 보여준다. 그 때 그 순간 '무슨 일'이 일어났는가의 문제를 넘어 그 때 그 일로 인해 내가 어떤 감정을 갖게 되었는가를 기억하는 일이 중요해진 것이다. 따라서 기억은 점점 과거에 대한 보편적, 객관적, 기계적 정보와 사실로서의 '역사' 기억 중심에서 복합적, 주관적, 감성적 가능성과 다양성 재현으로서의 '문화' 기억 시대로 이동하고 있음을 확인하게 된다.

특히 다양한 첨단 뉴미디어가 일상으로 파고든 오늘날에는 수많은 과거의 자료들이 인터넷을 통해 언제든 소환 가능하고 무한대의 'Skip'과 'Rewind'를 통해 과거를 검색하고 기억을 현재화할 수 있다. 문화콘텐츠에서 이러한 현상은 더욱 잘 드러나는데, 예를 들어 유튜브와 같은 플랫폼을 통해 과거를 탐색하고, 활용하여 복고 현상과 같은 새로운 향유 시대를 가능케 하고 있다.

이런 환경은 해당 콘텐츠를 경험한 사람은 물론이고 그렇지 못한 세대에게도 과거를 눈앞에서 즐길 수 있게 한다. 먼저 당시를 경험한 세대에게 뉴미디어 환경은 그 때의 감성을 정확하게 재현해 줄 수 있는 저장소가 된다. 직접 경험한 과거를 그리워하는 당사자들에게 정확하고 다양한 과거의 자료들은 저장기억 속에 잠들어 있던 감성을 자극해 복고문화 콘텐츠와 같은 추억을 회상하는 문화적 소재로 재현되는 것이다. 다음으로 당시를 경험하지 못한 세대에게는 직접 겪지는 못했지만 수많은 자료가 저장되어 있는 뉴미디어를 활용해 원하는 시대로 여행할 수 있게 해준다. 이러한 기술과 문화 발전의 시기적 유사성으로 인해 자신의 기억뿐만 아니라 이전 세대에 대한 관심이 높아지고, 미디어가 이러한 궁금증을 해결해 주는 해결사가 되는 것이다.

물론 너무 많은 자료들이 객관적이고 공정한 필터링 없이 병렬식으로 나열된 뉴미디어의 과거에 대한 우려의 시선도 있다. 데리다J. Derrida, 1996는 현대사회의 과도한 저장과 기록문화에 대해 소수가 지배하던 정보 독점을 탈피하고 있으나 '정리'와 '배열'이 사라진 무분별한 저장은 문제가 있다고 지적한다. 이는 손쉬운 과거 접근 가능성이 주는 장점을 뒤로 하고, '아무' 자료나 저장되어 있기 때문에 가치 있는 과거와 그렇지 않은 것의 혼재로 오히려 문화 기억을 혼란스럽게 한다는 것이다.

또한 뉴미디어 환경은 기존의 콘텐츠 소비방식을 변화시키고 있다. 시간과 비용을 지불하고 소장하게 되던 소비자들은 뉴미디어 시대에 더 이상 실체적 물건을 소유하지 않고 있다. 소장하고 싶은 음악과 영상은 더 이상 비디오 테이프나 DVD, 카세트 테이프나 CD 등 물화物化된 상태가 아닌, 온라인 상에서 '흘려Streaming' 보내고 있다. 감성의 산물로서의 문화콘텐츠가 반드시 실재하는 창작물로 존재할 필요는 없겠지만, 과거를 그리워한다는 측면에서 이러한 현상은 기억의 매개체로서 이전과는 분명하게 달라진 환경임을 알 수 있다.

이처럼 기술발전에 의한 뉴미디어 시대는 과거는 물론 현재에 소비되는 모든 콘텐츠를 무한대의 저장소에 기록해 놓을 수 있으며, 향후 언제든 손쉽게 소환 가능한 '완전 기억능력Total Recall'의 시대로 우리를 안내한다. 이런 환경 덕분에 가능해진 시간 여행에서 결정적인 점은, 사람들이 전혀 뒤로 가지 않는다는 사실에 있다. 그들은 시공간 아카이브 평면에서 수평적으로, 옆으로 움직인다.4 1990년 동명同名의 영화에서 보여준 미래의 모습이 지금과 같지는 않지만, 이름처럼 모든 것을 기억할 수 있는 시대가 된 것이다. 오늘도 미디어와 기억은 함께 움직이고 있다!

2. Retro : 식상한, 그러나 여전히 매력적인....

1) 복고의 경향

기억에 대한 관심은 자연스럽게 그와 관련된 콘텐츠로 눈을 돌리게 한다. 우선 복고가 어떻게 향유되고 있는지 살펴보면 대략 다음과 같다. 첫째, 복고 현상은 앞서 언급한 것처럼 영화, 음악, TV 드라마 등 주요 장르는 물론이고, 애니메이션이나 출판, 디자인, 패션 등 '전 분야'에서 '지속적'으로 일어나고 있는 현상이다. 더구나 한 장르에서 성공적인 복고가 진행되면 다른 분야에서도 즉각적으로 해당 콘텐츠를 특성에 맞게 재조명하는 연속적인 현상들도 눈에 띈다. 한국의 복고현상을 점화시켰다고 평가 받는 포크 음악 중심의 '7080 음악' 관련 콘텐츠의 경우, 그 시작은 2004년 방송 프로그램KBS 열린음악회이었으나 이후 공연을 통한 관객과의 직접적인 대면은 물론, 각종 앨범, TV 예능 프로그램 등으로 확산되었고, 급기야 영화 '쎄시봉'나 다양한 '주크박스' 뮤지컬 등으로 확산되는 경우를 목격하게 된다.

다음으로 복고 확산을 가능케 해준 제작환경의 용이성을 들 수 있다. 첨단 기술의 발달로 지나간 시절을 원형보다 더 정확하게 현재에 구현하는 것은 기본이고 복고문화 콘텐츠 중 원형을 그대로 향유하는 경우에도 현재의 플랫폼이나 디바이스에 최적화된 상태로 수신자에게 전달되는 등 기술이 과거를 더욱 선명하게 전달하고 있는 것이다. 따라서 과거를 경험한 사람들에게는 생생한 추억을, 그렇지 못한 세대에게는 '리얼한' 간접경험을 선사하는 것이다.

한편으로는 복고의 경향이 그에 대한 우려의 시선을 보여주기도 하는데, 먼저 복고 주기의 단축 현상을 들 수 있다. 복고라는 기표 그대로 일정 시간이 경과한 문화콘텐츠가 재조명되던 이전과 달리 오늘날에는 심지어 10년 내외의 시간 간격을 두고 복고가 진행되곤 한다. 근대적 의미의 대중문화 발전이 우리보다 빨랐다고 할 수 있는 미국 등의 경우 복고가 시작되었다고 할 수 있던 1970년대 이후 일정시간까지는 주로 한 세대를 거쳐, 그러니까 대략 30년 전의 문화들이 소재로 각광받았다. 그러나 새로운 세기가 시작된 2000년대 이후가 되면서 복고의 주기가 점차 단축되는 모습니다. 복고의 20년 주기설 Twenty-Year Rule of Revivalism[5]이라는 말처럼 90년대가 70년대를, 2000년대가 80년대를 소환하는 것이 일반적이었으나 최근의 경우 그 시기가 10년 내외로 단축된 것을 목격하게 된다. 특히 아주 먼 과거의 이야기, 즉 역사적 기억을 중심으로 하는 콘텐츠보다 비교적 현재와 가까운, 감성의 잔향이 남겨져 있는 최근의 문화 기억에 콘텐츠 생산자나 소비자 모두 관심을 기울인다는 점이 발견된다.

다음으로 복고의 소재 문제로서 과거를 소환한다는 것은 비교적 널리 알려진, 유명한 콘텐츠 위주의 재생산에 집중되고 있는 점이다. 아무리 지나간 과거라 할지라도 사람들에게 공통의 관심이 덜한 콘텐츠는 우리에게 쉽게 다시 찾아 오지 않는다. 가장 강인하게 자리 잡은 문화 기억이 저장기억 속에 묻혀 있다가 어느 순간 콘텐츠로 소환되며 다시 한 번 주목 받게 되는 것이다. 콘텐츠 편식이 복고에도 적용되는 듯하다.

2) 복고 확산의 원인

그렇다면 복고가 지속적으로 확산되는 원인은 무엇인가? 다양한 원인 중 콘텐츠 소비자의 심리적 측면에서 살펴보면 다음과 같다.

먼저 콘텐츠를 소비하는 수신자들의 경우 성장하는 과정에 자연스럽게 발생하는 심리적 원인을 들 수 있다. 어린 시절 추억의 장소나 소중한 나만의 보물 상자를 그리워하는 당연한 심리는 당시로부터 시간이 지난 시점, 주로 경제적으로나 사회적으로 일정 지위를 갖게 되는 시점과 교차하게 된다. 심리학 차원에서의 실증적 연구도 이러한 설명을 뒷받침하는데, 마틴 코웨이 M. Coway, 1999는 노인들에 대한 그리운 과거를 묻는 실험에서 약 60%의 기억이 15-25세의 청년기를 지목했다며, 이를 '회고절정 Reminiscence Bump'이라고 표현한다.

냉정한 현실사회 진입 이전까지의 보호받을 수 있고, 이성보다 감성을 중시하던 시절을 그리워한다는 것이다. 이는 콘텐츠 소비에도 영향을 주는데, 예를 들어 아날로그 시절을 그리워하는 사람들을 위해 LP모양의 CD나 고의적인 과거 분위기의 영상콘텐츠나 과거를 재현한 문화 공간 등 언제나 그리운 내 마음속 과거 여행에 기꺼이 시간과 비용을 사용하고 있음을 쉽게 발견하게 된다.

다음으로 심리적 차원 이전의 동물적 욕망인 회귀본능 Homing Instinct을 들 수 있다. 어린 시절, 그리고 가장 행복했던 그리운 그때로 돌아가고 싶은 장소와 공간, 환경에 대한 원초적 본능인 회귀본능은 좁고 불편한 지난날 자취방이나 친구들과 함께 했던 놀이터 등 지금은 보잘 것 없는 당시를 그리워하는 매개체가 된다. 이런 환경에 대한 기억은 단순히 물리적 '장소 Place'만을 의미하는 것은 아니고 내 경험과 추억, 그리고 그로 인한 '이야기'가 존재하는 문화적 '공간Space'을 의미한다. 이것은 오히려 그 환경을 정확히 기억해 냄으로써 발현되는 것이 아니라 당시를 잊고 있는 현재를 확인하는, 즉 당시 기억에 대한 부재에서 오히려 강한 욕구를 느끼고 유사 경험을 한 집단에게 기억에 대한 정체성을 확보하게 해준다. 월드컵의 추억과 촛불운동의 공통 상징 장소인 서울광장이나 광화문 광장, 5·18 민주화운동의 상징인 옛 전남도청 등은 당시를 경험한 많은 사람들에게 다양한 문화 기억으로 내재해 있고, 복고문화 콘텐츠로 재현될 때 각자의 감성을 자극하게 되는 것이다.

이처럼 복고현상은 특정분야의 일시적인 현상이 아니라 현재를 살고 있는 문화 향유자의 다양한 심리적, 환경적 동기와 조우하게 되어 지속적으로 확산되고 있는 것이다. 그렇다면 복고 현상은 콘텐츠 소비에 어떤 영향을 주고 있는가?

3) 복고의 확장, 복고 산업 !

우선 복고 확산으로 인해 생기는 변화를 살펴보자. 문화콘텐츠의 특성상 사람들이 관심을 갖는 분야는 필연적으로 그것과 관련된 경제적 결과를 주목하게 된다. 상업성이 결여된 콘텐츠는 예술적 가치와는 별개로 성공 사례로 인식되기 어려운 것이 현실이기 때문이다. 특히 과거에 대한 그리움으로 지나간 시간을 콘텐츠로 향유하는 특성은 첨단 기술의 발달로 급변하고 있는 사회 전반에 의미 있는 해석을 가능케 한다.

불확실한 미래와 고된 오늘보다 과거라는 매력적인 주제에 대해 지속적으로 관심을 갖는 콘텐츠의 방향성은 '과거'를 역사와도 경합하지만 '복고'라는 단어로 치환되어 소비욕을 자극하는 아이콘으로 재현시키는 것이다.[6] 수십 년 전 발매된 낡은 음반이 수 백 만원에 팔리고, 유행을 한참 지난 듯한 디자인과 인테리어에 관심을 갖는 등 과거를 그리며 콘텐츠를 소비하는 사람들이 늘고 있다. 문화 기억과 그것이 재현된 복고문화 콘텐츠를 통해 과거와 현재, 그리고 과거의 우리와 지금의 우리가 만나게 되는 것이다.

그렇다면 이러한 복고산업의 확산 원인은 무엇인가? 첫째, 복고상품을 통한 과거와 소비자의 동일시 현상과 심리적 자기만족의 확산을 들 수 있다. 콘텐츠를 통해 실제 경험했던 사건이나 상황은 물론이고 그렇지 못했던 시대로 돌아가서 자신을 위치시킬 수 있는 환경이 되었다. 즉, 〈응답하라 1988〉에 나온 수많은 시대 추억의 소재들이 영상을 통해 재현되는 동시에 그 배경음악이 원곡뿐만 아니라, 현재 세대에게도 사랑받는 가수들의 목소리로 재현되며 시대를 이해하는 도구로 사용되는 것이다.

이런 경우 객관적 사실이나 역사적 진실의 문제를 넘어 감성적 차원의 접근이 주를 이룬다. 특히 평범한 우리의 주변 사람들에게, 그리고 상업성을 전제로 제작된다는 콘텐츠 특성상 이를 통한 과거 기억의 변주變奏는 기억의 왜곡이라는 비판보다 그것의 확장으로 이해하는 것이 타당하다.

두 번째 원인으로는 복고 향유를 통한 자기만족의 기회를 확보하려는 콘텐츠 소비의 특징을 들 수 있다. 콘텐츠에 대한 인간의 성향은 앞서 언급한 타인과의 문화 기억 공유뿐만 아니라 자신만이 간직하고 싶은 소유 욕구가 동반되게 된다. 복고의 대상에 대해 함께 좋아하고 그리워하면서도, 동시에 상품화된 문화콘텐츠를 통해 다른 사람들은 갖지 못한 특별한 '나만의' 무언가를 갈망하는 심리를 말한다. '슈가맨(JTBC)'에 오랜만에 등장해 재조명 받는 이름 그대로 지난 시절往年 가수에게 새로운 세대나 관심을 두지 않았던 사람들이 열광할 때, 기존 마니아들은 '우리' 스타에 대한 다른 사람들의 관심에 만족하기도 한다. 하지만, 동시에 나만의 혹은 몇몇만 알 수 있는 '은밀한' 것들에 더 큰 만족감을 얻는 것이다.

이런 원인을 통해 복고의 산업화는 더욱 강해진다. 한국은 물론 세계적으로도 2000년대 이후 기술발전과 문화향유의 패러다임이 급격히 변하기 시작했고, 이 시기 스마트폰, 유튜브와 같은 인터넷 기반의 플랫폼과 디바이스들이 확산되면서 복고문화 콘텐츠 소비시장은 급속도로 확장되었다. 이러한 현상은 한국은 물론 다양한 국가에서 동시다발적으로 진행되고 있는데, 미국에서는 과거의 향수가 짙은 아날로그 방식의 카세트 테이프가 2016년에 전년보다 74%가 상승[7]하고 있고, 일본의 경우도 이른바 '쇼와 붐昭和(1926~1989) Boom'이라 불리는 복고 현상이 최근 유행이다.[8] 이처럼 그들이 경제적으로 풍요롭고 안정된 사회를 영위하던 1980년대에 즐겼던 다양한 문화적 산물이 향수와 추억, 즉 문화 기억을 통해 다양한 복고 상품으로 소비되고 있는 것이다.

이러한 복고의 산업화 가속은 집단의 역사 기억과 콘텐츠를 통한 문화 기억이 내재된 다양한 장소나 시간, 인물 등의 소재를 통해 기억산업 Memory Industry이라는 개념으로 확장되고 있다. 예를 들어 아우슈비츠 수용소나 서대문 형무소 등은 상징과 기념으로만 머무르는 역사 기억 차원만이 아니라 다양한 복고문화 콘텐츠를 통해 살아 움직이는 문화 기억의 차원에서 유무형의 가치를 생성하고 있는 것이다.

물론 이러한 복고 산업의 확산 과정에서 우려할 점도 없지 않다. 우선, 복고 상품 판매 등에 집중된 문화 향유의 자본의존도 심화의 문제가 있다. 나만이 소유하고 싶은 추억의 매개체들에 대한 소비는 의외로 비합리적이다. 물론 콘텐츠 소비라는 것이 기본적으로 이성보다는 감성 작동의 영역이고 기호에 의한 소비라고 하지만, 과거에 대한 향유는 그리움과 반가움의 정도가 남다르기 때문에 더욱 비합리적일 수 있는 것이다. 그리운 과거에 대한 향수鄕愁가 자칫 '돈 냄새' 가득한 향수香水로 포장되어 우리를 유혹하기만 한다면 문제가 될 수 있다.

다음으로 과거에 대한 인식의 변질이나 역사의식 부재의 문제 등이 있다. 과거에 대한 향수가 복고를 확산시키지만, 앞서 언급한 것처럼 다양한 이유로 창의성이 결여되거나 혹은 지배담론에 의해 조종되는 과거에 대한 왜곡 가능성이 있다. 푸코M. Foucault, 1975는 지배담론이 책과 영화 그리고 텔레비전 등과 같은 미디어에서 재현되는데, 여기서 제시된 과거에 대해 대중은 자신들의 기억이라고 인식하고, 수용하게 된다고 하였다. 하지만 이 과정에서 대중은 자신들의 모습으로 보는 것이 아니라 자신들의 모습이었다고 기억해야 하는 것을 보게 된다.[9] 즉 창의성이 결여된 복고 문화 콘텐츠는 그 문화 기억에 대한 객관성이 담보되지도 않고 지배 권력에 의해 쉽게 조종되어 과거를 순화시키려는 의도에 빠져들 가능성이 농후하다는 것이다.[10]

예를 들어 7080 음악이 재조명받던 1990년대 말에서 2000년대 초반 사이, 시대상황상 대학을 다니지 못한 당시 중년층에게 자유와 평화, 세련된 사랑을 이야기했던 포크음악은 삶 속에서 노동요勞動謠처럼 듣던 일상의 트로트와 괴리감을 느끼게 한다. 청바지를 입고, 상아탑 아래서 통기타를 치며 생맥주를 마시던 대학생과 비좁고 어두운 공간에서 그저 배고픔을 해결하기 위해 일해야만 했던 공장의 노동자는 결코 같은 현실 속에 마주하고 공감하지 못하기 때문이다.

그런데 자본이, 그리고 권력이 당시 기억을 그러한 낭만적인 것들로 포장하고 문화콘텐츠 발신자들이 이를 상품화하여 그때를 눈앞에 재현했을 때, 경험세대의 혼란은 물론이고 미경험 세대의 착시는 공고해진다. 과거에 대한 해석에서의 변화는 어쩌면 불가피한 문제일 수 있고, 특히 문화콘텐츠로 재현되는 과정에서는 당연한 일일 수도 있다. 하지만 이러한 변형이 왜곡이 되고, 다양한 이유로 그것이 굳어지면 자칫 그래서는 안될 역사적 사실이 편향되거나 왜곡될 수도 있기 때문이다.

4) 복고 산업 전망

그렇다면 복고 확산에 따른 산업화는 앞으로 어떤 방향으로 전개될 것인가? 우선 앞서 살펴본 것처럼 미래로 나아가는 사회에서 과거를 찾아보려는 우리 모습은 이상하리만큼 잦아지고, 동시에 깊어짐을 발견하게 된다. 마치 과거를 찾기 위해 미래를 사용하는 느낌마저 든다. 그 가운데 문화 현상, 소비 현상으로서의 복고가 확산되는 것이다.

또한 콘텐츠의 산업화는 필연적인 과정이고, 언급한 것처럼 소비능력이 왕성해지는 30~40대 이후의 수신자들에게 추억의 상품은 값을 매기기 어려운 소중하고도 매력적인 소재가 된다. 새로 나온 첨단 기술 기반 콘텐츠는 오히려 적정한 가격 형성과 문화 소비 트렌드를 따라가기 마련이지만, 추억을 소환해 주는 희귀한 문화 상품들은 그 값어치를 측정한다는 것이 사실상 어렵기 때문이다. 어쩌면 기존 상품은 물론이고, 문화콘텐츠 중에서도 가장 비非합리적 소비가 진행될 수 있는 분야가 바로 복고인 것이다. 새롭고, 뛰어나고, 신기한 상품이 아닌 낡고, 진귀하고, 그래서 더욱 갖고 싶은 것이기 때문이다.

　더욱이 이러한 현상을 반영한 새로운 마케팅 중 하나인 '레트로 마케팅 Retro Marketing'의 확산은 나만 혼자 간직하고 싶은 과거의 분위기를 모두 함께 '공유'할 수 있는 분위기로 만들어 준다. 특히 복고는 과거에 대한 직접적인 체험이 중요한데, 체화되고 기억된 당시 경험이 콘텐츠로 재현될 때 더욱 매력적인 소재가 되는 것이다.

　흥미로운 점은 이러한 마케팅과 소비가 미경험 세대에게도 확산되고 있다는 것이다. 새로운 것에 대한 거부감이 덜한 요즘 젊은이들에게 복고는 자신 스스로에게는 낯설음의 흥미를 유발하고, 그것이 과거 세대가 열광했다는 점에서 매력적으로 다가오게 되는 것이다. 콘텐츠 향유환경이 발달하는 다양한 기술에 의해 더욱 세분화되어 과거 찾기가 용이해졌고, 이를 통해 세대 및 시대에 의한 정교한 분화가 진행되고 있다. 단순히 1970년대, 80년대가 아니라 71년, 82년의 히트곡과 개봉영화를 소환해, '10대 가수상' 수상자와 '대종상 주연상' 수상을 손쉽게 찾아내 즐길 수 있는 것이다. 이는 문화 향유의 폭은 물론 그 깊이까지 넓히는 중요한 자료가 된다. 기술이 그것을 가능케 하리니…

　이처럼 누군가에게는 지난 시절을 추억하는 콘텐츠가 누군가에게는 새로운 그것이 되고, 문화콘텐츠를 통해 그 두 세대가 공감할 수 있는 지점이 생성되는 것은 단순히 산업적 차원을 넘어 사회문화적으로 중요한 지점이 될 수 있는 것이다. 이처럼 복고는 자칫 문화적 창의성을 저해하고 지나친 상업화에 대한 우려가 있지만, 오히려 이러한 점을 긍정적인 요소로 극복하고 발전시킬 수 있는 매력적인 문화 현상임에 틀림없다. 그렇다면 복고는 우리 사회에 어떤 역할을 할 수 있을까?

Ⅳ. Harmony : 문화 기억을 통한 복고의 역할!

지금까지 우리는 사회적 존재로서 인간의 문화 기억이 복고 확산의 주된 동력이 되고 있고, 복고를 통한 가치들이 산업과 콘텐츠 소비에까지 영향을 미치고 있는 시대를 살고 있음을 확인할 수 있었다. 따라서 복고가 갖는 다양한 함의에 대해 살펴보는 것은 중요한 일이다. 그 중에서 필자는 복고를 통해 다양한 주체들 간의 조화 가능성에 주목한다. 함께 살고 있는 시공간에서도 각자 환경이나 의식에 의해 서로 다른 경험과 기억을 갖는 사람들이 '차이' 속에서 복고를 통해 상호 교감과 교류를 하게 되고, 서로 '같음'을 확인하는 경험은 문화적 차원뿐만 아니라 사회적 차원에서도 매우 중요하기 때문이다.

1. 기술과 감성의 조화

복고가 우리에게 기여할 수 있는 첫 번째는 바로 첨단 기술과 인간의 감성 사이의 조화라 할 수 있다. 언급한 것처럼 유튜브, 인터넷 등 다양한 뉴미디어 기술은 우리를 원하는 시간과 공간으로 손쉽게 이끌어 준다. '불후의 명곡(KBS)'이나 '슈가맨(JTBC)' 등에서 소환되는 콘텐츠는 동시에 사람들로 하여금 당시 자료를 집중적으로 검색하게 만든다. 따라서 그 시절 주인공들은 현재의 모습만 보이는 것이 아니라 곧바로 과거 모습도 검색, 공개된다. 이러한 과정을 통해 당시를 기억하는 사람은 물론 새롭게 알게 된 사람들에게까지 다양한 모습으로 각인되게 되며, 이런 콘텐츠 향유의 바탕에 첨단 기술이 있는 것이다.

흥미로운 점은 이런 환경이 과연 당시의 모습을 그대로 재현하거나 그들의 현재만 보여주는가 하는 문제다. 오늘날 첨단 기술은 사라져버린 과거도 완벽히 재현해낸다. 예를 들어 지금은 사라진 다양한 문화 기억의 장소들은 과거의 사진과 영상으로만 남지 않는다. 당시모습 그대로, 아니 어쩌면 그보다 더욱 세밀하고 정교한 모습으로 과거를 '현재화'할 수 있게 된 것이다. 사회적, 역사적 고증을 위한 경우는 물론이고, 시대 재현이 스토리 전개상 중요한 목적인 복고문화 콘텐츠에 실감나는 구현이 언제든 가능한 것이다. CG, 특수효과 등의 단어는 이제 미래뿐만 아니라 문화 기억에 의해 과거를 위해 사용되는 것을 쉽게 목격하게 된다. 때때로 과거는 현재보다 훨씬 더 '정확'하게 그려진다.

또 다른 경우는 감성적 목적 때문에 의도적으로 과거 스타일로 표현해 시대 분위기를 재현하는 경우다. 예를 들면, 최첨단 녹음기술과 장비들이 충분한 오늘날 의도적으로 과거 아날로그 방식의 악기나 장비를 사용하여 덜 정제된, 그러면서도 인간적인 느낌의 음악들을 구현하고 있다. 이와 같은 기술을 활용해 언뜻 부족한 듯 보이지만 인간미 넘치는 아날로그 감성을 전달하고 있는 것이다.

이러한 감성공유 과정에 기술이 활용된다는 점은 매우 흥미롭다. 기술을 통해 콘텐츠 각각의 특성에 맞는 새로운 '복고' 작업이 다양해질 수 있기 때문이다. 특히 매체Media에 의한 기억의 공유와 전수는 '정보'로서의 과거가 아니라 감성적 '재현'으로서의 그것이 된다. 이때의 기술은 다양한 주체를 이어주는 중요한 매개체Medium가 되는 것이다. 이런 환경은 거시적 의미뿐만 아니라 콘텐츠 향유로 이어져 다양한 소비행태를 야기한다. 이전까지 없던 플랫폼과 디바이스를 활용한 복고문화 콘텐츠가 소비와 향유를 통해 우리에게 당시를 명징한 문화 산물로 구체화시켜주는 것이다. '기술'과 '감성'이라는 이질적 개념이 과거를 통해 사람들의 겉과 속을 이어주는 흥미로운 시대가 된 것이다.

2. OB와 YB의 조화

과거를 이해하는 과정에서 복고의 또 다른 역할은 바로 세대 간의 조화다. 기존의 경험을 보유한 세대가 잊고 있던 복고문화 콘텐츠를 통해 저장 기억이 발현되어 새로운 문화 향유를 경험하는 과정은 일반적인 세대론적 문화 현상으로 쉽게 이해된다. 그러나 오늘날의 복고는 조금 다르다. 당시와 시대적 유사성이 전혀 발견되지 않는 세대에게도 발견된다는 것이다. 이 지점에서 살펴볼 문제가 바로 '세대Generation'라는 단어다.

일반적으로 세대는 '다음 세대', '한 세대', '우리 세대'와 같이 '나이(연령)'에 기준해 이해되곤 한다. 그러나 '유신 세대', '한일 월드컵 세대', '88만원 세대', '촛불세대' 등의 구분처럼 연령이 아니라 동 시대를 살면서 특정한 사회문화적 경험을 공유한 사람들을 표현하는 단어로 사용됨을 알 수 있다. 정치적 성향, 문화적 동질성, 기술 활용의 범주 등 다양한 구분에 의해 세대라는 말의 기준이 변화하고 있는 것이다.

복고 현상에 있어서는 어떠한가? 지난 시절을 향수로 생각하는 세대는 독립적으로 그들만 존재할 수 있을까? 화제가 되었던 영화 '보헤미안 랩소디'의 경우를 보면, 80년대 그들의 음악을 직접 겪었던 '생물학'적 향유 세대만의 전유물이 아님을 쉽게 확인할 수 있다. 이 영화는 40대의 비율이 25.8%인데 반해 20대가 32.5%, 30대가 25.8%[11]로 당시를 경험하지 않은 세대에게 더 큰 관심을 받았다. 다양한 과거 소환 기술을 통해 그룹

퀸Queen과 프레디 머큐리F. Mercury에 대한 정보는 어쩌면 그 시절 마니아들의 '머릿속' 정보보다 더 정확하고, 다양하게 검색하고 향유할 수 있는 환경이다. 이런 상황에서의 세대는 다분히 문화적이고 경험적 차원의 개념이 되는 것이다.

이처럼 복고를 통한 세대 간 조화와 통합의 가능성은 거시적인 의미뿐만 아니라 감성을 공유하는 문화적 차원에서 더욱 큰 의미를 갖는 개념이라 할 수 있다. 나아가 기존 경험세대가 확산시키고 있는 자신들이 기억하는 '복고'는 물론이고, 새로운 세대들이 새롭게 관심 갖는 지난 시절의 콘텐츠 또한 의미 있는 문화현상으로 자리하게 되어 새로운New 복고Retro라는 의미의 '뉴트로Newtro'라는 신조어를 만들어 내고 있다.

<그림 2>   뉴트로 마케팅으로 광고 중인 글로벌 IT 기업들(페이스북, 트위터, 유튜브)12

그들은 과거나 과거 분위기의 콘텐츠에서 결코 그 시절을 오래되고 낡은 것으로만 수용하지 않는다. 재밌고, 새롭고, 독창적으로 보이는 레트로 스타일은 그 시절을 겪은 사람들이 떠올리는 기억과는 다른 차원의 감성을 경험하는 것이다. 그리고 이것은 콘텐츠 소비에 익숙한 그들의 성향과 맞물려 뉴트로와 같은 새로운 경제적 효과를 나타내고 있다. 기성세대의 '추억'에 의한 소비와 젊은 세대의 새로운 '스타일'로서의 소비가 맞물려 복고의 경제적 가치를 한층 높이고 있다.

지금까지 복고의 역할 중에서 세대 간 통합과 그로 인한 상호 감성적 공유 가능성에 대해 살펴보았다. 물론 세대 간 시간과 공간의 차이는 물리적으로, 그리고 문화적으로도 엄연히 존재한다. 환경에 따른 세대 간 문화 기억의 차이 또한 절대 동일할 수 없는 부분이다. 복고에서도 마찬가지여서, 기억된 과거와 구성된 현재 사이의 관계는 변화하긴 하지만 끊임없이 일어나는 구속과 재협상의 관계이지, 과거가 현재에서 순수하게 만들어지거나 현재가 과거의 획일적 유산에 붙들려 맹목적으로 충성하는 관계가 아니다.[13] 문화 기억과 세대 정체성의 바로 이러한 특성이 각 세대가 관심을 갖는 복고 대상의 차이를 만들어내는 지점임에는 틀림없다. 그러나 앞서 언급한 것처럼 동시대를 사는 세대가 단절된 폐쇄적인 시공간에 머무를 수 없기에 자연스럽게 서로의 관심사를 살펴보게 된다.

이처럼 문화향유뿐만 아니라 콘텐츠 소비에 있어서까지, 가치관과 정체성이 상이한 두 집단 간의 조화는 복고가 우리 사회에서 어떤 역할을 할 수 있는지 보여주는 좋은 사례가 된다.

3. 개인과 집단의 조화

복고 향유를 통한 조화와 공감의 가능성은 또한 개인과 집단 간의 소통을 원활히 해주곤 한다. 우선 인간은 누구도 홀로 존재하기 어려운 사회적 특성을 갖는다. 집단생활을 시작한 이래로 우리는 사실상 선택의 여지 없이 가족, 친구, 이웃, 민족 등의 다양한 사회적 범주 속에서 집단적으로 생활하게 된다. 집단은 필연적으로 공통의 가치관과 정체성을 담지하게 된다. 이러한 정체성의 공식적 기록이 바로 '역사'라 할 수 있다.

기억 측면에서도 역사는 개인의 감성보다는 집단의 이성이 강하게 작용하는데, 앞서 잠시 언급한 알박스M. Halbwachs의 집단 기억이 그 좋은 예가 된다. 이러한 사회적 산물로서 역사는 근대 이전까지 각 집단을 지탱하고 발전시키는데 중요한 요소로 활용되었다. 그러나 익히 경험했듯 힘과 권력 중심의 기록은 오히려 객관성을 상실하기도 한다. 특히 과학기술의 발달과 개인의 주체적 삶에 대한 관심이 높아진 근대 이후 역사적 사실에 대한 절대적 권위가 흔들리기 시작했고, 자연스럽게 개인의 삶과 기억에 대해 관심을 갖기 시작했다.

사회적 존재로서 인간 자체에 대한 관심이 높아지면서 집단생활 속에서 개인의 감성적 기억, 즉 문화 기억에 대한 관심이 증가한 것은 당연하다. 문화 기억은 특정 계층뿐만 아니라 일반적으로 '보통' 사람들이 기억할 만한 일상의 기억과 추억을 중요하게 여긴다.

복고 현상에 있어서도 다양한 문화 기억을 토대로 콘텐츠의 기획과 제작 그리고 수신자의 향유와 소비에까지, 개인은 물론 비슷한 감성을 가진 다양한 집단이 서로 공유할 수 있는 소재로 다시 태어나게 되는 문화적 힘을 보유하게 된다. 즉, 모든 사람이 하나의 시선으로 과거 사건을 바라보는 것이 아니라 각자의 시선과, 그와 유사한 기억을 가진 사람들의 성향이 발휘된 새로운 개인과 집단의 개념이 형성될 수 있는 것이 문화의 힘이고 복고의 역할이 되는 것이다. 숨길 수 없는 과거는 별개로 하고, 해석의 여지가 있는 다양한 사건들과 그에 대한 기억은 복고를 통해 풍성한 문화 콘텐츠의 자양분이 된다. 이런 환경에서 오늘날의 개인과 집단의 의미는 과거와는 다른 양상을 보이게 된다.

수많은 사건들이 지속적으로 발생하는 현대사회에서 과거와 같은 집단 구분이 무의미해지는 것을 흔히 발견하게 된다. 같은 시간을 살아도 집단과 경계에 따라 전혀 다른 삶의 경험을 하게 되는 현대인들, 즉 앞서 언급한 것처럼 'IMF세대'나 '전후戰後세대' 등과 같은 단어는 각각 해당 전쟁이나 경제적 위기를 겪지 않은 동시대의 누군가에겐 전혀 공감할 수 없는 표현이 된다. 카를 만하임K. Mannheim, 1928은 자신의 세대이론Theory of Generation에서 특정기간에 출생한 인구집단의 구성원들이 공유한 중대경험은 그들의 세대정체성과 미래기억을 형성해, 성격형성기에 같은 경험을 겪지 못한 다른 출생 집단과는 다른 방식으로 미래를 경험하고 지각하게 된다고 말한다.[14] 결국 중요한 것은 나이나 국가, 민족 등의 구분이 아니라 공통의 '경험'이다. 이런 의미에서 오늘날의 '동시대'는 때때로 '동떨어진' 시대가 되곤 한다.

그렇다면 복고와 같은 문화 현상들은 다양한 구분에 의해 역동적으로 변하는 세대와 개인/집단의 관계에서 어떤 역할을 할 수 있을까? 새로운 콘텐츠 향유환경에 의해 연령의 구분도 개인과 집단의 구분도 유동적인 시대를 살고 있는 오늘날, 역사적 사실이나 집단의 거시적 정체성만으로 사회를 유지시키기 어려운 것은 자명하다. 이를 테면, 세계에서 가장 많은 사람들이 있는 곳은 어디일까? 인구 15억이라는 중국일까? 어쩌면 인스타그램 Instagram을 합병해 23억의 회원 수를 갖게 된 페이스북 Facebook은 아닐까? 수천만 명이 언제든 손쉽게, 즉시 하나로 뭉치는 BTS의 팬클럽 '아미ARMY'들은 또 어떠한가? 이들에게 나이와 국적, 성별 등이 무슨 의미일까? 방탄소년단의 '굿즈Goods'를 소비하는 팬들에게 상품의 국가별 무역과정이나 저작권의 소유는 또 무슨 의미가 있을까?

　이처럼 오늘날의 개인과 집단은 이전의 경계를 넘어 새로운 방식으로 이해되어야 한다. 휴대폰을 들고 문화적 경험 공유에 의해 유동적으로 형성되거나 해체되는 집단의 의미와 그 안의 개인은 태어나 죽을 때까지 운명적으로 결정된 것이 아니라 사안과 맥락에 따라 결합, 해체하는 존재들이 되어 간다. 특히 문화콘텐츠에 의해 서로의 관심을 공유한 사람들은 시간이 지나도 공통의 문화 기억을 통해 강한 유대감을 간직하게 된다. 이 지점에서 복고는 단순히 '비좁은' 한국 땅에서 20~30년 전에 유행했던 대중문화로서 규정될 것이 아니라 해당 콘텐츠를 향유했고, 공감한 다양한 개인과 집단의 '무경계적' 정체성으로 영원히 기억될 소중한 자산이 된다.

　2050년 즈음, 전 세계 사람들이 최근의 BTS를 기억하며 다시 모일 날들을 상상해 보자. 그것은 한국의 힘도, 1990년대 생 멤버들의 생물학적 힘도 아닌, 문화콘텐츠 자체의 힘이 된다. 동시에 그것을 간직한 사람들의 기억, 문화 기억의 힘이 되는 것이다.

Ⅴ. Epilogue

　지금까지 인간의 기억, 그 중에서도 문화 기억이라는 개념을 통해 지속적으로 확산되고 있는 복고 현상에 대해 간략히 살펴보았다. 하루가 다르게 변하는 오늘날, 기억을 중시하며 최첨단 기술과 편리한 환경을 지나간 과거를 위해 사용하는 우리들의 모습에서 문화는, 그리고 감성은 기계적, 논리적 해석으로는 모두 담아낼 수 없는 독특한 현상임을 확인할 수 있다. 특히 문화 기억은 복고의 직접적 소재이자 감성 지속을 위한 매개체고, 나아가 콘텐츠 소비와 향유를 위한 중요한 수신자의 동인動因이 됨을 알 수 있다. 즉, 문화 기억은 우리가 '무엇'을 기억하는가의 문제만이 아니라 그것을 '어떻게' 기억하느냐의 문제, 그리고 궁극적으로는 도대체 '왜' 이토록 강렬하게 기억되느냐의 문제로 확장됨을 알 수 있다.

　문화 기억을 통한 복고 현상이 갖는 문화적 함의를 정리하면 다음과 같다. 먼저 복고는 우리로 하여금 고단한 일상으로부터 잠시 '안전한 도피'를 할 수 있게 한다. 창의성의 문제나 과도한 상업성으로 비판받기도 하지만 우리는 과거, 즉 복고를 통해 내일을 위한 '충전'을 하곤 한다. 세련된 트렌드나 스타일, 기술적 우위의 경합이 아니라 과거를 통해 감성을 충전하려는 우리의 문화적 욕구가 복고를 통해 발휘되고 있는 것이다.

　다음으로 복고는 우리를 객관적 사실에 의한 정보로서의 단순 '기억'을 문화적 요소가 개입된 '추억'으로 확대시켜 준다. 불변의 진리로서 무결점의 기억만이 아니라 감성의 진입과 문화의 개입으로 기억 주체로서 사람마다 조금 틀리거나, 다를 수 있는 지나간 시간은 '잊지 않고 있던 과거'가 아니라 결코 '잊을 수 없는 과거'로 다시 태어나게 되는 것이다.

마지막으로 복고는 가슴 속에만 머무르는 무형의 개념이 아니라 콘텐츠로 발현發現되어 실체적 산물로 활용된다. 나 혼자만 간직하고 있는 보물 상자 속 과거의 매개물이 아니라 비슷한 시대와 환경을 통해 유사한 경험과 감성을 갖는 다양한 집단과의 공감을 형성하게 해주는 실체가 되는 것이다. 그것이 고된 현실 도피를 위한 방편이든, 감성 충만을 위한 치유의 아이템이든, 혹은 과거 팔이(?)를 통한 상술이 되든, 지난 시절을 활용하고 있는 '시간 콘텐츠' 그 자체가 되는 것이다.

이를 통해 복고는 각기 다른 수많은 사람들을 하나로 만들어 주는 힘을 갖게 된다. 기술과 감성, 이전 세대와 요즘 세대, 개인과 집단의 경계를 허물어줄 수 있는 힘 말이다. 국가나 정치, 경제도, 어쩌면 종교도 결코 해결하지 못하는 오늘날의 갈등 사회에서 서로 다른 것들을 하나의 감성으로 '잠시'나마 묶어줄 수 있는, 그래서 각자 서로를 이해할 수 있는 문화적, 감성적 소통의 시간을 담보한다는 점에서 복고는 쉽게 없어지지도, 없앨 수도 없는 현상이다.

그리고 이것을 가능케 해주는 무형의 힘, 문화 기억이 있음을 알 수 있다. 그것은 머리로 기억하는 것이 아니라 내 몸이 기억하기에 결코 잊히지 않는 것, 또 누군가는 새롭게 알게 된 과거지만 그것을 경험함으로써 이전 세대와는 같고도 다른 새로운 추억을 만드는 것이다. 이처럼 문화 기억은 그저 소중하고 그립기만 한 것이 아니라 현재에도, 그리고 앞으로도 엄청난 '힘Cultural Energy'을 갖는, 그런 '살아 있는' 과거란 것을 다시 한 번 확인한다.

1 알라이다 아스만, 변학수, 채연숙 역, 『기억의 공간』, 그린비, 2009, 183쪽.
2 노창현, 「기억산업을 활용한 콘텐츠 기획 - 문화적기억을 통한 복고영화 기획을 중심으로-」, 한국멀티미디어학회, 2018. 3. 105쪽.
3 노창현, 「대중음악 복고현상에서 문화기억의 작동방식 연구」, 동국대학교 영상대학원 문화콘텐츠학과 박사학위 논문, 2019, 33쪽.
4 사이먼 레이놀즈, 최성민 역, 『레트로 마니아』, 2014, 105쪽.
5 Simon Reynolds, 『Retromania: Pop Culture's Addiction to Its Own Past』, Faber and Faber, 2011, xii
6 김지미, 「1980년대를 '기억'하는 스토리텔링의 전략」, 『대중서사연구』, 제20권 3호, 2014, 10-11쪽.
7 AGB닐슨 미디어 리서치 보고서(2017)
8 아사히(朝日)신문, 「ラジカセ、時代巻き戻して新たな人気　ユニコーンも新曲」, 2018. 6. 28. 재구성.
9 태지호, 『기억문화연구』, 커뮤니케이션북스, 2014, 58쪽.
10 노창현, 「대중음악 복고현상에서 문화기억의 작동방식 연구」, 동국대학교 영상대학원 문화콘텐츠학과 박사학위 논문, 2019, 134쪽.
11 CJ CGV 리서치센터 집계, 2018년 10월 31일(개봉일) ~ 11월 29일까지 집계.
12 Ad agency Moma Propaganda(Brazil). The Cannes Lions International Festival(Maximidia Seminars). 2010.
13 제프리 K. 올릭, 강경이 역, 『기억의 지도』, 도서출판 옥당, 2011, 97쪽.
14 제프리 K. 올릭, 강경이 역. 위의 책, 22쪽.

참고문헌

· 김지미. 「1980년대를 '기억'하는 스토리텔링의 전략」, 『대중서사연구』, 제20권 3호, 2014.
· 노창현. 「기억산업을 활용한 콘텐츠 기획-문화적기억을 통한 복고영화 기획을 중심으로-」, 한국멀티미디어학회, 2018.
· 노창현. 「대중음악 복고현상에서 문화기억의 작종방식 연구」, 동국대학교 영상대학원 문화콘텐츠학과 박사학위 논문, 2019.
· 데이비드 로웬덜. 김종원, 한명숙 역, 『과거는 낯선 나라다』, 개마고원, 2006.
· 박상환, 김희. 「문화기억의 철학적 성찰과 문화콘텐츠 연구」, 『인문과학』 제45집, 2010.
· 사이먼 레이놀즈. 최성민 역, 『레트로 마니아』, 2014.
· 제프리 K. 올릭. 강경이 역, 『기억의 지도』, 도서출판 옥당, 2011.
· 알라이다 아스만. 변학수, 채연숙 역, 『기억의 공간』 그린비, 2009.
· 양선희. 「미디어 콘텐츠의 복고열풍이 구현하는 사회통합의 가능성」, 『미디어와 공연예술연구』, 11권 제1호, 2011.

- 윤미애. 「매체와 문화적 기억」, 『독일어문화권연구』, Vol.11, 2002.
- 태지호. 『기억문화연구』, 커뮤니케이션북스, 2014.
- 테사 모리스-스즈키. 김경원 역, 『우리 안의 과거』, 휴머니스트, 2006.
- Eds. Astrid Erll and Ansgar Nünning, 『Cultural Memory Studies : An International and Interdisciplinary Handbook』, Walter de Gruyter, 2008.
- Frances Yates, 『The Art of Memory』, Routledge, London and New York, 1999.
- George Lipsitz, 『Collective Memory and American Popular Culture』, University of Minnesota Press, 1990.
- Jacques Derrida 『Archive Fever』. University of Chicago Press, 1996.
- Maurice Halbwachs, 『Das Gedächtnis und seine sozialen Bedingungen』 Berlin:Luchterhand, 1925.
- Simon Reynolds, 『Retromania: Pop Culture's Addiction to Its Own Past』, Faber and Faber, 2011.
- Svetlana Boym, 『Nostalgia and Its Discontents』, 『The Hedgehog Review』, 2007.

콘텐츠 소비, 소유와 구독 사이

윤 석 진[*]

Ⅰ. 구독경제, 튀어 오르다
Ⅱ. 나는 '소유'하지 않는다. 다만 '구독'할 뿐
Ⅲ. 왜 구독경제인가?
Ⅳ. 구독경제의 플랫폼
Ⅴ. 구독하는 세대
Ⅵ. 콘텐츠 구독, 소비자 욕구에 주목하다

윤 석 진*

- 킹핀엔터테인먼트/모조사운드/알레스뮤직 대표이사
- 동국대학교 영상대학원 문화예술학 박사과정
- 연세대학교 경영대학 산학협력중점교수
- 연세대학교 행정학과 졸업 및 행정학 석사
- 아이스타네트워크 콘텐츠사업본부장
- 서울연구원, LG투자증권, E*TRADE증권

콘텐츠 소비, 소유와 구독 사이

Ⅰ. 구독경제, 튀어 오르다

한때 '회복탄력성Resilience'[1] 이란 용어가 회자된 적이 있다. 회복탄력성은 '스트레스나 역경에 적극적으로 대처하고 시련을 견뎌 낼 수 있는 능력 또는 어떤 어려움 속에서도 마치 공이 튀어 오르듯이 탄력적으로 그 기능을 다시 회복한다'라는 뜻을 가진다. 똑같은 상황을 겪어도 어떤 사

---

[1] 회복탄력성 개념에 관해 좀 더 자세히 부연하면, 크고 작은 다양한 역경과 시련과 실패에 대한 인식을 도약의 발판으로 삼아 더 높이 뛰어오르는 마음의 근력을 의미한다고 할 수 있다. 물체마다 탄성이 다르듯이 사람에 따라 탄성이 다르다. 역경으로 인해 밑바닥까지 떨어졌다가도 강한 회복탄력성으로 다시 튀어 오르는 사람들은 대부분 원래 있었던 위치보다 더 높은 곳까지 올라갈 수 있다. 지속적인 발전을 이루거나 커다란 성취를 이뤄낸 개인이나 조직은 대부분의 경우에서 실패나 역경을 딛고 일어섰다는 점이 공통적으로 보여진다. 어떤 불행한 사건이나 역경에 대해 어떠한 의미를 어떻게 부여하고 인식하느냐에 따라 불행하거나 행복해지는 기로에 서게 된다고 생각해 볼 수도 있으며, 세상일을 긍정적 방식으로 받아들이는 습관을 구축함으로서 부정적으로 상황을 인식함으로서 과소비되는 감정적 에너지를 문제해결을 위한 집중에 보다 유용하게 사용할 수 있다는 점에서 회복탄력성은 놀랍게 향상된다고 한다. 결국 회복탄력성이란 인생의 바닥에서 바닥을 치고 올라올 수 있는 힘, 밑바닥까지 떨어져도 꿋꿋하게 다시금 튀어오르는 비인지능력, 혹은 마음의 근력을 의미한다고 볼 수 있다. 김주환, 『회복탄력성』, 위즈덤하우스, 2011, 21~24쪽. 또한, 회복탄력성에 관한 대표적인 연구자인 미국의 심리학자 에미 워너(Emmy Werner)는 하와이 카우아이섬에서 진행된 1955년부터 약 30여 년에 걸친 종단연구를 통하여 양육 과정에서 높은 위험요인을 가진 아이들 중에도 바르게 성장하고 사회에 적응하여 살아가는 아이들의 특성을 분석하면서 회복탄력성이란 '환경의 어려움에도 불구하고 예외적으로 잘 적응하는 것'으로 정의한 바 있다. Werner, E. E. & Smith, R. S., *Vulnerable but invincible: A longitudinal study of resilient children and youth*, McGraw Hill, 1982과 위의 책, 47~61쪽 참고.

람은 스트레스를 극복하지 못하거나, 오랜 시간 극심한 어려움을 느끼고, 또 어떤 사람은 덜 민감하게 반응하고 극복하는데 더 짧은 시간이 걸리곤 한다. 예상하지 못한 상황이나 여러 가지 문제가 생기면 상당수의 사람은 일시적인 어려움이나 고통을 잘 이겨 내고 다시 일상적인 삶에 적응하고 살아가는 데 이런 적응 능력을 '회복탄력성'이라고 부른다. 기업도 마찬가지다. 평상시에는 중요성이 드러나지 않지만, 본격적인 불황기가 시작되면 '회복탄력성'이 없는 기업은 생존의 위기에 직면하게 되는 경우가 많다.

우리가 그간 겪어왔던 수많은 경제 위기들은 외환, 금융 등에서 시작되어 시간이 흐른 뒤에 실물경제가 침체 되는 구조였다. 하지만 2020년 현재 '코로나19'로 인한 경제 위기는 실물경제가 바로 침체에 들어가는 초유의 현상이 벌어지고 있다. 3개 대형 밴VAN2) 사의 신용카드 가맹점 통계에 따르면, 한 달 전까지만 해도 정상 영업을 했던 자영업자 가운데 5분의 1이 휴·폐업 상태에 들어갔다. 거래 실적이 한 달간 전혀 없는 가맹점 수가 3개월 새 2배 이상으로 늘기도 했다고 한다.1 코로나19에 따른 소상공인들의 줄폐업 공포가 현실화하고 있다.

코로나19로 인해 '언택트 마케팅Untact Marketing'3) 이 대세를 이루면서 구독경제에도 많은 영향을 주어 다양한 서비스 및 제품의 구독서비스 가

---

2) 원래는 'Value Added Network(부가가치통신망)'의 약자로서 통신사업자의 회선을 통해 단순한 전송이 아닌 정보축적, 가공, 변화처리 등의 부가가치를 부여한 음성 또는 데이터 정보를 제공하는 서비스 일반을 뜻하나, 우리나라에서는 다양한 카드사와 가맹점(상점들) 사이에 네트워크를 구축해 카드 승인 업무와 매출전표를 카드사에 전송하는 매입업무를 담당하는 서비스 회사를 지칭한다. 대표적인 금융 거래 플랫폼 중 하나로 볼 수 있다.

3) '언택트(Untact)'는 접촉을 뜻하는 영어 단어 'contact'와 부정 접두사인 'un-'을 조합한 신조어다. 언택트 소비에 대한 선호와 맞물려 '구독서비스(Subscription Service)'도 거의 모든 분야에서 빠르게 대중화되고 있다. 코로나19의 영향으로 매장을 방문해 구매하는 대신 문 앞으로 배달된 제품을 구매하는 비대면 소비, 이른바 언택트 소비가 급증하고 있다.

입률이 증가하고 있다. 외부 모임 및 영화관 등 다중多衆이 모이는 시설에 갈 수가 없다 보니, 영화나 동영상, 책, 음악, 교육 등 콘텐츠 구독서비스에 사람들이 관심을 많이 가지게 되었다. 특히, 그동안 오프라인 시장의 핵심이었던 50대 이상의 중장년층도 온라인 쇼핑몰로 생필품을 사거나 신선식품 등을 구매하게 되면서 언택트 서비스에 익숙해져 가고 있다. 백화점의 온라인 가전, 신선식품 등이 폭발적으로 증가하는 것 역시 중장년층의 소비문화 변화에 기인한다고 생각된다.

한편 유럽의 경우, 코로나19로 이탈리아 등에서 국민 이동 제한령이 내려지면서 인터넷 트래픽이 폭증하자, 유럽연합EU에서 구독서비스 기업 및 플랫폼 기업들에게 네트워크 전송률을 낮춰 달라고 권고하기도 하였다. 이에 구독서비스의 대표주자인 넷플릭스는 2020년 3월 19일부터 30일간 유럽 내 모든 영상의 스트리밍 전송률을 낮추겠다고 발표했다. 미국도 비슷한 상황이라, 메신저 프로그램인 '왓츠앱'과 '페이스북 메신저'를 통한 음성, 영상 통화량이 평소의 2배에 이르고 있다고 한다. '구독'과 '좋아요'의 대표 앱인 유튜브 역시 2020년 3월 26일부터 한국을 포함한 전 세계에 제공되는 동영상 스트리밍의 기본 화질 설정을 낮추었다.[2]

"우리는 지난 두 달간 2년 치의 디지털 전환을 경험했다. 원격 근무, 학습에서부터 판매와 고객 관리, 클라우드에 이르기까지 모든 것이 원격으로 존재하는 세상에서 고객이 비즈니스에 적응할 수 있도록 지원한다." 마이크로소프트MS CEO인 사티아 나델라Satya Nadella는 2020년 4월 말 1분기 실적을 발표하며 이렇게 말했다. 매출이 2019년 1분기보다 15% 증가했고, 영업이익은 25%가량 늘었다. 코로나19도 비껴간 매출 신장의 원천은 클라우드 사업인 애저Azure로 59%나 성장했다.[3]

코로나19 사태로 반사 이익을 톡톡히 누린 기업은 단연 넷플릭스다. 넷플릭스의 2020년 1분기 실적은 매출액 58억 달러(약 7조 원), 영업이익 10억 달러(약 1조 1,000억 원)로 2019년 같은 기간에 비해 각각 28%, 109%씩 성장했다. 1년 만에 영업이익률이 2배 이상 뛴 것이다. 특히 주목할 부분은 전망치(700만 명)의 두 배를 훌쩍 넘겨 사상 최대치(1,577만 명)를 기록한 신규 가입자 수다. 넷플릭스의 주 활동 무대인 북미에서는 신규 가입자가 231만 명 증가했고, 나머지 1,346만 명은 아시아, 남미, 유럽 등 전 세계에 고르게 분포했다. 코로나19 위기를 오히려 발판 삼아 글로벌 시장 점유율을 확고히 한 것이다.[4]

경제가 위기에 처할 때, 오히려 회복탄력성을 발휘하는 기업들의 특징은 지속 가능한 경제에 필요한 '기반 매출Base Revenue'과 '고객 유지 Consumer Retention' 능력을 갖추고 있다는 것이다. 이는 최근에 많이 거론되는 '기본 소득' 개념과 마찬가지로 이들 기업의 '기본 소득(매출)'을 구성하는 원동력이 되고 있다. 기존의 일회성 소비에 의존하는 상업 경제를 넘어 안정된 반복 소비를 보장하는 구독서비스와 구독경제에 관한 관심이 매우 높아지고 있다. 기존의 상품 또는 카테고리 중심의 독점 전략이 구독경제를 통해 '소비자 독점Consumer Monopoly'[4] 으로 진전하고 있는 상황에서 최근의 코로나19 사태가 콘텐츠 소비와 유통 및 생산 전략 측면에서도 큰 자극이 될 것으로 본다. 특히 콘텐츠의 소비 모델로서 구독서비스는 디지털 콘텐츠의 비중 확대로 인해 꽤 의미심장한 시사점을

---

4) 기존 수요 독점(Monopsony)의 의미는 구매자가 많은데도 구매자가 1인 또는 하나의 통일의사를 가진 주체로 나타나는 경우를 지칭한다. 전기처럼 한 곳이 공급을 독점하면 공급독점이고, 공급자는 다수지만 살 곳은 한 곳밖에 없으면 수요 독점이다. 수요독점은 공급독점에 대비되는 표현이나 소비하는 개개인을 강조하는 의미로 소비자 독점으로 써보았다.

주고 있다.

이런 인식을 바탕으로 구독경제 일반과 배경에 대한 보다 심층적 이해를 통해 그 본질을 파악해 보고 구독경제 등장에 따른 콘텐츠 소비의 변화를 다음에서 살펴보려고 한다.

Ⅱ. 나는 '소유'하지 않는다. 다만 '구독'할 뿐

과거의 소비자들은 본인이 선호하는 제품과 서비스에 접근하기 위한 이상적인 방법으로 재화를 구매하여 소유하는 것으로 생각해 왔다. 소비자들은 자신이 어떠한 재화를 소유하는지로 본인의 소비 욕구Needs가 충족될 수 있다고 여겼기 때문이다. 하지만 인터넷 시대가 본격화되면서 소비자들의 생각이 달라졌다.

어떤 재화를 사용하기 위한 가장 좋은 방법으로 제품과 서비스를 구매해 소유하는 것이 아니라, 소비자가 월정액을 지불하여 정기적으로 제품을 배송받거나 서비스를 이용할 수 있는 '구독Subscription'이라는 방식에 주목하기 시작하였다. 다시 말해 오늘날의 소비자들은 '소유하는 소비'가 아닌 '소유하지 않는 소비'에 관심을 두게 된 것이다. 이렇듯 소비는 재화의 소유권Ownership을 얻는 것으로 인식했던 것에서 벗어나 재화를 정기적으로 이용하기 위해 매달 구독료Subscription Fee를 지불하는 방식으로 변화하고 있다. 소유하지 않고 구독하는 경제활동을 간단하게 표현한 것이 '구독경제Subscription Economy'다.[5]

과거에는 '구독'이라는 용어는 인쇄 매체의 전유물이었다. '구독購讀'이라는 의미가 '살 구購', '읽을 독讀'이라는 뜻으로 '신문이나 책 따위를 사서 읽다'는 의미였다. 그러나 시대가 바뀌어 사지 않아도 볼 수 있는 디지털 매체가 생겨났다. 네이버 등 포털사이트에서 뉴스 채널을 '구독'하고 유튜브 동영상 채널을 '구독'한다. 구독경제라는 새로운 개념이 등장해 구독의 의미를 바꾸고 있다. 잡지나 신문을 받아 보는 구시대의 구독 방식이 음악 스트리밍 서비스, 영화 구독, 스톡 사진 서비스, 배달 서비스, 미술 작품, 자동차 등 각종 온·오프라인 서비스를 받는 새로운 구독의 개념으로 확대되며 관련 시장도 급속히 성장하고 있다.

구독경제는 서양에서 만들어진 'Subscription Economy'를 그대로 번역한 것이다. 'Subscription'의 의미는 'An amount of money that you pay regularly to receive a product or service'로 '제품이나 서비스를 받기 위해 정기적으로 지불하는 금액'이라는 의미로 우리의 구독, 즉 '신문이나 책 따위를 사서 읽다'라는 의미와는 차이가 있다. Subscription이 좀 더 광의의 뜻으로 사용되고 있다. 그렇다면 'Subscription Economy'라는 개념은 무엇인가? 영어 번역의 뜻처럼 '제품이나 서비스를 구매·소유하는 것보다는 적은 금액을 지불하고 일정 기간 사용할 수 있는 방식'을 의미한다. 좀 더 풀어 설명하자면, 디지털 기반의 구독을 말하는 'Subscription'과 온라인 기반의 지불 방식으로 'E-commerce'를 합한 개념이라고 이해할 수 있겠다.

구독경제라는 용어를 처음 사용한 Zuora사[5]의 창업자이자 CEO인 티엔 추오Tien Tzuo는 "제품 판매가 아니라 서비스 제공을 통한 반복적 수익 창출을 위해 고객을 '구독자Subscriber'라는 개념으로 전환 시켜야 한다"라고 말한다. 전 세계가 긴밀하게 연결되면 될수록 더 많은 소비자가

---

[5] 미국의 기업용 구독경제 솔루션 소프트웨어 기업.

제품보다 서비스를 구매하는 형태를 보인다는 것이다. 제품이 아닌 서비스를 구매하는 채널로 구독경제가 다양한 형태와 분야로 확대되고 있다는 것이다.

특히, 2008년 미국에서 시작된 글로벌 금융 위기로 소비자들이 값비싼 물건을 영구적으로 소유하는 것에 대한 부담이 커지게 되었다.[6] 이에 따라 새로운 재화를 구매하기보다는 월정액을 지불하고 정기적으로 필요한 제품과 서비스를 이용할 수 있는 구독서비스를 선호하기 시작했다. 신문이나 잡지, 학습지, 유제품 배달 등의 일부 분야에서 자동차, 명품 의류, 가구, 음악·동영상 스트리밍, 화장품, 식료품 등의 분야까지 확대되어 소비자들의 선택 폭이 다양해지고 있다. 구독경제는 온·오프라인이 결합해 소비자 생활의 일부분으로 스며들고 있다.

또한, 최근 소비자들의 소비 방식의 변화를 기술적으로도 뒷받침할 수 있는 ICT **Information and Communication Technology**기술이 급속히 발달하면서 더 안전하고 쉽게 이용할 수 있는 구독경제를 위한 기술 기반이 구축되었다. 모바일 네트워크 기술의 발전으로 소비자와 판매자 간의 시공간적 거리가 단축되면서 구독경제가 더욱 확산되고 있다.

미국의 세계적인 경제학자이자 문명비평가인 제러미 리프킨 **Jeremy Rifkin**이 2000년에 쓴 〈소유의 종말〉[6]에서 이제 더 이상 소유가 필요하지 않은 '접속의 시대 **The Age of Access**'가 오고 있다고 했다. 리프킨은 이 책에서 소유, 상품화와 함께 시작되었던 자본주의 시대의 공급자 위주 상품경제 **Product Economy**가 변해야 한다고 선언한다. 사람들은 더는 소유하

---

6) 이 책의 원제가 바로 *The Age of Access: The New Culture of Hypercapitalism, where All of Life is a Paid-for Experience* 이다.

지 않고 임시로 '접속Access'하려고 한다는 것이다. 'Access'는 '접근, 출입, 접근하는 방법(권리), ~의 이용권을 얻다, 임대' 등의 의미가 있다. 여기에서 Access는 단순한 컴퓨터 용어가 아니라, 그 이상의 광범위한 의미다. 인터넷은 물론 자동차, 주택, 가전제품, 공장, 가맹점 같은 다양한 실물 영역에서도 나타나게 되는 현상이 바로 Access다. 20여 년 전 지금의 '구독경제'와 거의 비슷한 이러한 개념을 예견한 리프킨이 놀라울 따름이다.

'Access'는 일시적으로 사용하는 권리로 소유와는 다른 개념이다. 이전의 산업 시대는 소유의 시대였다. 기업은 많은 상품을 팔아 시장점유율을 높이고 소비자는 많은 상품을 시장에서 구입하고 소유해 자기 존재 영역을 뽐내고 확대했다. 그러나 변화와 혁신이 빠르게 이루어지는 시대에는 소유에 집착해선 안 되며 실제로도 불이익이라고 주장한다.[7]

1. 소유, 공유, 그리고 구독경제

앞서 나왔듯이 구독경제Subscription Economy 모델이 등장하기 전에는 소유 중심이었던 '소유경제Purchasing Economy', 대여해 주고 빌려 쓰는 '공유경제Sharing Economy'가 주류를 이루었다. 공유경제는 소유하는 것이 아니라 서로 대여해 주고 빌려 쓴다는 개념이다. 공유경제는 소유라는 개념에서는 벗어났지만, 빌려주고 빌려 쓰는 공유에 중점을 두다 보니 관리에 대한 문제가 제기되었다. 내 상품이라면 어떻게 되든 크게 개의치 않겠지만, 타인을 의식해 관리도 잘해줘야만 공유경제가 지속될 수 있다. 공유경제의 대표 모델인 자동차의 '우버Uber'나 주택의 '에어비앤비Airbnb'는 임시적 공유로 관리에는 관심이 없는 단순 사용 측면이 더 강해 더는 공유라는 개념이 성립될 수 없다.

구독경제는 이런 공유경제의 단점이 보완된 모델이다. 소비자(사용자)들의 소비 방식은 소유와 공유를 뛰어넘어 소비자가 회원 가입Subscribe을 하면 정기적으로 물건을 배송받거나, 언제든 서비스를 이용할 수 있는 모델이 구독경제이다.

상품경제 시대에는 소비자가 상품의 값을 지불하고 자기만의 소유권을 가졌고 공유경제에서는 소비자가 일정 기간 상품의 사용료를 지불하고 권리를 갖는 것이었다면, 구독경제는 소비자가 계약 기간 만큼 '멤버십Membership' 개념의 지불을 말한다. 쓴 만큼 주인에게 돈을 지불한다는 점에서는 공유경제 개념과 다르지 않지만, 공유경제에는 없는 계약 기간 만큼의 소유라는 멤버십이 핵심이다.

공유경제와 구독경제의 기본 개념에서 가장 크게 다른 점은 공유경제는 '생산된 제품을 여럿이 공유'하는 것이고, 구독경제는 '효용성을 기반으로 한 개인별 맞춤형의 경험 또는 소유'를 한다는 것이다.

구독경제의 대표적인 기업인 넷플릭스나 국내의 멜론 같은 음악 사이트 등이 서비스를 다운로드Download가 아닌 스트리밍Streaming 형식으로 제공하기 때문에 구독경제를 '소유하지 않는 것'이라고 주장하기도 하는데, 이에 대해 다른 관점도 존재한다. 우선, 이런 구독서비스가 온라인상에만 존재하는 게 아니라는 것이다. 우리 주변에서 볼 수 있는 가장 오래된 구독서비스는 신문, 우유, 요구르트 배달 등일 것이다. 그렇다면 구독경제가 '소유' 하는 게 아니라 공유하는 것이라면, 우리 집에서 구독하는 우유, 신문 등을 공유 차원에서 남들이 가져가도 된다는 말인가? 이 경우 구독경제는 지금처럼 소비자가 마트에 가서 만들어진 물건을 수동적으로 사던 구매 행위와 다른 것이지, 소유 자체를 포기하는 것이 아니다.

물론, "비행기, 자동차 등도 구독하는 세상인데, 그렇다면 이 모든 것들도 그럼 소유하는 것일까"라는 의구심이 생길 수 있다. 구독경제는 지금까지의 구매 행위와는 다른 효용성을 기반으로 '개인화된Customized' 소유와 경험(이용)이 핵심이므로, 비행기 및 자동차 등과 같은 구독의 경우는 경제적인 가격으로 서비스(경험)를 이용하는 범주에 속한다는 것이다.

이처럼 효용성과 개인화Customizing를 기반으로 한 구독경제는 최근에 주목받고 있는 필요한 물건만 소유하는 '미니멀 라이프Minimal Life'의 경향과 맞닿아 있기도 하다. 지금까지 기업은 만들어진 제품을 마트나 유통망을 통해서 팔기만 하였다면, 이제 기업은 효용성 있고 고객에게 최적화된 서비스와 제품을 제공하여 지속해서 고객과의 상호 신뢰를 쌓고 장기적으로 구독자를 유지해야만 수익은 물론 지속적인 성장이 가능한 시대가 된 것이다.

<표 1> 소유경제, 공유경제 및 구독경제의 차이

	소유경제 Purchasing	공유경제 Sharing	구독경제 Subscription
소유 형태	소비자가 재화의 소유권 보유	소비자가 일정 기간 재화의 점유권, 이용권 보유	소비자가 일정 기간 회원권 보유
비용 지불 방식	재화의 구매가격만큼 판매자 또는 생산자에게 한꺼번에 지불	한시적 점유 기간 권리에 대해 소유주에게 비용 지불	이용하는 일정 기간마다 일정 금액을 소유주에게 지불
소비자 선택	한번 구매하면 바꿀 수 있는 선택권 없음	필요시, 선택권이 있으나 수시로 원하는 대로 바꾸기는 힘듦	회원권 아이템 내에서 자유롭게 수시로 선택하거나 전문가가 골라줌

자료: IBK투자증권 리포트, 「식료품 구독경제, 유통업계로부터 독립을 꿈꾸다」, 2020.4.27.

크레디트스위스Credit Suisse 리포트에 따르면 2015년 구독경제 시장 규모는 약 469조 원이었고 2020년에는 약 594조 원으로 성장할 것으로 전망하고 있다. 앞서 얘기한 Zuora사가 2019년에 개발한 '구독경제지수SEI: Subscription Economy Index'에 따르면, 2012년 1월 1일부터 2018년 12월 31일까지 7년간 구독서비스 회사들의 구독경제지수는 연평균 성장률 18.1%로서 S&P500 기업의 연평균 판매지수 성장률(3.6%)이나 미국의 연평균 소매 판매지수 성장률(3.8%) 대비 약 5배 정도 더 성장했음을 보여준다.[8]

이용자들은 적은 비용, 편리성, 선택의 자유라는 점, 기업으로서는 박리다매를 통해 안정적인 수익 확보가 가능하다는 점에서 구독경제는 앞으로도 큰 폭의 성장이 예상된다. 소비자들은 소유에서 공유로, 그리고 구독의 형태로 전환하고 있다. 구독경제는 아날로그 시대의 우유 배달이나 신문 배달처럼 이전에도 존재했지만, 디지털 시대의 디지털 플랫폼과 결합하면서 새로운 소비문화로 안착 중이다.

2. 구독경제의 서비스 유형

구독경제의 서비스 유형은 일반적으로 〈표 2〉와 같이 크게 ▲무제한 구독형 ▲정기 구독형 ▲렌탈 구독형으로 구분할 수 있다.

무제한 구독형은 넷플릭스 같은 온라인 콘텐츠 서비스 업체들이 주로 사용하는 방식으로 일정 금액을 지불하고 영화나 만화, 게임 등의 콘텐츠를 일정 기간 무제한으로 즐길 수 있는 것이다. 정기 구독형은 신문이나 잡지처럼 정한 기간 만큼 배송해 주는 것이고, 렌탈 구독형은 정수기나 자동차처럼 일정 금액을 지불하고 제품을 빌려 사용하는 것이다.

<표 2> 구독서비스의 유형

	무제한 구독형	정기 구독형	렌탈 구독형
방식	구독료를 납부하면 언제 어디서나 무제한 소비 가능	구독료를 납부하면 매달 정해진 날에 일정한 소비 상품 배송	구독료를 납부하면 품목을 바꿔가며 이용 가능하며 추후 반납
품목	콘텐츠, 소프트웨어 및 일부 식음료 등 (영화, 동영상, 음악, 게임, 소프트웨어, 술, 커피 등)	소모품 및 생필품 등 (신문, 셔츠, 면도기, 칫솔, 생리대, 생수, 우유 등)	고가의 제품이나 하드웨어 등 (자동차, 명품, 예술품, 정수기 등)
서비스 사례	넷플릭스, 무비패스, MS오피스, 애플 아케이드, 밀리의 서재, 멜론 등	와이즐리, 만나박스, 꾸까, CJ오쇼핑 등	현대 셀렉션, 포르쉐, 볼보, 벤츠, 에피카, 리본즈, 오픈갤러리, 핀즐 등

자료: IBK투자증권 리포트, 「식료품 구독경제, 유통업계로부터 독립을 꿈꾸다」, 2020.4.27.

한편 미국의 유명 컨설팅 기업인 맥킨지McKinsey & Company는 〈표 3〉과 같이 구독경제를, 일상적인 소비 품목의 지속적인 재고 보충의 목적, 상품 선택에 대한 큐레이션 서비스, 특정 상품군의 무제한적인 접근 권한의 구독 형태의 3가지 타입으로 나누기도 한다. 사람들이 물건을 소비하는 데 필요한 시간과 노력, 의사결정 상의 갈등을 줄여, 편하고 쉽게 소비하게 하는 것을 구독경제의 효용으로 보고 있다.

맥킨지에 따르면, 구독경제 내의 소비자들은 구독가격 대비 서비스가 만족하지 못한다면 쉽게 구독을 중지한다고 한다. 실제 3개 타입 비즈니스 모두 약 40% 대의 취소율을 보여 무료 사용 기간free trial에 소비자를 유치하기 위해 너무 많이 투자하는 것은 기업에 부담이 될 수 있다고 한다. 하지만, 소비자가 그 서비스를 마음에 들어 할 경우, 해당 서비스에 대해 1년 이상의 구독으로 이어지는 것은 45% 이상의 비율을 보인다고 하니, 전문성 있고 높은 퀄리티의 서비스를 제공할 수만 있다면 잠재적으로 발전 가능성이 매우 큰 사업 모델의 하나라고 볼 수 있다.[9]

<표 3> 맥킨지의 구독경제 분류

	구독 이유	서비스 내용	대표적 기업
소비를 위한 재고 보충	시간과 비용의 절감	동일한 상품과 서비스의 보충 및 사용 (면도날, 비타민 등)	Amazon Subscribe & Save, Dollar Shave Club 등
추천(Curation) 서비스 제공	다양한 상품군의 활용	다양한 상품의 큐레이팅 서비스를 받는 것 (의류, 식품, 화장품 등)	IPSY, BirchBox(화장품, 피부관리 등), Stitch Fix (의류 대여) 등
서비스 접근 권한 제공	상품(또는 콘텐츠)에 대한 접근 권한	VIP로서의 서비스 제공 (의류, 식품, 콘텐츠 등)	NatureBox(스낵배달), Netflix, JustFab(여성 의류), Shopify 등

자료: McKinsey & Company, "Thinking inside the subscription box: New research on e-commerce consumers", *Our Insights: Technology, Media & Communication*, 2018.2.9.

Ⅲ. 왜 구독경제인가?

1. 구독경제의 등장 배경

그렇다면 왜 구독서비스가 뜨는 것일까? 미국의 뉴스 웹사이트인 '더버지The Verge'는 '일단 한 번 구독해서 필요한 것을 접하기 시작하면 정말로 다시 소유하던 때로 돌아가기 어렵다. 사람들은 소유하는 것에 대해 책임감을 원하지 않는다. 오히려 유연하게 소유하고 부담감을 덜고 싶어 하는 것이 인간의 습관이다. 더욱이 구독할수록 서비스는 향상되기 때문에 결국 소유자는 점차 줄어들 수밖에 없다'라고 설명한다.[10]

 최소 한 달 이상의 기간을 선택해 기간만큼의 비용을 선결제해야 하는 부담에도 불구하고 소비자들은 구독서비스를 이용한다. 일부 경제학자들은 구독경제의 확산 현상을 '효용이론Utility Theory'을 들어 설명한다. 한 개인이 제한된 자원과 비용으로 최대한의 만족을 얻기 위한 노력의 결과라는 것이다. 실제로 구독경제는 일정한 비용을 들여 여러 상품과 서비스를 다양하게 경험하고 최대한의 만족을 얻을 수 있다는 점에서 소비자들로부터 인기를 얻고 있다. 주기적으로 새로운 상품을 배송해 주거나 일정 기간 무제한으로 상품 및 서비스를 이용 또는 대여할 수 있으므로 물건을 소유하는 것보다 할인된 가격으로 여러 상품과 서비스를 폭넓게 경험하고 싶어 하는 소비자들의 요구를 만족시키고 있다.

 이를 콘텐츠 측면에서 보면 여러 번 반복적으로 사용해야 하는 재화와 달리 콘텐츠는 한번 즐기면 그 만족도가 급격히 하락한다는 특성이 있다. 하나의 콘텐츠를 반복해서 즐기는 것보다 다양한 콘텐츠를 한 번씩 즐기는 것이 만족도가 높기 마련이다. 그러므로 다양한 콘텐츠를 즐기기 위해 이를 모두 구매하는 것은 비용면에서 매우 비효율적인 셈이다. 콘텐츠를 구매하지 않고 구독하려는 사용자가 점점 늘어나고 이러한 사용자들이 늘어나면서 자연스럽게 '콘텐츠 구독의 시대'가 열리고 있다.

 구독경제는 편의성을 중요시하는 최신 소비 경향에도 부합한다. 정기배송 구독서비스의 경우 지정된 날짜에 가장 적합한 상품을 배송해 주기 때문에 매번 구매해야 하는 번거로움을 덜 수 있고, 상품 역시 해당 업체에서 큐레이션Curation해서 제공하기 때문에 사용자가 어렵게 고민할 필요가 없다. 소비자의 의사결정 고민 및 구매 시간을 줄여 주고 선택의 피로감을 낮춰주기 때문에 만족감이 높다.

최근 확산되고 있는 구독경제 서비스는 소비자들의 서비스 수요를 반영하여 새로운 거래방식을 정착시켰고 해당 서비스산업을 발전시키고 있다. 구독경제 서비스가 등장하게 된 배경에는 사회의 특정 부분에서의 발전뿐만 아니라 경제적 여건, 정보통신기술 환경, 인구·사회적 환경 등의 요인이 복합적으로 작용하고 있다.[11]

첫 번째, 경제적 여건 변화의 측면에서 살펴보면 2008년 글로벌 금융위기가 고용 감소, 실업, 저성장, 가계 소득 저하 등 경기 불황을 가져왔다. 소비자들의 소득이 감소하여 자가용이나 내 집 마련 등 지속해서 소유하는 것을 부담스러운 짐처럼 여기게 되었다. 이러한 상황에서 소비자들은 새로운 제품의 구매보다는 구독하고자 하는 욕구가 생겼고, 이것이 구독경제 시장의 급속한 확대를 가져왔다.[12]

두 번째, 정보통신기술과 소셜 미디어 발전에 기반을 둔 새로운 융·복합 형태인 서비스산업 등장이 구독경제의 등장에 중요한 요인으로 간주되고 있다. 소비자들이 서비스를 자유롭게 이용할 수 있는 환경이 제공됨에 따라 이용 콘텐츠, 이용 시간, 이용 장소, 이용 기기 등을 직접 선택하여 능동적으로 구독서비스를 소비할 수 있게 되었다.

세 번째, 인구 구조와 사회적 인식 변화 또한 구독경제의 확산에 또 다른 중요한 요인으로 작용하고 있다. 디지털 기기에 능숙한 젊은 소비자들은 온라인 및 소셜 미디어를 통해 재미와 오락을 즐기는 동시에 실용적인 혜택을 누리면서 구독에 나서고 있다. 또한, 이들은 '소유하는 소비'가 아니라 '소유하지 않는 소비'를 추구하고 있다.

2. 구독경제의 활성화 원인

과거에는 다음과 같은 3가지 방법을 통해 사업이 성장할 수 있었다. 더 많은 제품을 팔거나, 제품 가격을 올리거나, 제품을 만드는 데 필요한 비용을 줄이는 것으로, 오늘날에는 이에 더해 3가지 새로운 요구 사항이 추가되었다. 더 많은 고객을 확보하고, 고객의 가치를 높이고, 고객을 더 오래 유지하는 것이다. 마케팅은 이제 판매만을 위한 것이 아니다. 구독 고객이 계속 구독을 갱신하면서 다시 참여하게 하려면 실질적인 가치를 제공하고 문제를 해결해 주어야 한다.

<그림 1> 거대한 변화와 새로운 비즈니스 모델로서 구독경제

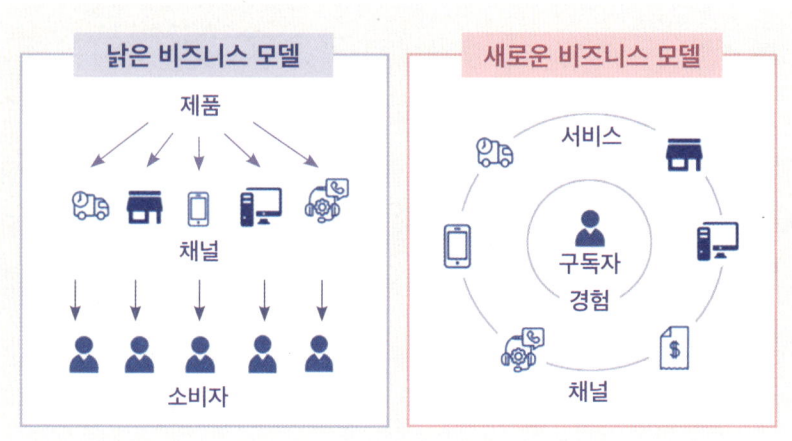

자료: 티엔 추오, 게이브 와이저트, 박선영 역, 『구독과 좋아요의 경제학』, 부키, 2019, 38쪽.

〈그림 1〉은 일회성 판매 위주의 기존 사업 방식과 지속적인 관계와 고객 경험을 통해 수익을 내는 새로운 사업 모델의 차이를 보여준다. 이러한 변화에서 구독경제 모델의 시초인 '종이 신문사' 역시 자유롭지 못하다. 구독자에게 받는 구독료를 주요 사업 모델로 하는 언론사는 살아남았고, 광고를 주요 사업 모델로 하는 언론사는 광고 매체력이 떨어짐에 따라 겨우 버티는 중이다. 미국의 뉴욕타임스The New York Times나 영국의 이코노미스트The Economist 등 주요 언론사는 디지털판도 인쇄물의 무료 혜택이 아닌 유료로 운영 중이다. 고객과의 관계가 월정액 기반의 구독경제로 바뀌면서 기존 4P Product, Place, Price, Promotion 중심의 마케팅 전략도 변해야 함을 의미한다. 특히 콘텐츠 서비스에서 구독경제의 활성화 원인을 콘텐츠 소비와 공급 측면에서 나눠서 살펴보면 다음과 같다.

1) 콘텐츠 소비 측면
 가. 다양한 기기의 등장

구독서비스의 활성화 스마트폰, 태블릿, 스마트 TV 등 다양한 기기의 등장이다. 스마트 기기 보급의 확산으로 인해 다양한 기기에서 인터넷 접속이 가능해지면서 두 개 이상의 단말기로 동일한 서비스를 연속적으로 이용할 수 있게 되었다. 이러한 교차이용은 시스템적으로 연계되는 것이므로 스마트폰을 통해 주문형 비디오VOD를 감상하다가 집에서 PC로 이어보는 행위, 혹은 다시 회사에서 태블릿으로 보는 행위가 가능하다. 즉, 서로 다른 기기로 동일한 동영상을 시청하다 멈춰도 시청 기록이 유지되기 때문에 '이어보기'가 가능하다. 콘텐츠 구독서비스의 큰 장점은 언제 어디서든 제약 없이 원하는 장소에서 시청하고 싶은 콘텐츠를 편하게 즐길 수 있다는 것이다. 안방이나 영화관과 같이 지정된 공간에서만 콘텐츠를 즐겨왔던 과거와는 달리, 스마트폰과 노트북으로 인해 시청 공간이 유동적으로 바뀌었다. 이용자들의 소비 주기가 빨라짐에 따라 다양한 기기 활용 등 편리한 서비스를 가능케 하는 여러 부가 기능이 중요해졌다. 다양한 기기 활용이 가능하다는 구독서비스 특성상 서비스 이용에 대한 편의성을 높이는 것이 이용에 긍정적인 영향을 미칠 것이라 예상해볼 수 있다.

나. 소비 패턴의 변화

구독서비스의 또 다른 활성화 원인은 소비자의 소비 패턴 변화이다. 미디어 기술의 발달은 이용자의 시청 환경과 소비행태를 변화시키고 있다. 이용자가 자신의 취향에 맞는 콘텐츠를 능동적으로 선택하여 시공간 제약 없이 여러 플랫폼을 오가며 다양한 기기로 이용Multi-Platforming할 수 있게 되었다. 그뿐만 아니라 다양한 콘텐츠를 역동적으로 소비할 수 있게 되었고, 소비하는 속도도 빨라지고 있다. OTT Over The Top 서비스는 이러한 변화를 가속시켰으며, 산업의 규모가 커지면서 이용자들의 서비스 선택 행위에도 영향을 주고 있다. 1인 가구 증가와 함께 유료케이블 방송 서비스를 해지하고 OTT 서비스를 이용하는 '코드 커팅Cord-Cutting'[7]이 일어나고 있으며, 동시에 기존 유료방송 서비스를 유지하면서 OTT 서비스를 함께 이용하는 '코드 스태킹Cord Stacking'[8] 현상도 나타나고 있다. 이처럼 구독서비스는 다수의 플랫폼, 다수의 단말기 간에 다양한 호환

---

[7] '코드 커팅'이란 기존의 유료방송을 해지하고 '대체재'로 OTT 서비스를 이용하는 현상을 말한다.
[8] '코드 스태킹'이란 기존의 유료방송을 유지하면서 OTT 서비스를 함께 이용하는 현상을 말한다.

이 가능하므로 많은 사람의 시청 습관을 바꾸고 있다. 정해진 시간에 맞춰 수동적으로 TV에 의존하던 실시간 시청행태에서 광대역 인터넷을 통해 원하는 단말기로 원하는 시간에 원하는 콘텐츠를 자신의 기호에 맞춰 이용하는 행태가 젊은 세대를 중심으로 많이 나타나고 있다. 이러한 변화는 단순히 실시간 시청에서 인터넷 스트리밍Streaming 시청이라는 변화를 넘어 미디어 이용행태를 더욱 다양하게 변화시킬 것이라는 예측을 가능케 한다.

2) 콘텐츠 공급 측면

구독서비스의 활성화 원인은 질이 높은 다양한 콘텐츠 공급에도 있다. 미디어 환경이 아날로그에서 디지털로 빠르게 전환되고, PC와 TV에서 초고속 통신 네트워크와 모바일 미디어 중심으로 재편되면서 풍부한 콘텐츠Rich Contents의 역할이 중요해 지고 있다. 그뿐만 아니라 미디어 산업에도 전송 용량 증대 및 유무선 통신 기반과 같은 인터넷 환경이 다양한 변화를 초래했다. 특히 인터넷 전송 용량의 증대는 고화질, 대용량의 동영상을 텔레비전 화질과 비슷한 수준으로 볼 수 있는 환경을 제공하고 있다. 넷플릭스와 아마존 프라임은 TV 브랜딩 콘텐츠를 다수 확보함과 동시에 자사의 브랜드를 구축하기 위해 자체 제작 콘텐츠와 같이 차별적인 오리지널 콘텐츠를 직접 제작하고자 노력하고 있다. 넷플릭스는 현지 핵심 콘텐츠를 제작하여 현지 언어를 선호하는 지역에서는 거의 현지어로 더빙하거나 현지어 자막을 지원하고 있으며, 월정액 요금제에 따라 SDStandard Definition, HDHigh Definition, 4K UHDUltra High Definition 등의 화질 수준을 선택할 수 있는 다양한 옵션을 제공하고 있다. 또한, 한

계정을 통해 서비스를 구독하면 여러 다른 이용자가 계정을 공유할 수 있고 이용자마다 개인화된 채널을 생성할 수 있어서 동시 접속과 개인화가 가능하다. 이처럼 오리지널 콘텐츠, 화질, 원하는 언어 자막, 동시 접속, 개인화 등 구독서비스가 가지고 있는 기존 방송 서비스와 다른 점들이 이용자들의 선택을 받는 중요한 요인이라고 할 수 있다.

3. 구독경제의 장단점

<표 4> 구독경제의 장단점

특 징	장단점	소비자 측면	사업자 측면
반복적 고정비용	장점	소비 예측 가능성 큼	경영 및 매출 예측 가능성 큼
낮은 초기비용	장점	• 경제성 • 저렴한 금액 대비 다양한 경험	소비자 유인 효과 높음
	단점	쉬운 의사결정의 부작용	사업 초기 경영 악화
기타	장점	구매 대비 재화 및 서비스 이용의 전환성 높음	고객 데이터 확보 가능
	단점	장기 구독 시 총비용이 구매 비용을 상회하는 금전적 손해 가능성	구독자나 이용 횟수 예측 실패 시 과도한 비용 지출

자료: 정영훈, 「구독경제에서의 소비자문제 개선방안 연구」, 한국소비자연구원 정책연구보고서, 2019, 21쪽.

구독경제의 반복적인 고정금액 소비지출은 사업자와 소비자 모두에게 예측 가능성과 함께 사업 및 소비 양측에서 지출 계획을 세우는 것을 쉽게 만든다. 한편, 낮은 초기 구독 비용은 사업자에게는 신규 회원의 유입 및 접근성 향상을 가져다주지만 반대로 초기 사업 금액 부족으로 경영 환경에 악영향을 끼칠 수도 있다. 반대로 소비자에게는 저렴한 비용으로 경제성을 누림은 물론 다양한 서비스 경험을 갖는 기회를 가져다줌과 동시에 총지출의 증가, 쉬운 지출 의사결정 등으로 인한 폐해 등의 단점이 공존한다.

Ⅳ. 구독경제의 플랫폼

1. 플랫폼에 기반한 구독경제

'플랫폼platform'이란 둘 이상의 상호의존적인 행위자들을 참여시켜 서로 연결된 상호작용을 통해 가치를 창조하는 방식으로서 서로 다른 그룹 간의 상호작용을 쉽게 하여 가치를 창조하기 때문에 많은 이용자를 끌어들이는 만큼 가치가 증대하는 '네트워크 효과Network Effect'가 발생한다는 특징을 가진다.[13]

넷플릭스로 주목받기 시작한 최근의 구독경제는 모두 온라인 플랫폼을 기반으로 한다. 즉, 온라인에서 플랫폼 작동을 시작하며 ICT 기술에서 탄생한 모바일 생태계 방법론, 이른바 O2O 플랫폼을 지향한다는 뜻이다. 넷플릭스뿐만 아니라, 최근 공개된 애플TV 플러스나 디즈니 플러스도 이 범주에 든다.

주목해야 할 것은 이러한 플랫폼의 등장이라는 것이 '자연스럽게', 그리고 '빠르게' 이루어지고 있다는 점이다. '자연스럽게'라는 의미는 새로운 플랫폼의 등장을 위해 인위적으로 새로운 형태의 환경이 만들어진 것이 아니라 생태계의 한 형식처럼 등장했다는 의미다. 이는 마치 새로운 미디어가 이전의 미디어의 형태를 유지하면서 나타나게 되는 '재매개Remediation'9) 사업의 초기와 가깝다. 오래전부터 인터넷과 그에 부합하는 환경이 존재했고, 모바일과 태블릿 등의 디지털 디바이스도 존재했다. 이러한 테크놀로지 환경을 기반으로 등장하게 된 것들이 최근의 플랫폼이다. 이 때문에 이러한 플랫폼의 확산 속도도 빠르다. 이는 물리적으로 새롭게 구축돼야 할 장치가 필요 없기 때문이며, 배급되는 콘텐츠도 더는 물리적인 형태를 가지지 않기 때문이다.

인터넷 서비스가 보편화하고 일상생활의 중요한 축으로 작동하기 시작하면서 플랫폼의 개념도 다양한 형태로 나타나고 있다. 이러한 플랫폼은 인터넷을 중심으로 뉴미디어 기술이 발전하고 다양한 디바이스와 네트워크를 기반으로 한 서비스가 등장하게 되면서 미디어 콘텐츠의 중요한 유통 창구의 기능도 하고 있다. 뉴미디어 시대의 플랫폼이란 콘텐츠나 소프트웨어를 전송하거나 유통하는 기본이 되는 틀을 의미한다. 이러한 플랫폼의 종류에는 스마트폰, 스마트 TV, 비디오 콘솔, 인터넷 포털 사이트 서비스 등 다양한 형태로 존재하며 이용자의 사용 패턴에 따라 다양한 의미가 만들어진다. 현재 뉴미디어 플랫폼의 발전과 진화로 인하여 예전에는 존재하지 않았던 새로운 형태의 플랫폼도 출현하고 있다.

대부분 국가에서 신문, 지상파방송, 영화 등의 전통적인 미디어 기업들은 수용자와 광고 수익의 감소로 어려움을 겪고 있다. 반면에 구글, 페이스북, 애플, 넷플릭스 등의 인터넷과 모바일 플랫폼 기업들은 놀라운 성장

---

9) '재매개'란 하나의 미디어가 다른 미디어의 표상 양식(Representation), 인터페이스(Interface), 사회적 인식이나 위상을 차용하거나 나아가 개선하는 미디어 논리를 의미한다. 이 개념은 제이 데이비드 볼터(Jay David Bolter)와 리처드 그루신(Richard Grusin)이 1999년 같은 이름의 책을 통해 처음으로 통찰력 있게 분석하여 제시한 바 있다. Bolter, J. D. & Grusin, R., *Remediation: Understanding new media*, The MIT Press, 1999; 이재현 역, 『재매개: 뉴미디어의 계보학』, 커뮤니케이션북스, 2006.

을 거듭하고 있다. 새로운 미디어 서비스의 등장은 수용자의 미디어 소비 방식에도 큰 변화를 가져왔다. 이러한 흐름은 디지털 문화의 발전으로 소비자가 온라인으로 즉시 영화를 구매하거나 대여할 수 있고 고화질 TV, 컴퓨터 또는 심지어 휴대전화에서도 영화를 볼 수 있게 되었다. 이러한 모든 변화는 이용자의 요구에 따라 네트워크를 통해 필요한 정보를 제공하는 방식인 이른바 '온디맨드 문화On-Demand Culture'로 발전하게 된다. 이러한 변화는 콘텐츠 소비 방식을 근본적으로 변화시키고 더욱 개인화된 향유 경험을 제공하는 변화이다.[14]

이처럼 뉴미디어 플랫폼은 미디어 콘텐츠의 유통채널의 역할을 하고 콘텐츠 산업의 중요한 역할을 하고 있다. 플랫폼의 확장에 따라 그 플랫폼에 사용되는 콘텐츠 산업의 수요가 결정될 수 있다. 구체적으로 아이폰의 등장 이후 스마트폰이라는 새로운 플랫폼이 만들어지면서 그에 따른 모바일 콘텐츠 시장도 규모가 커지고 확대되었다. 전자 게임에서도 시기별로 플랫폼을 중심으로 헤게모니Hegemony 변화가 있었는데 아케이드 게임으로 시작된 전자 게임 플랫폼의 역사는 비디오 콘솔 게임이 유행하다가 인터넷 서비스와 컴퓨터의 보급과 함께 온라인 게임으로 발전해 왔다. 그리고 이러한 과정에서 새로운 플랫폼의 등장과 함께 혁신적인 게임들이 출시되고 상호작용하면서 산업적 발전을 가져온 것이다.

2. 콘텐츠 구독 플랫폼의 대명사 : 넷플릭스

앞서 얘기했듯이 대표적인 콘텐츠 플랫폼 기업인 넷플릭스는 2020년 1분기에 당초 전망치를 두 배나 넘어서 역대 최대 규모인 약 1,600만 명의 신규 가입자를 유치하였다고 발표했다. 코로나19 사태로 집에서 보내는 시간이 늘면서 콘텐츠 스트리밍 기업의 이용이 매우 증가한 것이다.

"콘텐츠 소비 방식을 소비자가 선택하도록 하겠다"라는 넷플릭스의 CEO인 리드 헤이스팅스Reed Hastings Jr.의 말은 현실이 되었다. 글로벌 스트리밍 서비스 대표 기업으로 자리 잡은 넷플릭스는 새로운 콘텐츠 유통 방법을 제안하며 미디어의 판도를 뒤엎었다. 넷플릭스 혁신의 핵심은 이용자다. DVD를 우편으로 배달할 때부터 다수의 이용자가 불만을 느꼈던 연체료를 없애고 월 정액제를 도입하며 성장해 왔다. 인터넷 시대가 열렸을 때는 가장 먼저 인터넷 스트리밍 서비스를 도입해, DVD 대여와 다운로드에 드는 시간과 비용을 줄였다. 2013년에는 자체 제작한 드라마 〈하우스 오브 카드House of Cards〉 시즌 1에 해당하는 13편을 한꺼번에 배포하는 파격적인 행보를 보여주기도 했다. 반세기가 넘는 기간 동안 한 주에 1편씩 편성해 온 미국 방송사의 시리즈 편성 원칙을 처음으로 파괴한 것이다. 이를 계기로 시리즈 전체 에피소드를 한 번에 몰아보는 '몰아보기 시청Binge Watching'이 탄생했고, 미국의 한 평론가는 이 사건을 두고 "TV의 역사는 〈하우스 오브 카드〉 이전과 이후로 나뉜다"라고 평하기도 했다.

'세계 최대의 인터넷 TV 네트워크.' 헤이스팅스는 넷플릭스를 이렇게 정의했다. 넷플릭스는 인터넷을 의미하는 'Net'과 영화나 영화관을 의미하는 단어인 'Flix'[10] 가 합쳐진 단어로 1997년에 설립되어 1999년부터 비디오와 DVD를 우편으로 배달하는 서비스로 시작한 회사이다. 넷플릭스는 정확히 10년 후인 2007년 1월 인터넷 스트리밍 서비스를 도입하며 커다란 전기를 마련한다. 'Watch instantly'로 이름 지은 넷플릭스의 인터

---

10) 영화를 뜻하는 속어 flick의 복수형 flicks의 축약.

넷 스트리밍 서비스는 온·오프라인 통합 방식으로 운영되었다. DVD 우편배달 서비스 이용자에게 추가 비용을 받지 않고 온라인 스트리밍 서비스를 제공한 것이다. 월 이용료 7.99달러로 '광고 없는 콘텐츠'를 선사한 결과 신규 가입자는 가파르게 증가했고, 기존 가입자도 넷플릭스를 떠나지 않았다. 점점 커지고 있는 온라인 콘텐츠 시장을 선점하는 효과를 보고 그렇게 미국 미디어 산업의 빅뱅 파괴자로 떠올랐다.

<그림 2> 넷플릭스의 과거와 현재

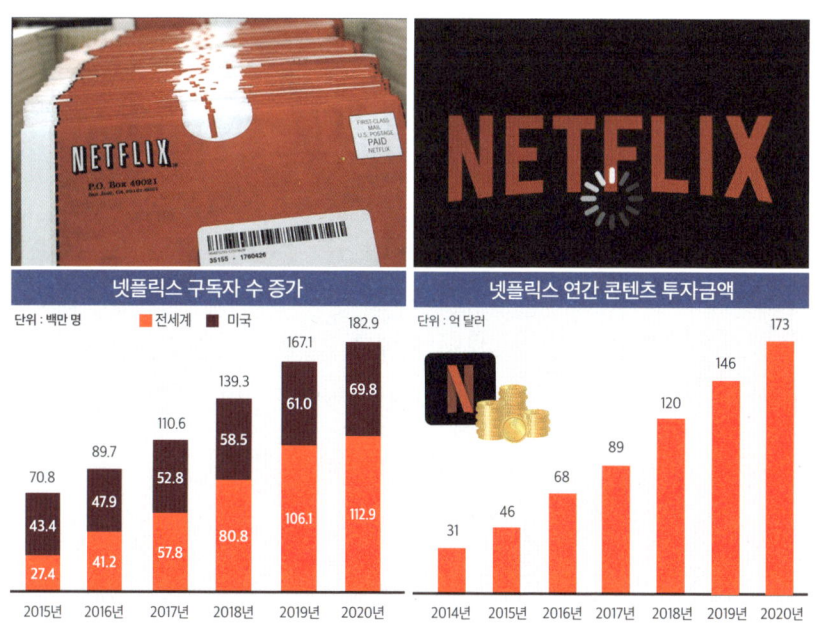

자료: 넷플릭스, 스태티스타(Statista)

그리고 2008년에 있었던 미국의 경제 위기 상황은 합리적인 소비를 하려는 이용자들에게 넷플릭스가 좋은 대안이 될 수 있었다. 일반 대중들은 외출을 줄이고 가정에서 할 수 있는 저렴한 문화생활을 중시하였고,

넷플릭스는 월정액으로 한 달 동안 콘텐츠를 자유롭게 시청할 수 있다는 점이 가장 큰 장점이 되었다. 넷플릭스는 스마트폰을 포함한 여러 영상 디바이스에서 접속할 수 있었고 2008년 하반기부터 2009년 상반기까지 하루에 1만 명씩 이용자들이 증가하는 현상이 나타났다.[15]

넷플릭스는 콘텐츠 회사도 기술 회사도 아니다. 기술 위에 쌓아 올린 엔터테인먼트 회사다. 넷플릭스 기술의 핵심은 스트리밍 서비스다. 이들은 언제 어디서든, 어떤 기기를 이용하든 영상을 끊김 없이 볼 수 있는 플랫폼을 만드는 데 집중한다. 넷플릭스 서비스 기술의 핵심 중 하나는 비디오 전송 기술인 '어댑티브 스트리밍Adaptive Streaming' 방식이다. 어댑티브 스트리밍이란 디바이스와 인터넷의 데이터 속도에 맞게 적절한 화질로 자동 최적화해 주는 기술이다. 콘텐츠 특성을 인공지능으로 분석하고, 동일한 전송 속도에서 화질을 높여주는 것이다.

넷플릭스의 빅데이터 분석 역량도 또 다른 핵심 경쟁력이다. 넷플릭스는 이용자의 취향을 알아내기 위해 매일 1억 시간이 넘는 방대한 시청 행태 자료를 분석한다. 가입자의 시청행태가 담긴 빅데이터를 분석하여 N스크린 전략, 추천 시스템의 정교화, 콘텐츠 인벤토리 관리, 오리지널 콘텐츠 제작·투자, 해외 진출, 가입자 확보 및 유지 전략 등 경영 전반에 활용한다. 빅데이터를 활용해 제작하는 오리지널 콘텐츠는 이용자 만족도가 높을 수밖에 없다. 특히 앞서 얘기한 넷플릭스의 오리지널 드라마 〈하우스 오브 카드〉가 이슈화되고 에미상 TV 드라마 부문에서 수상까지 하였는데, 이 드라마는 넷플릭스 이용자들의 취향을 철저하게 분석하기 위한 도입한 알고리듬Algorithm을 바탕으로 제작된 드라마였다.[16] 이처럼 넷플릭스는 고객의 서비스 이용 패턴을 수집한 데이터를 바탕으로 개인별 맞춤 서비스를 제공함으로써 놀라운 성공을 거두었다. 이러한 빅데이터 기법을 통한 분석방식은 높은 투자 리스크를 가진 엔터테인먼트 콘텐츠의 제작이 유통 소비 데이터와 결합한 새롭고도 놀라운 시도로 보인다.

V. 구독하는 세대

1. 경험을 구독하는 세대

시대와 지역을 막론하고 기성세대는 늘 청년 세대를 이해하기 위해 애써 왔다. 세대 차이에서 비롯되는 공동체 내의 이질감과 위화감을 극복하고, 여러 세대가 공존하며 조직을 효율적으로 운영하기 위해서는 세대 간의 다름이 어디에서 나오는지 이해해야 하기 때문이다. 세대는 비슷한 시기에 태어나 사회화 과정에서 특정한 역사적·사회적 사건, 즉 '결정적 집단 경험Crucial Group Experiences'을 공통으로 경험하고 의식하는 인구 집단을 말한다.

한때 '욜로YOLO'라는 단어가 2030 세대 사이에서 유행으로 번진 적이 있다. 'You Only Live Once'의 줄임말인 욜로는 현재의 행복과 그것의 가치를 좇는 삶의 방식을 일컫는다. 쉽게 말해 '한 번뿐인 인생인데 먼 미래보다 지금의 행복에 집중하자'라는 것이다. 특히 욜로는 젊은 층의 사는 방법뿐만 아니라 소비 트렌드도 바꿔놓았다. 자신에게 필요한 것이라면 아낌없이 지갑을 열었다. 이에 자동차, 식음료, 패션, 가전 등 소비재 시장에서는 욜로를 지향하는 젊은 층을 대상으로 한 제품과 서비스를 내놓기 시작했다. 이처럼 소비 트렌드는 시대의 변화를 고스란히 반영하고 있다. 구독경제 역시 마찬가지다. 구독경제 서비스가 활성화된 데는 변화하는 라이프 스타일, 그리고 이에 따라 바뀌어 가고 있는 소비 트렌드가 배경이 되었다.17

1980년대 초반에서 2000년대 초반에 출생한 세대인 밀레니얼 세대Millenials 또는 Y세대들의 경우 위에서 언급한 배경 속에서 성장한 세대로 이들의 특성11) 이 바로 구독경제의 등장 배경으로 보아도 무방하다. 경제 불황 등에 따른 효율성을 중요시함과 동시에 다양한 체험과 경험을 하고자 하는 욕구가 높아 소비 자체를 줄이기보다는 자신이 가치를 둔 것에 대한 지속적 관심과 지출을 하게 된다는 점은 구독경제의 등장 배경과 밀접하게 연관된다.

구독은 영구적으로 물건을 소유하는 것보다 다양한 경험을 선호하는 밀레니얼 세대에게 가장 매력적이고 효율적인 소비 활동으로 인식되었다. 평생 돈을 모아도 집 한 채 사기 힘들어진 시대에 태어난 이 세대는 공간·상품·서비스를 소유하는 데 신경 쓰기보다 '더 나은 취향을 가진 사람이 되자'라고 마음먹는 경향이 있다. 서울대학교 소비트렌드분석센터가 꼽는 2020년도 소비 트렌드 10가지12) 중 하나는 '스트리밍 라이프 Streaming Life'이다. 스트리밍 라이프는 일정 기간 돈을 지불하고 재화와 서비스를 추천받는 구독경제와 구독경제라는 용어가 등장하기 이전, 물건을 빌려 쓰는 것을 뜻하던 렌탈 서비스까지 포괄한다.18

---

11) 밀레니얼 세대는 대학 진학률이 높고 소셜네트워크서비스(SNS) 등을 능숙하게 사용하며 자기표현 욕구가 강하다. 이들은 온라인 쇼핑을 즐기고 게임을 하면서 과제까지 한다. 멀티태스킹(Multi-tasking)에 능하다는 의미다. 건강과 식생활에 투자를 아끼지 않으며 이전 세대와 달리 소유보다는 공유를 추구한다. 한경경제용어사전, [밀레니얼 세대(millenials)].

12) 이들이 꼽는 2020년 소비 트렌드 10가지는 다음과 같다. 멀티 페르소나, 라스트핏 이코노미, 페어 플레이어, 스트리밍 라이프, 초개인화 기술, 팬슈머, 특화생존, 오팔세대, 편리미엄, 업글인간. 김난도 외, 『트렌드 코리아 2020』, 미래의창, 2019, 18~19쪽 참고.

내가 쓰는 제품이 곧 내 취향이고 내 취향이 곧 나인 것이 밀레니얼 세대다. 이들은 제품을 구매할 때 기능적 필요성을 최우선으로 하지 않는다. 이제는 취향과 기분이 중요하다. 오늘은 오늘의 기분에 따라 새 자동차를 타고, 내일은 내일의 기분에 따라 다른 플랫폼 기기를 쓰고 싶다. 지금은 나의 취향, 나의 기분, 나의 감정이 중요한 시대이고 그것을 추구하는 라이프 스타일이 가능해졌다. 밀레니얼 세대는 이제 필요한 물건을 소비할 때 '소유'하지 않고 '경험'한다. 그리고 그 '경험'을 '구독'이라는 방식을 통해서 소비하고 있다.

또한, 이들 세대는 어릴 때부터 고급 경험을 많이 했기에 취향 수준이 높다. 그만큼 많은 경험을 하며 살고 싶어 한다. 그런데 자신이 원하는 만큼의 경험을 채워 줄 자원은 부족하다. 그래서 소유를 포기한다. 하지만 다양한 경험을 해보고 싶다는 양적 욕구와 더 좋은 경험을 열망하는 질적 욕구가 모두 충족되길 원하는 마음은 그대로이다. 갖고 싶은 욕망은 크지만 모두 가질 수 없어서 구독경제가 현실적인 타협점이 되는 셈이다. 일부 경제학자는 한국의 밀레니얼 세대가 부모 세대보다 가난한 삶을 살아갈 것이라고 예상한다. 예측이 맞는다면 이들은 자신의 소유욕을 충족시켜줄 만큼의 소득을 확보하지 못할 가능성이 있다. 하지만 소득이 만족스럽지 않다고 다양한 것을 경험하고 싶다는 욕망이 줄어드는 것은 아니다. 이 때문에 이들 세대에서 구독경제가 뜨는 것이다.[19]

2. 콘텐츠를 구독하는 세대

과거에 저작권을 무시하고 불법 복제와 무단 유포가 난무하던 콘텐츠 시장은 구독경제로 인해 분위기가 반전됐다. 음악 산업이 시장 변화에 가장 빠르게 변화했다. 매일 아침 우유를 마시고 신문을 읽던 그때 그 시절, 우리는 좋아하는 음악을 라디오에서 틀어주길 기다렸다가 전주가 흘러나오면 재빨리 빨간 녹음 버튼을 눌렀다.

너무 옛날이야기 같다면 인터넷에서 MP3 파일을 내려받아 CD를 굽고, 아이리버 MP3 플레이어에 옮겨 담던 추억을 이야기해 볼까. 그 음악을 만든 뮤지션에게 정당한 저작권료를 지불한 기억이 없다면 라디오 녹음과 다운로드는 크게 다르지 않다. 애플이 아이튠즈로 전 세계 음악 시장을 혁신하고, 우리나라에서도 먹는 게 아니라 듣는 멜론이 등장했을 때가 돼서야 음악은 구매해 듣는 거라는 인식이 자리 잡혔다.

이토록 어렵게 곡을 하나씩 구매하게끔 한 음악 시장도 지금은 모두 구독으로 돌아섰다. 애플뮤직과 멜론, 그리고 유튜브뮤직도 모두 스트리밍 서비스로 음악을 제공하고 있다. 구독하고 바로 들으면 되는데 음악을 왜 다운로드씩이나 받아야 하는지 요즘 세대는 이해하지 못한다. 이제 음악 파일을 내려받는 건 비행기 탈 때나 필요한 것 아닌가.

음악에 이어 구매의 개념을 벗어던진 것은 영상 콘텐츠다. 내가 보고 싶을 때 보고 싶은 영상이 있는 서비스를 구독하기만 하면 된다. 우리나라에서는 미국의 대표적인 영상 스트리밍 서비스 넷플릭스가 진출하면서 본격적인 경쟁의 막이 올랐다.

넷플릭스를 접하면서 실감하는 것은 '보는 경험의 파편화'다. 많은 사람이 동시대에 같은 콘텐츠를 보면서도 보는 시점도 환경도 맥락도 각기 달라진 것이다. 스마트 기기가 없었거나 성능이 좋지 않던 예전에는 같은 드라마를 동시에 보는 공동체적 경험이 흔했다.

인기 드라마의 유행이 대중에게 공동의 경험을 제공하는 현상과 동시에, 한편에서는 유튜브나 넷플릭스처럼 찾아보는 사람만 보는 플랫폼을 통한 유행도 두드러졌다. 분명히 존재하고 어떤 이에게는 장래 희망을 바꿀 만큼 큰 영향을 끼치는데도 모르는 사람은 통 모르는 유행이 된 것이다. 연예인이 아닌 크리에이터들이 생산하는 유튜브 인기 콘텐츠, 넷플릭스의 독점 콘텐츠를 앞서 소비한 '인싸'들과 그렇지 않은 '아싸'들의 문화 경험은 갈수록 이질화되고 격차는 소리 없이 벌어지고 있다.

본방 사수로 대표되는 선형적 시청행태는 점점 더 비선형적 이용으로 변화할 것이고, 소비자들이 이용하는 디바이스도 다변화될 것이다. 콘텐츠 사업자들의 성공적 전략에는 기술 발전과 정책 변화에 관한 관심 못지않게 소비자 선택과 미디어 이용행태의 변화에 대한 이해가 매우 중요하다.

Ⅵ. 콘텐츠 구독, 소비자 욕구에 주목하다

콘텐츠 구독 플랫폼에서 가장 중요한 것은 바로 고객 데이터다. 넷플릭스형 구독경제는 구매자들의 패턴을 최대한 확보해 정교한 데이터 활용을 전제로 한다. 전통적인 구독경제가 단순히 판만 벌였다면, 그리고 렌탈형 비즈니스가 별생각 없이 정해진 시간에 상품과 서비스를 구매자에게 보내는 것만 집중했다면, 넷플릭스형 구독경제는 생태계 내부에서 움직이는 구매자의 패턴을 면밀히 분석해 시시각각 새로운 사용자 환경으로 창출한다.

비단 넷플릭스에서만 연출되는 장면이 아니다. 애플TV 플러스와 2019년 하반기 공개된 디즈니 플러스는 물론 아마존 프라임 비디오 등 대부분의 OTT 플랫폼은 정밀한 데이터 확보와 분석을 전제로 한다. 사실상 현존하는 모든 ICT 플랫폼 기업들이 지향하는 모델이기 때문에 데이터 확보와 분석의 필요성은 더욱 커지고 있다. 블록체인Blockchain 업계도 관심을 보이고 있다. 아직은 초보 단계지만 블록체인 업계의 '디앱DApp: Decentralized Application'[13] 들은 탈중앙화와 세밀한 분석을 통해 데이터 분석과 활용에 더욱 집중하는 분위기다. 왓챠Watcha의 콘텐츠 프로토콜이 대표적이다.

플랫폼 사업자로서 데이터를 확보해 운용할 수 있는 기능을 갖췄다면, 그다음은 강력한 '락인 생태계Lock-in Ecosystem' 전략이 등장할 차례다. 내부 생태계를 통해 고객의 취향이라는 데이터를 확보했다면, 이를 통한 2차 비즈니스에 나서는 것이 순서이기 때문이다. 아마존 프라임의 멤버십 전략은 락인 생태계의 전형이다. 이들은 데이터를 통해 고객의 취향을 확보해 분석하는 방식으로 일종의 '가두리 생태계Enclosure Ecosystem'[14]를 추구한다.[20]

새로운 서비스가 등장하여 확산하는 데에는 수많은 요인이 영향을 미치는데, 기술과 정책, 시장구조, 사업자 간 경쟁 강도 외에도 이제는 소비

---

13) 디앱은 사전 그대로 해석하면 탈중앙화 방식으로 실행되는 애플리케이션을 뜻한다. 구글 플레이나 애플 앱스토어를 통한 앱(App)의 경우, 구글과 애플이 사용 정보들을 소유하는 구조다. 그러나 디앱은 블록체인 기술을 활용해 중앙 서버 없이 네트워크상에 정보를 분산해 저장 및 구동하는 앱으로, 사용자와 제공자 간에 상호작용을 직접적으로 할 수 있으며 금융, 보험, 소셜네트워크, 게임, 도박, 협업 등 다양한 분야에서 활용할 수 있다.

14) 'Walled Garden'이라고도 한다. 구독경제가 내포하는 고객 이탈 방지와 반복 구매라는 주요한 목표를 상징적으로 잘 나타내는 용어이다. 다음의 책에서는 기업 마케팅 측면에서 이와 같은 목표를 위한 전략 방안들을 제시하고 있다. Janzer, A., *Subscription Marketing: Strategies for Nurturing Customers in a World of Churn*, Cuesta Park Consulting, 2017; 이미숙 역, 『플랫폼의 미래, 서브스크립션』, 예문, 2018.
한편, 구독경제에 의해 표상되는 플랫폼경제는 독점 영역화(Enclosure)를 통한 지대 수취 경제와 마찬가지로 취급되기도 한다. 플랫폼경제를 디지털 영역에서의 토지 같은 독점적인 형태의 부동산으로 보면서, 이 경우 구독료는 마치 월세와 같은 지대로 인식하는 것이다. 이와 관련하여 플랫폼경제의 문제점에 대해 앞으로 지속적인 논의가 필요하다고 본다. 이항우, 「'이윤의 지대되기'와 정동 엔클로저: 구글과 페이스북의 독점 지대 수취 경제」, 한국사회학 50(1), 2016 참고.

자의 선택이 무엇보다 중요한 요인으로 작용하는 시대이다. 콘텐츠 플랫폼 시장은 앞으로도 서비스의 영역과 범위가 계속해서 확대될 것이고 기존의 유료방송 서비스에 지금까지보다 더 큰 영향을 미칠 것이다. 앞서 얘기한 '코드 커팅Cord Cutting'과 '코드 스태킹Cord Stacking' 외에도 '코드 셰이빙Cord Shaving'[15], '코드 치팅Cord Cheating'[16] 과 같은 생소한 용어들이 콘텐츠 플랫폼 서비스의 확산과 함께 현실에서 나타나고 있다. 앞으로 소비자들의 미디어 이용행태는 더욱 다양한 형태로 변화할 것이다.

구독경제는 현대인의 달라진 소비상을 반영한다. 상품과 서비스 자체는 예전과 크게 다르지 않다. 아침마다 신문을 읽고, 이틀에 한 번은 신선한 우유와 과일을 섭취하고, 매일 옷을 입고 빨래를 하고, 여가를 이용해 책을 보거나 영화를 보고, 이런 일들은 크게 변하지 않았다. 달라진 것은 소비 방식이다. 현대의 소비자에게는 가격도 중요하지만 그만큼 편리함과 효율성도 중요한 가치다. 원하는 상품을 필요한 기간에 이용할 수만 있다면 꼭 내 것이 아니어도 된다.

소유보다 소비가 중요하다는 점에서 현대 구독경제는 과거의 구독과 차별성을 갖는다. 대부분의 사람들이 한 번씩은 경험해 봤겠지만, 과거에

---

[15] '코드 세이빙'은 유료방송을 해지하지 않지만, 가입 상품을 더 저렴한 상품으로 변경하는 것을 뜻한다. OTT 서비스를 '보완재'로 이용하기 위한 추가 지출이 발생하지만, 유료방송을 값싼 상품으로 변경하면서 얻는 효용이 더 클 때 이뤄진다. 유료방송에서 실시간 채널을, OTT 서비스에서 VOD를 소비하는 것이 대표적이다.

[16] 미국의 시장조사회사인 디퓨전 그룹(The Diffusion Group)에 따르면, 온라인 가입형 서비스, 동영상 스트리밍을 이용하는 성인 인터넷 사용자들의 20% 이상이 같은 집에 거주하지 않는 다른 누군가의 계정(이름)과 비밀번호를 도용해 서비스에 액세스하는 현상이 나타나고 있다. 이러한 사람들을 '코드 치터(Cord Cheater)'라고 부른다. 디시 네트워크(Dish Network)의 신규 OTT 서비스 '슬링TV'는 이용료를 내지 않는 사용자가 25%나 된다. 홀루플러스(Hulu Plus) 21.2%, 넷플릭스(Netflix) 19.9%, HBO Go도 18%나 되는 것으로 나타났다. 아마존프라임(Amazon Prime)은 9.9%로 코드 치터가 가장 적은 것으로 나타났다. 미국의 고가 유료방송시장 구조 자체가 가입자 해지(코드 커팅) 혹은 더 낮은 가격대로의 전환(코드 세이빙), 다른 사람의 아이디를 도용해 사용하는 코드 치팅의 등장을 초래하는 측면이 있고, 실제 코드 커팅이 증가하고 있어서 OTT 서비스가 기존의 유료방송에 대한 대체재로서 기능하는 측면이 입증되고 있다. 김영주, 「OTT 서비스 확산이 콘텐츠 생산, 유통, 소비에 미친 영향에 관한 연구」, 방송문화연구 21(1), 2015, 95~96쪽.

신문이나 우유 배달을 중단하는 과정은 정말 힘들었다. 지국이나 대리점에 전화 한 번이면 끝내줘야 할 서비스가 종결되지 않고, 구독자가 아무리 얘기해도 소용이 없었다. 주택가 대문 곳곳에 붙은 '신문 사절'이라는 종이가 예전에는 흔한 광경이었다. 그 당시 구독이라는 모델은 그렇듯 달갑지 않은 측면을 함께 갖고 있었다. 지금도 비슷한 일이 전혀 없진 않겠지만, 예전보다는 확실히 성장한 구독경제 모델은 신기술과 최신 경향에 예민하게 반응하며 이를 누구보다도 빨리 체험해 보고 싶어 하는 사람들에게 적합해 보인다.

구독경제에서는 짧고 굵은 독자보다는 가늘고 얇은 독자가 더 중요하다. 1년 치 비용을 한 번에 통 크게 결제하는 독자보다 한 달씩 열두 달 동안 구독을 꾸준히 유지하는 장기 구독자가 더 소중하다. 1년 구독자는 다음 해 결제를 유지할지 알 수 없지만, 열두 달을 내리 구독한 독자는 열세 번째 달도 구독할 가능성이 더 크기 때문이다. 이것은 기업들이 사용자가 특정 상품을 처음 접하는 순간보다 상품을 접한 이후 만족도를 신경 쓰기 시작했다는 뜻이며, 소비자의 주머니 사정 보다 취미와 취향에 더 관심을 두기 시작했다는 의미다.

구독경제에 뛰어든 기업들은 습관을 판다. 제품 하나가 아니라 제품을 이용하는 서비스를 판다. 칫솔 하나, 면도기 하나에도 철저히 분석하고 정밀하게 겨냥한 '의도된 습관'이 들어 있다. 옷을 자주 사고 자주 버리는 것보다 그때그때 상황에 맞게 옷을 대여해 입는 습관, 큰맘 먹고 새 차를 지르는 것보다 필요할 때 원하는 자동차를 바꿔가며 타는 습관을 제공해 익숙해지게 한다. 사용자가 익숙함을 느끼면 인지하지도 못하는 사이에 구독료가 자동으로 빠져나간다. 한 달 무료 체험자를 은근슬쩍 충성 구독자로 만드는 것이 기업들이 최종 미션이다.

편리함과 익숙함, 그리고 가성비까지 제공해 줄 수 있다면 소비자로서도 이득이다. 책을 더 많이 읽는 데 도움이 되기만 한다면 종이책의 물성과 질감을 좋아하던 독자가 스마트폰을 이용해 전자책을 읽게 되는 것도 나쁠 건 없다.

구독경제는 기업들에 고객 관리보다 고객 유지가 더 중요함을 다시금 상기시켰다. 구독서비스를 제공하는 기업이라면 고객 분석과 관리를 위해 서비스와 마케팅에 기술적인 요소를 결합해 철저하게 데이터를 분석, 성과를 측정하는 '그로스 해킹Growth Hacking'[17]이 선택이 아닌 필수가 됐다. 10명의 신규 가입자보다 1명의 구독 해지에 더 마음이 아프다.

하지만, 한편으로는 구독경제의 경쟁 심화 여파로 피로를 호소하는 이들도 적지 않다. 한 번 생각해 보자. 소비자로서 나는 일상을 살아가면서 무엇을 얼마나 구독하고 있고, 구독료로 매달 얼마를 지불하고 있으며, 구독한 서비스와 콘텐츠는 얼마나 열심히 이용하고 있는지. 잘 쓰지도 않고 귀찮은데 심지어 돈까지 나간다면 구독 해지를 면하기 어렵다.

구독 시장이 커지고 서비스가 많아진 탓에 기업뿐만 아니라 소비자에게도 신규 구독보다 기존 구독을 관리할 필요성이 생기고 있다. 사람의 시간과 습관을 두고 제품과 서비스와 콘텐츠와 '인플루언서Influencer'[18]

---

17) 성장(Growth)과 해킹(Hacking)의 합성어로서 '성장을 해킹한다'라는 뜻이다. 미국의 유명 마케터 션 엘리스(Sean Ellis)가 최초로 제안한 개념으로 한정된 예산으로 빠른 성장을 해야 하는 스타트업들이 추구하는 효과적인 마케팅 기법 전반을 의미하며, 상품이나 서비스와 관련된 실험과 고객 데이터 분석을 지속해서 실시함으로써 개선 사항을 점검하고 이를 즉각 반영하여 지속 가능한 성장을 이루도록 하는 방법들을 통칭한다. Ellis, S., Brown, M., *Hacking Growth: How Today's Fastest-Growing Companies Drive Breakout Success*, Crown, 2017; 이영구 외 역, 『진화된 마케팅 그로스 해킹』, 골든어페어, 2017.

18) 인플루언서는 '영향을 주다'는 뜻의 단어 'influence'에 '사람'을 뜻하는 접미사 '-er'을 붙인 것으로 '영향력을 행사하는 사람'을 뜻하며, 포털사이트에서 영향력이 큰 블로그(Blog)를 운영하는 '파워블로거'나 수십만 명의 팔로워 수를 가진 소셜네트워크서비스(SNS) 사용자, 혹은 1인 방송 진행자들을 통칭하는 말이다.

들이 구독을 경쟁한다. 사용자의 일상에 습관처럼 깃들면 구독이고, 사용자가 구독을 의식하고 신경이 쓰인다면 바로 구독 취소[19] 나 구독 다이어트로 이어진다. 이미 구독 중인 것을 들키면 안 된다. 구독서비스 기업은 구독 소비자들이 창출하는 매달의 급여 또는 현금 흐름 속에서 자연스럽고 필수적인 지출의 디폴트값 Default Value 으로 편승하기를 열망한다. 구독서비스는 구독 소비자들과 경제적 흐름을 같이 할 것이다. 앞으로도 계속 찾아올 위기 속에서 구독 소비층이야말로 기업이 다시 튀어 오를 수 있는 회복탄력성의 든든한 발판이 된다. 뿐만 아니라 '경제적 해자 Economic Moat[20] '도 함께 선사해 줄 것이다. 지금은 구독을 하나 해지해도 다른 대안들이 차고 넘친다. 구독 인간을 향한 구독의 경쟁은 점점 더 치열하고 은밀하게 이뤄질 것이다.

---

19) 최근엔 줄여서 '구취'라고도 한다.
20) 투자의 귀재로 불리는 워런 버핏의 오랜 파트너 찰리 멍거는 시장, 상표, 제품, 종업원, 유통 채널, 사회 변화로 달라지는 기업 위상 등에 이르기까지 모든 면에 걸쳐 기업의 경쟁 우위를 알고 싶어 했다. 그는 기업의 경쟁 우위를 '해자(垓字, 적의 공격으로부터 성채를 지키기 위해 파놓은 구덩이)'라고 말했다. 우월한 기업은 깊고 영구적인 '해자'를 가지고 있다.

1 매일경제, 「'코로나' 경제위기타결의 새로운 대안, '소상공인·자영업자 참여형 구독서비스 플랫폼'」, 2020.3.30.
2 매일경제, 「미국 대기업의 40%가 1년내에 사라진다?! 살아남는 기업의 조건」, 2020.4.27.
3 이코노미조선, 「美 기업 1분기 성적표로 나타난 코로나19 영향」, 346호, 2020.5.6, 32쪽.
4 위의 기사, 32~33쪽.
5 Tzuo, T., Weisert, G., *Subscribed: Why the Subscription Model Will Be Your Company's Future - and What to Do About It*, Penguin, 2018; 티엔 추오, 게이브 와이저트, 박선영 역, 『구독과 좋아요의 경제학』, 부키, 2019, 6~7쪽.
6 김지혜, 「금융도 이제 넷플릭스처럼」 금융권 구독 시대」, LG CNS, 2019.6.24.
7 인사이트코리아, 「소유와 공유를 넘어 '구독경제'가 열린다」, 2019(12), 95쪽.
8 김지은, 「구독 서비스 이용자의 지속적 이용의도에 영향을 미치는 요인에 관한 연구」, 성균관대학교 석사학위 논문, 2020, 5~6쪽; 티엔 추오, 게이브 와이저트, 앞의 책, 325쪽.
9 삼성증권, 「구독경제, 소비자의 욕구에 주목하다」, 2019.10.23.
10 한국콘텐츠진흥원, 「사용한 만큼 내는 합리적인 소비! 구독경제」, 엔콘텐츠(9), 2018, 69쪽.
11 김지은, 앞의 논문, 6~7쪽.
12 김가영, 「밀레니얼(Millennial) 만들기와 청년성의 전유」, 인문사회과학연구 20(1), 2019, 211쪽.
13 정윤희, 김기덕, 「구독경제 시대의 오디오북 지속성장을 위한 시론적 연구」, 한국출판학연구 45(4), 2019, 158쪽; 심용운, 『스마트 생태계』, 커뮤니케이션북스, 2015, xiv쪽.
14 송시형, 「OTT 서비스의 확산으로 인한 미디어산업의 변화와 동향」, 한국융합인문학 7(1), 2019, 64쪽.
15 Keating, G., *Netflixed: The Epic Battle for America's Eyeballs*, Portfolio, 2013; 박종근 역, 『넷플릭스 스타트업의 전설』, 한빛비즈, 2015, 325쪽.
16 Smith, M. D., Telang, R., *Streaming, Sharing, Stealing: Big Data and the Future of Entertainment*, The MIT Press, 2016; 임재완 외 역, 『플랫폼이 콘텐츠다』, 이콘, 2018, 17~34쪽.
17 포춘코리아, 「"뉴 블루오션" 각광받는 구독경제」, 2019(11), 159~160쪽.
18 김난도 외, 『트렌드 코리아 2020』, 미래의창, 2019, 269쪽.
19 이코노미조선, 「합리적 소비 추구하는 밀레니얼이 구독경제 이끈다」, 324호, 2019.11, 28쪽.
20 이코노믹리뷰, 「구독경제의 모든 것」, 961호, 2019.5, 10쪽.

참고문헌

- 김난도 외, 『트렌드 코리아 2020』, 미래의창, 2019.
- 김주환, 『회복탄력성』, 위즈덤하우스, 2011.
- 심용운, 『스마트 생태계』, 커뮤니케이션북스, 2015.
- 곽은아, 최진호, 「OTT 서비스 속성에 대한 이용자 인식 및 사업자 경쟁관계 분석」, 방송과커뮤니케이션 20(2), 2019.
- 김가영, 「밀레니얼(Millennial) 만들기와 청년성의 전유」, 인문사회과학연구 20(1), 2019.
- 김지은, 「구독 서비스 이용자의 지속적 이용의도에 영향을 미치는 요인에 관한 연구」, 성균관대학교 석사학위 논문, 2020.
- 송시형, 「OTT 서비스의 확산으로 인한 미디어산업의 변화와 동향」, 한국융합인문학 7(1), 2019.
- 이항우, 「'이윤의 지대되기'와 정동 엔클로저: 구글과 페이스북의 독점 지대 수취 경제」, 한국사회학 50(1), 2016.
- 정윤희, 김기덕, 「구독경제 시대의 오디오북 지속성장을 위한 시론적 연구」, 한국출판학연구 45(4), 2019.
- 한국마케팅연구원, 「구독소비 전성시대」, 마케팅 43(10), 2019.
- IBK투자증권 리포트, 「식료품 구독경제, 유통업계로부터 독립을 꿈꾸다」, 2020.4.27.
- Bolter, J. D., Grusin, R., *Remediation: Understanding new media*, The MIT Press, 1999; 이재현 역, 『재매개: 뉴미디어의 계보학』, 커뮤니케이션북스, 2006.
- Ellis, S., Brown, M., *Hacking Growth: How Today's Fastest-Growing Companies Drive Breakout Success*, Crown, 2017; 이영구 외 역, 『진화된 마케팅 그로스 해킹』, 골든어페어, 2017.
- Janzer, A., *Subscription Marketing: Strategies for Nurturing Customers in a World of Churn*, Cuesta Park Consulting, 2017; 이미숙 역, 『플랫폼의 미래, 서브스크립션』, 예문, 2018.
- Keating, G., *Netflixed: The Epic Battle for America's Eyeballs*, Portfolio, 2013; 박종근 역, 『넷플릭스 스타트업의 전설』, 한빛비즈, 2015.
- Rifkin, J., *The Age of Access: The New Culture of Hypercapitalism, where All of Life is a Paid-for Experience*, Jeremy P. Tarcher/Putnam, 2000; 이희재 역, 『소유의 종말』, 민음사, 2020.
- Smith, M. D., Telang, R., *Streaming, Sharing, Stealing: Big Data and the Future of Entertainment*, The MIT Press, 2016; 임재완 외 역, 『플랫폼이 콘텐츠다』, 이콘, 2018.
- Tzuo, T., Weisert, G., *Subscribed: Why the Subscription Model Will Be Your Company's Future - and What to Do About It*, Penguin, 2018; 박선영 역, 『구독과 좋아요의 경제학』, 부키, 2019.
- Werner, E. E. & Smith, R. S., *Vulnerable but invincible: A longitudinal study of resilient children and youth*, McGraw Hill, 1982.
- McKinsey & Company, "Thinking inside the subscription box: New research on e-commerce consumers", *Our Insights: Technology, Media & Communication*, 2018.2.9.

B.U.(BTS Universe 혹은 比喩)에 빠진 글로벌 팬덤

김 은 경*

Ⅰ. 들어가며

Ⅱ. K-pop 팬덤의 문화와 역사

Ⅲ. 뉴미디어를 통한 K-pop 팬덤의 진화

Ⅳ. 글로벌 팬덤을 연대하는 B.U.(BTS universe)

Ⅴ. 나가며 : K-pop 문화현상의 미래

김 은 경*

- UX 디자인 회사 대표
- 동국대 Culture Oriented MBA 석사
- 동국대학교 영상대학원 박사과정 수료

B.U.(BTS Universe, 혹은 比喩)에 빠진 글로벌 팬덤

Ⅰ. 들어가며

  1992년 2월 17일, '뉴 키즈 온 더 블록 NEW KIDS ON THE BLOCK' 내한공연은 우리 사회에 큰 충격을 주었다. 이들은 미국 보스턴 출신 백인 5명으로 구성된 소년 그룹 Boy Group으로, 빌보드 차트를 점령한 세계적인 인기 그룹이었다. 당시는 이렇다 할 음향이나 시설을 갖춘 대규모 공연시설이 없어 이런 콘서트도, 그런 문화도 경험한 적 없던 한국에 초절정 인기 팝스타가 내한한 것이었다. 그들이 입국할 때부터 놀라운 일이 벌어졌다. 3천여 명의 10대 소녀들이 공항에 몰려들어 검색대가 부서졌고, 멤버 행동 하나하나에 비명을 지르는 모습은 9시 뉴스에 나올 정도였다. 이전에는 볼 수 없었던 이런 모습을 부정적으로 받아들이던 한국 사회는, 결국 이들의 공연에서 흥분한 10대 팬들의 무질서로 수백 명이 깔려 기절하거나 다치고 급기야 1명이 사망하는 비극이 발생하자 더 큰 충격을 받았다.

당시 MBC 9시 뉴스 진행자는 "뉴 키즈 온 더 블록, 이 미국의 팝그룹에 대한 온갖 꼴불견 추태가 계속되더니 오늘 밤 공연에는 드디어 사고까지 났다"며, "우리 딸들을, 우리 여동생들을 이해하려고 노력을 합니다만 과연 어디까지 이해를 해야 할지 씁쓸한 생각을 지울 수가 없다"라는 멘트로 뉴스를 맺었다.

이 사태를 보는 한국 사회의 대다수 어른들도 외국 팝그룹에 열광하는 10대들을 '꼴불견'일 뿐만 아니라 문화 사대주의에 찌들었다고 혀를 찼고, 학교가 아닌 공연장에 간다는 것 자체를 일탈로 받아들였다.

그러나 이 사건은 한편, 90년대 이후 세계 대중음악 시장의 소비와 흐름을 이끌 가장 강력한 주체로 등장한 10대들이 이제 한국에서도 음악 산업의 판도를 바꿔버리리라는 것을 예고한 상징적인 사건이 되었다. 이 사건 두 달 뒤인 1992년 4월, '서태지와 아이들'은 데뷔하자마자 이미 응집되어 있던 10대들의 에너지가 이들에게 곧장 응답함으로써 절대적인 우상의 자리에 군림했다. '서태지와 아이들'의 랩과 댄스가 공존하는 음악과 퍼포먼스는 아이돌 중심의 K-pop의 원형이 되었고 30년이 지난 지금 팬덤은 글로벌화되었다.

이러한 결과로 해외 팬들이 뜻도 모르는 한국어로 방탄소년단의 노래를 따라 부르고 번역된 가사를 보며 눈물 흘리는 걸 본다. 그뿐이 아니다. 아이돌 그룹이 미국 시상식에서 신곡 첫 컴백 무대를 가지고 토크쇼에 나와 영어로 인터뷰하는 등, 한국 음악산업을 K-pop이라는 새로운 트렌드로 만들고 있다. 이러한 추세는 더 나아가 K-pop 팬덤이 미국의 대통령 선거에까지 영향을 미치는 등 가히 한국을 넘어 전 세계에 영향을 미치고 있다고 볼 수 있다.

그렇다면 이와 같은 K-pop의 힘은 어디서부터 나왔으며 팬덤은 K-pop을 어떻게 소비하고 팬덤 문화로 만들어 가는지, K-pop과 팬덤의 특성을 살펴보고 그들이 함께 만들어가는 문화 현상을 통해 무엇이 K-pop 글로벌 팬덤을 서로 연대하게 하는지에 대해 알아보고자 한다.

Ⅱ. K-pop 팬덤의 문화와 역사

팬덤이란?

팬덤fandom은 특정 스타 또는 미디어 텍스트에 대한 애호와 충성심을 공유하는 조직된 공동체 또는 하위문화를 일컫는 용어이다. 특정 스타나 문화 텍스트를 열광적으로 좋아하는 수용자를 의미하는 'fan'과 지위, 상태, 영토 등을 나타낼 때 사용하는 접미사인 'dom'을 붙여 만든 합성어이다.[1]

'fan'은 '퍼내틱fanatic'에서 따온 단어로 어원은 라틴어 '파나티쿠스fanaticus'이며 교회에서 금전적 욕구 없이 헌신적인 마인드로 봉사하는 사람을 가리킨다. 시간이 흐르면서 팬은 특정된 인물이나 분야를 열정적으로 좋아하고 몰입하여 그 속에 푹 빠져 있는 사람을 가리키는 용어로 사용되기도 한다. 현대 대중문화 사이에서 팬은 아이돌이나 스타에 대한 자신의 사랑을 기반으로 일반적인 대중과는 달리 본인 스스로 스타와의 특별한 관계를 형성하는 사람들이 모인 문화집단을 의미한다.[2]

한편 이러한 팬덤에 대해 피스크와 코니Fiske & Coney는 1982년에 팬덤의 특징을 크게 세 가지로 구분했다. 첫째, 팬덤은 차별discrimination과 구별distinction의 특성을 갖는다. 둘째, 팬덤은 생산성productivity과 참여 participation의 특성을 갖는다. 셋째, 팬덤은 자본축적capital accumulation 의 특성을 갖는다.[3] 피스크와 코니가 논의한 팬덤의 특징을 아래에서 K-pop 팬덤 문화에도 적용해 보도록 하겠다.

1. 차별하는 팬덤, 구별짓는 팬덤

1) 한국 팬덤의 정체성 형성과 차별화

앞의 영국의 문화연구자 피스크John Fiske는 프랑스의 사회학자인 피에르 부르디외Pierre Bourdieu의 개념을 원용하며 '차별'과 '구별'의 개념을 제시하고 이를 통해 팬덤 문화의 속성을 설명하였으며, 팬덤은 차별화 기제를 통해 자신들의 사회적·집단적 정체성을 드러내는 동시에 구축한다고 하였다.[4]

이는 한국의 아이돌 그룹 '방탄소년단(BTS)'이 미국 방송에 데뷔할 때 현장의 미국 팬들이 보여주었던 응원형태에서 가장 잘 나타난다.

2017년 아메리칸 뮤직 어워즈AMA[1])에서 '체인 스모커Chain Smoker'[2]) 가 "'인터내셔널 슈퍼스타'라는 단어로도 부족하다. 미국에서 TV 데뷔를 하게 된 BTS를 박수로 맞이해 달라."는 멘트로 방탄소년단을 소개하자, 관중석의 글로벌 아미A.R.M.Y[3]) 들의 엄청난 함성이 터졌다. '아미 밤ARMY BOMB, BTS 공식응원봉'을 든 글로벌 아미는 전주가 시작되자 정확히 2초 후

---

1) 방탄소년단의 첫 미국 방송 데뷔. 아메리칸 뮤직 어워드 (American Music Awards)는 미국의 권위 있는 대중 음악 상이다.
2) 2016년에 싱글 'Closer'를 발표하고 그 앨범이 12주 동안 빌보드 차트 1위를 차지한 유명그룹. 방탄소년단의 'Best of Me'의 공동 작곡자이기도 하다.
3) A.R.M.Y : Adorable Representative MC for Youth, 청춘을 위한 사랑스러운 대변인이라는 뜻. MC는 일반적인 의미로는 진행자라는 뜻이며, 힙합계에선 힙합 장르를 전문으로 하는 래퍼를 뜻한다. 방탄소년단 팬덤이름.-나무위키

에 박자에 맞춰 멤버의 본명을 차례로 부르는 팬 챈트fan chant, 집단 응원 구호를 외쳤다. 이는 한국 아미들의 공식 응원법이다. 이어 한국어 가사로 노래를 따라 부르고, 중간에 추임새처럼 외치는 팬 챈트도 마찬가지였다. 이런 특이한 응원법의 원형은 한국 K-pop 팬덤의 고유문화이다. 이 모습은 그 자리에 있던 방탄소년단을 모르는 관중은 물론, TV로 지켜보던 미국 사람들에게 놀랍고 신기한 모습으로 받아들여졌다.

그렇다면 한국 K-pop 팬덤은 어떻게 차별과 구별을 통한 사회적·문화적 정체성을 가진 지금의 독특한 문화를 가지게 되었을까?

이러한 시작은 1992년에 데뷔한 '서태지와 아이들'과 그 팬덤이라고 할 수 있다. '서태지와 아이들'이 1994년 발표한 '교실 이데아'를 통해 획일적인 교육환경과 기성세대를 비판했을 때, 팬덤은 물론 일반 대중들은 그들을 단순히 10대들의 우상에 그치지 않는, 사회비판의식을 갖춘 아티스트라고 평가했다. 팬덤은 서태지와 아이들의 그 정체성을 곧 자신의 사회적 정체성으로 받아들이고 더욱 강화했다. 그리하여 팬덤은 스타와 맺고 있는 특별한 관계성으로 자신의 정체성을 차별화하고, 음악과 무대 퍼포먼스도 다른 이들보다 질적으로나 미학적으로도 우위에 있다고 생각하기에 이와 다른 것들을 차별하고 자신의 팬덤과 다른 이들을 구별 지었다.

2) 정체성을 시각화한 한국 팬덤

다른 팬덤들도 마찬가지의 이유로 자신의 팬덤 활동을 통해 정체성을 구성하고 드러내는데, 이 정체성이 시각적으로도 다른 사람들과 구별되기를 원했다. 한국 팬덤 문화에 유난히 시각적인 도구가 많은 배경에는 다수의 아이돌이 함께 출연하는 음악 순위 방송프로그램과 해마다 열렸던 두 개의 대형 합동 콘서트4)의 영향이 컸을 것이라 본다. 그 중 당대 최고 가수와 아이돌이 대거 출연하는 합동 콘서트는 아이돌 팬덤에게는 놓칠 수 없는 기회였다. 그러나 일부 극렬 팬들끼리 충돌이 잦았기에 주최 측이 팬클럽별로 좌석을 배정하게 되면서 팬덤 사이의 시각적 구별화 경쟁이 치열해졌다. 당연히 팬클럽의 존재와 규모도 시각적으로 과시하고 싶었다. 이러한 계기를 통해 각 팬클럽들은 팬덤 이름을 정하고 로고도 만드는 브랜드 아이덴티티B.I., Brand Identity 작업을 시작했다.

팬클럽의 차별과 구별을 통한 정체성을 드러내는 최초의 도구는 풍선이었다. 여러 팬클럽들은 풍선 색깔을 통해 서로를 구별하였다.

'클럽 H.O.T'는 하얀색 우비와 풍선을 흔들며 팬덤의 규모를 자랑했고 곧 다른 팬클럽사이에서도 고유 컬러의 풍선을 흔드는 문화가 순식간에 정착되었다. 이 방식이 몇 년을 유행한 결과 수많은 아이돌과 함께 여러 색색의 풍선이 생겼다.5) 그러나 곧 너무 많은 풍선 색깔은 오히려 각각의 팬클럽을 식별하는데 혼란을 주는 요소가 되어버렸다.

그러던 어느 순간, 풍선 대신 개성 있는 디자인의 LED 야광봉응원봉이 등장하게 된다. 이를 처음 사용한 팬덤은 YG 엔터테인먼트의 '세븐'의 팬클럽인 '럭키세븐'이었다. 여기에는 그들만의 정체성을 나타내기 위한 애로사항을 극복하는 과정이 있었다. 2003년에 데뷔한 세븐의 팬클럽은, 풍선이라는 도구에 이미 다른 팬덤이 선점한 색깔을 피해 다른 색을 찾

---

4) 대표적인 대형 합동 콘서트 <스피드 012 콘서트>의 입장권은 전국 SK텔레콤에서 무료 배포되었고 가장 큰 규모였던 1999년 <스피드 012 콘서트>의 전체 관객 수는 비공식 집계로 12만 5천 명에 달한다고 한다. 또 다른 대형 합동 콘서트는 <드림콘서트>로서 2019년 현재까지 이어져 오고 있다.
5) H.O.T(하양), 젝스키스(노랑), S.E.S(펄보라), 핑클(펄레드), 신화(주황), god(하늘색), 클럽비(녹색), 보아(펄레몬), 유승준(빨강), N.R.G(분홍), 동방신기(펄레드), 슈퍼쥬니어(펄 사파이어 블루), 샤이니(펄 아쿠아), 카라(펄피치), 소녀시대(파스텔 로즈 하트) 등등이 생겨났다.

기에 어려움을 겪다가 '라임그린색'으로 정했는데, 기존에 그린색을 쓰던 '클락비'와 거의 구분이 되지 않는 상황이어서 '클락비' 팬클럽으로부터 큰 항의를 받게 되었다. 활동 중인 가수는 물론이고 해체한 선배 가수의 풍선 색이라도 도용하는 것은 팬덤 사이에서 아주 무례한 것으로 받아들여지던 시절이었다.

그러나 꼭 라임그린색을 쓰고 싶었던 팬클럽 내부에서 머리를 맞댄 끝에 꼭 풍선을 쓸 이유가 없다는 의견이 나왔고, 회원들의 많은 공감이 있었다. 이 때, 팬클럽의 고민을 알게 된 가수 '세븐'이 1자형 LED 스틱 두 개를 이어 숫자 '7'의 모양으로 LED 스틱을 만들어 보자는 아이디어를 내자 팬클럽은 크게 환영했다. 기성 1자형 LED 스틱 외에 가수와 팬클럽을 상징하는 고유의 디자인이 적용된 건 처음이었다.

<그림 1> 가수 '세븐'의 팬클럽 '럭키세븐'의 응원봉

출처 : 좌, 본인소장, 우, https://sart.tistory.com/3044

이 최초의 팬클럽 응원봉은 <그림 1>과 같이 가수 '세븐'의 이름처럼 숫자 7처럼 생긴 라임그린 색의 막대에 LED 조명을 넣은 획기적인 응원 도구였다. '칠봉'이라는 이름의 이 응원봉이 팬덤에게는 필수품이자 콘서트장에서 팬들이 함께 만들어내는 조명예술로까지 발전한 LED 응원봉의 시초인 것이다. 가수를 상징하는 조명기구였기에 매년 열리던 대형 합동 콘서트인 '드림콘서트'에서 야간에는 풍선을 든 팬덤 사이에서 돋보이는 존재가 되었다.

그러나 초기 만들었던 '칠봉'은 수요 예측이 어려워 대량생산을 못하다 보니 기존 도구인 풍선에 비해 단가가 너무 높았고 내구성까지 좋지 못한 단점이 있었다. 공식 팬클럽 회원조차도 이 칠봉을 구하기가 어려웠다. '럭키세븐'은 세븐의 소속사인 YG 엔터테인먼트에 이러한 문제점을 개선한 응원봉을 제작해 달라고 강력히 요구했으며 이 요구를 받아들인 YG 엔터테인먼트는 최초로 '공식응원봉'을 제작하여 판매하기 시작했다. 이로써 LED응원봉은 본격적으로 저작권 있는 공식 굿즈 Official Goods가 되었으며, 이후 굿즈 시장의 상징적인 도구가 됐다. 이 LED 응원봉은 세븐 팬덤의 폭발적인 성장과 일본 진출의 성공으로 콘서트 수익의 큰 부분을 차지하기 시작했다.

YG 엔터테인먼트가 다음으로 제작한 〈그림 2〉와 같은 '빅뱅'의 응원봉은 그룹의 리더인 지드래곤이 디자인한 것으로 알려졌으며 한층 업그레이드된 품질을 선보였다. 고가高價임에도 불구하고 충성심 높은 팬덤은 기꺼이 이 비용을 지불하고 관중석을 응원봉 불빛으로 가득 채우는 장관을 만들어 내는데 동참했다. 이런 추세에 곧 다른 팬덤도 대부분 그들의 정체성이 반영된 LED 응원봉을 공식 굿즈로 갖게 되어, 이제는 합동 콘서트 장에서 들고 있는 응원봉만으로도 누구의 팬인지 금방 알 수 있게 되었다.

<그림 2> 그룹 '빅뱅'의 응원봉과 그 불빛으로 가득 찬 빅뱅 콘서트장

출처 : 좌, 본인소장, 우, https://www.instiz.net/name_enter/26148589

<그림 3> 응원봉을 활용하는 방탄소년단 콘서트 장면

출처 : 유튜브 <BANGTANTV : [PREVIEW] BTS (방탄소년단) 'LOVE YOURSELF' SEOUL DVD SPOT> 中 (빅히트엔터테인먼트)https://www.youtube.com/watch?v=4krNxGeW1Zg

현재는 이 응원봉에 블루투스 기능을 적용하여 콘서트장 공연연출자가 중앙시스템으로 제어할 수 있어 팬들은 응원봉을 들고 있기만 하면 화려하고 다이나믹한 조명연출이 가능하다. 이는 팬덤과 가수가 함께 만드는 조명예술로서 K-pop 콘서트의 큰 볼거리 중 하나가 되었다. 이 기술은 한국 중소기업의 특허기술[6]로 국내에선 SM 엑소의 콘서트에서 처

---

6) 원격 제어 응원봉은 2014년 일본 아이돌 그룹 '아라시'와 그 소속사 '쟈니스'가 최초로 사용했다. 국내 가수 중에서 원격 제어 응원봉을 가장 최초로 사용한 사람은 가수 '박효신'이다. 하지만 박효신은 응원봉(라이트 스틱) 형태가 아닌 팔찌 형태로 원격 제어 응원팔찌를 사용했다.국내 아이돌 그룹 중에서는 그룹 '위너'가 일본 콘서트에서 가장 먼저 사용했으며, 국내 활동에서는 그룹 'EXO(엑소)'가 가장 먼저 사용했다. 또한 원격 제어 응원봉을 최초로 도

음 사용하였다.

3) 충성의 외침, 떼창 그리고 Fan Chant 문화

말 그대로 팬 챈트는 그 외침의 크기만큼 팬이 있음을 알려, 무대 위 아이돌을 응원하기 위해 만들었다. 앞에서 언급했듯이 방탄소년단이 AMA 미국 TV 데뷔무대에 섰을 때 미국 아미들의 큰 함성과 팬 챈트는 긴장했을 방탄소년단에게 분명 큰 힘이 되었을 것이다. 이 팬 챈트는 또한 미국 아미들로서는 '아미'라는 자신의 정체성을 드러내는 일이기도 했다. K-pop 팬 챈트는 팬덤 만의 정해진 규칙이 있기 때문이다.

(00:02~) 김남준! 김석진! 민윤기! 정호석! 박지민! 김태형! 전정국! BTS! (x2)
첫눈에 널 알아보게 됐어 / 서로를 불러왔던 것처럼 / 내 혈관 속 DNA가 말해 줘
내가 찾아 헤매던 너라는 걸 / 우리 만남은 **(우리 만남은)** 수학의 공식 **(수학의 공식)**
종교의 율법 **(율법)** 우주의 섭리 **(우주의 섭리)** / 내게 주어진 운명의 증거
너는 내 꿈의 출처 **Take it Take it** / 너에게 내민 내 손은 정해진 숙명
걱정하지 마 love / 이 모든 건 우연이 아니니까 / 우린 완전 달라 baby
운명을 찾아낸 둘이니까 / 우주가 생긴 그 날부터 계속 **(계속)**
무한의 세기를 넘어서 계속 **(계속)** / 우린 전생에도 **(우린 전생에도)**
아마 다음 생애도 **(아마 다음 생애도)** / 영원히 함께니까 **(DNA)** / BTS! BTS! BTS!

- BTS 'DNA' 응원법

방탄소년단의 노래 'DNA'는 전주가 시작되면 8마디 동안 아미가 "김남준, 김석진, 민윤기, 정호석, 박지민, 김태형, 전정국, BTS!"[7]를 두 번 외

입한 아라시는 따로 특허를 등록하지 않고 사용했기 때문에 엑소가 소속된 SM 엔터테인먼트에서 원격 제어 응원봉의 특허를 내게 되었다. ("풍선 대신 '원격 불빛', 4차 산업혁명 만난 아이돌 응원도구", 『오마이뉴스』(2018.11.19)
7) 각 팬클럽은 공통적으로 멤버의 본명을 외치는 팬챈트가 있는데, 멤버를 호칭할 때 예명이 아닌 본명으로 부른다는 것은 팬덤 중에서도 진성 팬임을 증명하는 수단이 되기도 한다. 예를 들어, 소셜미디어 상에서 외국인 팬이 방

치고 바로 노래가 시작된다.

　팬덤은 정해진 팬 챈트를 외워야 하며 이름의 순서가 틀려도 안 된다. 아이돌 그룹의 거의 모든 노래에 정해진 팬 챈트가 있을 정도이다. 가수는 무대에서 노래를, 팬덤은 관중석에서 정해진 규칙대로 팬 챈트를 외치는 각자의 역할이 있고, K-pop 팬덤은 이 역할을 충실히 해내는 것을 중요하게 여긴다. 그래서 아이돌 대형 콘서트에서의 조직적인 팬 챈트는 아이돌에게 바치는 일종의 종교의식과 같은 느낌마저 든다. 잠실벌에 울려 퍼지는 4만 5천여 명의 팬 챈트를 상상해 보라. 실제 콘서트장에서의 팬 챈트는 아이돌과 팬덤 모두를 전율케 한다.

　특이한 점은, 애초 응원의 외침이었던 팬 챈트가 이제는 K-pop 무대의 일부가 되었다는 점이다. 음악방송을 자주 보는 사람이라면, 팬이 아니어도 저 팬 챈트를 원래 가사의 일부처럼 자연스럽게 따라 하게 된다. 이제는 팬 챈트 없는 K-pop 무대는 허전할 정도가 되었다. 관람문화를 참여문화로 전환시키는데 있어 저력을 보이는 것이 팬덤의 특징[5]이지만, 공연에까지 팬 챈트로 참여하는 K-pop 팬덤은 아주 독특한 케이스라고 할 수 있을 것이다. 요즘엔 아예 아이돌이 팬덤에게 이런 응원 구호를 넣어줬음 좋겠다는 의견을 전하기도 한다.

　앞에서 잠시 언급한 음악방송의 경우는 작은 시장 규모에 비해 지상파, 케이블 통틀어 프로그램이 이렇게 많은 나라도 없다. 우리나라보다 시장 규모가 약 6배 이상 큰 음악시장이자 세계 2위 규모(약 6조 원)인 일본은, 전 채널 통틀어 15개 정도인 데 비해, 한국은 일주일에 한 번 편성된 정규

탄소년단 멤버 '뷔(예명)'를 발음도 어려운 '태형(본명)'이나 '태태(별명)'라고 부른다면, 광범위한 K-pop 팬 중에서도 진성 ARMY로 인정받는 분위기다.

프로그램만 해도 현재 KBS 13개, MBC 8개, SBS 및 민방 6개, 기타 10개 이상이 된다(2020년 기준).

많은 프로그램 제작으로 인한 방송국 간의 치열한 경쟁은 각 무대마다 차별화된 아이디어와 투자를 하게 되는 동력으로 작용하여 다양하고 질 높은 디지털 음악콘텐츠 생산으로 이어졌다. 해외 K-pop 팬덤은 수준 높은 우리나라 방송 무대설치와 카메라 워크camera work에 감탄해 마지않는다.

단기간에 대량으로 쏟아지는 높은 수준의 방송국 음악콘텐츠는, 소셜미디어로 이를 접하는 해외 팬들에게 쉼 없는 '떡밥'을 제공하는 결과로 이어져 K-pop 글로벌 팬덤이 형성되는데 큰 원천소스가 됐다. 지금의 글로벌 팬덤이 한국 팬덤의 응원구호를 연습하여 그대로 따라 하는 데에는 한국 방송 콘텐츠가 교재로 활용되었다.

한편, 이렇게 많은 음악방송은 대부분 공개방송 형식으로, 생동감 넘치는 연출을 위해 열성적인 해당 출연 아이돌 그룹의 팬클럽을 방청객으로 동원했다. 한 번에 10팀 이상이 출연하는 음악 순위 방송은 한꺼번에 모든 팬클럽을 수용할 수가 없어 출연팀이 나올 때마다 방청객이 교체되었다. 가까이에서 스타의 무대를 볼 수 있는 행운을 잡은 팬클럽들은 무대 위 자신의 스타에게 힘을 북돋우기 위해 열성적인 응원을 보냈다. 이것은 팬클럽이 시청자에게 자신의 스타를 어필할 수 있는 기회이기도 했다. 특히 신인일수록 방송 분량이나 포커스를 받기 힘든 것을 알기에 팬덤들은 자신이 응원하는 아이돌이 방송국에서 좀 더 대우받게 하기 위해 헌신하기 시작했다. 그래서 특유의 응원문화가 발달하기 시작했다. '떼창'을 하거나 독특한 추임새나 각 멤버의 이름을 구호처럼 노래 사이에 외쳤다. 걸 그룹 카라의 팬클럽은 'PRETTY GIRL' 활동 시 모두 빨간 고무장갑을 끼고 포인트 안무를 같이 하는 장면이 그대로 방송을 타 화제가 되기도 했다.

이처럼 아이돌 그룹의 팬덤들은 열성적인 떼창과 팬 챈트라고 불리는 집단응원구호를 외치며 아이돌에겐 응원을, 그리고 스스로는 소속감과 일체감 그리고 정체성을 느꼈다.

4) 정체성을 증명하는 굿즈(Goods)

2019년 8월, 홍콩의 송환법 반대 시위가 고조되고 있던 그 때, 한국일보에 "체포 순간 떨어진 BTS 인형… 전 세계 아미 울린 '홍콩 시위' 사진"이라는 기사가 떴다.

기사는 "홍콩의 사진작가 쳉 오이판 알렉스가 26일 자신의 페이스북에 해당 사진과 함께 "여성 시위대가 체포되는 순간, 그의 책가방에서 떨어진 분홍색 토끼"라는 글을 올렸는데, 그의 사진을 본 홍콩 누리꾼들은 댓글로 토끼 인형이 방탄소년단의 멤버 정국이 직접 만든 캐릭터 '쿠키'라고 설명했다. …중략… 방탄소년단의 팬이라면 하나쯤은 가지고 있어야 하는 필수품으로 통한다. 이 사진은 방탄소년단의 팬을 중심으로 SNS를 통해 확산됐다. 방탄소년단 팬들은 "나라는 달라도 아미는 하나"라면서 홍콩 시위와 캐릭터 인형의 주인으로 추정되는 '홍콩 아미'에 대한 응원에 나섰다."[6]라고 소개했다.

인형 하나로 팬덤은 서로를 알아보고 연대에 나선 것이다. 팬덤에게 굿즈는 단순히 소장용 상품의 의미를 넘어 팬덤임을 인증하는 도구로 여겨진다.

<그림 4> 시위대 가방에서 떨어진 BTS 캐릭터 인형 '쿠키'

출처 : 좌, 『한국일보』(2019.8.28.)(https://www.hankookilbo.com/News/Read/201908281120099509), 우, 위버스 샵(Weverse Shop)

    최근 아이돌 그룹은 데뷔 전부터 K-pop 비즈니스에서 중요한 브랜드 전략을 수립하여 로고와 엠블럼을 정해서 미리 상표등록을 하는 것이 일반적인 일이다. 잘 만들어진 BI**Brand Identity**는 아티스트의 상징 그 자체이기에 모든 창작물에 디자인 소스로 활용되고 있다.

    디지털로 무형화된 음원을 스트리밍으로 듣는 이 시대에는 20세기 음악산업의 주 수입원이던 음반마저도 굿즈 개념으로 소비된다. 멤버의 외모적 특징을 살려 만든 인형이나 피규어는 물론이고 멤버가 그린 그림이나 가상의 캐릭터도 모두 상품화된다. 팬덤은 아이돌 그룹 이름이 새겨진 티셔츠를 입고 콘서트장에 가고, 여름엔 굿즈 부채를, 겨울엔 굿즈 담요를 덮는다. 아이돌 멤버가 조향한 향수를 뿌리고 집을 나서고, 아이돌 사진이 프린트된 교통카드로 대중교통을 이용한다. 한정판 브로마이드를 사은품으로 제공하는 화장품점에서 쇼핑하고, 저녁엔 아이돌 사진이 박힌 다이어리에 일기를 적는다. 일상화된 팬덤 문화속에서 이러한 굿즈들은 항상 그들을 증명하는 신분증인 셈이다.

<그림 5> K-pop 아이돌 별 LED 응원봉

출처 : 트위터 SuperStarMap 슈퍼스타맵 @superstarmap_
https://twitter.com/superstarmap_/status/1040488992217587712

이러한 팬덤 문화 때문에 다양한 아이디어와 디자인으로 국내를 중심으로 성장하던 공식 굿즈 시장은 2010년 이후 글로벌 팬덤의 성장과 함께 폭발적인 성장을 한 면이 있다. 2016년 대한무역투자진흥공사에 따르면 2014년 기준, 아이돌 굿즈와 초상 관련 상품 시장 규모는 약 750억 원이었다. SM의 굿즈 관련 매출이 2014년 약 290억 원에서 2015년 약 580억 원으로 크게 증가한 것을 미루어 봤을 때, 관련 시장 규모 역시 더욱 빠르게 확대된 것으로 예상된다. 2018년 현재 국내 아이돌 굿즈 산업 규

모는 1,000억 원을 넘어선 것으로 추정된다.[7]

주요 기획사들의 오프라인 매장은 많은 글로벌 팬덤의 한국방문 중 필수코스가 되었다.

<그림 6> SMTOWM & STORE - SM 엔터테인먼트社의 동대문 굿즈 오프라인 매장

출처 : https://hellovacation.wordpress.com/2019/09/16/smtown-sum-store-ddp-dongdaemun-design-plaza/

그런가 하면, 현재 방탄소년단의 소속사 빅히트 엔터테인먼트 Big Hit entertainment의 자회사에서 개발한 앱인 위버스 Weverse는 글로벌 팬 커뮤니티 플랫폼으로, 2020년 5월 현재 700만 명의 회원가입과 하루 150만 명이 방문하는 대형 플랫폼이 되었다. 쇼핑몰앱인 위버스숍 Weverse Shop 에는 빅히트 소속 방탄소년단, TXT, 여자친구 외에도 협업을 통해 플레디스 소속 세븐틴도 입점했는데, 여기서 해당 아티스트들의 독점 콘텐츠를 제공 및 판매하고 있다.

방탄소년단의 공식 굿즈의 제품군을 보면 앨범과 컨셉 스토리북, DVD

는 물론이고 이외 의류와 가방, 쥬얼리, 액세사리, 직소퍼즐, 의료용 밴드, 가방용 태그 및 캐릭터 인형, 열쇠고리, 뱃지, 헤어밴드, 로고나 멤버별 캐릭터가 새겨진 각종 문구, 멤버 인형, 식기와 컵 세트 등 수십 종의 제품을 판매하고 있다.

이처럼 K-pop 팬덤의 굿즈 문화는 단순한 기념품이 아닌 음악산업 시장에서 큰 수익을 창출하는 부가산업으로서의 위치를 차지하는 수준에 이르렀다.

2. 팬덤의 참여와 문화적 생산성

피스크가 주장한 팬덤의 두 번째 특징은 참여와 생산성이다. 이 특징 또한 K-pop 팬덤에서 강하게 나타나는 현상이다. 대표적인 참여방식으로는 홍보와 기부활동을 들 수 있다.

K-pop 팬덤은 자발적이고 체계적으로 전방위적인 홍보활동을 한다. 음원 순위를 높이기 위해 하루 종일 스트리밍을 하고 SNS 상에서 '좋아요'를 누르고 공유한다. 미국 아미들은 '@BTSx50States' 라디오 리퀘스트 프로젝트를 통해 방탄소년단이 빌보드 차트 1위를 하는데 큰 기여를 한 것으로 평가받고 있다.[8]

K-pop 팬덤의 홍보활동과 더불어 스타의 긍정적인 평판을 위한 자발적인 기부활동은 기본이다. '강다니엘', '소녀시대' 등의 팬덤은 아이돌의 생일을 맞아 NGO를 통해 식수난을 겪는 국가에 아이돌의 이름을 딴 우물

---

[8] 미국 아미는 2016년부터 50개 주 지역 라디오 방송국에 사연을 보내 방탄소년단 노래 선곡을 신청하는 '@BTSx50States' 프로젝트를 진행, 방탄소년단 음악이 현지에 소개되는데 크게 이바지했다. 미국빌보드 '핫100'엔 라디오 방송 횟수 점수 비중이 30~40%에 달하는 것으로 알려져 있다. - [뒤끝뉴스] "BTS 노래 절대 틀 일 없단 저주 깨고", 한국일보(2018.6.9)

을 기증9) 했다. 아이돌 멤버가 기부한 곳엔 팬덤의 기부가 뒤따랐고, 후원관련 물품을 착용하면 바로 품절사태를 만들었다. 이러한 기부를 통한 선한 영향력 행사는 K-pop 팬덤에서는 이제 기본적인 홍보 방식으로 자리 잡았으며 광범위한 분야에 걸쳐 다양한 방법으로 이뤄지고 있다.

또 다른 특징인 문화적 생산성은 K-pop 팬덤의 콘텐츠 생산에서 찾아볼 수 있다. 드라마〈응답하라 1997〉의 '성시원'은 열혈 '클럽 H.O.T'이자 하이텔에서 H.O.T 팬픽 작가로 활동한 이력을 바탕으로 예능 구성 작가가 된 인물이다. 현재의 '성시원'들은, K-pop 생산자의 콘텐츠 원형을 즐기는데만 그치지 않고 분해, 조합, 재해석한 콘텐츠를 끊임없이 새롭게 재생산한다. 예를 들면 무대 위 아이돌 멤버 별 직캠 분석이나 예능 영상 속 사소한 습관 같은 것들을 찾아내어 재구성한 영상콘텐츠 같은 것들 말이다. 소셜미디어엔 팬들이 만든 멤버별 소개나 그룹의 역사를 담은 다양한 콘텐츠가 다국어 자막으로 넘쳐나는데, 이런 콘텐츠에 감동하여 팬이 된 해외 팬들의 리액션 영상 또한 넘쳐난다. 이 콘텐츠들은 상호작용하여 또 다른 콘텐츠 생산의 자원이 된다. 팬덤의 문화(텍스트) 생산성은 K-pop 팬덤이 글로벌화되면서 더욱 가속화되고 있는 추세이다.

3. K-pop의 문화자본을 축적하는 팬덤

젠킨스Henry Jenkins에 의하면 팬덤은 이미 가상적 커뮤니티로 존재하였으며, '상상되고' 또 '상상하는' 커뮤니티였다. 이런 팬덤이 디지털 공간으로 이식되면 가공할 만한 확장이 이뤄진다고 했다. 온라인을 통해 다

---

9) 소녀시대 팬덤은 캄보디아에 소녀시대 각 멤버 이름을 딴 9개의 우물을, 강다니엘의 팬덤은 '강다니엘 우물 DANIWELL'을 기증했다.

양한 관점을 가진 수많은 사람들과 즉각적으로 의견을 교환할 수 있게 되기 때문이다.[8]

또한 팬덤은 문화적 생산을 하는 '집단 지성'의 대표적 사례이다. 피에르 레비Pierre Levy는 '집단 지성'이라는 책에서 거부하기 어려운 새로운 '지식 공간knowledge space'의 전망을 제시하고 '코스모피디아Cosmopedia'라고 명명했다.[9] 코스모피디아는 집단 지성을 통해 사회적 유대를 이루고자 하는 목표를 가지고 있으며, 집단 지성에서 중요한 것은 자유로운 개인의 자발적 발화가 전제되어야 한다는 점을 강조했다.

레비의 논점으로 현재의 K-pop 팬덤이 콘텐츠를 생산하는 방법을 보면, '집단 지성'으로 디지털 세상에 '코스모피디아'를 건설한 것으로 보인다. 특히 K-pop에서 세계관과 스토리텔링이 시작된 이후로 K-pop 팬덤의 '코스모피디아'에서 생산하는 집단 지성의 결과물은 피스크와 코니가 말한 팬덤의 세 번째 특징인 문화자본으로 축적되고 있다.

'아미피디아'는 글로벌 아미의 '코스모피디아'로서, '위키피디아'처럼 방탄소년단에 대한 것이면 누구든지 관련 지식, 경험, 기억 등을 기록하고 수정할 수 있는 초국적 아미들의 집단 지성의 결정체이자 문화자본인 것이다.

그렇다면 '서태지와 아이들' 이후 30년, K-pop 팬덤이 지금처럼 글로벌화되는 과정엔 어떤 사회적 배경이 있었는지, 또한 K-pop 글로벌 팬덤의 집단 지성을 발휘하게 하는 K-pop에서의 '세계관'은 무엇인지 다음 장에서 알아보고자 한다.

Ⅲ. 뉴미디어를 통한 K-pop 팬덤의 진화

1. SNS를 통해 세계화된 K-pop 콘텐츠

현재의 'K-pop'이라는 용어는 2011년 6월 프랑스 파리의 르 제니트 드 파리 Le Zenith de Paris 에서 열린 SM타운 콘서트를 기점으로 사용되기 시작하였다. 보수적인 프랑스의 파리 공연이 대성공을 거두며 K-pop에 대한 세계적인 관심이 쏟아진 이후[10] 중국, 일본을 위시한 아시아권에서의 인기를 넘어 그 영역이 전 세계로 급속히 확장되었다.

그러면 현재는 고유명사가 된 K-pop을 세상 사람들은 어떻게 인식하고 있을까? 2018년 방탄소년단의 그래미 뮤지엄 인터뷰 중, 'K-pop이 음악의 한 장르로서 차별화된 특징이 있는가?'[10] 라는 질문에 멤버 슈가는 조심스럽게 이렇게 답했다.

"K-pop은 음악적 장르로서 접근하기보다 그냥 하나의 복합적인 컨텐츠로 접근하는게 맞지 않나 생각한다. 음악, 영상, 의상, 메이크업 이 모든 것들이 전부 다 한데 어우러져 시각적으로도 청각적으로도 들리는, 보이는 것들이 이건 기존에 있던 형태들과는 좀 많이 다르다고 생각한다. 그렇기 때문에 한 가지 장르로서 K-pop을 접근하기보다는 종합적인 문화 컨텐츠로 접근하는게 오히려 더 쉽지 않을까 생각한다."

슈가의 말처럼, K-pop을 음악 장르로만 접근하면 설명이 불가능하다. 음악적으로는 힙합, 알앤비 R&B, 팝, EDM Electronic Dance Music, 라틴 등의 월드뮤직에 사물놀이와 같은 우리 전통음악까지, 거의 모든 장르의 음악

---

10) 사회자인 그래미 뮤지엄의 예술 감독 스캇 골드만(Scott Goldman)의 질문 - "as a genre, did you think that it has qualities separate apart, from other types of music?"

이 있고, 심지어 한 곡에 두 가지 이상의 상이한 음악장르를 믹스 혹은 매시업하는 일은 흔한 일이다. 안무 또한 스트리트 댄스, 힙합, 얼반, 현대무용, 라틴댄스 등은 물론이고 아크로바틱 같은 무술적 요소까지 거의 모든 유형의 댄스를 다 접목한다. 여기에 헤어, 메이크업, 의상 등의 패션 분야 또한 장르 구분 없이 다 섭렵한다. 이 모든게 퍼포먼스로 표현되는 무대는 조명과 IT기술이 접목된 무대장치들에 미학적인 미장센 등이 포함된 설치예술로 봐야 하며 그 외 뮤직비디오 같은 영상예술까지, 과연 K-pop에 포함되지 않는 예술영역을 찾아보기가 더 어렵다. 결국, K-pop이란 이 모든 예술 분야를 접목하여 재창조한 복합장르이다.

그러나, 이처럼 복합적이면서도 정형화되지 않은 특징 때문에 2000년대부터 글로벌 팬덤이 광범위하게 형성되고 있었음에도 서구에서는 그들의 전통적인 잣대로 '키치kitsch'[11] 하다고 평했고, K-pop을 즐기는 문화는 서브컬쳐[12]로 치부하는 경향이 있었다. 국내에서도 K-pop은 몇 년 안에 사그라질 것이라는 전망이 더 우세했다.

그러던 2012년, 싸이(PSY)의 '강남스타일'이 한국인이 한국어로 부른 노래로 미국 빌보드의 메인 차트인 '핫100 차트'[13]에 7주 연속 2위에 오

---

[11] '키치문화(kitsch Culture)'란 천박하고 저속한 예술품이나 문화를 일컫는다. 18세기 산업혁명 이후 계급구조가 무너지자 신흥 부르주아가 등장하였다. 그들은 부를 바탕으로 기존 귀족들의 문화를 모방하여 자신의 스타일로 만들게 된다. 즉, 키치는 귀족들의 고급문화와 구별하여 상대적으로 저급한 문화를 지칭하는 단어이다. 키치(kitsch)는 미적 수준에서 한없이 저급한 작품들을 지칭했었다. 하지만 현대에 이르러 대중의 삶에 가장 밀착된 특수한 장르의 문화로 변모하였다. 기존의 예술이 간과한 삶의 실체로서의 가벼움, 무의미, 통속성을 미적 형식과 내용으로 표현하며 키치적 예술은 오늘날 진정한 예술이 표방하는 방향 중 하나이자 또 다른 예술장르의 개념으로 재해석되었다. 북올림, "하루 1분 시사 상식" https://story.kakao.com/ch/sissa/ITR29xskN4A

[12] 하위문화 또는 서브컬쳐(Subculture)는 한 사회에서 정통적·전통적인 위상을 지닌 문화에 대해, 그 사회의 일부 집단에 한정하여 일정한 위상을 지닌 문화를 가리킨다. 그 예로는 대중문화, 도시문화, 청소년 문화 등이 있다. 지배적인 문화나 체제를 부정하고 적대시하는 하위문화는 반문화(대항문화)라고 불리기도 한다. 하위문화(下位文化) 또는 부차적문화(副次的文化)라는 역어로 불리기도 한다. - 위키백과

[13] 빌보드의 72 종류의 차트 중 싱글 곡 순위인 'HOT 100'과 앨범 순위인 'HOT 200' 이 두 차트를 메인 차트라 한다.

르는 일이 발생했다. 과연 한국인 최초의 빌보드 1위가 나올 것인가, 매주 차트가 발표되는 화요일이면 전 국민이 뉴스를 보며 관심을 가졌다. 한국 대중음악의 역사를 바꿔 버린 사건이지만, 아이러니하게도 싸이는 미국 진출을 목표로 한 것도 아니었고 미국 현지 프로모션 조차 한번 없이 바로 빌보드에 입성했다.

정작 미국 시장에 도전장을 내밀었던 이들은 아이돌 2세대로서, 2000년대 중반, 아시아권에서 큰 성공을 이룬 '한류 아이돌' 중 3대 대형 기획사 소속이던 '보아SM엔터테인먼트'와 '소녀시대SM엔터테인먼트', '세븐YG엔터테인먼트', '원더걸스JYP엔터테인먼트' 등이 있었다. 거대 음악시장인 미국에 현지 기획사와 손잡고 전략적으로 진출했지만, 몇 년의 투자와 활동에도 불구하고 아쉽게도 의미 있는 성공을 거두지는 못했다.

그런데 싸이는 어떻게 전 세계적인 돌풍을 일으키며 빌보드 메인 차트에 입성할 수 있었을까? 잘 만든 음악과 유머러스한 뮤직비디오 등 콘텐츠 자체가 가진 매력은 당연한 요소지만, 무엇보다 뉴미디어의 힘이 절대적으로 컸다고 할 수 있다. '강남스타일' 뮤직비디오는 유튜브에 공개된 지 52일 만에 조회 수가 1억이 되더니, 유튜브 사상 최초로 10억 뷰와 20억 뷰를 달성했다. 이 현상은 영미권을 포함한 글로벌 시장을 확장해가던 대형 기획사들 전략에 많은 영향을 끼쳤다.

이 시기 전후에 데뷔한 아이돌이 3세대 아이돌로서, 대표적 아이돌 그룹은 '엑소'(2012), '방탄소년단'(2013), '갓세븐'(2014), '트와이스'(2015), '블랙핑크'(2016) 등을 꼽을 수 있는데, 뉴미디어 시대를 맞아 이들은 그에 따른 전략을 다양화하기 시작했다. 싸이의 성공 후 지금의 방탄소년단이 2017년부터 빌보드 시상식에서 3년 연속 「빌보드 탑소셜 아티스트

상」을 수상한 것은 우연이 아니다. 특히 2019년도 시상식에선 수상자 방탄소년단 외에도 후보 중에는 '엑소'와 '갓세븐'도 포함되어 있었다. 다섯 후보 중 무려 세 팀이 K-pop 그룹이었다.

그 중에서도 방탄소년단은 이 뉴미디어를 가장 잘 이용하고 그 수혜를 입은 팀 중 으뜸으로 꼽힌다. 2019년 6월, 방탄소년단은 웸블리 스타디움 콘서트에 2회 12만 좌석을 매진시킴과 동시에 V라이브 앱을 통한 고화질 초고속 유료중계는 최대 동접자 수가 14만에 이르렀다. 일본에서는 300여 개 극장에서 딜레이 뷰잉14) 이 진행됐다. 그 뿐이랴. 코로나19 이후 관객없는 첫 유료 온라인 콘서트 '방방콘 더 라이브The Live'15) 는 한국과 미국, 영국, 일본, 중국 등 총 107개 지역에서 최고 동시 접속자 수 75만 6천600여 명을 기록하며 220억 이상의 매출을 올린 것으로 추정된다.

이처럼 K-pop 글로벌 팬덤 형성에 있어 뉴미디어의 등장과 성장은 빼놓을 수 없는 요인이다. 몇 년 전만 하더라도 날짜를 미리 공지하고 별도의 쇼케이스나 각자의 홈페이지에서 뮤직비디오를 통해 신곡을 발표하던 것이, 이제는 유튜브를 활용한 전 세계 동시 발표라는 방식으로 자리잡았다. 공식 뮤직비디오 발표일까지는 예고편 같은 여러 가지 기법의 트레일러 영상을 공개하면서 팬들의 기대와 호기심을 부추겼다. 이 같은 활용 방식은 꾸준히 발전하여 글로벌 마케팅 역할을 톡톡히 해내고 있다.

이에 더해 각 소속사는 저작권이 있는 방송국 제작의 무대 영상이나 예

---

14) 딜레이 뷰잉(Delay Viewing) : 라이브 뷰잉(Live viewing)음악회, 콘서트 등의 현장을 영화관과 같은 제한된 공간에서 고속 네트워크나 위성중계로 실시간 상영하는 것이라면, 시차 등의 이유로 녹화본을 상영할 때 "딜레이 뷰잉"이라 부른다. 리브레 위키 검색.
15) 2020년 6월 15일 열린 온라인 유료 콘서트이다. 소속사 빅히트엔터테인먼트는 "전 세계에서 진행된 유료 온라인 콘서트 중 가장 큰 규모"라고 전했다. 방탄소년단이 기록한 최고 동시 접속자 수는 5만 명 이상을 수용할 수 있는 스타디움 공연 15회와 맞먹는 숫자이다. - "75만명 봤다…BTS '방방콘' "세계 최대 온라인 유료 공연" 기록」, MBC뉴스, 2020. 6. 15

능 콘텐츠에서 벗어나 자체 제작한 콘텐츠를 소셜미디어에 시청 제한없이 공개했다. 글로벌 K-pop 댄스 커버 팀의 바이블이 된 연습실에서의 안무 연습 영상이나 무대 전후의 대기실 모습 같은 스타들의 일상을 기록한 콘텐츠들이 쏟아졌다. 이러한 스타의 평상시 모습은 신비롭고 카리스마 넘치는 무대에서의 모습과 '갭차이'가 클수록 팬들이 열광했다.

게다가 고속망을 이용한 라이브 영상 채팅은 세계 어디서나 동시 접속을 가능하게 했다. 콘서트 때문에 해외 체류 중인 아이돌이 호텔방에서 '먹방'을 하며 말을 걸어온다. 그날의 에피소드와 요즘 무슨 음악 좋아하는지 같은 소소한 팬들의 물음에 답해 준다. 이렇게 소셜미디어를 활용한 활발한 소통과 일상의 공유는 해외 아티스트에게는 보기 힘든 친근함이기에 해외 팬들에겐 더 신선한 매력으로 다가갔을 것으로 여겨진다.

2. K-pop에서의 세계관 등장

K-pop 시장은 2000년대 후반부터 전성기를 맞이했지만, 2010년대에 접어들면서 K-pop이 가진 언어적·문화적 한계와 서구의 일부 부정적 평가 앞에서 앞으로 K-pop이 무엇을 더 할 수 있을까라는 고민도 함께 시작되었다. 이때 데뷔 때부터 자신들의 세계관 fictional world, Univers 허구의 세계[16]을 가진 아이돌 그룹이 나타났다.

SM 엔터테인먼트 사 소속 '엑소'[17]는 2012년 데뷔와 함께 '각자 다른

---

16) 세계관 또는 가공 세계(架空世界)는 현실 세계와 다른 사건 또는 요소들이 존재한다고 가정하는 일관적인 설정이다. 상상의, 가공의 세계를 가리킨다. 허구 세계는 소설, 만화, 영화, 텔레비전 프로그램, 비디오 게임 등의 작품들에서 등장할 수 있다.(위키백과)
17) SM 엔터테인먼트는 엑소 데뷔 때 'EXO는 태양계 외행성을 뜻하는 EXOPLANET에서 모티브를 얻은 이름으로, 미지의 세계에서 온 새로운 스타라는 의미가 함축적으로 담겨있다'고 설명했다. 본래 EXO-K 6명과 EXO-M 6명으로 이루어진 12인조로 데뷔했으나, EXO-M의 3명의 중국인 멤버들이 연달아 탈퇴하면서 9인조가 됐다.

초능력을 가진 외계에서 온 생명체'라는 독특한 설정을 발표했는데, 마치 온라인 게임과 같은 세계관과 스토리텔링 기법을 K-pop 씬에 최초로 도입한 것으로 알려져 있다. MMORPG[18] 게임에서 새 버전을 발표할 때마다 진보된 캐릭터 능력치와 스토리를 트레일러 영상으로 소개하듯, 엑소도 신곡 발표때마다 티저나 트레일러, 뮤직비디오 등을 통해 세계관 속 멤버의 초능력과 새로운 스토리를 공개했다.

또한 세계관 속 엑소멤버들은 게임 캐릭터처럼 각자 성장서사를 가지는데 롤플레잉 게임을 많이 즐기는 10대, 20대에겐 익숙한 방식이다. 현재까지 뮤직비디오를 비롯하여 1회성 특별무대나 노래 가사 등 모든 창작물에서 일관된 그들의 세계관을 이어가고 있다.

다음은 엑소가 세계관을 홍보와 창작에 활용하는 방법이다.

엑소는 2015년 'CALL ME BABY'를 발표하기 전 10개의 티저영상을 순차적으로 공개했는데, 이는 공식 뮤직비디오 발표일마저 티저영상을 통해 팬들이 유추할 수 있는 장치로 활용했다. 각 영상은 도시 이름과 시각이 적힌 타이틀로 시작한다. 이 시간은 한국에서의 다음 티저 공개 시간을 영상 속 도시 시간으로 표시한 것이었다.

그런데 영상들을 분석해 보면 재미있는 부분을 발견할 수 있다. 이 티저들은 단순히 매력적인 도시 속 멤버의 영상미에 그치지 않고 그 안에 다음 티저 주인공은 어떤 멤버일지, 언제 공개될지 같은 정보를 유추할 수 있는 힌트를 숨겨놓고 팬들이 참여하길 유도했다. 팬들은 이런 정보뿐만 아니라 수수께끼처럼 SNS 상으로 제공되는 단서와 함께 그 이상의 무엇

EXO-K와 EXO-M은 EXO의 유닛 그룹이 아닌 별개의 그룹으로 EXO-K와 EXO-M이 모여 활동할 경우 EXO라 부른다. - 나무위키
[18] 대규모 다중 사용자 온라인 롤플레잉 게임(Massively Multiplayer Online Role-Playing Game)의 줄임말이다.

이 있음을 알게되어 세계지도를 펼치고 그 의미가 무엇인지 찾기 위해 분주해지기 시작했다. 그러다가 팬들은 나름의 답을 찾았다.[11]

<그림 7> 엑소 'CALL ME BABY' 티저 영상

출처 : 유튜브 'Pathcode #KAI', 'Pathcode #TAO', 'Pathcode #CHANYEOL', 'Pathcode #XIUMIN' (SM엔터테인먼트) (https://www.youtube.com/watch?v=tCraTquoTMU&list=PL9sh7ge0JZsocn_HHIrBR-cqAc5hTedb7&index=1~4)

각각의 영상의 배경이 된 도시들 이름의 앞글자를 조합해 보면 Colorado, Arizona, London, Lyon, Marseille, Edinburgh, Barcelona, Almaty, Berlin, Yunnan, 발표하는 신곡의 제목인 'CALL ME BABY'가 된다. 또한 팬들은 이 도시 모두에서 UFO가 나타났다는 기록이 있으며, 세훈의 티저에서 갤럭시 폰에 표시된 거리 역시 UFO가 출현했다고 전해지는 지역임을 알게 되었다. UFO는 외계에서 온 초능력자라는 엑소 세계관을 표현하는 주요 메타포 metaphor[19] 인 것이다.

이 천재적인 SM의 창작그룹은 이 세계관 속에 엑소의 음악 컨셉이나

---

19) 어원적으로는 전이(轉移)의 뜻이며 '숨겨서 비유하는 수사법'이라는 뜻 - 나무위키 검색

멤버에 대한 것들을 모두 녹여 넣었는데, 그룹의 변화가 있을 때마다 세계관이 바뀌기도 하면서 여전히 흥미진진한 스토리가 진행 중이다. 엑소 세계관의 시간적 공간적 배경은 미지의 우주, 외계, 평행 세계이면서 때론 시공간이 뒤틀리기도 한다.

롤플레잉 게임에서 세계관과 스토리텔링이 게이머에게 동기부여 및 리얼리티를 제공하여 결국 몰입하게 하는 요소이듯, 엑소의 세계관도 그들의 창작 활동에 팬덤을 끌어들여 몰입하게 함으로써 스타와 팬이 쌍방향으로 함께 만들어가는 스토리라는 새로운 모델을 제시한 것으로 평가된다.

Ⅳ. 글로벌 팬덤을 연대하는 B.U. BTS Universe

앞에서 K-pop 팬덤의 형성과 그들이 뉴미디어를 통해 성장하고 진화했던 내용들을 살펴보았다. 그러면서 그 속에서 스타와 팬이 쌍방향으로 소통하고 창작해 나가는 스토리텔링 기법을 통해 세계관을 만들어 가는 것을 보았다.

현재 가장 가장 대표적인 K-pop 글로벌 팬덤인 방탄소년단(BTS)의 팬덤 아미는 스타에 대한 열정적인 지지를 넘어 여태 보지 못했던 글로벌 팬덤의 상호연대와 결집을 보여준다. 그들은 아티스트와 강력한 무언가로 연결되어 있으며 팬덤은 국가와 언어를 넘어 서로 연대한다. 방탄소년단과 글로벌 팬덤 아미가 서로 헌신하고 연대하게 한 힘은 무엇일까? 방탄소년단과 그들의 음악, 메시지, 그리고 세계관인 BTS Universe에서 찾아보고자 한다.

1. BTS의 탄생과 정체성

2013년 6월, 방탄소년단은 '힙합'을 음악적 정체성으로 내세우고 갱스터 힙합 장르 곡 'NO MORE DREAM'으로 데뷔했다. 그들은 멤버 7명 중 5명이 만 20세 이하였던 데뷔 당시, 사회에서 억압받고 꿈을 강요당하는 10대들을 대변하는 주제를 갱스터 힙합으로 표현했다. 이는 90년대 절대적 지지를 받았던 갱스터 힙합 장르의 두 곡, 즉 청소년 가출문제를 다룬 서태지와 아이들의 'COME BACK HOME'과 학교 폭력 문제를 주제로 한 H.O.T의 데뷔곡 '전사의 후예'가 역시 갱스터 힙합이라는 점에서 '힙합 아이돌'로서 이들의 계보를 잇는 듯한 느낌이다.[20]

또한 '흑인 음악'이라는 정체성과 유독 진정성 있는 메시지에 집착하는 힙합이라는 장르의 특성대로 '힙합하는 아이돌' 방탄소년단은 데뷔 때부터 모든 곡의 작사, 작곡에 참여하고 자신들의 진솔한 이야기를 가사에 담았다.

하지만, '힙합'이란 장르는 또한 흑인 빈민 동네에서 태어났기에 엄격한 사회·문화적 잣대가 적용되고, 메시지의 진정성에 대해 끊임없이 '진짜 real'와 '가짜 fake'를 구분하는 오래된 검열과 논쟁이 있어 왔다. 그 정체성 때문에 언더그라운드를 중시하고 DIY Do it Yourself[21] 에 입각한 '힙합 정신'이, 기획사의 전략에 따라 만들어지고 체계적인 훈련을 받은 '아이돌'을 만났을 때 '뜨거운 얼음' 같은 형용모순이 생긴다.[12]

방탄소년단은 이런 이유로 '힙합'을 한 요소로만 활용하는게 아닌 음악

---

20) 방탄소년단은 2017년 7월에 서태지와 아이들의 'COME BACK HOME'을 리메이크하여 발표했다. 9월에는 서태지의 <서태지 데뷔 25주년 기념 공연 '롯데카드 무브: 사운드트랙 vol.2 서태지 25'>에서 서태지와 아이들의 히트곡 8곡을 재현했다.
21) 여기서는 다른 창작자의 도움 없이 스스로 음악을 만들고 가사를 쓰는 것이라는 뜻으로 썼다.

적 정체성으로 내세운 아이돌이란 이유로 데뷔 초 일부 비판이 있었던 것은 사실이다. 더불어 방탄소년단이 데뷔한 시기는 빅뱅, 소녀시대, 2NE1, 엑소가 트렌드를 주도하고 실력있는 신인들이 동시 데뷔한 터라, 어린 갱스터 힙합 아이돌은 큰 호응을 받지 못했다. 더군다나 소규모 기획사라 미디어의 주목과 지원도 따라주질 않았다.

그런데 흥미로운 사실은, 이런 신인이던 2014년도에 이미 미국의 K-pop팬들이 먼저 주목하기 시작했다는 점이다. 2014년 여름, LA에서 열린 케이콘KCON[22])에 참여한 방탄소년단에 대한 북미 팬들의 관심이 심상치 않았던 것이다. 미국팬들의 반응에 빌보드와 해외언론도 방탄소년단을 주목했다.

음악평론가이자 문화연구자인 김영대는 당시 칼럼과 SNS상에서 K-pop 커뮤니티에서 보지 못했던 '예외적인' 열광이며, 마치 새로운 시대가 열리는 '계시'처럼 느꼈다고 표현했다. 김영대는 그의 저서에서 'KCON 2014 현장에서 발견한 BTS 현상의 단초'라고 그때를 회상한다.[13]

어쨌든 방탄소년단은 데뷔부터 2년에 걸쳐 10대들의 고민과 방황을 주제로 한 학교 3부작 앨범을 마무리했다.

2015년, 이제 대부분 막 성인이 된 방탄소년단은 그들의 청춘을 테마로 한 〈화양연화〉 앨범을 가지고 돌아오면서, 드디어 국내외의 큰 관심을 받으며 폭발적인 팬덤이 형성되기 시작했다. 성숙해진 가사에 세계적 트렌드를 반영한 사운드, BTS만의 고난도 안무와 칼군무, 패션 센스 등이 국내외 팬들에게 크게 어필하기 시작했다. 타이틀 곡 'I NEED YOU'를

---

22) CJ ENM에서 2012년부터 주최 중인 K-POP 콘서트이다. 매년 미국과 일본에서 개최 중이며, 비정기적으로 기타국가에서도 열고 있다. - 나무위키

시작으로 '쩔어', '불타오르네', '피 땀 눈물' 등이 연이어 큰 인기를 끌면서 '봄날', 'DNA'로 K-pop 최정상 아이돌의 입지를 굳혔다.

2. 팬덤이 만나는 BTS의 다양한 얼굴

팬덤이 만나는 방탄소년단은 세 가지 버전이 있다. 첫 번째는 무대 위 퍼포머performer로서의 방탄소년단이다. 일명 칼군무로 유명한 방탄의 안무는 어렵고 힘들기로도 유명한데, 에너지 넘치는 무대는 강렬한 인상을 남긴다. K-pop 커버 댄스 팀이라면 반드시 도전해야 하는 퍼포먼스로 꼽힌다. 게다가 고난도 안무를 하면서도 안정적인 라이브 실력으로 데뷔 때부터 실력파 아이돌로 인정받았다.

두 번째는, 무대 아래에서의 방탄소년단이다. 자체 제작한 콘텐츠 속 소년들은 때론 무모하고 때론 나약하며 작은 것에도 일희일비하는 '나'와 다르지 않다. '방탄 밤Bangtan Bomb'은 방송에는 비치지 않는 무대 전후 모습이나 편한 운동복 차림의 안무 연습, 그리고 자잘한 일상의 파편들을 담았다. '달려라 방탄Run BTS'에서는 매회 주제를 정해 '마피아 게임'이나 '방탈출 게임' 같은 다양한 게임을 한다. 가끔 엠티를 가서 고기를 구워 먹거나 노래방에서 노래 점수 내기를 하고 편을 나누어 배드민턴, 족구같은 경기를 즐긴다. 그 외 김치를 담그거나 요리를 하고 꽃꽂이, 커피 내리는 법을 배우기도 한다.

여기에서의 BTS는 사소한 것에 승부욕을 보이며 멤버끼리 티격태격하거나, 의욕만 넘칠 뿐 형편없는 운동 실력을 그대로 드러내고, 무대 위에서의 완벽한 모습과는 달리 노래방에선 막춤을 추며 '고음불가' 수준의 노래를 부르는 등 흔한 젊은이의 노는 모습 그대로를 보여준다. 무대에선 신비로운 다른 차원에 살 것만 같은 '스타'라면, 여기서는 매일 만나는 '친구'와 같은 모습이다.

'본 보야지BON Voyage'와 같은 에피소드들은 멤버들의 배낭여행 같은 것을 담은 영상으로, 여느 청년들의 로망과 다르지 않은 모습이다. 캠핑을 하거나 트래킹을 하고, 기차를 타고 도착한 유럽 어느 도시의 거리에서 맥주도 마신다. 진중하고 현명한 리더로 알려진 RM이 손만 대면 물건을 망가뜨리는 모습이나, 해외에서 몇 번이나 여권을 잃어버려 낭패에 빠지는 에피소드들은 팬들에게 오히려 인간적인 매력으로 와 닿았다.

실시간으로 팬들과 만나는 'V라이브'에서는 앨범 제작의 비하인드 스토리 같은 것을 직접 소개하기도 하지만, '지금 뭐해요?'라고 먼저 말을 걸고 그날 뭘 먹었는지 어디에 갔었는지 같은, 그냥 특별할 것 없는 일상을 얘기한다. 그들이 첫 빌보드 본상[23]을 수상했을 때도 월드 스타들의 애프터 파티에 참석하지 않고 바로 숙소로 돌아와 V앱 라이브로 팬들을 만났다. 샴페인 잔을 채운 채 팬들에게 감사 인사와 함께 빌보드 수상 소감, 무대에서의 떨림, 그리고 해외 유명 아티스트를 만난 얘기 등을 신나고 솔직하게 전했다. 성공한 스타로 화려한 시간을 가지기보다 방탄소년단의 성공을 마치 자신의 성공처럼 기뻐하는 팬들을 제일 먼저 만나 감사를 전하는 이들의 한결같은 태도는 팬들의 감동과 동시에 더 큰 충성심을 갖게 하지 않을 수 없다. 이처럼 방탄소년단이 생산하는 판타지는 친구처럼 잘 알면서도 친밀한 '수평적 판타지'이다. 이 수평적 판타지가 방탄소년단과 팬덤 사이의 수평적 연대를 가능하게 한 것이다.[14]

---

23) 방탄소년단은 2019년 빌보드 뮤직 어워드(2019 BBMAs)에서 3년 연속 'Top Social Artist'를 수상함과 동시에 본상인 'Top Duo/Group' 부문에서도 수상했다.

세 번째는, 메시지를 전하는 방탄소년단이다. 그들은 모든 1차 텍스트
24)를 통해서 자신들의 진솔한 이야기를 해왔다. 그들은 소형 기획사 소속
으로 언제든지 사라질 수 있다는 위기와 불안, 공포를 가진 청춘들의 또
다른 캐릭터였고, 그들을 지켜보는 다른 청춘들은 공감했다. 아무리 노력
해도 꿈은 멀기만 해 좌절하고, 성공한 후에도 여전히 불안한 미래에 번
뇌하는 '자기 고백'은 여느 청춘들과 다르지 않았기 때문이다. 그러면서
도 타자의 기준에 맞추려 하지 말고 누구보다 자기 자신을 더욱 사랑하자
는 위로의 메세지도 놓치지 않는다.

이런 메시지는 가사인 텍스트를 통해, 그리고 문학과 예술에서 차용한
메타포를 통해 영상으로 심상화시키고, 그들의 세계관인 '화양연화' 속
에서 감성적으로 증폭시켰다. 이렇게 일관된 메시지의 진정성은 전 세계
청춘들에게 언어와 국경을 초월한 큰 유대감을 불러일으켜 그들을 아픈
청춘의 대변자로 추앙하게 되는 것이다. 방탄소년단은 세상의 청춘을 지
켜주는 '방탄복'이 되겠다고 했고, 팬들은 그들을 지켜주는 '군대ARMY'가
되겠다고 했다.[15] 팬들은 세 번째의 방탄소년단까지 만나게 되면, 그들의
음악이나 퍼포먼스, 콘텐츠 같은 모든 것은 이 메시지를 실어 나르는 수
단이란 것을 깨닫게 된다.

그러면 방탄소년단은 어떤 방식으로 메시지를 전달하는지, 그들이 차
용하는 기표와 기의 그리고 그들의 세계관과 스토리텔링을 통해 알아보
겠다.

---

24) 피스크는 1차 텍스트는 문화생산물 그 자체이며, 2차 텍스트는 그와 관련하여 생산되는 보도기사, 비평, 광고처
럼 제도화된 것, 3차 텍스트는 소비자가 이에 대해 개인적으로 생산해 내는 텍스트라고 정의했다.

3. BTS가 차용하는 수많은 기표와 기의[25]

방탄소년단의 창작 방식 중 눈에 띄는 점은, 메시지를 전달하는 효과적인 수단으로 그들의 창작물에 타 예술작품을 기표와 기의로써 인용 또는 오마주한다는 점이다. 이는 예술계에서 예민한 문제인 표절과는 다른 방식으로써, 그들이 전하고 싶은 메시지나 세계관 속 스토리를 풀어 나갈 때 노래가사나 뮤직비디오에 수많은 상징으로 기존 예술작품을 차용한다는 것이다. 이때 차용된 기표들의 조합은 전혀 다른 해석들을 낳을 수 있다는 것이 특징이다.

'매직숍Magic Shop'은 여러 팬송[26] 중 하나로 팬들이 외롭고 힘들 때 매직숍처럼 방탄소년단이 위로가 되어주겠다는 내용이다. 이 노래의 모티브가 된 책 〈닥터 도티의 삶을 바꾸는 마술가게〉[27]는 제임스 도티James R. Doty의 자전적 소설로 어린 도티가 마술가게를 가게 되면서 위안을 얻고 성장하는 법을 배우는 내용으로, 영미권에서 베스트 셀러에 올랐다.

또한 가장 대중적으로 성공한 노래 중 하나인 '봄날'의 뮤직비디오는 랩 가사에 등장하는 '설국열차'처럼 눈 내린 겨울의 기차 칸에 멤버가 있고, 뒤이어 이들이 들어서는 곳의 간판 이름은 'Omelas'다. 이미 방탄의 이런 방식에 익숙한 팬들은 이것이 어슐러 K. 르 귄Ursula K. Le Guin의 단편소설

---

25) 소쉬르는 인간언어를 기호(sign)로 파악하였다. 즉, 언어 기호는 기표(signifier)와 기의(signified)로 구성되며, 기호는 사물 자체가 아니라 사물에 대한 관념의 재현이다. 기표와 기의의 관계에서 주목해 볼 것은 기표와 기의의 연결이 임의적인 것 혹은 자의적인 것이라는 것이다. 이를 기호의 임의성(arbitrary nature of sign)이라고 한다. 소쉬르의 언어학도 이런 관점에서 접근한다. 그에 따르면 기표(시니피앙, signifiant)는 기호의 겉모습, 즉 음성(音聲)으로 표현된 모습을 의미하고, 기의(시니피에, signifié)는 기호 안에 담긴 의미를 말한다. - 위키백과
26) 가수가 팬들에게 감사와 사랑을 전하는 노래.
27) 원제 : 『Into the Magic Shop : A Neurosurgeon's Quest to Discover the Mysteries of the Brain and the Secrets of the Heart』

〈오멜라스Omelas를 떠나는 사람들〉28) 에서 따온 것이라 확신했다. 이렇게 방탄소년단은 가사 속 단어로, 뮤직비디오 영상의 찰나 속에 이런 기표들을 툭툭 던져 놓았다.

2016년 BTS의 두 번째 한국 정규 앨범 〈WINGS〉는 헤르만 헤세 Hermann Karl Hesse의 〈데미안〉을 모티브로 삼았다고 밝힌 바 있다. 앨범 발매 전 발표된 〈WINGS〉 Short Film 7개의 영상들은 모두 소설 〈데미안〉 한 구절의 나레이션으로 시작한다. 'REFLECTION' 영상에서 리더 RM의 나레이션은 데미안 소설에서 선과 악의 세계를 의미하는 제일 첫 번째 에피소드 '두 개의 세계'에 나오는 내용이다.

앨범 타이틀 곡인 '피 땀 눈물'의 뮤직 비디오에서는 벽에 '천사의 추락', '이카루스를 위한 탄식', '이카루스의 추락' 같은 그림이 걸려 있고 미켈란젤로의 '피에타' 조각상이 나온다. 이 모든 것이 소설 〈데미안〉, 혹은 자신들의 메시지를 표현하기 위한 메타포로 쓰이고 있다.

이렇듯 방탄소년단은 메시지를 전달하기 위한 메타포로 기존 예술작품의 기표와 메타포를 차용하여 수용자에게 폭넓은 해석이 가능하도록 한다. 세계관이나 메시지를 하나의 해석에 가두지 않고 모두에게 열어 두었다. 모범정답은 존재하지 않는다. 퍼즐을 던져주기만 할 뿐, 팬덤이 어떤 방식으로 끼워 맞추든, 어떤 그림을 만들어내든, 오로지 팬들의 해석 영역으로 남겨두는 것이다.

즉 '한 사람에 하나의 역사, 한 사람에 하나의 별, 70억 가지의 세계, 70

---

28) 어슐러 K. 르 귄(Ursula Kroeber Le Guin)이 1973년 쓴 판타지 단편소설. 원제는 <The Ones Who Walk Away from Omelas>. 이듬해인 1974년 휴고상 초단편 부문에서 수상했다. 가상의 유토피아적인 도시 오멜라스의 행복과, 그 이면에 존재하는 어둠에 대한 이야기를 다루고 있다. 행복하게 번영하는 여러 모로 이상적인 도시 오멜라스, 그 도시의 행복은 불가사의하게도 지하에 갇혀서 나가지 못하고 고통받는 어떤 아이의 희생이 있어야만 성립하는 것이다. 나무위키 검색

억 가지의 삶'29)처럼 70억 개의 자기만의 스토리가 만들어지도록 했다. 방탄소년단의 노래 하나, 한편의 뮤직비디오만으로도 팬들이 제작한 해석 버전이 셀 수 없을 만큼 존재하는 이유이다.

결국, 방탄소년단의 창작활동은 팬덤의 적극적인 해석의 참여까지 포함시켜야 이해가 되고 완성이 된다.

4. 독특하고 방대한 BTS 세계관과 스토리텔링, B.U.의 시작

〈화양연화〉는 데뷔앨범 학교 3부작 뒤 발표한 앨범 명이자 BTS 세계관의 주제이기도 하다. 전작 앨범의 뮤직비디오가 감각적인 색채의 영상으로 강렬한 칼군무를 부각시키는 컨셉이었다면, 앨범 〈화양연화〉 타이틀곡 'I NEED U'의 컴백 트레일러 **Comeback Trailer**와 뮤직비디오는 우울한 색채 속 한편의 청춘영화와 같은 장면들이 연출되었다.

여기에 처음 공개된 서사는 이후 BTS와 팬덤이 함께 만들어 갈 거대한 세계관의 시작을 알렸다. 이후 공개된 12분짜리 무비클립 '화양연화 on stage : prologue'와 'Epilogue : Young Forever'를 통해 서사가 좀 더 진행되지만, 단편적이고 상징적인 영상만으로는 각 캐릭터의 서사를 직관적으로 파악하기엔 부족했는데 이것이 오히려 팬덤들의 상상력을 더한 각종 해석이 쏟아지는 계기가 되었다.

이때 시작된 세계관과 스토리텔링은 이후 〈WINGS〉 앨범을 지나 〈LOVE YOURSELF〉 앨범 시리즈, 〈MAP OF THE SOUL〉 앨범 시리즈까지 계속 이어지고 있기 때문에 하나의 앨범만으로는 B.U.**BTS Uni-**

---

29) BTS 앨범 『MAP OF THE SOUL : PERSONA』 수록곡 소우주(Mikrokosmos)의 가사 중 일부이다.

verse를 파악하는 것은 불가능하다. '화양연화 Epilogue : Young Forever' 뮤직비디오 첫 부분에서 「화양연화 2015.04.29. ~ FOREVER」는 방탄소년단의 영원한 화양연화花樣年華, 인생에서 꽃과 같이 가장 아름답고 행복한 시절를 의미하면서도 중의적으로 이후 앨범에도 이 서사가, 이 세계관이 주욱 이어질 것임을 예고하는 것이었다.

<그림 8> BTS '화양연화 Epilogue : Young Forever'의 시작 화면

출처 : EPILOGUE : Young Forever' Official MV (Big Hit Labels) https://www.youtube.com/watch?v=LbvEOFV_7OU

앨범 <화양연화>에서 시작된 세계관은 <LOVE YOURSELF> 시리즈의 앨범이 발매될 때마다 '화양연화 더 노트'라는 미니북을 통해 조금씩 공개됐다. 형식은 각자의 트라우마를 지닌 멤버들이 쓴 일기의 묶음들로 일기들은 과거, 현재, 미래가 시간적 순서 없이 뒤섞여 있고 어떤 일들이 벌어지고 있음을 암시하는 상황 묘사로 가득하다. 이 내용들은 앞서 발표된 노래의 뮤직비디오나 기타 트레일러 등에서 이미 영상으로 묘사되었거나 이후 발표된 뮤직비디오에 표현되었는데, 팬들은 시간도 뒤죽박죽이고 수수께끼 같은 소설과 단편적인 영상을 단서로 이 세계관속 일곱 멤버들의 서사가 무엇일지 분석하기 시작했다.

각자의 해석대로 많은 해석 콘텐츠가 만들어지기 시작했고, 그중 공감을 얻는 해석들이 유명해지기 시작했다. 서로의 해석에 조금씩 다른 뼈대와 살을 붙여가면서 비슷하지만 다른 해석이 곁들여진 수없이 많은 버전을 소셜미디어로 공유했다. BTS(와 그의 창작그룹)은 어떠한 해석에도 코멘트하지 않았다. 팬덤 사이에서 강력한 지지를 받는 '팬덤의 세계관 해석'이 있을 뿐이었다.

이후로도 새 앨범의 영상들이 공개될 때마다 유튜브엔 새로 공개되는, 그러나 여전히 흩어진 퍼즐 조각 같은 '화양연화 더 노트' 미니북을 정리해서 세계관 해석을 업그레이드 해갔다.

이 해석 콘텐츠들은 팬번역팀에 의해 곧장 세계 각국 언어로 번역되어 3차 콘텐츠로 업로드되고 이를 또 리액션하는 각국 팬덤의 콘텐츠가 올라왔다. 그러면 다시 이 리액션 콘텐츠 또한 각국 언어로 번역되어 5차, 6차 콘텐츠로 순식간에 SNS상으로 퍼져나갔다. 주목할 만한 것은, 이 모든 콘텐츠 제작과 번역이 헌신적이고 열성적인 팬덤 내에서 자발적으로 일어난다는 것이며, 새 뮤직비디오가 발표된 지 채 몇 시간이 되지 않아 벌어지는 일들이란 것이다.

K-pop의 확장성에는 언어적·문화적 장벽이 분명 있었다. 그러던 것이 BTS에 이르러서는 시각적 미학에만 그치지 않고 1차 텍스트 생산물에 세계관을 입힌 스토리텔링을 시작하면서 세계관 해석 놀이가 시작된 것이다. 외국의 K-pop 초심자들은 도대체 BTS가 무엇이길래 이렇게 유튜브에 콘텐츠가 넘치나 호기심으로 뮤직비디오를 접하지만 처음에는 언어와 음악 스타일에 낯설어 하면서도 조금씩 시각적·청각적 즐거움에 매료된

다. 그러던 어느 순간 뮤직비디오 속 상징이나 이해하지 못할 장면에 호기심을 가지게 된다. 이들은 곧 이 모든 것은 의미와 메시지가 있다는 것을 눈치채게 되고 팬들이 생산한 여러 가지 버전의 세계관 해석들을 찾아보면서 K-pop의 형식 그 이상의 더 깊은 이해와 감동을 얻게 되는 것이다.

  방탄소년단은 그들의 세계관을 만들고 팬으로 하여금 그것을 찾고 즐기면서 자신들의 메시지를 더욱 다양한 방법으로 이해하기를 바란다. 방탄소년단은 BTS Universe로 창작의 공간을 확장시켰고, 이 공감과 유대의 세상에서 팬덤은 문화적 세계시민이 되는 것이다.

V. 나가며 : K-pop 문화현상의 미래

  '코로나19'가 한창이던 2020년 6월 20일, K-pop 팬덤의 영향력은 예상치 못한 곳에서 나타났다. 미국 트럼프 대통령은 오클라호마 지역 재선 유세를 위해 100만 명의 신청자를 받았으나, 관중석은 고작 6천 명만이 채웠다. 이 흥행참패의 원인을 추적한 미국 현지 유명 언론들은 일제히 K-pop 팬들이 영향을 끼쳤다는 분석을 내놓았다.

  트럼프의 인종차별적 언행에 반대하는 유명 인플루언서가 SNS상에서 저항의 의미로 '노쇼No-Show'[30] 캠페인을 제안했는데, 여기에 그동안 치열한 콘서트 티켓팅으로 잘 단련된 K-pop 팬들이 대거 동참했다는 것이다. 여러 장의 티켓을 예매한 후 행사장에는 나타나지 않아 유세의 흥행 실패를 이끌었다는 내용이다. 유튜브같은 소셜미디어에는 여러 장의 티

---

[30] 노쇼(No-Show) : 예약을 하고도 취소 통보없이 예약 장소에 나타나지 않는 행위

켓을 예매한 후 행사장에는 가지 않았다는 인증이 넘쳐났다.

<그림 9> 트럼프 유세에서 나타난 K-pop 팬의 영향력 보도

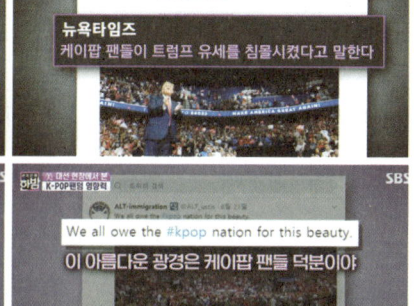

출처 : SBS, 「본격연예 한밤」 (2020.7.1.) 캡처.

    ABC News의 앵커 '라라 스펜서'는 인터뷰를 통해 "전 세계 K-pop 팬들은 온라인상에서 다양한 방법들로 결집하는 것으로 잘 알려졌습니다. '#White Lives Matter' 사건을 통해 K-pop 팬들은 그들의 집단적인 힘을 동원함으로써 그들이 정말로 세상을 바꿀 수 있다는 것을 증명하고 있습니다."[16]라고 말했다.

    '털사 사건'으로 불리는 이 일이 있은 지 며칠이 지난 뒤에도 공영방송 NPR은 미국 내 K-pop 전문가 4명의 대담을 통해 K-pop 팬들의 저변이 두텁고 영향력이 엄청나며 이제 막 정치부분으로 영역을 확장 중이라고 소개하는 등 K-pop 팬덤에 대한 분석이 한창 진행중이다.[17]

    이처럼 K-pop 팬덤은 세계적인 연대를 향해 나가고 있으며, 한국뿐만 아니라 심지어 미국 대통령 선거에도 영향을 미치는 수준이 되었다.

엄연히 존재하는 세대 간 장벽과 문화 차이로 폭넓은 이해를 받지 못하던 K-pop 장르에 새로운 창작 방식을 가진 K-pop 아티스트의 등장은 앞으로 K-pop이 어떻게 나아가야 할지 새로운 모델과 방향을 제시하였다. 한편 K-pop 현상의 한 축인 팬덤은 열성과 헌신으로 그들의 아티스트를 지원함으로써 현재의 K-pop 시장의 글로벌화와 문화현상을 일으켰다. 그 중에서도 한국 팬덤의 독특하고 창의적인 문화는 K-pop 팬덤 문화의 글로벌화에 결정적인 영향을 끼쳤다고 할 수 있을 것이다.

결국 BTS를 비롯한 수많은 K-pop 팬덤들의 활동으로 우리의 팬덤 문화는 세계와 공유하게 되었으며 그들과 연대하게 되었다. 넓게 보면 K-pop이라는 새로운 장르를 알리게 되었으며 한국 음악이 세계와 소통할 수 있게 된 것이다.

K-pop은 어느 한순간에 나타난 것이 아니다. 수 많은 가수들의 피, 땀, 눈물의 결과이며 그들을 지지하고 응원해주는 팬덤들이 있기에 가능한 것이었다. 팬덤은 스스로도 진화를 거듭하여 글로벌화 하면서 문화적인 측면만이 아니라 정치, 경제, 사회 등 다양한 분야에서 영향을 미치고 있다. 이와 함께 팬덤 활동으로 생산된 문화자본의 축적은 K-pop의 무한한 가능성과 확장성을 열어 놓았다고 할 것이다.

1 홍종윤, 『팬덤문화』, (서울 : 커뮤니케이션북스, 2014), 2쪽.
2 이동배, 「피스크의 팬덤 논의를 바탕으로 하는 글로벌 팬덤의 공동체성 연구 : 방탄소년단 (BTS)의 아미(ARMY)를 중심으로」, 인문콘텐츠, (2019), (55), 27-45쪽.
3 윤여광, 방탄소년단(BTS)의 글로벌 팬덤과 성공요인 분석, 「한국엔터테인먼트산업학회논문지」 (2019), 13(3), 13-25쪽.
4 홍종윤, 앞의 책, 24~33쪽.
5 헨리 젠킨스, 정현진 옮김. 『팬, 블로거, 게이머 참여문화에 대한 탐색』(서울 : 비즈앤비즈, 2008), 63쪽.
6 "[SNS눈]체포 순간 떨어진 BTS 인형… 전 세계 아미 울린 '홍콩 시위'사진", 『한국일보』 (2019.8.28.) https://www.hankookilbo.com/News/Read/201908281120099509
7 "진화하는 '아이돌 굿즈'…엇갈린 소비자", 『시사저널e』(2018.2.1.) (http://www.sisajournal-e.com/news/articleView.html?idxno=179629)
8 헨리 젠킨스, 정현진 옮김. 위의 책, 207쪽.
9 헨리 젠킨스, 정현진 옮김. 위의 책 63쪽.
10 정지은, "케이팝(K-POP)을 위한 스토리텔링 전략에 관한 연구 : 방탄소년단(BTS)을 중심으로" 「문화산업연구」 (2019), 19(3), 63-72쪽
11 "엑소와 엑소엘이 만든 '엑소더스의 해답'", 『텐아시아』(2015.3.18) https://news.zum.com/articles/20803617)
12 김영대, 『BTS THE REVIEW 방탄소년단을 리뷰하다』(서울 : 알에이치코리아, 2019), 59쪽, 97쪽.
13 위의 책, 16-22쪽.
14 이지영, 『BTS 예술혁명 - 방탄소년단과 들뢰즈가 만나다』(서울 : 파레시아, 2019), 58~63쪽
15 김헌식, 이동배, 『문화콘텐츠 DNA 스토리텔링』(경기도 : 북코리아, 2019), 88~90쪽.
16 SBS "본격연예 한밤" 방송(2020.7.1)
17 "美 정치권, K팝 팬들 모셔가기 경쟁", 『CBS 노컷뉴스』(2020.7.2.)

참고문헌

· 김영대, 『BTS THE REVIEW 방탄소년단을 리뷰하다』. 서울 : 알에이치코리아, 2019.
· 윤여광, "방탄소년단(BTS)의 글로벌 팬덤과 성공요인 분석", 「한국엔터테인먼트산업학회논문지, 2019」, 13(3),
· 이동배. 「피스크의 팬덤 논의를 바탕으로 하는 글로벌 팬덤의 공동체성 연구 : 방탄소년단(BTS)의 아미(ARMY)를 중심으로」, 인문콘텐츠, 2019, (55)
· 이지영. 『BTS 예술혁명 - 방탄소년단과 들뢰즈가 만나다』. 서울 : 파레시아, 2019.

- 정지은. "케이팝(K-POP)을 위한 스토리텔링 전략에 관한 연구 : 방탄소년단(BTS)을 중심으로", 「문화산업연구」, 2019. 19(3)
- 한유희. "팬덤 콘텐츠로서 아미피디아 연구 : 아이돌 팬덤에서 코스모피디아는 존재하는가", 「인문콘텐츠」, 2019 (54)
- 홍종윤.『팬덤문화』. 서울 : 커뮤니케이션북스, 2014.
- 김헌식, 이동배.『문화콘텐츠 DNA 스토리텔링』(경기도 · 부코리아, 2019). 88~90쪽
- 헨리 젠킨스, 정현진 옮김.『팬, 블로거, 게이머 참여문화에 대한 탐색』. 서울 : 비즈앤비즈, 2008
- "美 정치권, K팝 팬들 모셔가기 경쟁",『CBS 노컷뉴스』(2020.7.2.)
- "[SNS눈]체포 순간 떨어진 BTS 인형… 전 세계 아미 울린 '홍콩 시위'사진",『한국일보』(2019.8.28.)
  https://www.hankookilbo.com/News/Read/201908281120099509
- "진화하는 '아이돌 굿즈'…엇갈린 소비자",『시사저널e』(2018.2.1.) (http://www.sisajournal-e.com/news/articleView.html?idxno=179629)
- "엑소와 엑소엘이 만든 '엑소더스의 해답'",『텐아시아』(2015.3.18) (https://news.zum.com/articles/20803617)

콘텐츠, 진화된 플랫폼에 올라타다

밤새워 드라마 본 적 있니? - 몰아보기

김 상 욱*

> I. 들어가며
>
> II. 왜 사람들은 밤새워 몰아 볼까?
>
> III. 누가 밤새워 몰아 보라고 유혹할까?
>
> IV. 나가며

김 상 욱*

- 연세대학교 행정학과 및 동 행정대학원 석사
- 서울대학교 행정대학원 석사
- 호주영화학교(AFTRS : Austrailan Film, TV and Radio School)에서 수학
- 미국 인디애나 대학교 예술경영 석사
- 동국대 영상대학원 문화예술학 박사

밤새워 드라마 본 적 있니? - 몰아보기

Ⅰ. 들어가며

　사람들은 영화나 드라마를 보거나 게임을 해보면 재미있고 없고를 금방 안다. 재미있다면 금세 '몰입'하여 밤새워 즐기는 일이 많다. 밤새워 책을 읽거나 만화책에 푹 빠져 많은 양을 한꺼번에 보기도 했으며, 비디오테이프가 유행했던 시절에는 비디오 대여점을 통해 여러 편의 영화나 TV 드라마를 빌려 주말 내내 보기도 했다. 이처럼 사람들은 자기가 좋아하는 콘텐츠에 '몰입'하면서 콘텐츠가 말하고자 하는 이야기의 끝을 보기를 원했다.

　미디어 기술의 변화는 이러한 이용자들의 콘텐츠 재미 욕구를 빠르게 충족시켰다. 특히 모바일의 확산은 콘텐츠를 즐길 때 시·공간의 제약을 받지 않기를 원하는 욕구를 충족시켜 주었고, 주문형 비디오**VOD : Video on Demand**의 일반화는 사람들에게 자기가 좋아하는 콘텐츠를 찾아서 직접 즐길 수 있도록 했다. 특히 스트리밍 서비스는 좋아하는 콘텐츠를 계속해서 소비하기 위해 소유하고자 하는 태도를 변화시켰고, 그 소유를 위해 상당한 비용을 지불해야 하는 부담을 감소시켰다. 그러면서 사람들은 자기가 좋아하는 장르나 자기와 취향이 비슷한 사람들이 추천하는 영상콘텐츠를 마음껏 즐기게 되었으며, 그들끼리 사이버 공간에서 커뮤니티를 만들어 의견을 공유할 수도 있게 하였다. 이는 자기가 좋아하는 영상콘텐츠에 대한 몰입도를 높이고 한편의 에피소드가 아니라 스토리텔링에 의해 만들어지는 한편의 이야기를 온전히 즐기고자 하는 욕구를 충족시킬 수 있다.

최근 '코로나바이러스감염증-19코로나19' 사태는 사회적 거리 두기를 자의적, 타의적으로 하게 함으로써 사람들을 공간적으로 격리시키고 외부 활동 제한에 대한 반사적인 행동으로 이전보다 더 많은 영상콘텐츠에 대한 욕구를 마음껏 충족할 수 있도록 했다. 그 결과로 대표적인 OTT 온라인 동영상 제공서비스, Over The Top 회사인 넷플릭스는 2020년 1분기 27.7% 매출 증가와 순이익은 100% 이상 증가 그리고 1분기 동안 유료가입자 1577만 명을 추가로 확보하며 총 가입자 1억8290만 명을 보유할 수 있게 되었다.[1]

이러한 욕구 충족은 좋아하는 영상콘텐츠에 대한 소위 '폭식' 형태의 소비를 보여 '몰아보기Binge watching'라는 용어를 만들면서 유행시켰다. 몰아보기는 사람들 특히 청소년들 사이에 TV를 보는 새로운 행태를 가져왔는데 이는 무선 인터넷에 연결된 스마트폰의 사용 등 뉴 미디어의 활용에 기인하는 바가 크다.[2]

몰아보기는 과거에도 다양한 콘텐츠 분야에서 있었다. 어떤 콘텐츠에 대해서는 소비자 스스로 몰입을 통해 이야기가 완결될 때까지 소비했으며, 또 다른 콘텐츠는 중독성 때문에 사회문제가 된 예도 있었다. 특히 영상콘텐츠 몰아보기는 다른 장르에 비해 많이 이루어지는데 이는 녹화기가 보급되면서부터 시작되었다고 할 수 있다. DVR Digital Video Recorder, 디지털 영상녹화기, PVR Personal Video Recorder, 개인 영상녹화기, VCR Video Cassette Recorder, 영상 카세트 녹화기 등의 매체는 영상콘텐츠의 녹화를 통해 소장할 수 있으므로 몰아보기를 가능하게 했다.

그렇다면 사람들은 왜 몰아보기를 할까? 물론 소극적으로 콘텐츠가 있으므로 소비하는 것이 아니라, 적극적으로 즐기겠다는 의지가 있기 때문이지만 이러한 현상을 심리적으로 또는 사회적으로 어떻게 설명할까? 또한, 인터넷을 통해 볼 수 있는 TV 서비스인 OTT 회사들은 사람들에게 몰아보기를 유도하고 있을까? 특히 기존의 녹화장치들이 방영된 프로그램에 대한 재방영이라면 최근 OTT 서비스 업체들은 오리지널 콘텐츠를 제작하여 이용자들을 끌어들이려고 하는 이유가 뭘까?

아래에서는 이러한 질문들에 대한 답을 찾아보도록 하겠다.

Ⅱ. 왜 사람들은 밤새워 몰아 볼까?

1. 몰아보기의 의미와 현황

사람들은 자기가 좋아하는 콘텐츠를 처음부터 끝까지 소비하고자 하는 욕구가 있다. TV 드라마나 쇼 여러 편의 에피소드를 한 번에 보는 것이 대표적인 사례일 것이다. 2014년 2월 넷플릭스 조사에 의하면 73%의 사람들이 그처럼 한 번에 보는 경우가 있다고 했다.[3] 이러한 현상을 표현한 말이 '몰아보기'라는 용어다. 이 표현은 영어 단어를 번역한 것인데 빈지 와칭Binge Watching이 대표적인 용어이며, 빈지 뷰잉Binge Viewing, 마라톤 뷰잉Marathon Viewing이라는 용어도 함께 쓴다.

몰아보기 즉 'Binge Watching'이라는 용어를 분석해 보면 'Binge'는 명사로는 '어떤 활동이 극단적인 방법으로 행해시는 경우, 특별히 먹고, 마시거나 또는 돈을 쓰는 것'을 말하고 동사로는 '극단적이고 통제되지 않은 방법으로 어떤 것을 하는 행위'라는 것이다.[4] 이러한 뜻을 가진 빈지Binge에 와칭watching을 더하면 '과도하고 극단적이며 통제되지 않은 방법으로 시청하는 것'이라고 할 수 있다.

우리말로는 '폭식 시청' 또는 '몰아보기'라고 주로 표현하며 일부 학자는 빈지 와칭이라는 부정적인 용어보다 '미디어 마라톤Media Marathon'이란 긍정적인 용어 사용을 제안하기도 했다.[5]

그렇다면 이러한 몰아보기는 본인의 의사와 상관없이 영상콘텐츠를 소비하는 소극적인 행위인가? 일반적으로 몰아보기는 시청하는 행위뿐만 아니라 이용자의 시간에 맞춘 능률적이고 계획적인 몰아보기까지 포함하는 다양하고 넓은 행동 범위를 가지는 미디어 소비패턴으로 파악된다. 즉, 몰아보기는 전적으로 미디어 이용자의 능동적 결정에 의한 행위라는 특성과, 방종과 통제력의 결핍으로 인한 과도한 행위라는 특성 모두를 포함하고 있다.[6] 학자에 따라서는 몰입이라는 측면에서 과도한 소비는 중독이라는 병리학적 측면으로 보는 경우도 있다.

그렇다면 이러한 몰아보기는 사람들이 얼마나 즐기고 있을까? 시장조사 업체 Nielson의 조사 결과에 따르면, 미국 내에서 Netflix, Hulu, Amazon Prime 등 온라인 스트리밍 서비스를 이용하는 대다수 사람이 주말이나 심야에 평소 보고 싶었던 드라마나 서바이벌 쇼 등의 한 개 시즈을 몰아서 시청하는 것을 즐기는 것으로 나타났다. 응답자 대다수가 기존 지상파나 유료 TV에서 OTT로 전향한 가장 큰 이유로 몰아보기를 즐기기 위해서라고 답한 가운데, Netflix 이용자의 88%, Hulu Plus 가입자의 70%가 보통 10편 이상의 에피소드로 구성된 드라마 한 개 시즌의 에피소드 3편 이상을 하루에 몰아서 시청하는 것으로 드러났다.[7]

한편, Morning Consult와 Hollywood Reporter의 조사에 의하면 모든 VOD를 이용하는 미국 TV 시청자의 60%가 적어도 1주일에 한 번 몰아보기를 한다고 한다. 또한, 18~29세 TV 시청자의 73%가 몰아보기를 하고 30~44세의 69%가 몰아보기를 하는 것으로 나타났다.[8]

〈표 1〉은 좀 더 이러한 상황을 자세히 보여주고 있다. 표에서 보는 바와 같이 미국의 시청자들은 1주일 한 번 정도는 65세 이상을 제외하고는 몰아보기를 많이 하고 있음을 보여주고 있다.

또한 '아리스 소비자 엔터테인먼트 인덱스Arris Consumer Entertainment Index'는 2015년 미디어 이용실태 조사를 위해, 한국을 포함한 19개국 각각 1,000명씩 총 19,000명을 대상으로 설문 조사를 시행한 바 있다. 그 결과, 평소 몰아보기를 한다고 응답한 비율은 멕시코 92%, 브라질과 터키 90%, 인도 87% 순으로 높게 나타났다. 한국과 중국은 84%, 스페인과 미국은 76%, 독일 72%, 프랑스 71%, 영국 67%이며, 가장 비율이 낮은 나라는 일본으로 응답자의 47%가 평소 몰아보기를 한다고 하였다. 결국 몰아보기를 한다고 응답한 전 세계의 미디어 사용자는 대략 78%를 차지한 것으로 나타났으며, 상대적으로 라틴 아메리카가 몰아보기의 비율이 높았다. 특히 브라질과 인도인들의 27%는 매일 몰아보기를 한다고 응답했다.[9]

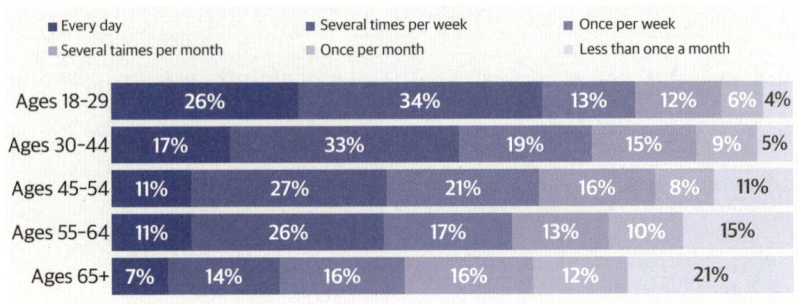

<표 1> 미국 VOD 이용 TV 시청자의 몰아보기 연령대별 현황

자료 : Sabin, Sam, "Most Young Adults Have an Appetite for Binge-Watching Shows", Morning Cunsult (2018.11.6.) : https://morningconsult.com/2018/11/06/most-young-adults-have-an-appetite-for-binge-watching-shows/

이러한 해외사례에 대해 한국에서도 몰아보기에 대한 조사가 있었는데, '리서치앤리서치'가 성인 남녀 1천 명을 대상으로 콘텐츠 시청행태 조사를 진행한 결과, 10명 중 6명은 방송 콘텐츠를 몰아보기로 시청한 것으로 나타났다. 20~30대 중 70% 이상, 50대 이상 연령층 중 47%에 해당하는 응답자가 몰아보기 경험이 있다고 답했다. 장르별로 살펴보면 성별, 연령층을 불문하고 드라마(79.7%, 중복 응답)가 몰아보기로 가장 많이 소비됐다. 이후 예능(39.3%), 영화(27%), 다큐(12.6%) 순으로 몰아보기 비율이 높았다. 특히 드라마 응답자들은 한국드라마(88.5%)를 가장 많이 몰아봤다고 답했다. 또 비교적 본방송으로 시청하기 힘든 미국드라마(34.2%), 일본드라마(11.1%) 등도 몰아보기로 시청했다고 밝혔다.[10]

물론 동 조사들은 얼마나 자주 몰아보기를 하는지 기간을 설정하지 않았기 때문에 <표 1>과 같이 자세히 알 수는 없고 단지 경험의 여부만 알 수 있다. 그러나 몰아보기가 전 세계적인 현상이라는 것은 알 수 있다.

그렇다면 구체적으로 한국의 소비자들에게 몰아보기의 대상이 되는 영상콘텐츠는 무엇이며 어디에서 소비할까? <표 2>는 몰아보기 대상 콘텐츠와 소비 장소를 보여주고 있다.

<표 2> 몰아보기 콘텐츠 조사 현황

구 분	항 목	응답 빈도	%
몰아보기 콘텐츠	해외드라마	204	30.1
	한국드라마	193	28.5
	오 락	125	18.4
	영 화	116	17.1
	다큐멘터리 및 정보	34	5.0
	뉴 스	6	0.9
	계	678	100.0
몰아보기 장소	집	329	74.3
	이동중	90	20.3
	직장 및 학교	19	4.3
	기 타	5	1.1
	계	443	100.0

자료 : 정금희, "수용자의 능동적 행위로서 미디어 몰아보기(Binge Watching) : 계획된 행동이론(TPB)을 적용한 몰아보기 행동 모형"(이화여자대학교 대학원 석사학위 논문, 2019) 재구성

표에 의하면 해외드라마와 한국드라마가 58.6%를 차지하여 몰아보기를 위한 콘텐츠로서 드라마가 가장 선호되고 있음을 알 수 있다. 몰아보기 장소는 집이 74.3%로 대부분을 차지하고 이동 중이라는 의견도 20.3%이다. 물론 설문 응답자의 73%가 20~30대여서 당연히 해외드라마와 한국드라마의 비율이 높으며, 직업적으로도 회사원, 공무원이 설문 대상자의 36%로 인해 몰아보기의 장소로써 이동 중이라는 답변이 높을 수밖에 없다.[11]

그러나 한국에서도 역시 몰아보기는 영상콘텐츠 소비에서 대세라는 것

은 부인할 수 없는 사실이며, N스크린[1] 이 이루어지고 있음에도 불구하고 집이 몰아보기의 가장 선호되는 곳이라는 특이점이 있다.

2. 몰아보기의 원인

사람들은 왜 영상콘텐츠를 소비할까? 구조적으로는 일상생활 속에서 일하는 시간을 제외한 여가시간의 유무와 콘텐츠를 소비할 수 있는 매체 그리고 콘텐츠에 대한 개인의 취향 등 다양한 사회적, 환경적 요소들이라고 볼 수 있지만, 무엇보다 중요한 것은 아마도 심리적 요인일 것이다. 이성준에 의하면 영상콘텐츠를 소비하려는 행위의 하나로 정서 불안정이 드라마 시리즈물 시청과 몰아보기 행위에 유의미한 영향을 미친다고 보고 있다. 즉 우울증과도 연관되며 미디어 이용에 있어 현실회피를 위한 미디어 중독 현상과도 연관이 있는 것으로 보고 있다.[12]

그러나 기본적으로 드라마 등 프로그램 시청에 대해 많은 학자는 이용과 충족이론Uses and Gratification Model을 바탕으로 분석하는 경우가 많다. Elihu Katz 등은 이 이론을 5가지로 설명하고 있다. ① 이용자들은 대중 매체사용에서 목적 있는 활동이라기보다는 **취미와 오락**이다. ② 많은 욕구를 충족시키기 위한 **주도권과 미디어 선택**은 이용자에게 있다. ③ 매체는 이용자의 욕구를 만족시켜주는 **다른 매체들과 경쟁**한다. ④ 대중 매체 **사용 목적**은 개인적인 이용자의 정보 즉 **흥미와 동기** 등의 정보로부터 얻어질 수 있다. ⑤ 대중소통의 문화적 중요성에 대한 **가치 판단은 유예**되어야 한다.[13]고 설명하고 있다.

---

1) 하나의 콘텐츠(영화, 음악 등)를 N개의 기기에서 '연속적으로' 즐길 수 있는 기술(또는 서비스)를 말한다. (네이버 지식백과 https://terms.naver.com/entry.nhn?docId=3572445&cid=59088&categoryId=590960)

이는 몰아보기를 설명하는 이론이라기보다는, 사람들이 영상콘텐츠를 소비하는 중요한 원칙을 이야기하고 있으므로 사실상 몰아보기를 하는 이유를 설명하지는 못한다. 다만 몰아보기의 기본이 되는 영상콘텐츠 소비를 설명하는 데는 유효하다고 할 것이다.

그렇다면 이러한 기본 전제 아래 실제로 영상콘텐츠를 과도하게 소비하는 이유는 무엇일까? 많은 학자가 심리적인 이유를 들어 설명하지만, 모두가 만족하는 설명은 없는 것 같다. 이는 수용자 개인의 욕구, 흥미, 성격, 취향, 태도, 성향 등의 차이가 반영되고 그에 따라 개인별로 차이가 크기 때문이다. 따라서 다양한 학자들의 심리적이고 내재적인 이론적인 설명을 살펴봄으로써 이를 종합적으로 판단해 볼 필요가 있다.

(1) 심리적인 요인
가. 즐거움과 스트레스 해소 및 평판 동기

몰아보기 행태가 사람들의 적극적인 선택과 행동이라면 즐거움과 스트레스 해소 동기는 몰아보기에 무엇보다 강하게 영향을 미칠 것이다. 영상콘텐츠 몰아보기 역시 행위 자체에서 오는 즐거움을 위한 내재적 동기 Intrinsic motivation가 행위의 중요 영향 요소이다. 또한, 프로그램 평판 동기가 드라마 시리즈물 몰아보기 행위에 유의미한 영향을 미치는 것으로 나타났다. 이는 몰아보기 행위가 어떤 의미에서는 다른 이들과 널리 알려진 주제나 내용에 관해 얘기하고 소통하고 싶은 개인의 사회적 욕구 social needs와도 연관이 될 수 있음을 의미하는 바라 할 것이다.[14]

결국, 몰아보기는 일이 아니라 앞에서 말한 바와 같이 취미와 오락이 주목적일 것이다. 일에서 오는 스트레스 해소와 여가를 즐기기 위한 즐거움이 심리적으로 가장 큰 영향을 미치는 요소라고 볼 수 있다. 특히 문화콘텐츠에서 중요하게 생각하는 재미, 감동, 공감이라는 요소들이 소비자에게 몰아보기를 하도록 가장 큰 영향을 미친다고 할 수 있다. 이는 또한 뒤에서 설명할 사회적 연결이나 연대감을 느낄 수 있는 동기로서도 중요한 역할을 한다.

그러나 비록 몰아보기의 주요한 의도가 즐거움과 스트레스 해소 그리고 평판 동기일지라도 몰아보기 부작용에 의해 우울감이나 외로움 그리고 부정적인 의미에서 몰입을 가져와 오히려 사회적인 소통이 저해되는 예도 있다고 할 것이다.

나. 사회적 연결 및 연대감

사회적 연결이나 연대감이 몰아보기에 영향을 미친다고 주장하는 학자는, 사람들은 영상콘텐츠 이용자와 콘텐츠에 등장하는 캐릭터 간의 무의식적인 연대감 때문에 시청한다고 보고 있다. 이러한 연대감은 폭식하는 행동에 영향을 주는 주요한 요소 중의 하나로 고려된다고 본다. 즉 젊은이들의 몰아보기 동기를 이해하는 중요한 요인으로서 '함께togetherness'라는 개념을 도입한다. 소비자들은 '함께'라는 연대감을 느끼기 위해 같은 흥미를 다른 사람과 연결하여 콘텐츠를 소비한다는 것이다.[15]

한편 이러한 사회적 연결과 연대감은 사람들에게 소속감을 느끼게 함으로써 외로움과 소외감을 덜어내는 긍정적인 심리적 영향을 기대할 수 있다는 이론도 있다. 예를 들면 유명한 TV쇼를 몰아봄으로써 사회적 대화를 준비할 수 있고, 이는 고립 공포감 즉 사회연결망에서 멀어질 때 모두가 아는 정보로부터 소외될지도 모른다는 불안감에서 벗어나도록 도와주며, 이러한 과정이 긍정적으로 강화되어 몰아보기 행동은 자기 결정성 이론에 따라 지속해서 선택된다는 것이다.[16]

그러나 이 이론에 대해서는 부정적인 의견도 있는데 몰아보기는 혼자 보는 경우가 많아, 더 많이 몰아보게 되고 외로움과 고독감은 몰아보기를 더 부추기는 한편 몰아보기를 하지 않는 사람보다 정신건강 측면에서 훨씬 부정적인 영향을 끼칠 수도 있다고 보고 있다.[17]

다. 현실도피와 판타지

몰아보기를 현실도피escapism의 한 유형으로 보는 예도 있다. 현실도피가 단순히 수동적이고 부정적인 개념일 수도 있지만, 적극적으로 새로운 것을 추구하는 경우를 말할 수도 있는데, 적극적인 의미에서 장소와 이야기, 개인 시간과 상상의 융합으로 몰아보기를 설명하는 것이다. 즉 몰아보기는 현실도피의 수동적이고 관찰 대상의 한계를 넘어 보다 적극적이고 참여의 잠재력이 있다고 본다.[18]

전통적인 TV 시청이 대체로 주어진 이야기를 개인의 적극적인 개입 없이 수동적으로 받아들이는 것이라면, 몰아보기는 더욱더 이야기 속으로 스스로를 이끌어 가는 적극적인 행동과 일맥상통할 것이다. 즉 소비자는 현실의 불만족과 스트레스 그리고 이루어지지 않은 것들을 몰아보기를 통해 영상콘텐츠 세계에서 해결하고 있는 것으로 볼 수 있다.

이러한 현실도피라는 측면에서 몰아보기를 설명하는 이유로서 영상콘텐츠의 스토리텔링이 미치는 힘을 무시할 수가 없을 것이다. 스토리텔링은 기본적으로 실재하지 않는 허구의 세계에 관한 이야기로 현실과는 다른 이용자들의 희망 사항이나 일상생활에서 경험할 수 없는 것들을 간접 경험할 수 있도록 함으로 그들의 욕망을 채워주는 역할을 한다고 볼 수 있다. 이는 현실에서 경험하지 못한 욕망을 드라마를 통해 충족함으로써 사람들의 판타지에 대한 기본 성향이 하나의 요인으로 작용한다는 것이다.[19]

또한 판타지는 일상의 문화 현상에서 판타스티시즘fantasticism이라 불리는 경향으로도 나타난다. 판타스티시즘은 각박한 현실에서 벗어나 환상과 모험을 추구하려는 소비성향을 의미하며, 현대 생활에서 사람들이 느끼는 스트레스와 무료함을 해소하고자 하는 욕구가 증대되어 코스프레, 판타지 장르의 소설, 게임, 영화, 애니메이션 등과 같은 현실 도피형 엔터테인먼트가 유행하는 현상으로 나타난다.[20]

결국, 몰아보기는 인간 내적인 욕구를 영상콘텐츠가 제공하는 판타지적인 측면 즉 현실에 없는 상상을 하면서 즐거움을 경험할 수 있도록 하며, 영상콘텐츠뿐만 아니라 다양한 형태로 몰입을 유도한다.

라. 팬덤fandom[2) 현상

몰아보기가 헌신을 보여주는 팬덤 현상의 하나일 수도 있다는 주장도 있다. 본래 팬이 아닌non-fan 시청자는 팬보다 수동적인 시청을 하지만, 자신의 제어능력과 적극적인 개입이 필요한 몰아보기의 경우에는 팬이 아닌 시청자도 팬과 유사한 적극적인 행동을 한다는 것이다.[21] 이는 몰아보기를 통해 영상 자극에 대한 과도한 노출은 자신도 모르게 수동적인 태도가 능동적인 행태로 바뀔 수 있다는 것이고 선호하는 텍스트를 분석하

---

2) 가수, 배우, 운동선수 따위의 유명인이나 특정 분야를 지나치게 좋아하는 사람이나 그 무리(네이버 국어사전 : https://ko.dict.naver.com/#/entry/koko/e0711f4477a340c08cb111fc80bc1af1

고 비판적으로 평가할 수 있다고 보는 것이다.

이를 통해 몰아보기는 관심이 없었던 소비자도 팬덤과 비슷한 행태를 하도록 변화시킬 수 있다는 것이다.

마. 몰입 현상

칙센트미하이Csikszentmihalyi는 플로우flow라는 용어를 통해 '몰입'이라는 개념을 도입했다. 이는 내적 동기의 중요성을 강조하는 개념으로 특별한 외부적 동기가 없어도 사람들은 재미나 흥미와 같은 긍정적인 감정을 경험하면 그것 자체만으로도 심리적 보상을 얻고, 그 경험은 내적 동기화가 이루어져 이후에도 지속적으로 동일한 행위를 반복하도록 만드는 데 영향을 준다는 것이다.[22]

이러한 몰입이라는 개념은 단순하게 몰아보기에만 해당하는 것은 아니다. 칙센트미하이는 애초에 사람들이 어떤 것을 함에 있어서 긍정적인 측면을 보고자 했으며, 그 원인을 찾고자 한 결과로 몰입이라는 용어를 만들어 내게 되었다. 그런데 앞에서 살펴본 바와 같이 몰아보기는 개인의 적극적인 행동이며 반복적인 행위임에 따라 일정 부분 몰입이라는 용어가 타당하게 적용될 수 있다.

다만 긍정적인 의미에서의 몰입이 그 결과에서도 긍정적이라고는 말할 수 없다. 왜냐하면, 몰입과 중독은 결과의 차이만 있을 뿐 용어가 주는 의미에서는 유사한 부분이 있기 때문이다. 과도한 몰입은 폭식binge과 마찬가지로 부정적 감정과 함께 감정적 의존성을 유발해서 중독을 만들어 낼 수 있기 때문이다. 마치 약물 중독자처럼 몰아보기도 역시 중독자를 만들어 낼 수 있기 때문이다. 이는 영상콘텐츠가 현실이 아닌 허구의 세계에서 현실의 불만족스러운 욕구를 충족시킬 수 있으므로 현실은 부정하고 허구의 세계에 머물기를 원하는 성향이 생길 수도 있다.

(2) 콘텐츠 매체 기술변화에 따른 요인

몰아보기라는 시청행태가 정확하게 언제 시작되었으며, 언제부터 빠르게 보편화 되었는가에 대해서는 정확히 파악하기는 어렵다. 그러나 영상 콘텐츠를 저장할 수 있는 매체가 등장하면서 이러한 현상이 확산하였음은 추정할 수 있다.

첫 번째 시기는 1960년대 비디오테이프 카세트가 만들어지면서부터라고 할 수 있다. 이를 통해 시간의 제약을 넘어 영상콘텐츠를 소비하고, 소비의 반복과 몰아보기가 가능해졌다. 그러나 여전히 공간의 제약은 존재했다.

두 번째 시기는 1970년대부터 1990년대까지 비디오테이프 카세트를 대체하는 DVR, PVR, VCR 등과 같은 저장 녹화장치와 DVD가 나오면서 이전 매체보다 훨씬 더 품질이 좋은 콘텐츠를 소유하고 소비하면서 몰아보기를 할 수 있게 되었다. 그러나 장치 특성상 휴대용 플레이어가 나오기 전까지는 공간에 대한 제약조건이 여전히 존재하였다.

세 번째는 1990년대 이후 인터넷이 가능한 PC 기술과 융합된 온라인에서의 영상콘텐츠 소비 시기이다. 별도의 매체 없이도 PC에서 내려 받아 영상콘텐츠를 소비하며 몰아보기를 할 수 있었다. 그러나 이때도 역시 노트북 등 휴대용 기기를 제외하고는 모니터라는 장치 때문에 몰아보기를 위해서는 공간의 제약은 해소되지 않았다.

네 번째 시기인 2000년대 중반을 넘어서면서 디지털 융합으로 모바일을 통한 영상콘텐츠의 몰아보기가 본격적으로 가능해졌다. 특히 모바일 인터넷에 더해 VOD^{주문형 비디오 : Video On Demand}가 일반화되면서 온전하게 시간과 공간의 제약조건을 해소했다. 이는 다운로드 기술과 스트리밍 기술에 의해 가능해졌는데, 기존의 컴퓨터나 TV뿐만 아니라 스마트폰이나 i-pod touch, 태블릿 등과 같은 장치를 포함하며 이들 장치는 전통적인 TV 스크린보다 더 긴 시간 동안 몰아보기를 용이하게 했다.[23]

이와 더불어 N스크린 기술은 단일 콘텐츠를 다양한 매체를 통해 소비할 수 있도록 했으며, 시·공간을 초월해서 자투리 시간까지도 영상콘텐츠 소비에 이용할 수 있고, 스마트폰과 TV 그리고 인터넷이 연결된 모든 콘텐츠 매체를 연결함으로써 더욱 몰아보기를 쉽게 만들었다.

이처럼 사람들이 영상콘텐츠를 소비하면서 몰아보기를 할 수 있는 기술의 변화는 지속적으로 이루어져 왔지만, 본격적으로는 모바일 인터넷 이후의 기술변화와 사람들의 욕구 증대에 있을 것이다.

아래에서는 이러한 모바일 인터넷 이후 기술변화와 사람들의 사회적인 욕구를 중심으로 세부적으로 살펴보겠다.

가. VOD와 OTT의 확산

VOD의 정의에 대해서는 일치된 의견은 없다. 주문형 비디오로서 여러 서비스를 아우르는 개념으로 케이블 TV의 페이 퍼 뷰^{Pay-Per-View}[3], 지상파 방송사의 인터넷 사이트를 통한 다시보기 서비스, 인터넷 전용 영화 사이트, 모바일을 통한 OTT, 그리고 구글과 유튜브까지 VOD로 보는 시

---

3) 케이블 TV 등에서 시청한 프로그램의 요금만을 가입자가 지불하는 방식. 서비스 제공자가 비디오 소프트웨어 등을 대량으로 준비해두고, 가입자가 원하는 프로그램을 선택하여 시청할 수 있다.(네이버 지식백과 : https://terms.naver.com/entry.nhn?docId=1607546&cid=50308&categoryId=50308)

각도 있다. 이러한 이유는 VOD라는 개념이 특정 매체나 기기에 국한되지 않고, 언제 어디서든 이용할 수 있는 콘텐츠 이용 서비스를 통칭하고 있기 때문이다. 그러나 대체적으로는 '영상 압축기술을 응용해 영화 등 각종 비디오 프로그램을 데이터베이스로 저장하여, 일반 통신망 및 전용망 등을 통해 가입자가 요구하는 프로그램을 주문 즉시 제공해주는 서비스'로 정의한다.[24]

한국에서 VOD 서비스는 1990년대 중·후반 방송사들이 자사 홈페이지를 통해 다시보기를 제공하면서 시작했다. MBC는 1996년, SBS는 1997년, KBS는 1998년에 VOD 서비스를 시작했다. 2008년에는 IP-TV Internet Protocol Television 서비스가 시작되어 비싸지 않은 요금으로 방송 콘텐츠 및 영화, 다큐멘터리 등을 원하는 시간에 시청할 수 있는 VOD 서비스 시대가 열렸다.[25]

이러한 VOD의 등장은 그동안 공급자 중심의 영상콘텐츠 소비를 소비자 중심 그리고 소비자 취향에 맞는 능동적 소비로 바꾸는 계기가 되었다.

금현수의 연구에 의하면[26], VOD를 이용하는 동기로는 '한 번에 이어보기', '종영 후 몰아보기 위해서', '시리즈를 한 번에 볼 수 있어서', '매주 기다리는 것이 싫어서', '방송, 영화 등 플랫폼에 구애를 받지 않으므로', '한 번에 몰아보기 위해서' 등이 주요한 이용 동기임은 능동적인 소비자의 행태를 보여준다고 할 것이다.

한편 2010년대에는 초고속 무선 인터넷과 스마트 모바일 기기가 대중에게 보급되어 원하는 장소에서 원하는 기기로 콘텐츠를 소비할 수 있는 OTT 서비스가 등장했다. OTT는 맞춤형, 개인 중심 동영상 및 소비에 더 적합한 콘텐츠 유통방식을 통해, 개별 이용자 데이터의 실시간 축적·활용을 가능하게 함으로써 콘텐츠유통과 소비가 지능화되는 계기가 되었다. 이러한 OTT 동영상은 곧 모바일을 통한 동영상 소비의 다른 말로 이해되고 있을 정도이며, 미국에서는 가구의 70%가 최소 한 개 이상의 OTT 동영상 서비스에 가입하는 등의 수요가 있으며 실시간 시청을 위한 스트리밍의 비중이 증가하고 있다. 또한, 더 많은 시청자를 유인하기 위한 동영상 스트리밍 플랫폼들의 오리지널 콘텐츠 제작 및 투자 경쟁을 가져왔다. [27]

나. N스크린 기술에 따른 시·공간의 제약 해소

N스크린 기술은 영상콘텐츠를 소비하는 데 있어 시간과 공간의 제약을 해소하였다. 기본적으로 콘텐츠 매체 융합 때문에 같은 콘텐츠에 대해 매체 간 이동이 가능하게 된 것이다. 기존 방송이나 영화는 반드시 한정된 공간에서 개인의 시간을 영상콘텐츠 공급자의 시간에 맞춰야 했기 때문에 개인의 시간이 낭비되는 경우가 많았다. 그러나 N스크린 기술은 공간에 상관없이 이동하는 시간이나 자투리 시간에도 영상콘텐츠를 소비하고, 이후 집과 같이 고정된 공간에서 지속적으로 이어 볼 수 있기 때문에 시간과 공간의 제약은 거의 사라졌다.

한편 기존 TV 드라마는 광고 수익이 가장 큰 재원이기 때문에 에피소드를 한편씩 차례로 방영하고 그다음 에피소드에 대해 사람들의 궁금증을 유발하는 한편, 일정기간 동안 시청자를 지속적으로 프로그램에 붙잡아둬야 했다. 그래서 전체적인 하나의 스토리가 아니라 에피소드별로 완결이 되는 스토리를 선호했다. 그러나 N스크린의 경우에는 에피소드별로 완결 지을 필요가 없어지고 에피소드 전체를 하나의 스토리로 만들어서 사람들에게 전체를 시간에 구애받지 않고 소비하도록 하고 있다. 이런 측면에서 OTT 사업자들은 오리지널 드라마 시즌 전체를 하나의 스토리로 구성하거나, 에피소드별로 완결 짓는다 해도 에피소드들로 구성된 시즌 전체를 동시에 공개하는 방식으로 영상콘텐츠를 제공하여 시청자들이 몰아보기를 할 수 있도록 하였다.[28]

이에 따라 주요 VOD 플랫폼 사업자와 OTT 서비스 사업자들은 같은 프로그램을 연속적으로 여러 편 제공하는 서비스를 통해 지상파 방송사와 같은 기존 방송사업자들에 비해 경쟁적 우위를 가질 수 있으며, 콘텐츠 소비자들이 더 많은 프로그램을 몰아볼 수 있도록 몰아보기 친화적인 환경을 지속해서 제공할 수 있도록 하고 있다.[29]

결국, N스크린 기술은 영상콘텐츠 소비에서 시간과 공간의 제약을 없애면서 자연스럽게 몰아보기를 유도하고, 기존의 TV, 영화와는 차별적으로 새로운 오리지널 드라마를 한꺼번에 공개함으로써 새로운 유통, 배급 방식을 도입할 수 있게 되었다.

다. 영상콘텐츠 소비양식의 변화

사람들은 몰아보기를 위해 영상콘텐츠를 소비하는 방식이나 그들의 행태를 변화시켜 왔다. 그러한 변화는 첫째 영상콘텐츠를 소비할 수 있는 매체 또는 플랫폼 다양화에 기인한다. 과거에 TV와 케이블 TV 그리고 영화로 대변되는 아날로그 매체가 중심이었다면 지금은 매체가 디지털화 되면서 IPTV, 스마트폰, 태블릿 등으로 다양화되었다. 또한 이러한 매체의 다양화와 함께 애플리케이션 등의 플랫폼 중심의 변화는 소비자들이 자기의 취향과 소비하는 목적에 따라 영상콘텐츠를 선택할 수 있게 되었다.

특히 위에서 살펴본 바와 같이 N스크린 기술은 스마트폰과 TV를 연결함으로써 사람들은 시간과 공간의 제약을 받지 않으면서 자기의 시간을 능동적으로 관리할 수 있게 되었으며, 매체나 플랫폼을 자기 필요에 맞춰 이용하게 되었다. 이에 따라 오락과 여가의 목적으로 영상콘텐츠를 즐길 때는 좋아하는 콘텐츠에 집중해서 시간을 투여할 수 있게 되었으며, 이는 몰아보기를 선호할 수 있는 소비양식을 가져오는 계기가 된다.

두 번째는 영상콘텐츠 제공서비스 플랫폼들이 디지털 기술을 바탕으로 이용자들의 취향을 반영하고, 선택할 수 있는 다양한 기술들을 제공한다는 것이다. 과거 방송 시청자들의 경우 방송국의 계획에 따라 영상콘텐츠를 소비해야 했지만, 주문형 비디오 서비스의 등장 이후로 실시간 방송과 달리 이용자들은 원하는 시간에 원하는 콘텐츠를 소비할 수 있게 되어 개인 시간 활용과 취향을 좀 더 반영할 수 있게 되었다.[30] 이는 〈그림 1〉과 같이 나타낼 수 있다.

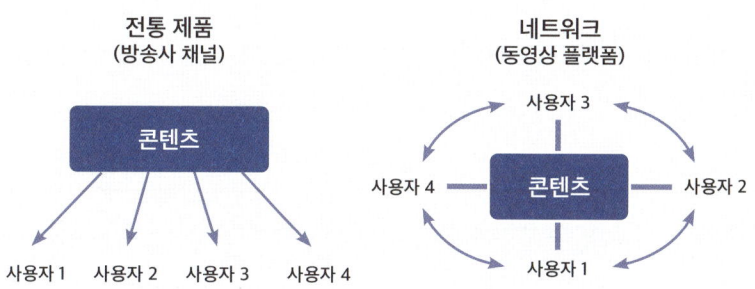

〈그림 1〉 기존 방송사 채널과 동영상 플랫폼의 콘텐츠-사용자 연결 관계 비교

자료 : 최선영·고은지, "넷플릭스 미디어 구조와 이용자 경험 행동경제학 관점에서 본 이용자와의 관계 맺기", 『방송문화연구』, 30(1)(2018.6).

결국, 기술의 변화 때문에 매체와 플랫폼의 다양화는 소비자들의 영상 콘텐츠 소비양식의 변화를 가져왔고 일정 부분만큼은 플랫폼들이 소비양식의 변화를 유도했다고 볼 수도 있다.

라. 중간광고와 이야기 서술의 강화

콘텐츠 소비에 있어서 문제가 되는 부분 중의 하나가 광고와 서술방식의 문제이다. 기존 매체에서 콘텐츠 제작 시 광고는 가장 중요한 문제 중의 하나였다. 이는 광고로 제작비를 충당했기 때문이다. 현재의 플랫폼도 마찬가지이다. 일정 부분 이용을 유료로 하고 있기는 하지만, 대부분 무료로 운영하고 대신에 광고를 통해 수익을 내고 있기 때문이다.

특히 중간광고를 하는 국가의 경우 영상콘텐츠 중간에 광고를 넣어 수익을 내는 한편, 소비자의 시청을 계속 붙잡아야 한다. 그러나 소비자는 원하지 않는 광고를 지속해서 봐야 하는 강요를 회피하기 원하며, 광고시간 중에는 이야기 서술이 끊어짐에 따라 시간을 낭비한다고 느끼는 때도 있다. 이는 소비자의 집중과 몰입을 방해하지만, 제작자는 그러한 소비자를 붙들기 위해서 이야기 서술의 무리한 전개를 해야 하는 때도 있다.

결국, 최근 기술의 발전과 VOD, OTT 등의 플랫폼은 일정 부분 광고를 하지만 이야기 서술에 대한 소비자들의 집중과 몰입을 방해하지 않는 방법을 활용하며, 소비자에게도 중간광고처럼 명시적인 광고가 없어서 시간이 아깝지 않고, 시청 시간을 절약한다는 느낌을 준다. 또한, 에피소드가 끝나고 바로 후속 에피소드가 연결되어 이야기가 끊어지지 않는 점도 편리하다는 것인데, 무엇보다 소비자 입장에서는 스토리텔링 즉 서사가 끊어지지 않고 재미있으면 몰아보기를 멈추기 어렵다.[31]

결국, 콘텐츠 공급자들은 소비자들의 몰아보기 욕구에 대해, 전편 동시 공개가 가능한 최신 인기 TV 드라마 및 쇼 시리즈를 확보하고, 오리지널 드라마를 직접 제작하여 이들의 소비행태에 맞추거나 소비행태를 변화시키고 있다. 미국의 대표적인 OTT 회사인 넷플릭스가 2013년 자체 제작한 드라마 〈하우스 오브 카드〉를 시작으로 많은 드라마의 한 시즌용 에피소드를 한꺼번에 공개한 것도 이러한 맥락에서 이해될 수 있다.

Ⅲ. 누가 밤새워 몰아보라고 유혹할까?
- 넷플릭스 사례

몰아보기는 기술변화에 따라 또는 개인의 여러 가지 목적 때문이라고 위에서 살펴보았다. 그러므로 몰아보기는 개인의 능동적이고 적극적인 행태에서 비롯됨을 알 수 있다. 그러나 한편으로는 그러한 행태를 적극적으로 받아들이도록 편의를 제공하거나 오히려 그러한 행태를 유도하는 경우도 있다. 이는 주로 OTT 회사들을 중심으로 이루어지는데 미국의 대표적인 회사가 넷플릭스, 디즈니 플러스, 애플 TV+ 등이며, 우리나라도 왓챠 플레이, 웨이브, 티빙 등이 있다.

그렇다면 기존의 매체들이 광고를 중심으로 수익을 냈다면 OTT 회사들은 월정액을 통해 수익을 내고 있는데, 이들은 어떻게 소비자들이 지속해서 몰아보기를 하도록 유도하고 있으며, 어떻게 새로운 소비자들을 확대 창출하고 있을까? 가장 대표적인 사례로 넷플릭스를 중심으로 살펴보기로 하겠다.

1. 창작의 자유와 다양한 콘텐츠 제공

넷플릭스는 사전 제작한 콘텐츠의 전편을 한꺼번에 공개함으로써 이용자들이 편성 시간에 구애받지 않도록 하고 있다.[32] 이는 유명 PD, 작가, 개그맨, 애니메이터, 영화제작자, 다큐멘터리 제작자 등이 기존 방송과 애니메이션, 영화 시스템을 거치지 않고 넷플릭스를 위한 오리지널 영상콘텐츠를 제작하고 있기 때문에 가능하다. 미국을 비롯한 서양의 콘텐츠만이 아니라, 넷플릭스가 진출하고 있는 국가의 오리지널 콘텐츠를 제작함으로써 소비자에게 다양한 지역 콘텐츠도 제공하고 있다. 또한, 소재, 주제, 장르도 다양해서 동성애, 페미니즘, 스탠드업 코미디 등 아시아 국가에서는 일반화되지 않는 영상콘텐츠도 제작하여 유통하고 있다.

한편 콘텐츠 창작자에게 창작의 자유를 보장한다. 넷플릭스가 진출한 국가의 제작자에게 넷플릭스의 콘텐츠 제작에 참여하도록 유도하고 제작 시 간섭을 최소화하고 제작비는 충분하게 지원한다. 한국도 콘텐츠가 제작되면 넷플릭스의 유통망을 타고 해외 소비자의 관심을 받을 수 있으므로 제작에 적극적으로 참여하고 있다. 특히 한류로 인해 해외 시장에서 한국 콘텐츠의 가치가 높게 평가되고 있어 넷플릭스의 유통방식은 창작자들에게 새로운 기회가 되는 것이다.[33]

결국, 네플릭스는 창작의 자유와 충분한 제작비 지원을 통해 다양한 소재와 장르의 영상콘텐츠를 제작하고, 소비자는 자기 기호와 취향에 맞춰 제공된 영상콘텐츠를 선택해서 몰아보기를 할 수 있도록 한다. 이는 전 세계적으로 영상콘텐츠 공급자와 소비자 그리고 유통·배급 체계의 생태계를 만듦으로써 그 속에서 더 많이 제작·공급하고, 더 많은 소비자가 더 많은 콘텐츠를 소비할 수 있도록 하고 있다. 또한, 소비자에게 새로운 기호와 취향도 발견하도록 하여 새로운 소비의 가능성을 이끌어 내는 등 거대한 콘텐츠 선순환 구조를 만들고 있다.

2. 빅데이터 활용 개인 맞춤화

넷플릭스는 온라인 DVD 대여업으로 시작하여 OTT 서비스를 시작하기까지 미국 내 DVD 거대 대여기업과 경쟁하였다. 이 과정에서 소비자에 대한 다양한 데이터를 축적하게 되었으며 사업 초기부터 '최종 사용자의 시청을 유도하기 위한 배급환경을 개선하는 것'과 '상품 카탈로그의 화려한 시각적 요소, 유용한 정보의 조화, 주문과정의 간편함 등 고객의 감정을 사로잡는 개인 맞춤형 서비스'를 추구하고자 했다.[34] 즉, 소비자의 선호와 취향을 반영하여 영상콘텐츠를 소비자에게 최적화하는 맞춤 서비스를 추구한 것이다. 이를 통해 소비자의 이탈을 막고 입소문을 통해 새로운 소비자가 유입할 수 있도록 했다.

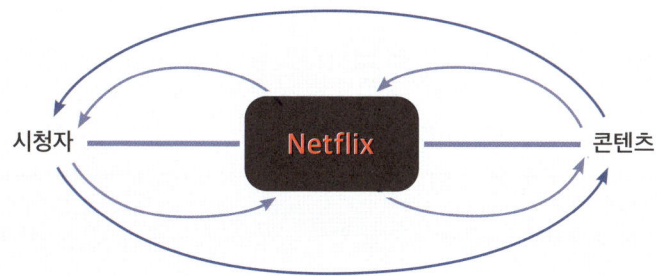

<그림 2> 넷플릭스의 시청자-콘텐츠 피드백 루프를 통한 상호작용

자료 : 최선영·고은지, "넷플릭스 미디어 구조와 이용자 경험 행동경제학 관점에서 본 이용자와의 관계 맺기", 『방송문화연구』, 30(1)(2018.6).

이를 위해서 〈그림 2〉와 같이 잘 짜인 플랫폼 미디어 구조에서 시청자와 콘텐츠가 상호작용하면서 시청자-플랫폼-콘텐츠가 연결된 구조를 형성했다. 이는 소비자가 보내는 다양한 데이터가 기반이 되는데, 소비자가 넷플릭스 영상콘텐츠 플랫폼에 접속하는 때부터 시청 이력 행농 데이터를 넷플릭스에 제공하게 된다.

넷플릭스의 알고리즘들은 시청자 개인으로부터 받은 습관, 취향, 사용기기 등을 여러 가지 기준으로 분류하여 분석한다. 예를 들면 특정 시청자가 어떤 장르를 좋아하며, 어떤 장면에서 흥미를 느끼고 어떤 장면에서 건너뛰는 등 다양한 기준으로 시청자의 행태에 대한 데이터를 수집한다. 이러한 데이터를 토대로 만들어진 시스템을 통해 콘텐츠의 양과 질을 관리하며, 제작과 유통방식을 기획하고 소비자를 관리하고 있다. 이와 연관된 추천시스템은 넷플릭스가 보유해야 하는 적정 수의 콘텐츠와 직접 제작방식을 결정하는 근거로 활용되었다.[35]

이를 통해 타 OTT 서비스 회사에 비해 적은 수의 콘텐츠로 많은 소비자가 시스템 안에서 이탈하지 않도록 하는 미디어 구조를 만들어 냈다.

3. 추천 알고리즘 활용

소비자 개인이 보내는 다양한 데이터는 넷플릭스 알고리즘에서 다양한 기준으로 분석되고 다시 소비자에게 기호와 취향에 맞는 영상콘텐츠를 추천해준다. 넷플릭스는 이러한 추천시스템 '시네매치 Cine Match'를 운영하여 소비자의 개인 취향에 최적화된 영상콘텐츠를 제공함으로써 참여와 몰입을 이끌어 내는 한편, 소비자 선택의 고민을 줄여주었다.[36]

이 시스템은 기존 사용자의 행동 정보에 대한 분석을 근거로 해당 사용자와 비슷한 성향의 사용자들이 좋아했던 항목을 추천하는 기술이다. 따라서 항목의 구체적인 내용을 분석하지 못한다고 하더라도 알고리즘을 통해 충분히 직관적인 결과를 얻을 수 있다. 가령, 기존에 〈워킹 데드〉를 시청한 사람 대부분이 〈왕좌의 게임〉을 시청했다면, 지금 〈워킹 데드〉를 시청한 사람에게 〈왕좌의 게임〉을 추천하는 방식이다. 또한, 영화를 추천하기 위해서는 항목을 분석한 프로파일과 사용자의 선호도를 추출한 프로파일 사이 유사성을 계산하는 방식도 활용한다. 즉 '사용자가 어떤 영화를 찾는가?', '보기 시작했다가 금방 그만둔 영화는 무엇인가?', '시리즈물을 한꺼번에 보는가?' 등의 개인적 취향을 영화의 배경·인물·장르 등 분석된 내용과 비교한 뒤 영화를 추천, 제공하는 형식이다. 게다가 취향에 따라 콘텐츠를 제공·검색하고, 추천을 받을 수 있는 프로필을 한 계정 당 최대 5개로 만들어 이용할 수 있다는 장점도 있다. 예를 들어 자신의 기분에 따라 '행복한 날', '우울한 날', '화나는 날' 등 자신의 기분에 따른 프로필을 만들어두면 이용자는 그날의 기분에 맞는 맞춤 추천 콘텐츠를 받을 수 있게 된다.[37]

실제로 넷플릭스 시청자의 80%가 추천 알고리즘이 제시하는 이미지를 선택하고 20%만이 검색을 통해 콘텐츠를 선택한다는 것은 이를 잘 나타내는 것으로, 이를 통해 플랫폼 체류 시간이 길어지고 구독 이탈을 막는 효과도 발생한다. 시청자는 다양한 종류의 콘텐츠를 선택하고 싶어 하지만 시청자의 진심은 실제로 복잡한 것을 추구하지 않기 때문이다.[38] 이는 행동경제학에서도 말하는 다양한 휴리스틱heuristics[4] 과도 관련이 있다.

---

4) 사람들은 시간이나 정보가 불충분하여 합리적인 판단을 할 수 없거나 굳이 체계적이고 합리적인 판단을 할 필요가 없는 상황에서는 만족의 극대화를 취하지 않고 자신이 충분하다고 생각하는 수준에서 생각을 멈추고 사고의 지름길을 택해서 의사결정을 한다는 것이다. 하워드 댄 포드, 『불합리한 지구인』, 김윤경 역(서울 : 비즈니스북스, 2011), 39쪽.

결국, 이러한 추천시스템에 의해 추천된 영상콘텐츠는 소비자의 기호와 선호를 반영하였기 때문에 당연히 몰아보기를 유도할 수밖에 없다. 특히 특정 소비자와 같은 성향으로 소비를 하는 사람들의 의견은 소비자에게 동류의식을 느끼고 비슷한 성향을 공유함으로써 더 많은 영상콘텐츠를 소비할 수 있는 것이다.

Ⅳ. 나가며

콘텐츠 매체와 기술변화는 사람들이 자기 기호와 취향을 반영한 콘텐츠를 쉽게 즐길 수 있도록 하고 있다. 또한, 재미, 감동, 공감을 기반으로 하는 콘텐츠는 사람들에게 '몰입'을 통해 하나의 스토리텔링이 완결될 때까지 소비하려는 욕구를 만들어 냈다. 그러한 욕구는 단지 재미와 개인의 욕구뿐만 아니라 사람들과의 연대감, 소속감을 느끼기 위한 것일 수도 있다. 이러한 욕구가 만들어 낸 것이 몰아보기Binge Watching이다.

몰아보기는 기본적으로 개인이 능동적 결정에 의한 행위지만 한편으로는 방종과 통제력 결여 시 중독으로 갈 수도 있다. 대표적인 영상콘텐츠인 인터넷 게임이나 모바일 게임이 그러하며, 심지어 질병으로까지 지정하려고 한다. 그럼에도 불구하고 많은 사람들이 영상콘텐츠 소비에서는 몰아보기를 선호하고 있다. 이는 전 세계적인 현상이며 한국도 예외는 아니다.

기본적으로 몰아보기는 개인의 심리적인 요인이 가장 크다고 볼 수 있다. 즐거움과 스트레스 해소 그리고 사회적 연결과 연대감을 느끼고자 하는 욕구에 기인한다고 할 수 있다. 이와 함께 현실에 없는 상상을 하면서 즐거움을 경험할 수 있는 현실도피 경향과 특별한 보상 없이 내적 동기화를 통한 재미나 흥미와 같은 긍정적인 감정을 경험하는 몰입으로도 나타난다.

한편 콘텐츠 매체 기술변화도 사람들의 심리적 욕구를 실현시키는 몰아보기에 크게 기여했다. 기존의 콘텐츠 매체들이 공급자 중심으로 시·공간의 제약이 있었다면, 저장장치의 발전과 모바일 인터넷의 발전에 따른 VOD, OTT, N스크린 기술 발전은 시·공간의 제약을 해소하였을 뿐만 아니라 소비자 중심의 콘텐츠 소비를 이끌었다.

그러나 이러한 소비자 행태를 가장 잘 읽어낼 수 있는 공급자인 OTT 회사들은 능동적인 소비자를 다시 수동적으로 유도하고 있다. 소비자들에 대한 광대한 빅데이터와 다양한 콘텐츠의 제공 그리고 개인 맞춤화를 통해 나의 행태에 대해 나보다 나를 더 잘 아는 시스템을 구축하고, 이제는 추천을 통해 소비에 대한 보이지 않는 압력을 가하고 있는 것이다.

즉, OTT 회사들은 창작의 자유와 충분한 제작비를 지원하여 다양한 콘텐츠를 공급하고 추천시스템을 통해서는 소비자 스스로 좋아하는 영상콘텐츠를 몰아보도록 만듦으로써 선택의 여지없이 그 시스템을 받아들이도록 하고 있다. 또한, 그 속에서 더 많은 콘텐츠를 제작, 공급하고 더 많은 소비자가 더 많은 콘텐츠를 소비하도록 하고 있다.

이에 더해 소비자에게는 다양한 콘텐츠를 제공하여 새로운 기호와 취향을 발견하도록 하는 한편 잠재 소비자를 육성하거나 새로운 소비의 가능성까지 끌어내는 거대한 시스템을 구축하고 있다.

최근 '코로나19'에 의해 팬데믹 사태 즉 세계적으로 전염병이 유행하는 사태 속에서 사람들은 전대미문의 상황을 겪고 있으며, 자의적, 타의적으로 사회적 거리 두기를 함으로써 공간적으로 격리되었다. 외부에서 행해지던 모든 활동이 중지되고 오직 제한된 공간에서 할 수 있는 활동만이 가능한 언택트Untact[5] 상황이 만들어졌다. 그러나 한편으로는 이른바 '랜선 무대', '랜선 극장' 등 모든 콘텐츠가 인터넷으로 들어와 외부와의 연결이 가능하게 된 온택트Ontact[6] 상태도 되었다. 자연스럽게 OTT 회사들은 랜선을 활용하여 소비자들이 더 많은 콘텐츠를 몰아보도록 했다. 그 결과로 그 회사들은 매출과 순이익에서 많은 성장을 이루었다. 그들은 그렇게 소비자와 더 단단하게 결속되어 있다.

    결국, 우리는 몰아보기라는 새로운 영상콘텐츠 소비행태에서 개인의 여가와 심리적인 요인이 가장 크게 작용한다고 생각하지만, 어떤 면에서는 기술을 가지고 소비자 개인에 대해 많은 정보를 알고 있는 회사들에 의해 심리적인 요인들이 영향을 받을 수 있고, 거대한 콘텐츠 생태계로 인해 더 많은 소비를 강요받고 있을 수도 있다. 또한, 재미와 즐거움, 스트레스 해소 등 지극히 개인적인 요소들은 기술과 사회 구조적 영향으로 거대한 콘텐츠 생태계 일부로서 존재하게 되었다.

---

[5] 언택트(Untact)'란 '콘택트(contact: 접촉하다)'에서 부정의 의미인 '언(un-)'을 합성한 말로, 기술의 발전을 통해 접촉 없이 물건을 구매하는 등의 새로운 행동 경향을 의미한다. (네이버 사전 : https://ko.dict.naver.com/#/userEntry/koko/a644a41ebaf9cc9a670358b793e0fd96)

[6] 비대면을 일컫는 '언택트(Untact)'에 온라인을 통한 외부와의 '연결(On)'을 더한 개념으로, 온라인을 통해 외부활동을 이어가는 방식을 말한다. (네이버 지식백과 : https://terms.naver.com/entry.nhn?docId=5944172&cid=43667&categoryId=43667)

1 "[코로나에 뜬 대체재] 넷플릭스, 가입자 2억명 눈앞…사회적 거리두기 수혜", 『아주경제』 ('20.5.13). (https://www.ajunews.com/view/20200512235017882)

2 Ahmed, A.A.A.M., "New Era of TV-Watching Behavior: Binge Watching and its Psychological Effects", *Media Watch*, Vol. 8(2), (May 2017), p.192.

3 위키피디아 : https://en.wikipedia.org/wiki/Binge-watching

4 Cambridge Dictionary : https://dictionary.cambridge.org/dictionary/english/binge

5 정금희, "수용자의 능동적 행위로서 미디어 몰아보기(Binge Watching) : 계획된 행동이론(TPB)을 적용한 몰아보기 행동 모형"(이화여자대학교 대학원 석사학위 논문, 2019), 14쪽.

6 위의 논문, 97쪽.

7 스트라베이스, "'몰아보기 시청(Binge Viewing)' 트렌드 확산…美 방송사업자들, 새로운 시청행태 대응 위한 해법 찾기에 분주", 『디지털 미래와 전략 (Digital Future and Strategy)』, Vol. 95(2013.11) 41쪽.

8 Sabin, Sam, "Most Young Adults Have an Appetite for Binge-Watching Shows", *Morning Consult* (2018.11.6.) : https://morningconsult.com/2018/11/06/most-young-adults-have-an-appetite-for-binge-watching-shows/ ,

9 정금희, 앞의 논문, 5~6쪽.

10 " '드라마는 몰아봐야 제맛'…10명 중 6명 '몰아서 시청' ", 『ZD Net Korea』(2018.5.23.) http://www.zdnet.co.kr/view/?no=20180523151755

11 정금희, 앞의 논문, 71~72쪽 인구통계학적 속성 참조

12 이성준, "드라마 시리즈물 몰아보기 행위에 영향을 미치는 심리 및 구조적 요인에 관한 고찰", 『한국 콘텐츠 학회논문지』, Vol. 18. No. 2(2018.5), 415쪽.

13 Katz, E., J.G. Blumler and M. Gurevitch, "Uses and Gratifications Research", *The Public Opinion Quarterly*, Vol. 37, No.4(1973), pp. 510-511.

14 이성준, 앞의 논문, 415쪽.

15 Ahmed, A.A.A.M., *op. cit.*, p.194.

16 정금희, 앞의 논문, 19쪽.

17 위의 논문, 18쪽.

18 Jones, s., J. Cronin and M. G. Piacentini, "Mapping the extended frontiers of escapism: binge -watching and hyperdiegetic exploration", *Journal of Marketing Management*, Vol. 34, No. 5-6(2018), p.498.

19 박신영, "텔레비전 드라마 시청자의 성향이 이용 동기, 장르 선호도 및 드라마 몰입 정도에 미치는 영향 - 대학생 시청집단의 현실도피와 판타지 성향을 중심으로", 『언론과학연구』, 10(1) (2010.3), 169쪽.

20 박정현, "신세대 소비백서 5",『LG경제연구원』(2005.10.12.) : http://www.lgeri.com/report/view.do?idx=2354

21 정금희, 앞의 논문, 22쪽.

22 박신영, 앞의 논문, 173쪽.

23 Ahmed, A.A.A.M., *op. cit.*, p.193.

24　금현수, "VOD 이용과 효과의 관계 연구 - 심리적·사회적 요인, 이용동기, 이용행위, 수용자 활동을 중심으로", (한양대학교 대학원 박사학위 논문, 2017.2), 11쪽

25　정금희, 앞의 논문, 11쪽.

26　금현수, 앞의 논문, 11쪽.

27　곽동균, "4차 산업혁명 시대 OTT동영상 산업 활성화를 위한 당면과제", 『KISDI Premium Report』, 17-8 (정보통신정책연구원, 2017.6.21.), 4쪽, 7쪽.

28　스트라베이스, 앞의 글, 42쪽.

29　이성준, 앞의 논문, 407쪽.

30　위의 논문, 406쪽.

31　최선영·고은지, "넷플릭스 미디어 구조와 이용자 경험 행동경제학 관점에서 본 이용자와의 관계맺기", 『방송 문화연구』, 30(1)(2018.6) 25쪽

32　추재영, "소비자 마음 읽는 '넷플릭스'", 『소비라이프』, 제135호(2019.1.15.) (http://www.sobilife.com/news/articleView.html?idxno=17439)

33　최선영·고은지, 앞의 글, 11쪽

34　위의 글, 23쪽

35　위의 글, 34쪽.

36　홍구슬·신광철, "게이미피케이션 메커니즘을 기반으로 한 드라마 몰아보기(Binge Watching) 시청행태 분석 - 넷플릭스(Netflix)사례를 중심으로』, 『글로벌문화콘텐츠학회 학술대회』(2017.6) 241쪽.

37　추재영, 앞의 글.

38　최선영·고은지, 앞의 글, 26쪽

참고문헌

- 곽동균. "4차 산업혁명 시대 OTT 동영상 산업 활성화를 위한 당면과제. 『KISDI Premium Report』, 17-8. 정보통신정책연구원, 2017.6.21.
- 금현수. "VOD 이용과 효과의 관계 연구 - 심리적·사회적 요인, 이용 동기, 이용행위, 수용자 활동을 중심으로". 한양대학교 대학원 박사학위 논문, 2017.2.
- 박신영. "텔레비전 드라마 시청자의 성향이 이용 동기, 장르 선호도 및 드라마 몰입 정도에 미치는 영향-대학생 시청집단의 현실도피와 판타지 성향을 중심으로", 『언론과학연구』, 10(1), 2010.3.
- 박정현. "신세대 소비백서 5".『LG경제연구원』, 2005.10.12. : http://www.lgeri.com/report/view.do?idx=2354
- 스트라베이스. " '몰아보기 시청(Binge Viewing)' 트렌드 확산...美 방송사업자들, 새로운 시청행태 대응 위한 해법 찾기에 분주". 『디지털 미래와 전략 (Digital Future and Strategy)』. Vol. 95, 2013.11.
- 이성준. "드라마 시리즈물 몰아보기 행위에 영향을 미치는 심리 및 구조적 요인에 관한 고찰". 『한국 콘텐츠학회논문지』. Vol. 18. No. 2, 2018.5.
- 정금희. "수용자의 능동적 행위로서 미디어 몰아보기(Binge Watching) : 계획된 행동이론(TPB)을 적용한 몰아보기 행동 모형". 이화여자대학교 대학원 석사학위 논문, 2019.
- 최선영·고은지. "넷플릭스 미디어 구조와 이용자 경험 행동경제학 관점에서 본 이용자와의 관계 맺기".『방송문화연구』. 30(1), 2018.6.
- 추재영. "소비자 마음 읽는 '넷플릭스'".『소비라이프』. 제135호, 2019.1.15. (http://www.sobilife.com/news/articleView.html?idxno=17439)
- 하워드 댄포드.『불합리한 지구인』. 김윤경 역. 서울 : 비즈니스북스, 2011.
- 홍구슬·신광철. "게이미피케이션 메커니즘을 기반으로 한 드라마 몰아보기(Binge Watching) 시청 행태 분석-넷플릭스(Netflix)사례를 중심으로. 『글로벌문화콘텐츠학회 학술대회』, 2017.6.
- Ahmed, A.A.A.M. "New Era pf TV-Watching Behavior: Binge Watching and its Psychological Efects". Media Watch. Vol. 8(2), May 2017.

- Jones, s., J. Cronin and M. G. Piacentini. "Mapping the extended frontiers of escapism : binge-watching and hyperdiegetic exploration". Journal of Marketing Management. Vol. 34, No. 5-6, 2018.
- Katz, E., J.G. Blumler and M. Gurevitch. "Uses and Gratifications Research", The Public Opinion Quarterly. Vol. 37, No.4, 1973.
- Sabin, Sam. "Most Young Adults Have an Appetite for Binge-Watching Shows", Morning Consult, 2018.11.6. : https://morningconsult.com/2018/11/06/most-young-adults-have-an-appetite-for-binge-watching-shows/
- "드라마는 몰아봐야 제맛'…10명 중 6명 '몰아서 시청' ",『ZD Net Korea』(2018.5.23) http://www.zdnet.co.kr/view/?no=20180523151755
- 위키피디아:https://en.wikipedia.org/wiki/Binge-watching
- Cambridge Dictionary : https://dictionary.cambridge.org/dictionar

1인 미디어 시대, 구독자는 누구인가?

신 상 기*

- I. 들어가며
- II. 1인 미디어 성장기(成長記)
- III. 1인 미디어 구독자, 당신은 누구인가?
- IV. 나가며

신 상 기*

- 전(前) 배재대학교 미디어콘텐츠학과 교수
- 일본 오사카예술대학 영상제작 석사
- 동국대학교 문화예술학 박사
- 현(現)한국멀티미디어학회 부회장
- 한국미디어콘텐츠학회 이사

1인 미디어 시대, 구독자는 누구인가?

Ⅰ. 들어가며

언택트Untact시대다. 누구도 예상하지 못했던 코로나19라는 쓰나미Tsunami, つなみ에 인류가 휩쓸려 들어가고 있다. 그렇게 다정했던 가족도, 사랑하는 연인도, 그리고 피로 맺은 우정이라며 혈맹血盟관계를 뽐내던 국가 간의 사이도 멀어지게 만든 것은 아주 작은 코로나바이러스 때문이다. 바이러스의 전 세계적인 유행으로 인해 상호 간에 얼굴을 맞대는 상황은 적어지면서 비대면 접촉은 더욱더 활성화되었고, 소셜미디어를 포함한 1인 미디어의 진화는 촉진되고 있다. 하지만 비대면의 중요성이 대두되면서 대중은 더 자주 다른 사람들과의 관계가 필요한 상황이 되었다.

미국 SNS Social Networking Service 업체인 넥스트도어 CEO인 사라 파이아Sarah Friar는 "2011년 창업 이후 지금보다 주변 사람들과의 근접성이 더 중요한 순간은 없었다. 코로나는 별다른 설명 없이도 이웃이 왜 중요한지에 대해서 보여줬다. 이웃이 건강해야 나도 건강하고, 지역경제가 안정되어야 나도 안심할 수 있기 때문이다."[1] 라고 이웃과의 관계의 중요성을 강조하였다.

아리스토텔레스는 "인간은 사회적 동물이다."라고 주장하면서, 인간이 사회공동체의 구성원으로서 존재한다는 사실을 지적하였다. 즉, 인간의 주체적 삶 속에는 타인과의 관계도 포함된다라는 의미의 동의어라고 볼 수 있다. 나 자신을 바라봐 주고 빛내주는 것은 내가 아니라 나를 바라봐 주는 그 누군가라는 사실이다.

인간은 혼자 살 수 없는 동물이다. 현대 개인주의의 심화와 1인 가구의 증가가 인간의 독립적인 의지를 나타낸다고 볼 수 있지만, 신자유주의에 의한 경제적 변동과 개인화를 고착시키는 사회적 고립감이 현대에서는 중요한 동인이라고도 볼 수 있다. 또한, 디지털 문화의 확대로 인한 면대면 커뮤니케이션의 감소는 인간이 가졌던 인간적 감성의 인지보다는 과학기술을 이용한 이성적 전달이 더 감각적인 행태로 보일 수 있다는 현대인의 선택적 오류가 작동했다고 볼 수 있다. 예를 들어, SNS를 활용하여 자신의 계정에 자신이 경험한 일들을 사진이나 동영상으로 업로드 한다면 자신의 SNS 동료뿐만 아니라 자신을 알지 못하는 사람도 자신의 계정에 들어와서 코멘트를 남기거나 '좋아요'를 누를 수 있다. 그리고 이것에 대한 답장의 형태로 '좋아요'와 감사의 글을 남김으로써 상대방을 잘 알지 못해도 친구가 될 수 있는 새로운 형태의 만남의 광장이 열리는 단계에 진입하게 된 것이다.

이런 과정의 수많은 사례를 바탕으로 현대인은 스스로 자신을 포장하여 타인에게 전달한다. 정보의 확장과 공유는 현대 민주주의 사회에 아주 적절한 형태의 커뮤니케이션이라고 포장되지만, 결국은 인간이 가지고 있는 외로움과 혼자라는 두려움을 감추려는 자기 기만의 과정이라고 볼 수 있으며, 누군가에게 인정받고자 하는 인정욕구가 분출되는 기계적 커뮤니케이션의 현장이다. 결국, 그리스 신화에 나오는 나르키소스처럼 과장된 자신에게 도취 되어 타인에게 포장된 자신을 제공함으로써 반대로 자신의 초라함을 극명하게 보여주는 행위로까지 발전하게 되었다.

이런 형태의 커뮤니케이션을 최첨단 과학기술에 친화적인 존재로 만들어 주는 것이 1인 미디어다. 1인 미디어는 과거에 커뮤니케이션 과정이 생산과 소비의 형태로 절대적으로 이분화되었던 형태에서, 생산자가 소비자가 되고 소비자가 다시 생산자의 형태로 순환될 수도 있고, 순환되고도 있는 새로운 미디어 생태계를 조성하였다. 특정되지 않은 누군가가 미디어 생산자가 될 수 있고, 또 다른 누군가가 그 미디어에 대한 확대 재생산을 통해 자신의 견해를 개진하고 토론하는 새로운 형태의 공론장을 조성하게 되었다. 물론 지금까지 다양한 정보를 독점하던 매스 미디어Mass Media의 횡포에서 벗어나 개인 스스로가 주체적인 정보를 교환하는 단계에 이르게 된 것은 정보의 확장성과 다양성 면에서 환영할 만한 일이지만, 지금 야기되고 있는 가짜뉴스Fake News나 또 다른 마녀사냥식 여론몰이의 부작용도 매우 위험스러운 부분이다.

또한, 유튜브나 개인방송에서 1인 미디어 크리에이터들이 자신들의 개인적인 이익을 위해 자극적인 선정성, 폭력성을 동반한 영상으로 어린 청소년들과 구독자을 유혹하는 현실은 결국 매스 미디어가 자신들의 이익을 위해 그동안 정보를 독점하던 방식과 유사하다. 미디어의 형태는 진화하였지만, 결과적으로 제작 프레임을 형성하고, 제작 주체의 이익을 추구하는 것은 매스 미디어와 별반 다르지 않다.

현대의 소비자는 단순히 상품을 구매하는 단계에서 탈피하여 그 상품의 확장성에 지대한 영향을 미치며 그 상품이 가지는 속성에 생명력을 부여하고 있다. 이러한 과정으로 말미암아 미디어 생태계에서는 수많은 1인 미디어 크리에이터를 배출하고 새로운 콘텐츠 플랫폼으로서 미디어 생태계에 기여하고 있다는 것은 주지의 사실이다. 하지만 이런 미디어 소비자가 과연 '자신의 행동을 주체적으로 통제하고 자신의 견해를 타인에게 제대로 전달하고 있다'라고 단언할 수 있을까? 이런 과정이나 시스템 또한, 누군가에 의해서 설계된 프레임이지는 않을까? 라는 의문은 나의 머릿속에서 계속 자리 잡고 있다.

간단한 문제는 아니지만 그렇다고 어렵게만 접근할 문제도 아니다. 따라서 이글에서는 1인 미디어 시대의 진정한 소비자(구독자)가 누구인지, 그리고 과연 그 소비자(구독자)는 주체적이고 능동적인 행위를 통해서 자신을 보여주거나 통제하고 있는지 알아보고자 한다.

Ⅱ. 1인 미디어 성장기(成長記)

현대인은 미디어에 둘러싸인 광장의 한복판에 서 있다. 아침에 맞추어 놓은 스마트폰 알람 소리에 일어나, 음악을 듣거나 텔레비전을 시청하면서 출근 준비를 하고, 직장인들로 넘쳐나는 대중교통에서 오늘의 주요한 뉴스를 시청하면서 출근한다. 거리에 넘쳐나는 옥외광고판에선 다양한 광고문구나 홍보 영상이 쏟아져 나온다. 직장이나 학교에선 소셜미디어를 활용한 지인들과의 연락이나 심지어 학습도 이루어지고 있다. 퇴근길도 출근길과 다르지 않다. 집에 돌아와서 먼저 텔레비전을 켜고 음악을 틀고 감상하며 하루를 정리한다. 예전에 가족이 함께 모여 식사하던 식탁이나 거실 중앙에 놓였던 소파가 가족 구성원의 공론장 역할을 하였다면, 현대의 거실 중앙은 텔레비전이 차지하고 있었으며, 지금은 각자의 방이나 원룸에 텔레비전이나 컴퓨터 같은 미디어 도구들이 가족 구성원의 수에 맞게 한 대씩 배치되어 있다. 지금은 가족끼리 공유하고 대화하는 모습은 존재하지 않으며 부모 자식 사이나 형제자매 사이에도 개인적인 프라이버시Privacy가 우선시 되는 사회이다. 그 중심에 미디어가 존재하고 있다.

20세기에 들어서면서 인류는 진일보한 과학기술의 발전을 미디어를 통해서 구현하였다. 사진을 비롯한 영화, 텔레비전, 인터넷 등의 발명은 새로운 문명을 선도하였으며, 이런 문명의 혜택은 결국, 미디어에 종속되어 가는 미디어키즈Media Kids의 탄생을 맞이하였으며, 현실과 가상을 구분하지 못하는 대중이 점점 늘어나는 현실적 문제까지 다다르게 되었다. 예를 들어, 영상미디어의 한 장르인 게임은 2019년 5월에 세계보건기구WHO가 국제질병표준분류기준ICD을 개정해서 2022년부터 게임중독Gaming Disorder을 공식 질병으로 분류하기로 하였다.

하지만 이런 미디어에 대한 경고는 미디어가 탄생한 초기부터 제기되었다. 독일의 철학자인 발터 벤야민Walter Benjamin은 1936년 〈기술복제시대의 예술작품〉이라는 논문을 통해 진정한 예술작품이 가지고 있는 아우라Aura가 예술적 가치를 넘어 전시적 가치로 확장된다고 주장하면서 대중문화에 대한 기대감을 제시하기도 하였으나, 귄터 안더스Gunther Anders는 1956년 〈팬텀과 매트릭스로서의 세계 Die Welt als Phantom und Matrize〉라는 자신의 논문에서 텔레비전을 비롯한 미디어에 인간은 종속되고 지배될 것이라고 예견하였으며, 마샬 맥루한 Marshall Mcluhan은 1964년 자신의 저서 〈미디어의 이해〉에서 "미디어는 인간의 확장이다."라고 주장하였다. 이러한 주장에 반론을 제기하는 학자들과 이론가들은 넘쳐나지만, 저자는 미디어가 제시하고 만들어 놓은 프레임 안에서 미디어를 소비하면서 살아가는 현대 대중의 기만적 미디어 자정 능력을 그다지 신뢰하지 않는다.

미디어는 매스 미디어에서 시작되어 멀티미디어 시대를 지나 지금은 뉴미디어라고 불리고 있다. 뉴미디어 시대는 기존의 미디어 중심이 아니라 플랫폼 중심으로 시스템이 구조화되어 있다. 이런 플랫폼에서 가장 활발한 활동을 하는 것이 1인 미디어다.

과학기술정보통신부는 2019년 8월 〈1인 미디어 활성화 방안〉에서 1인 미디어의 개념을 이렇게 정의했다. "인터넷 동영상·SNS 등을 기반으로 개인이 이용자의 취향에 맞춘 차별화된 콘텐츠를 생산하고, 이용자와의 소통·공유·참여 등 상호작용을 통해 경제·사회·문화적 가치를 창출하는 신개념 미디어다."[2] 또한 고영민(2019)은 2000년대 중반 UCC **User Created Contents** 열풍에서 비롯된 1인 미디어는 ICT 발달의 산물이기도 하다면서, 초고속 인터넷을 바탕으로 캠코더, DSLR 등 휴대용 영상 장비의 발전은 일반인들이 간단하게 콘텐츠를 제작·확산할 수 있는 환경을 마련했다고 주장한다.[3]

현대는 전통적인 매스 미디어의 생산 통제로 인한 단일적 정보로는 대중들을 현혹할 수 없는 지경에 이르렀다. 예컨대 1990년대 들어와서 인터넷이 활성화되고 스마트폰과 같은 디바이스 **Device**의 보급으로 인하여 개인 상호 간의 소통에 많은 활력을 불어넣었고, 영상 제작 장비의 소형화와 가성비 있는 가격대는 그만큼 1인 미디어의 직접적인 활성화에 많은 도움이 되었다.

<그림 1> 주요 미디어 변화 과정

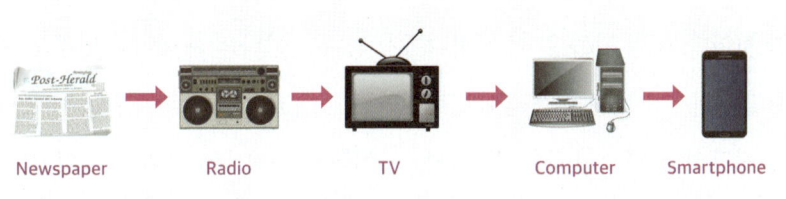

자료 : 한국소비자원, 『신유형 1인 미디어 콘텐츠 소비 실태조사 - 인터넷 개인방송을 중심으로-』 (2017.7), 3쪽.

위에서 언급한 미디어의 진화를 그림 1을 통해서 조금 더 자세히 살펴보자. 전통적인 매스 미디어가 인터넷이 중심이 된 멀티미디어Multi Media 단계를 거쳐서 미디어라는 용어보다는 플랫폼이라는 용어가 어울리는 뉴미디어New Media 단계까지 진화된 상황을 적절하게 제시하고 있다. 대량생산 대량소비가 미덕인 전통적인 자본주의의 개념에 적합한 매스 미디어는 1950년대 미국을 중심으로 텔레비전 보급으로 인하여 획기적인 발전을 이루었다. 대한민국도 1960년 말 박정희 군사정권이 '경제개발 5개년 계획'을 추진하면서 제1차 산업이 중심이던 경제 상황에서 중화학공업 주도의 2차 산업경제 정책으로 전환되었다. 이런 정책으로 경제는 계속 성장하였고 시민들의 경제 상황도 나아지면서 여가를 가질 수 있는 시간도 증가하였다. 이 시기에 우리나라는 텔레비전 보급의 급격한 증가라는 획기적인 상황을 맞이한다.

박정희 군사정권은 텔레비전을 비롯한 미디어 보급을 적극적으로 추진한다. 그들은 군사정권의 정당성을 홍보하고 경제발전의 성과를 국민에게 홍보하려는 목적을 가지고 있었다.4 바로 영상 미디어가 가지고 있는 프로파간다propaganda로서의 기능을 박정희 군사정권은 적절히 활용한 것이다. 이런 기능은 매스 미디어가 지니는 하나의 폐해이며 일부의 의사결정권자가 정보를 독점함으로써 일방적이고 편협한 정보만을 대중에게 제공하는 악순환의 연속이라는 사실을 극명하게 보여주는 사건이다.

1969년에 미국 국방부에 의해서 발명된 인터넷은 1990년대 전반에 이르러서 대중적인 시스템으로 변모하였다. 이렇게 이루어진 인터넷 보급은 대중이 최초로 정보통신의 중심이 되었으며 쌍방향 상호작용을 가능하게 하였다. 이때부터 제3차 산업혁명인 정보혁명이 일어나게 되었다. 이때부터 대중이 어떠한 제약이나 값비싼 비용을 지불하지 않고도 다양한 방법으로 정보를 획득할 수 있게 되었으며 정보의 주체로 다시 태어난 계기가 되었다.

1990년대 후반에 시작된 아날로그에서 디지털로의 진화는 뉴미디어 시대를 열었다. 뉴미디어는 영화, 그림, 음악, 언어, 문자 등의 전통적인 전달 매체에 컴퓨터와 통신 기술, 스마트 모바일 기기, 인터넷 등이 갖는 높은 상호작용성이 더해져 만들어진 새로운 개념의 매체를 가리킨다. 뉴미디어를 통하면 원하는 콘텐츠를 언제 어디서나 어떤 기기를 통해서도 접근할 수 있으며, 콘텐츠에 대한 이용자의 자유로운 피드백을 허용하여 높은 상호작용성을 갖는다. 또한, 다수의 참여를 통해 특정 콘텐츠에 대한 창발적인 공동체를 형성할 수 있으며 결과적으로 콘텐츠의 창작과 공표, 유통, 소비로 이어지는 일련의 과정인 "민주화"를 이루어낼 수 있다. 뉴미디어는 전통적인 매체와 달리 디지털화된 콘텐츠를 가지며 빠른 시간 내에 많은 양의 콘텐츠가 생성될 수 있다는 특징도 갖는다.[5]

이런 디지털 콘텐츠의 대중화는 이후에 등장하는 1인 미디어를 추동한다. 1인 미디어는 처음에 블로그나 미니홈피 같은 문자와 이미지가 주를 이루었고, 미국에서 시작된 트위터나 페이스북, 그리고 인스타그램이 선풍적인 인기를 이끌면서 텍스트나 이미지 위주의 형태로 발전하였다. 그러다가 2005년 시작된 유튜브Youtube의 세계적인 인기와 '별풍선'으로 대변되는 아프리카TV의 BJBroadcast Jockey들의 활약으로 이제는 기존의 미국의 페이스북이나 대한민국의 포털사이트 네이버, 다음카카오 등도 동영상 콘텐츠 서비스에 뛰어들면서 대세가 되었다. 이처럼 1인 미디어는 동영상 미디어 플랫폼의 전성시대에 가장 적합한 미디어이며 현대인이 가장 많이 즐기는 미디어이기도 하다. 1인 미디어는 1인 크리에이터, 개인 창작자, 크리에이터, 인플루언서 등 많은 이름으로 불리고 있다. 하지만 동일한 개념으로 정의되는데, 개인이 주체가 되어 콘텐츠를 생산하고 공유하여 다른 사람들에게 참여를 권하는 새로운 미디어 플랫폼이라고 할 수 있다.

1. 진화하는 1인 미디어 플랫폼

현재 1인 미디어의 플랫폼 현황을 살펴보면 〈표 1〉과 같다.

<표 1> 1인 미디어의 플랫폼 현황

종 류	플랫폼	주요 내용
SNS	CYWORLD	- 1999년 창업 - 2001년 미니홈피 프로젝트 - 2002년 SK커뮤니케이션즈와 합병
	Twitter	- 2006년 서비스 시작 - 2011년 한국 서비스 시작 - 140자 단문 서비스 - 2017년 6월 280자로 확대
	Facebook	- 2004년 서비스 시작 - 2008년 가입자 수 1억명 달성 - 2018년 8월 기준 22억명 사용
	blog	- 2003년 네이버 페이퍼에서 블로그로 개편 - 2017년 12월 비로그인 기능 사라짐
	Instagram	- 2010년 서비스 시작 - 2013년 6월 동영상 서비스, 12월에는 메시지 서비스 - 2016년 사용자 5억명 돌파
	위키백과	- 2001년 시작 - 집단지성의 대표적 사례 - 2020년 4천만개 이상의 글 수록
	Podcast	- 1995년부터 2003년까지 웹 라디오로 존재 - 휴대용 MP3 플레이어가 1998년부터 5년째 시장에 존재 - 블로그와 개인 방송국들은 종종 MP3를 이용한 방송을 해 왔으며, 이는 RSS를 기반으로 구독되고 있었음

종 류	플랫폼	주요 내용
동영상 플랫폼	YouTube	- 2005년 4월 23일에 최초 영상(Me at the zoo)이 업로드되면서 본격적인 서비스 시작 - 2006년 10월 구글에 인수됨 - 유튜브의 콘텐츠는 개인이 제작한 비디오 영상을 비롯한 영화와 텔레비전 클립, 뮤직비디오 등이 올라옴 - 한국어 서비스는 2008년 1월 23일에 시작됨
	afreecaTV	- 2005년 5월에 W(더블유)라는 서비스명으로 클로즈 베타서비스로 시작하여 2005년 8월 오픈베타를 거쳐, 2006년 아프리카(afreeca)란 이름으로 정식 오픈 - 2012년 아프리카TV(afreecaTV)로 사이트 이름이 변경 - 아프리카TV는 회원수가 1200만명을 넘어섰고, 하루 접속자는 350만명을 넘음 - 평균 동시 방송 수가 5000개 정도이고, 최고 동시 시청자 수가 50만에 달함
	NAVER TV	- 2013년 네이버TV 캐스트라는 명칭으로 서비스를 시작 - 2017년초 네이버TV로 서비스 명칭을 변경 - 초기에는 13개의 테마관으로 서비스를 진행하였으나, 현재는 30개의 테마관으로 확장하여 서비스를 진행함
	kakaoTV	- 2017년 2월로 다음 tv팟과 플랫폼이 통일되고, 2017년 6월 30일로 다음 tv팟의 브랜드가 카카오TV로 흡수 통합 - 다음TV팟 서비스가 2017년 2월 18일 오후4시 TV카카오와 통합됨 - 카카오TV 라이브 방송과 카카오톡 오픈채팅을 연동한 '카카오TV 라이브 오픈채팅' 기능을 출시 - 카카오TV 라이브 오픈채팅은 카톡방에서 바로 영상을 감상할 수 있는 '카카오TV'와, 링크 클릭만으로 카톡 대화에 참여할 수 있는 '카카오톡 오픈채팅'을 결합한 기능
	PANDORA.TV	- 2004년 10월에 서비스를 시작한 대한민국 UCC(User Cre-ated Contents)를 다루는 미디어 회사 - 유튜브 보다 먼저 동영상 공유 사이트를 시작한 세계 최초의 무료 동영상 포털을 시작한 회사이기도 함
	twitch	- 비디오 게임 전용 인터넷 개인 방송 서비스 - 2011년 6월 서비스 시작 - 2014년 8월 25일 아마존닷컴이 9억 7,000만 달러를 모두 현금으로 지불하여 인수

자료 : 구글 이미지 및 위키피디아 (google.com / https://ko.wikipedia.org)

한국의 1인 미디어의 시작은 2000년 초반에 인기를 끈 싸이월드이며, 미니홈피를 중심으로 다양한 콘텐츠가 유행하였다. 사실 서로 비슷한 사람들끼리 연결하는 사회연결망 인터넷 서비스로 1999년에 시작된 '아이러브스쿨'이라는 프로그램이 있었다. 하지만 오프라인 모임의 사회적 문제 발생과 경영권 분쟁 등의 불화로 인하여 오래가지는 못하였다. 그러다가 2005년에 시작되었지만 2012년에 현재의 1인 미디어 플랫폼으로 재등장한 아프리카TV에 의해서 유명 BJ와 별풍선이라는 획기적인 방식으로 동영상 중심의 1인 미디어를 한국에 정착시켰다. 그 이후에 네이버와 다음 카카오도 동영상 서비스에 집중하게 되었다.

미국은 텍스트와 이미지 중심의 트위터와 페이스북의 세계적인 인기를 얻다가, 1인 미디어의 특징인 공유·참여·개방에 가장 잘 어울리는 동영상 플랫폼인 유튜브의 등장으로 전 세계를 장악하고 있다. 결국, 유튜브는 1인 미디어 창작자나 인플루언서, 그리고 '크리에이터'라는 용어는 유튜버youtuber라는 용어로 귀결될 정도로 1인 미디어 동영상 플랫폼의 대명사가 되었다.

1인 미디어 플랫폼의 형태는 세 가지로 구분할 수 있는데, 아프리카TV나 트위치TV 같은 실 시간 **Streaming**형, 네이버TV나 카카오TV 같은 VOD형, 그리고 이 두 가지를 혼합한 유튜브나 판도라TV 같은 복합형이 있다.[6] 실시간 스트리밍형은 인터넷에 최적화된 접속 방법이다. 이 방식은 실시간으로 내가 구독하는 콘텐츠와 함께하고 있다는 정서적 공동체 인식을 가져갈 수 있고 크리에이터 및 다른 구독자와의 상호작용에 있어서 매우 효과적인 방식이다. 구독자가 크리에이터의 콘텐츠에 관여할 수 있다는 사실도 스트리밍형에서는 또 다른 장점 중의 하나이다. VOD형은 스트리밍형보다 조금 더 정제된 방식으로 전달된다. 또 편집을 통해 클립 형식으로 구성되어 있어서 구독자가 원하는 방식으로 전달된다. 이것은 현대인들이 다수 보유하고 있는 모바일기기의 특성인 이동성 보장과 맥락을 같이하는 것으로서 언제 어디서나 쉽게 콘텐츠가 반복적으로 노출되기 때문에 콘텐츠 접근성 면에서는 매우 좋은 효과를 가지고 있다.

2. 뉴미디어에 최적화된 병기, 1인 미디어

앞에서도 언급했듯이 1인 미디어가 급성장한 배경에는 과학기술 발달에 힘입은 모바일기기인 스마트폰이나 태블릿 PC의 발달과 보급 및 소형화와 가격의 안정성 때문이다. 언제나 어디서나 가볍게 구할 수 있는 PC나 모바일기기 때문에, 실시간으로 1인 미디어 크리에이터들이 콘텐츠를 제작하고 편집하여 구독자에게 전달할 수 있게 되었다. 게다가 기술의 발달은 고품질의 영상과 촬영을 보장하였으며 이런 기기의 발달로 말미암아 다양한 연령층의 1인 미디어 크리에이터들이 탄생하게 되었다. 이렇게 다양한 연령대의 크리에이터들이 시간과 공간의 제약 없이 콘텐츠를 생산하고, 또 다양한 연령층의 구독자가 시간과 공간의 제약 없이 콘텐츠를 소비하는 구조가 형성되어 하나의 문화 트렌드로 자리 잡게 되었고 이것은 1인 미디어가 뉴미디어 플랫폼 최적의 형태로서 영향력을 확대하는 데도 지대한 공헌을 하였다.

〈그림 2〉를 보면 연령이 낮을수록 일상생활에서 모바일기기의 비중이 높게 나오는 것을 알 수 있다. 특히 Z세대들은 자신들이 소유하고 있는 모바일을 통해서 자신들이 좋아하는 1인 미디어를 시청함으로써 디지털 미디어 특징인 참여·공유·개방을 바탕으로 자신들만의 세계를 구축하고

있다고 봐도 무방할 것이다.

<그림 2> 연령별 일상생활 필수 매체 | TV, 스마트폰

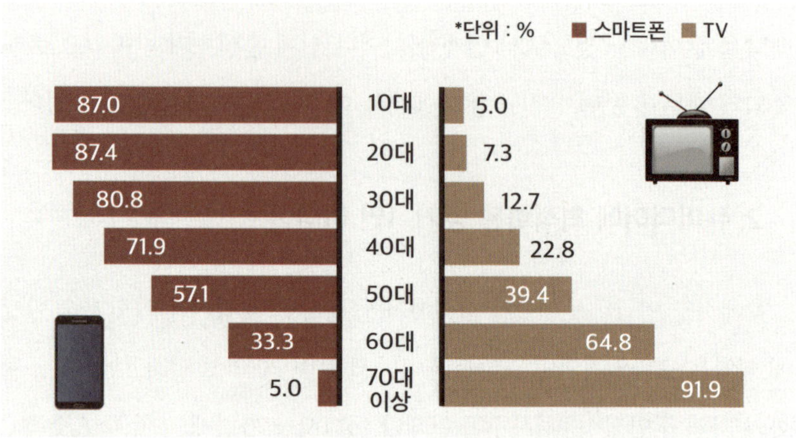

*단위 : % ■ 스마트폰 ■ TV

연령	스마트폰	TV
10대	87.0	5.0
20대	87.4	7.3
30대	80.8	12.7
40대	71.9	22.8
50대	57.1	39.4
60대	33.3	64.8
70대 이상	5.0	91.9

자료: 방송통신위원회, 「2019 방송매체행태조사」 (2020년)

이런 흐름은 <그림 3>에서도 여실히 드러나고 있다. 그림에서 보듯이 10대와 20대들은 텔레비전을 시청하는 것보다 스마트폰을 사용하는 빈도가 훨씬 많다는 사실을 알 수 있다. 현재의 10대와 20대들에게 스마트폰의 존재는 예전에 우리 가정의 중심 역할을 했던 텔레비전이나 PC를 능가하고 있다. 스마트폰이라는 가장 트렌디한 디바이스와 플랫폼인 1인 미디어의 등장은 영상 콘텐츠 제작의 획기적인 변화를 이끌었고, 새로운 영상 소비자들과 힘을 합하여 새로운 영역에서의 스타 기업과 크리에이터를 만들어 냈다. 새로운 방식-예를 들어 먹방이나 뷰티 채널- 등 지극히 개인적인 일상이 화제가 되고 그런 콘텐츠에 열광하는 구독자가 주체적이고 참여적인 콘텐츠 소비에 앞장섬으로써 제 4차 산업혁명 시대의 총아인 정보미디어 산업의 새로운 돌파구를 만들어 내기도 하였다.

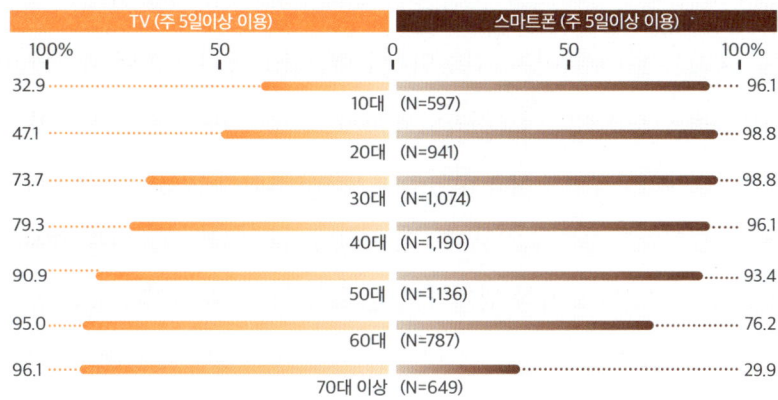

<그림 3> 연령대별 TV/스마트폰 이용빈도

자료: 방송통신위원회: 방송통신위원회:「2019 방송매체행태조사」(2020년)

이렇듯이 10대, 20대와 같이 디지털 뉴미디어에 친숙한 세대들의 1인 미디어에 대한 호감도 1인 미디어의 성장에 많은 도움이 됐지만, 1인 미디어가 가지고 있는 다양한 주제와 참신한 콘텐츠 표현 방식이 기존 전통 미디어와의 다른 점으로 구독자에게 소구하고 있다.

특히 1인 미디어가 전통적인 매스 미디어로서 텔레비전 방송과 다르게 나타나는 특성 중 하나는 다양성이다. 전통적인 방송은 사회적 영향력 및 파급력을 고려하여 공익 추구를 기본 이념으로 하는 방송법의 규제를 받는다. 하지만 1인 미디어는 인터넷을 기반으로 한 1인 크리에이터로서 내용과 관련된 강한 규제를 적용받지 않는다. 따라서 1인 미디어 방송은 내용이나 형식에 얽매이지 않고 개성과 창의력을 유연하게 드러낼 수 있기 때문에 다양성이 매우 중요한 구성 요건이기도 하다. 이러한 다양성을 통해 콘텐츠에 따른 특정 연령대, 성별, 취미 등 세분화된 타겟을 설정할 수 있다. 1인 미디어의 또 다른 특성은 상호작용성Interactivity 혹은 양방향성Bi-directional으로 크리에이터와 이용자 간 양방향 소통이 가능하고 즉각적인 피드백이 이루어질 수 있다. 이러한 특성을 기반으로 대중의 관심을 사로잡은 1인 미디어는 MBC의 〈마이 리틀 텔레비전〉처럼 기존의 미디어 방송이 포맷으로 이용하기도 하고, JTBC 〈랜선라이프〉처럼 1인 미디어 크리에이터들의 일상을 보여주는 포맷 프로그램이 방영되기도 하였다. 1인 미디어 창작들의 영향력이 높아짐에 따라 인플루언서Influencer로서 다양한 기업의 투자를 받거나 콘텐츠 협찬이 이루어지기도 한다. 온라인에서 광고와 콘텐츠를 적절히 섞은 브랜디드 콘텐츠Branded-contents 마케팅이 성공을 이루면서 1인 미디어 방송이 비디오커머스V-Commerce[1] 영역과 연계되는 등 산업적 측면에서의 관심도 높아지는 상황이다.[7]

  1인 미디어는 일상의 소소한 행위 또는 판타지적인 행위에 의미를 부여하고 있다. 사실 대중들은 일상생활을 영위하면서 자신들이 표현하고 싶어하거나 욕망하는 자체를 금기시하는 경향이 있다. 서론에서도 밝혔듯이 인간은 사회적 동물이기 때문에 가급적 사회적 질서에 어울리는 교육을 받았고 그것을 지키는 것이 순리라고 생각한다. 하지만 1인 미디어의 크리에이터들은 기존 미디어에 노출되지 않았던 방식과 표현기법을 자신들의 주된 무기로 사용하고 있다. 예컨대 '먹방Mukbang' 콘텐츠는 영어로도 'Mukbang'이라고 표기될 정도로 한국의 1인 미디어 크리에이터들이 먼저 만들어 낸 콘텐츠이다. 2009년 초 인터넷 방송인 아프리카TV의 BJ들이 자신이 먹는 모습을 방송하기 시작하면서 등장한 용어로서 방송인

---

1) 스마트폰으로 동영상을 보거나 물건을 사는 소비자가 늘어나면서 모바일 동영상을 마케팅에 활용하는 새로운 전자상거래 유형이다. 패션, 뷰티 제품을 중심으로 비디오 커머스가 활성화되고 있는 추세다. 크리에이터들이 제품을 직접 시연하면서 소비자가 간접 체험을 하는 효과를 통해 매출 증대로 이어지고 있기 때문이다. 책, 정보기술(IT) 기기 등의 리뷰(사용후기)를 보여주는 동영상도 비디오 커머스로 확대되고 있다. https://dic.hankyung.com/economy/view/?seq=13150

이 음식을 먹는 모습을 보여주며 시청자들의 식욕을 돋우거나 대리만족을 느끼게 한다. 미국의 CNN, 영국의 BBC와 같은 유력 언론에서도 한국의 먹방을 소개한 바 있는데, 2016년 10월 CNN은 먹방 열풍을 '새로운 형식의 사회적 식사 Social Eating'라고 소개하며, 먹방이 건강한 식습관 및 채식 문화 등을 확산시키는 데 일조할 수 있다고 전망했다.[8] 사실 먹방은 매스 미디어에서 가장 많이 언급되고 있는 다이어트에 반(反)하는 콘텐츠이다. 건강과 직결되는 먹방이라는 콘텐츠는 매스 미디어에서는 일반적인 프로그램 주제는 아니지만, 개인적이고 은밀한 콘텐츠를 주로 개발하고 전달하는 1인 미디어에서는 가장 먼저 눈길을 끈 콘텐츠이다. 물론 먹방을 하기 위해 크리에이터들은 그들 나름대로 몸 관리를 하거나 선천적인 체질을 가진 사람들이 다수를 차지한다. 하지만 먹방에 열광하는 구독자의 욕망은 그런 사실들을 직시하고도 열광적인 지지를 보낼 수밖에 없다. 왜냐하면, 식욕은 인간의 기본 욕구이기 때문이다. 내가 다이어트 때문에 먹지 못한다는 현실에서 먹방이라는 판타지로 잠시 정신적인 욕구를 해소하는 것이다.

　이렇게 1인 미디어는 구독자이 그들의 욕망을 은밀한 방식으로 대리만족하는 구조이다. 뷰티 방송에서 셀럽이나 유명 캐릭터로 분장을 한다거나 V-log 형식의 여행지 소개나 명품브랜드를 소개하는 언박싱 Unboxing 등 구독자이 직접 할 수 없는 행위들을 대리해서 해줌으로써 욕망의 해결을 돕는 흥신소 같은 이미지로 구독자에게 다가가고 있다. 1인 미디어는 매스 미디어와는 달리 일상에서 자주 접할 수 없는 행위들로 콘텐츠를 구성하여 구독자가 가지고 있는 마음의 욕구를 충족시켜준다고 볼 수 있다.

Ⅲ. 1인 미디어 구독자, 당신은 누구인가?

　현대는 텔레비전 중계나 가상현실의 도래로 인하여 대중의 생체감각은 마비되고 가상현실이 실제로 오인되는 감각의 마비 현상9이 일어나고 있다. 인터넷과 네트워크로 사람과 사물, 데이터 등이 연결되는 초연결사회Hyper-Connected Society는 제 4차 산업 혁명의 핵심이다. 디지털 사회는 대중의 개인적인 감정 처리까지 네트워크로 연결해서 타인에게 보여주고 있다. 매스 미디어의 커뮤니케이션 모델은 일방향적 이었지만 디지털 시대의 커뮤니케이션 모델은 다방향으로 확대되었고 그 방향이 어디로 향할지는 송신자제작자/크리에이터도 모르는 상황이 되었다. 예를 들어 텔레비전 프로그램에는 시청 연령 고지가 있다. 이 프로그램이 12세인지 15세인지 아니면 성인 19세인지 말이다. 하지만 인터넷과 네트워크를 이용하는 1인 미디어는 내가 보고 싶은 콘텐츠를 사회적 또는 법률적 제재 없이 프로그램을 구독할 수 있다. 존재하는 제재라고 한다면 구독자가 이 콘텐츠를 구독할지 말지 스스로 결정하는 것뿐이다. 구독에 절대적인 자유가 내포되어 있지만, 그 콘텐츠를 구독 후에 구독자 스스로가 어떤 결정을 내리거나 삶의 변화가 온다면 그 자체도 스스로 감당해야 하는 사회가 되었다.

　매스 미디어 시대에는 그런 결정을 누군가가 해주었다. 국가나 사회 또는 학교나 가정의 부모님 등 일정한 공동체적인 성격을 띤 누군가나 무언가가 정해주던 것들을 1인 미디어(디지털 시대)는 무한대로 구독자가 스스로가 결정해야 한다. 책임 무한대의 시대가 온 것이다.

　1인 미디어 구독자는 그들의 취향을 매우 중요시한다. 취향 자체가 그들의 아이덴티티Identity를 나타낸다고 볼 수 있다. 취향대로 자신이 욕망하는 콘텐츠를 찾아서 즐기고 보유한다. 취향의 개념은 보통 피에르 부르디외Pierre Bourdieu의 〈구별짓기〉에서 그 유래를 찾고 있다. 부르디외는 〈구별짓기〉에서 아비투스Habitus를 "취향은 차별화 과정을 통해 차이를 만들어 내고 이러한 차이를 두드러지게 만드는, 획득한 성향이다."10라고 정의하였다. 아비투스에서 인간이 양육과 교육으로 얻은 '취향'을 서로 이해한다는 것은 문화적 실천을 이해한다는 뜻이고, 예술작품을 이해하지 못하면 무의미한 물체에 지니지 않는다고 했다. 부르디외는 물체의 속성을 파악하고 개념을 소유하는 사람만이 그 물체를 작품으로 감상 가능한데 여기에서 인간의 불평등이 발생한다고 주장했다.

하지만 현대의 1인 미디어의 콘텐츠를 결정하는 구독자는 부르디외의 아비투스의 개념보다는 조금 더 감성적이고 감각적인 결정을 한다. 물론 감각이라는 것도 교육된 학습과 문화적 관습의 영향을 받기는 하지만 본능에 충실한 면이 더 강하다. 결국, 구독자가 선정한 1인 미디어 콘텐츠를 보면 위에 언급했듯이 교육과 관습에 영향을 받은 것보다는 인간의 은밀한 욕망을 대변하는 콘텐츠(먹방, 뷰티, 언박싱 등)가 더 많은 인기를 끄는 것이다. 따라서 이번 장에서 구독자 자신들이 선호하는 1인 미디어를 어떤 과정을 거쳐서 선정하는지 사회적 변화와 문화적 특성에 따라서 알아보자.

1. 1인 미디어의 브랜드化 : 팬덤 만들기

매스 미디어가 사진부터 시작해서 영화 라디오 텔레비전 등의 과정을 거쳐 발전했듯이 1인 미디어도 텍스트, 사진, 팟캐스트, 영상까지 순차적으로 발전해 왔다. 특히 2005년 유튜브의 등장은 기존의 1인 미디어의 판도를 완전히 뒤바꿔버린 획기적인 사건이었다. 이제 유튜브 없이 1인 미디어에 대하여 논의를 한다는 것을 감히 생각할 수 없는 지경에 까지 이르렀다. 어린 초등학생들의 장래 희망에 유튜버가 상위권을 차지하고, 성인에 이어 실버 세대까지 유튜버를 하는 것이 현실이다. 그럼 이렇게까지 유튜브가 성장하게 된 이유는 무엇일까? 기존에 문화산업적 배경을 가지고 있던 콘텐츠들은 잘 만들어진 작품에 가까웠다. 하지만 유튜브는 우리가 일상을 소비하는 이 세상의 소소한 변화나 나의 이야기, 그리고 내가 잘 알고 잘하는 그 무엇이 콘텐츠 제작의 소재가 되었다. 내가 잘 알고 내가 잘하는 그 무엇은 다른 사람에게도 관심을 불러일으킬 수 있는 소재가 된 것이다.

1인 세대가 늘어나고 개인주의가 심화 된 지금, 거대 담론보다 내가 중요시되는 이 세계에서 나를 주목시킬 수 있는 것이 바로 나의 아이덴티티를 나타내는 것이다. 그러니 구독자가 유튜브에 집중하는 초기에는 나와 맞는 콘텐츠를 찾아서 정보와 행위의 바다인 유튜브를 가볍게 그리고 취향에 맞게 떠돌아다니는 것이라고 볼 수 있다. 나스미디어 DTLab 이지영 실장(2020)은 "2019년 유튜브는 이용자의 일상에 더욱 가까워진 모습을 보였다"며, "특별한 동기와 목적을 갖고 검색을 통해 영상을 시청하던 행태를 넘어서, 평소 개인들이 선호하던 채널의 구독과 알림 설정을 통해 영상을 보다 적극적으로 시청하는 행태가 눈에 띈다"고 말했다.[11] 이것은 처음에 1인 미디어 구독자가 호기심으로 이 채널 저 채널을 방문하였다면 이제는 자기가 선호하는 채널을 선정하고 그 채널에 적합한 시청습관을 가지게 된다는 것이다. 단순히 자신에게 정보를 공유해주는 채널을 선호하는 단계를 지나서 그 채널에 대한 팬덤을 형성하게 되었다. 다시 말해서 현재의 1인 미디어를 소비하는 구독자는 초기의 방관자적 모습으로 배달된 콘텐츠를 즐기는 것만 선호하는 것이 아니라, 1인 미디어 크리에이터와 콘텐츠를 함께 브랜드화하는데 그 역량을 집중 하고 있다.

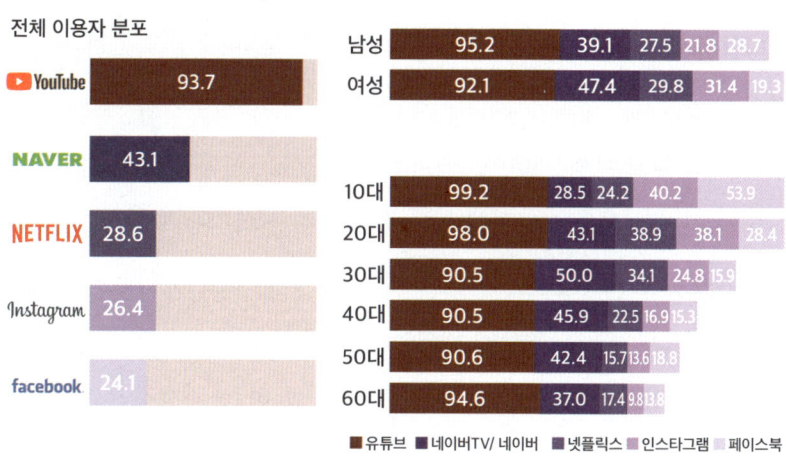

<그림 4> 동영상 시청 채널

자료: 나스미디어, 2020 인터넷 이용 조사 (https://www.nasmedia.co.kr/)

〈그림 4〉를 보면 유튜브에 대한 구독자의 충성도는 매우 높다. 10대부터 전 세대가 다른 미디어보다 유튜브에 열광하고 있다. 40대 이후 세대가 정보를 텍스트에서 구하고, 20, 30대가 인터넷에서 정보를 구했다면 10대는 정보를 유튜브에서 구한다는 말은 이미 예전의 일이 되었다. 현재는 모든 세대가 정보의 교환을 유튜브를 통해서 이루고 있다. 위에서도 언급했지만, 유튜브는 그 자체로 세계적인 1인 미디어 브랜드로서 팬덤을 형성하고 있다. 일반적으로 팬덤은 특정한 분야나 그 분야의 인물에 대

한 광적인 몰입이다. 그런데 유튜브 같은 동영상 미디어에 팬덤이 형성됐다고 하면 그 말은 무슨 의미일까? 바로 팬덤 형성을 위한 킬러 콘텐츠를 보유하고 있다는 것이다. 구독자가 최고라고 느낄 수 있는 경험치가 높은 콘텐츠를 유튜브는 계속해서 보여주고 있다. 단 한 번의 경험이라도 나에게 짜릿한 자극을 느끼게 해준다면 그 미디어에 대한 구독자의 감정은 팬덤이라고 볼 수 있다.

팬덤은 자기의 경험을 극대화하여 그것이 주는 마약 같은 효과에 그 정당성이 인정되는 것이다. 캐나다의 미디어 이론가이자 문화 비평가인 마샬 맥루한Marshall McLuhan은 그리스의 나르시스 신화를 예로 들면서 이 신화는 자기 자신을 사랑하게 되어 물에 빠진 신화라는 일반적인 설명에 동의하지 않았다. 그는 물에 비친 이미지가 자기 자신이었다는 사실을 깨닫지 못한 것이 그가 죽게 된 원인이라는 것이다. 그는 모든 기술이 지니고 있는 효과, 즉 수용자를 최면 상태에 빠지게 하는, 전형적인 마비 효과에 굴복한 것이다[12] 라고 주장했다. 1인 미디어는 현대 과학기술과 사회 현상에 적합한 새로운 환경을 만들어 냈고, 새로운 환경은 또 다른 몰입을 경험하게 하며, 그런 몰입이 극대화되기 위해서 팬덤이 형성되었다. 즉 몰입에 의한 팬덤 구축은 구독자의 은밀한 욕망을 판타지적 표현 양식으로 실현하면서 브랜드화 하고 있는 것이다.

브랜드는 다른 소유자들과의 구별성과 독특성을 유지하기 위하여 이름이나 용어, 기호, 심벌, 디자인이나 그것들의 조합을 통해서 나타내고 있는 것인데,[13] 일정한 상품적 특질을 가지고 있는 제조업 기반의 산업적 이미지를 나타내는 것이다. 1인 미디어에서 브랜드화를 이야기하는 것이 낯설지 모르지만, 각각의 크리에이터들이 자신만의 고유의 콘텐츠에 아이덴티티를 부여하는 경우가 바로 브랜드화에 의한 명성을 얻기 위함일지도 모른다. 대중이 스포츠 브랜드하면 '나이키', '아디다스'를 이야기하는 것처럼, 먹방하면 누구, 게임방송 하면 누구, 공방하면 누구 등 먼저 거론되는 네이밍 자체가 브랜드라고 볼 수 있다. 먼저 거론된다는 의미는 그만큼 구독자와 조회 수가 많은 것을 의미하기 때문에 브랜드화를 지향하는 것이다. 마치 인터넷 강의(인강)에서 모 과목에 1타 강사가 누구냐고 하면 누군가가 먼저 떠오르는 것과 같다. 물론 1인 미디어에서 인기를 얻은 크리에이터들이 인플루언서로 활동하면서 팬덤을 형성하고 연예인이 부럽지 않은 인기를 누리기도 한다. 이런 현상이 팬덤으로 만들어진 브랜드화이고 이런 과정을 통해서 부와 명예가 생기기 때문에 모든 1인 미디어 크리에이터들이 희망하고 있는 미래라고 볼 수 있다.

2. 취향을 소비하는 구독자: 구독자 스스로를 인식하는 행위

디지털 미디어기기의 급격한 보급 때문에 1인 미디어는 대중의 일상에 정착하게 되었다. 대중의 사회적 개인화는 이런 현상에 더욱 심화 되었고 구독자의 개인 취향을 반영하는 1인 미디어 콘텐츠도 더욱 세분화되었다.

제일기획은 2019년에 ACR조사[2]를 통해 소비자들의 매체 이용을 조사하였다.[14] 이를 통해 미디어 이용 트렌드 변화와 이슈별 미디어 이용에 대한 주요 결과를 얻었는데, 남녀2039에서 소비 성향과 매체 이용이 동

---

2) ACR이란 소비자연례조사(ACR)은 제일기획이 1986년부터 매년 소비자의 라이프스타일을 파악하기 위해 실시해 온 조사다. 상품구매나 이용실태,소비자 가치관,매체접촉실태등을 총체적으로 조망해 소비트렌드 변화를 살피고 있다. 한국경제신문,「한경닷컴사전」https://dic.hankyung.com/apps/economy.view?seq=4688

질적이고 다른 집단과는 이질적 특성을 보이는 5개 소비자군이 산출됐다. ①전통따라가치族 ②디지털함께소셜族 ③정보무장자기만族 ④바쁜미래族 ⑤유행선도族으로 명명했다. 이 중에서 '디지털함께소셜族'이 20내 여성 비율이 높으며, 현재 대학 재학 중이거나 대학을 갓 졸업한 소비자다. 이들은 시간 관리와 개인의 신념이 중요하다고 생각한다. 친구 관계를 중요시하며 즐기는 삶을 지향하지만, 야외활동보다는 실내 활동을 즐긴다.

이들은 특히 소셜미디어와 동영상 사이트를 많이 이용하는 소비자다. 소셜을 통해 친구 관계를 형성/유지하고, 여가 시간에는 유튜브 같은 동영상 사이트를 애용하는데, 디지털 동영상 광고 수용도가 높고, 소셜미디어 내 제품 리뷰, 바이럴 콘텐츠, 인플루언서의 영향력이 큰 편이다.

〈그림 5〉를 보면 1인 미디어 콘텐츠를 구독하는 주 구독자는 주로 20대 30대의 비율이 높다. 어차피 구매 여력이 있는 소비자 중심의 조사이기 때문에 10대는 누락 됐지만, Z세대 층이 주도적으로 1인 미디어를 구독한다는 사실은 증명되고 있다. 특히 디지털함께소셜族은 디지털 포털 및 디지털 동영상에서 많은 정보를 얻고 있다. 이들의 1인 미디어를 포함한 디지털 동영상에 대한 구독 행태를 보면 기존에 매스 미디어에 의존했던 정보를 이제는 디지털 미디어를 통해서 얻고 있는 것을 파악할 수 있다. 매스 미디어를 중심으로 형성되었던 사회의 여러 가지 정보들이 파편적이지만 전문적이고 구체적인 가치를 지니는 디지털 동영상 중심으로 재편된 것이다. 달리 보면 이들은 태어날 때부터 동영상에 친숙한 세대이다. 앞에서도 언급했듯이 텍스트 중심의 사회에서 이제는 동영상 중심의 사회로 변해가고 있으며 과학기술의 발달이 이를 더 재촉하고 있다.

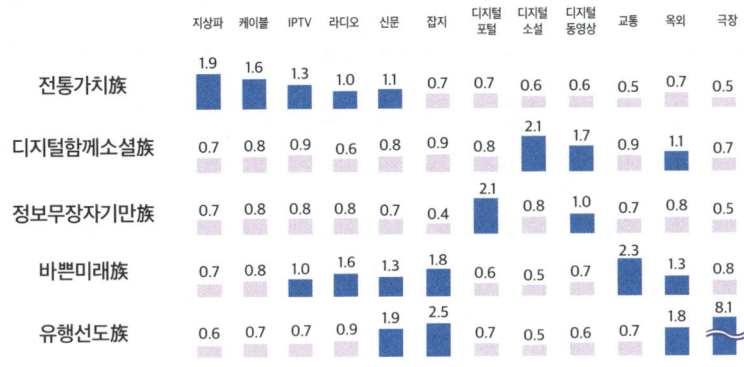

<그림 5> 소비자 집단별 미디어 이용 특성

자료 : 제일기획(https://blog.cheil.com/magazine/36095)

이 시점에서 주목해야 할 것은 대중이 디지털 동영상 중심의 정보 획득 과정에서 중심이 되는 키워드가 바로 '취향'이라는 것이다. 동영상 소비뿐만 아니라 일반 상품 소비에서도 취향은 매우 중요한 결정 수단이 되었다. 현대 대중의 성향이 공동체적 집단주의 보다는 개인화에 방점이 찍혔듯이 소비(구독)하는 상품(콘텐츠)도 개인화에 기반을 둔 차별화에 그 목적이 있다. 마켓에서 흔히 '취향 저격', '취향 존중' 같은 용어가 쓰이는 것도 같은 맥락이라고 볼 수 있다. 톰 밴더빌트Tom Vanderbilt는 〈취향의 탄생〉이라는 저서에서 서비스 경제를 '친근한 노동'으로 인식하면서 제품 평가는 전보다 훨씬 주관적이고 개인적으로 바뀌었다[15]라고 주장했다. 여기서 서비스 경제라고 일컫은 것은 물론 디지털 미디어 사회에서의 미디어 환경을 지칭한 것이다. 개인적 취향이 절대적인 선택의 기준이 된 것이다. 물론 다매체 다채널 사회에서 개인의 취향이 두드러지는 것은 당연한 것이고 개인의 선택이 존중받아야 하는 것도 당연한 것이다. 따라서 마케팅 관점에서도 매우 중요한 지점으로 여기고 있다.

　대중은 새롭고 신선한 것에 매력을 느낀다. 그것이 사람이든 사물이든 간에 말이다. 새롭고 신선함의 보존 기간은 당연히 개인마다 다를 것이다. 하지만 반드시 그 보존 기간은 한계는 있을 것이고 대중은 또 다른 새롭고 신선한 무언가를 찾을 것이다. 그 기준 자체가 취향이다. 매번 새롭고 참신함을 요구하지만, 매번 다른 그 무언가를 관통하는 개인만의 설정 기준, 즉 정서적 매커니즘이 곧 취향이다. 어떤 상태에 놓이든 간에 자기만의 문화와 기준, 그리고 중점 되는 가치가 존재하는데 그것은 잘 변하지 않는다. 예컨대 물이 어디에 담겨 있던 간에 물의 형태는 변하겠지만 그 물이 가지고 있는 본질(H_2O)이 변하지 않는 것처럼 '취향이 변한다'라고 말하는 것은 형태가 변하는 것이지 본질이 변하는 것은 아니기 때문이다. 따라서 개인의 주관적인 취향의 변화는 예측할 수 없어도 개인이 가지고 있는 본질적인 아이덴티티는 변하지 않는다고 말할 수 있다.

　1인 미디어 대한 구독자의 선택도 이런 취향과 비슷한 면이 있다. 자신의 취향과 비슷한 크리에이터의 콘텐츠를 찾고 주관적인 평가를 거쳐서 그 콘텐츠에 주목한다. 그렇게 자신이 선택한 1인 미디어 콘텐츠를 즐기고 스스로 팬덤을 형성한다. 자신만의 주관적인 취향을 돋보이게 해주는 콘텐츠를 객관화하여 자기 스스로 세뇌하는 작업이 바로 자기 자신의 주관적인 선택을 객관적인 눈으로 바라보는 인식의 행위라고 볼 수 있다. 취향이 왜곡과 조작에 노출되어 있고 사람들의 뇌가 외부의 영향을 크게 받는데도 사람들이 좋아하는 것과 싫어하는 것을 강하게 고집한다는 사실이 이를 증명한다[16]. 물론 객관화 작업을 할 때 여러 가지 변수가 작동된다. 나의 취향이 과연 다른 사람들도 좋아할까? 아닐까? 라는 심경의 동요부터 언제까지 이 마음이 지속될까? 라는 불안도 함께 찾아 든다. 하지만 자기가 선택한 콘텐츠에 팬덤을 형성한 구독자는 그런 변수까지도 예측 불가능한 것이기 때문에 지금 내가 좋아하는 것에 충성한다. 때문에, 조금 더 셀럽화 되고 전문화가 이루어진 콘텐츠에 구독자는 열광하는 것이다. 그렇게 내가 주관적으로 선정한 콘텐츠가 다른 사람들에게 인정받으면 나의 선택에 자부심을 느끼고 나의 아이덴티티가 새롭고 참신하다는 것을 증명해주기 때문이다.

앞의 제일기획 분석을 보았듯이 현재의 Z세대 세대들은 자신의 신념을 높게 평가하며 디지털 동영상 정보에 민감하다. 왜냐하면, 그들은 그 자체를 힙Hip하다[3] 고 느끼며 자신의 선택에 우월감을 가지기도 하지만 그 자체가 바로 '다른 사람하고 나는 다르다.' 라는 선명성도 함께 가지고 있기 때문이다. 다른 사람이 하지 않고 선택하지 않은 것들에 언젠가는 다른 사람들도 흥미를 느끼고 열광한다면 그것이 나의 특별함을 나타내는 것이며 결국은 나만의 아이덴티티가 된다고 생각한다. 다른 사람을 모방하지 않고 나만의 것을 통해서 결국 다른 사람들의 마음마저 얻게 된다면 그것 자체가 나만의 독특한 취향의 결과로 받아들여지게 되고 나, 자신이 특별하다고 생각된다. 현대의 Z세대 구독자는 이런 방식으로 자기가 사회문화적 배경의 주체이고 주류Mainstream임을 뽐내고 있다. 바로 문화적 트렌드세터Trend Setter가 되고 그 자체를 홍보하는 것이 나의 욕망을 채우는 현대적 방식이며 1인 미디어가 그런 욕망을 채워주는 최고

---

3) 영어 단어인 '힙(hip)'에 한국어인 '-하다'를 붙인 말로, 원래 '힙은' 허리와 다리가 만나는 지점을 가리키는 말이었으나, 형용사로 쓰이며 새로운것을 지향하고 개성이 강한 것을 의미한다. 비슷한 말로는 '핫하다', '트렌디하다' 등이 있다. https://ko.dict.naver.com/#/userEntry/koko/0365220a35711ea7f33eab98ef31c9dd

의 코어 아이템**Core Item**이라고 볼 수 있다. 이처럼 1인 디지털 미디어 또는 1인 미디어 구독자는 매스미디어 시대의 대중과는 다르게 자신의 취향(욕망)을 가감 없이 드러내며 주체적 소비(구독)에 집착한다. 이것을 멋진 소비라고 생각한다.

Ⅳ. 나가며

앞에서도 언급했지만, 코로나19**COVID19** 사태 이후 인류의 모든 일상이 변하고 있다. 언택트**Untact**가 이제 소비의 변수가 아니라 상수常數가 되었다. 넷플릭스**Netflix**는 구독자가 증가하였고, 코로나19에 대한 여러 가지 정보와 수많은 이야기가 1인 미디어를 통해 대중에게 전달되고 있다. 물론 가짜뉴스도 많다. 모든 생산과 소비는 이제 디지털로 재구축되는 디지털 트랜스포메이션**Digital Transformation, DX**이 가속화되고 있다. 예를 들어 현재 대한민국이 시행하고 있는 원격 온라인 수업, 배달앱 사용, 클라우드 기반의 제품 서비스, 드라이브 스루**Drive Thru** 등이 전 세계적으로 확산되고 있다. 이처럼 교육, 쇼핑, 음식, 기업 등 모든 부분에서 비대면 비즈니스가 빠르게 증가하고 있으며, 언택트 상황에서 온디맨드**On-Demand**를 활용하는 소비자가 늘어나고 있다.[17]

언택트 시대에는 기존에 존재하던 질서에서 벗어나 두렵지만 새로운 시대로 접어들었다고 해도 과언이 아니다. 소비자의 소비 패턴이 달라지며 기존에 존재하던 브랜드에 대한 인식도 달라졌다. 어느 정도 세대별 구분이 가능했던 시대를 지나 자신만의 아이덴티티를 가지고 명확한 취향과 라이프 스타일을 고수하며 비주류 문화나 상품에 관심을 기울이고 있다.

영상콘텐츠 분야에서는 지금 숏폼Shot Form[4] 의 바람이 불고 있다. 중국의 '틱톡TicToK'[5] 뿐만 아니라 미국에서는 10분 이내로 영상 스트리밍 콘텐츠 서비스를 하는 '퀴비Quibi'[6] 가 서비스 개시 전에 2조원 이라는 투자금을 받았고, 유튜브는 2020년 4월에 '쇼츠Shorts'라는 숏폼 영상 플랫폼을 선보일 것이라고 하였다. 미디어 기업들의 이런 비즈니스 방향은 물론 Z세대인 1인 미디어 구독자를 향한 것이다. 뉴노멀 시대의 1인 미디어는 그 어떤 것보다 강력하고 효과적인 소비 채널이자 홍보 마케팅 채널이며 이를 통해 브랜드에 우호적인 팬덤을 만들어 내고 있다.

새로운 소비자들은 자신이 중심이 되는 주체적 소비를 통해 자신을 과시하며 다른 사람들의 객관적인 호응을 만들어 내려고 한다. 1인 미디어 구독자는 이런 모습을 통해서 그들이 가지고 있는 외로움과 두려움을 떨쳐버릴 수 있다고 생각한다. 사회적 동물이지만 가족주의가 해체되고 개인주의와 1인 가구가 일반화된 지금, 1인 미디어의 구독자는 자신들의 취향이 내포된 콘텐츠를 통해서 우호적인 자신들의 팬을 섭외하고 팬덤을 형성하며 자신들의 시대를 개척하고 있다. 매스 미디어 시대의 일방향적인 커뮤니케이션에서 미디어와 쌍방 간의 상호작용하고 주관적인 자신들의 이야기가 중심이 되는 시대를 살아가고 있다.

---

[4] 1~10분 이내의 짧은 영상으로, 언제 어디서나 모바일 기기를 이용해서 콘텐츠를 즐기는 대중들의 소비 형태를 반영한 트렌드이다. https://terms.naver.com/entry.nhn?docId=5945352&cid=43667&categoryId=43667
[5] 15초에서 1분 이내 짧은 영상을 제작 및 공유할 수 있는 글로벌 동영상 플랫폼으로, 2016년 150개 국가 및 지역에서 75개의 언어로 서비스를 시작한 이래, 한국에서는 2017년 11월부터 정식으로 서비스를 시작했다. https://ko.wikipedia.org/wiki/%ED%8B%B1%ED%86%A1_(%EA%B8%80%EB%A1%9C%EB%B2%8C_%EB%8F%99%EC%98%81%EC%83%81_%ED%94%8C%EB%9E%AB%ED%8F%BC)
[6] 제프리 카젠버그가 2018년 설립한 미국의 단편형 모바일 동영상 플랫폼으로서 본사는 로스앤젤레스에 있다. https://en.wikipedia.org/wiki/Quibi

하지만 여기까지의 이야기는 소비자 중심의 시선에서 다룬 것이다. 소비자 중심주의 사회로의 진화는 누구나가 인정하는 것이다. 하지만 이렇게 소비자가 활동할 수 있는 공간을 과연 누가 만들었을까? 디지털 미디어 사회가 복잡해지면서 제작자나 크리에이터가 소비자(구독자)와 상호작용의 힘을 무시할 수 없을 커졌다는 것은 주지의 사실이다. 하지만 제작자들이 이렇게 쉽게 소비자들에게 그들의 권력을 내어주지는 않을 것이다.

강진숙(2019)은 지금 시대는 기술 코드의 해독이 중요하다며 이 코드의 작동방식을 이해하고 해독할 수 있는 '기술적 상상'이 중요하게 요구된다고 하였다. 그러면서 이러한 상상이 '코드를 자유롭게 유희하는 인간'으로서 이용자 즉 소비자의 역할을 새롭게 요구하는데 그것이 '대중적 기만'과 관계된다고 하였다. 대중은 이미 교육 및 전통적 관습 속에서 익힌 다양한 기호의 해독 방법을 알고 있지만, 그것이 단순히 알고 있다는 선에서 이해되는 것이지, 전문가나 엘리트들이 콘텐츠에 저장해 놓은 제작 배경이나 매커니즘의 속성을 간파하고 있다는 것은 아니라는 것이다.[18] 앞으로 진지하게 고민해볼 필요성이 느껴지는 대목이다.

1 "언택트에서도 이웃을 묶어주는 소셜미디어", 『티타임즈』, (2020, 05, 18.) https://1boon.kakao.com/ttimes/ttimes_2005181816
2 과학기술정통부, 「1인 미디어산업 활성화 방안」, 2019
3 고영민, 동영상 플랫폼과 1인 미디어 시대 : "모든 시민이 미디어의 주체자이자 소비자", 『지역정보화』, Voi. 117. No.-, 2019, 67쪽.
4 신상기, "텔레비전 예능의 대중문화적 함의 :한국 지상파 텔레비전 리얼 버라이어티 쇼를 중심으로", 『동국대학교 박사 논문』, 2015, 3쪽.
5 위키피디아, 2019, 10. 28 https://ko.wikipedia.org/wiki/%EB%89%B4_%EB%AF%B8%EB%94%94%EC%96%B4.
6 한국소비자원, 「신유형 1인 미디어 콘텐츠 소비 실태조사 - 인터넷 개인방송을 중심으로-」, 2017, 3쪽.
7 이영주·송진, "개인방송 콘텐츠 수용에 대한 탐색적 연구", 『방송통신연구』, Vol. 96, 2016, 68~103쪽, 정서현, 박주연, "1인 미디어 게임방송 이용 동기 및 이용 특성에 관한 탐색적 연구: 인터넷 게임방송 이용자 심층 인터뷰를 중심으로", 『정보사회와 미디어』, Voi.20-3, 2019, 4쪽 재인용.
8 네이버 지식백과 https://terms.naver.com/entry.nhn?docId=5725030&cid=43667&categoryId=43667
9 강진숙, "SNS 속도문화와 창조적 저항: 비릴리오와 키틀러의 속도와 주체에 대한 사유를 중심으로", 『언론과 사회』, 통권 58호, 2012, 31~54쪽.
10 피에르 부르디외 지음, 최종철 번역, 『구별짓기』, 서울: 새물결, 1995, 762쪽.
11 "온라인 시청자 10명 중 9명이 유튜브로 동영상 봤다", 『테크월드』(2020. 04. 20.) http://www.epnc.co.kr/news/articleView.html?idxno=95263
12 신상기. "욕망의 시각화, 셀프카메라(셀카)의 나르시시즘", 『디지털디자인학연구』, 14(1), 2014, 535쪽.
13 황근·최일도·박성현·김군주, "방송콘텐츠 활성화를 위한 채널 브랜드 전략 연구", 『한국방송광고공사』, 2009, 14쪽.
14 이혜미, "취향 소비자, 미디어로 취향 저격하는 방법", 『Cheil』 매거진 11월호, 제일기획, 2019
15 톰 밴더빌트 지음, 박준형 옮김, 『취향의 탄생』, 토네이도, 2016, 113쪽.
16 위의 책, 83쪽.
17 "매리 미커의 포스트 코로나 보고서", 『TTimes』(2020. 04. 22) http://www.ttimes.co.kr/view.html?no=2020042211147755436
18 강진숙, 『뉴미디어 사상과 문화』, 서울 : 지금, 2019, 19~20쪽.

참고문헌

· 강진숙, 『뉴미디어 사상과 문화』, 지금, 2019
· 김병민 외, 『1인 미디어, 기획에서 제작까지』, 한국콘텐츠진흥원, 2009
· 노명우, 『텔레비전, 또 하나의 가족』, 프로네시스, 2008
· 랄프 슈넬 지음, 강호진 외 옮김, 『미디어 미학』, 이론과 실천, 2005
· 마샬 맥루한 지음, 김상호 옮김, 『미디어의 이해』, 커뮤니케이션북스, 2011
· 발터 벤야민 지음, 반성완 옮김, 『발터벤야민의 문예이론』, 민음사, 1983
· 신혜경, 『벤야민&아도르노 : 대중문화의 기만 혹은 해방』, 김영사, 2009
· 심혜련, 『20세기의 매체철학-아날로그에서 디지털로』, 그린비, 2012
· 에드워드 버네이스 지음, 강미경 옮김, 『프로파간다』, 공존, 2009
· 이진경, 『근대적 시, 공간의 탄생』, 그린비 출판사, 2010
· 장 보드리야르 지음, 이상률 옮김, 『소비의 사회』, 문예출판사, 1991
· 존 피스크 · 존 하틀리, 이익성 · 이은호 옮김, 『TV읽기』, 현대미학사, 1994
· 톰 밴터빌트 지음, 박준형 옮김, 『취향의 탄생』, 토네이도, 2016
· 테오도르 아도르노 · 막스 호크하이머 지음, 김유동 옮김, 『계몽의 변증법』, 문학과 지성사, 2001
· 프랑크 하르트만, 이상엽 · 강웅경 역, 『미디어철학』, 북코리아, 2008
· 피에르 부르디외 지음, 최종철 번역, 『구별짓기』, 새물결, 1995

공연장으로 들어간 빈센트 반 고흐

한 승 원*

> Ⅰ. 들어가며
>
> Ⅱ. 소비자를 움직이는 힘 : 브랜드 아이덴티티
>
> Ⅲ. 빈센트 반 고흐가 뮤지컬로 들어간 이유
>
> Ⅳ. 무대는 하얀 캔버스, 그 캔버스를 물들인 영상
>
> Ⅴ. 나가며

한 승 원*

- 단국대학교 연극영화학과 졸업
- 단국대학교 정책경영대학원 문화예술학과 석사
- 동국대학교 영상대학원 문화콘텐츠학과 박사 수료
- HJ컬쳐(주), HJ키즈(주) 대표
- 사단법인 한국공연프로듀서협회 이사

공연장으로 들어간 빈센트 반 고흐

Ⅰ. 들어가며

  2001년 초연된 뮤지컬 〈오페라의 유령〉의 대성공을 신호탄으로 국내 뮤지컬 시장은 라이선스 뮤지컬 중심으로 급속하게 성장하였다. 〈오페라의 유령〉의 성공과 발맞추어 관련 학과들이 전국적으로 신설되었으며 뮤지컬 전문 제작사 시대를 열게 되면서 뮤지컬 홍수의 시기를 맞이하게 된다. 뮤지컬의 성장은 다양한 콘텐츠 제작을 견인하게 되었으며 해외 대형 뮤지컬의 연이은 성공에 힘입어 급격히 성장한 국내 뮤지컬 산업은 이제 변환기를 맞이하고 있다. 국내 뮤지컬의 성장은 공공재원 중심에서 탈피하여 투자자본의 활성화로 나가게 되었고 관객 연령층의 확대, 공연장의 증가 등으로 나타나게 되었다.[1] 강력한 팬층을 확보한 아이돌 스타들을 비롯하여 대중매체에서 활발하게 활동하는 스타들의 무대 출연까지 더해지면서 뮤지컬은 단숨에 고도의 산업화 단계로 접어들었다.

뮤지컬 산업이 이처럼 비약적으로 성장할 수 있었던 이유는 무엇일까? 그중 하나는 뮤지컬이 기존에 없던 새로운 문화 소비 욕구를 자극했기 때문이라고 생각한다. 경제성장으로 인한 생활수준 향상을 바탕으로 소비자들은 현실 감각을 완진히 변화시키는 새로운 무대를 경험하고픈 욕구가 자연스럽게 생겨났으며 관객들은 자신의 삶을 즐기는 데 있어 비용을 아끼지 않게 되었다.

그렇다면 관객들은 어떤 작품을 선택하고 열광하는 것일까? 이 질문에 해답을 찾는 과정이 뮤지컬 〈빈센트 반 고흐〉[1]를 제작하게 된 강력한 동기 중 하나가 되었다. 고흐의 그림을 영상 기술과 뮤지컬 장르와 결합해 새로운 체험을 통한 소비자 관람 욕구를 자극하는 것을 목표로 한 것이다. 기존 무대 영상 기술의 활용이 시·공간을 구별하는 제한된 상상력이었다면 뮤지컬 빈센트 반 고흐의 영상 기술은 배우 내면의 감정과 교감하며, 뉴미디어아트[2]를 통하여 관객들과 상호작용을 가능케 한다. 가상현실 Virtual reality[3]을 통한 몰입감을 극대화하였으며, 영상을 제3의 배우라는 새로운 무대 언어로 창조하여 무대 위에서 관객과 110분간 소통하였다. 이처럼 소비자의 행동을 결정하는 새로운 체험의 제공이 관객들의 소비파생과 뮤지컬 제작환경 변화에 미치는 영향을 뮤지컬 〈빈센트 반 고흐〉 제작 사례를 통해 알아보고자 한다.

---

1) 2014년도 초연, 충무아트센터 중극장 블랙, 연출 김규종, 극본 최유선, 작곡·음악감독 선우정아, 영상감독 고주원, 무대·소품디자인 배윤경, 안무 정도영, 프로듀서 한승원, 김종석, 제작 HJ컬쳐(주)
2) 1980년대 이후의 과학 기술 발전에 의해 생겨난 뉴미디어, 특히 전자 매체를 작품에 적용한 예술 장르를 포괄적으로 이르는 용어이다. 장르 및 기술 간의 융합, 작가·작품·관객의 상호작용 등을 특징으로 한다.
3) 어떤 특정한 환경이나 상황을 컴퓨터로 만들어서, 그것을 사용하는 사람이 마치 실제 주변 상황·환경과 상호작용을 하고 있는 것처럼 만들어 주는 인간-컴퓨터 사이의 인터페이스를 말한다. 두산백과 https://terms.naver.com/entry.nhn?docId=1164836&cid=40942&categoryId=32828

Ⅱ. 소비자를 움직이는 힘 : 브랜드 아이덴티티

1. 뮤지컬 시장의 명明과 암暗

최근 뮤지컬 시장은 뮤지컬의 본고장인 브로드웨이와 웨스트엔드 뮤지컬뿐만 아니라 독일, 오스트리아, 러시아 뮤지컬 등 세계 유수의 뮤지컬을 순식간에 빨아들이기 시작했다. 작품마다 차별화된 체험의 가치를 제공하며 관객들을 공연장으로 끌어들이고 있다. 또한 라이선스 뮤지컬 중심의 시장에서 탈피하려는 국내 창작 뮤지컬의 거침없는 도전은 최근 5년 사이에 비약적으로 성장하였으며, 국내 뮤지컬 시장에서 라이선스 작품과 어깨를 나란히 겨뤄 볼 만큼 경쟁력을 갖춰 나가고 있다. 창작 뮤지컬 제작 편수로만 비교하자면 뮤지컬 시장의 양대산맥인 브로드웨이와 웨스트엔드를 뛰어넘어 세계 최고라 할 수 있으며, 국내 뮤지컬 시장은 세계 3대 뮤지컬 시장 중 하나로 불리고 있다. 이미 아시아 뮤지컬 시장에서는 일본을 넘어 뮤지컬 제작 및 유통 플랫폼의 중심에 있으며 더 나아가 해외 창작진 및 프로덕션들과 다양한 협력 모델들을 만들어 가며 세계 뮤지컬 시장으로의 무한한 확장성을 보여 주는 등 공격적인 뮤지컬 기반을 구축해 가고 있다.

〈표 1〉의 2019년도 공연 장르별 통계 데이터를 살펴보면, 뮤지컬은 공연 시장 전체 매출액의 71.6%, 예매수 48.5%를 차지하며 국내 공연산업에서 압도적인 점유율을 차지하고 있다는 것을 알 수 있다. 하지만 뮤지컬 산업 역시 급격한 성장 뒤에 찾아온 그림자를 피하지 못하고 있다. 수요에 비해 공급이 폭발적으로 넘쳐나면서 침체의 늪으로 빠르게 빠져들고 있

는 것이다. 티켓 가격 상승과 넘쳐나는 콘텐츠의 범람으로 관객들은 더욱 안정적인 요소를 갖춘 작품을 선택하려는 경향이 짙어지게 되었다. 검증되지 않은 뮤지컬을 선택하기보다는 캐스팅, 공연장, 브랜드, 티켓 가격, 인지도 등을 고려하여 검증된 작품을 선호하는 소비로 변화되었다. 이러한 침체기를 탈피하기 위하여 제작사들은 다양한 방안을 마련 중이며 관객들에게 새로운 체험을 제공할 수 있는 가치에 대한 논의와 함께 차별화된 작품 제작을 통해 탈출구를 모색해 나가고 있다.

<표 1> 공연 장르별 통계

장르	매출액 (천원)	(%)	예매수 (건)	(%)
연 극	25,287,187	11.3%	1,640,538	21.6%
뮤지컬	160,598,334	71.6%	3,674,057	48.5%
클래식	19,130,670	8.5%	1,215,066	16.0%
오페라	4,082,568	1.8%	196,124	2.6%
무 용	11,624,194	5.2%	446,412	5.9%
국 악	1,478,932	0.7%	210,822	2.8%
복 합	1,959,557	0.9%	197,781	2.6%
합 계	224,161,442	100.0%	7,580,800	100.0%

출처: 공연예술통합전산망, 2020.6.3. 기준

2. 절대 동기를 찾아라

뮤지컬 〈오페라의 유령〉, 〈캣츠〉, 〈레미제라블〉, 〈미스 사이공〉은 세계 4대 뮤지컬[4] 이라는 강력한 브랜드 아이덴티티 Brand Identity를 앞세워 뮤

---
4) '세계 4대 뮤지컬'이란 뮤지컬의 본고장인 영미권에서 부르던 '뮤지컬 Big 4'를 잘못 해석한 결과이다. 하지만 전

지컬 상품 이상의 차별화된 가치를 관객들에게 제공하고 관객들은 기꺼이 티켓 가격을 지불한다. 더 나아가 강력한 후원자, 팬덤을 형성하기까지도 한다. 앞서 다루었듯이 넘쳐나는 공급으로 절대적인 수요가 부족한 뮤지컬 공연시장에서 차별화된 가치를 관객들에게 제공하지 못한다면 강력한 브랜드 아이덴티티를 구축한 작품으로의 관객 쏠림 현상은 더욱 강화될 것이다.

그렇다면 소비자들은 왜 강력한 브랜드 아이덴티티를 가지고 있는 작품들을 소비할까?

신경경제학 분야 세계 최고 권위자인 한스 게오르크 호이젤Hans-Georg Hausel 박사는 오랜 연구와 최첨단 장비를 활용한 조사 결과를 바탕으로 감정의 뇌에 인간 행동을 결정하는 림빅 시스템Limbic System이 있다고 밝혔는데 림빅 시스템에는 '균형', '지배', '자극'이라는 시스템이 있으며, 이 세 가지 림빅 시스템이 소비자 행동을 결정한다. 림빅 시스템의 권력투쟁 결과로 볼 때 우리 두뇌에서 가장 막강한 힘을 행사하는 시스템은 '균형'이며, 이는 안전함을 추구하고 위험을 회피하게 하는 동기이다. 두 번째 시스템은 '지배'로, 이는 경쟁자를 축출해 자신이 더욱 우월한 존재로 주목받고 싶어 하는 동기이다. 세 번째 시스템은 '자극'이며, 즐거움과 짜릿함, 새로운 경험을 추구하는 행위와 관련된 것이라고 설명한다.[2] 이러한 주장이 절대적으로 소비 선택의 동기가 될 수 있다고 단정할 수는 없겠지만 적어도 뮤지컬 〈빈센트 반 고흐〉 제작 사례와 비교해 보았을 때 이론적 수용이 가능하다고 생각한다.

세계적인 파급력과 인지도 그리고 티켓 파워를 갖고 있기 때문에 '4대 뮤지컬'이라 불리는데 충분하다. 네 작품 모두 영국 뮤지컬 계의 거장 '캐머런 매킨토시'의 손을 거쳤다는 점이 주목할만하다. 출처 : 문화뉴스(http://www.mhns.co.kr/news/articleView.html?idxno=291575)

먼저 '균형'의 측면을 살펴보면 고흐는 전 세계인이 가장 사랑하는 화가로 그의 일대기를 다룬 작품이 뮤지컬로 제작된다는 것은 소비자들에게 불확실한 작품으로 받아들여지기 보다는 안정감을 넘어 새로운 호기심과 기대감을 불러일으키는 작품으로 절대 동기를 작동케 하였다.

둘째, '지배'의 측면은 뮤지컬의 경험재적 특성과 사치재로서의 특성으로 설명할 수 있다.

단순 소비자의 개념이 아닌 연극의 3대 요소 중 하나인 '관객'은 작품에 절대적 영향력을 가진다. 뮤지컬 〈빈센트 반 고흐〉 역시 총 60회차 공연 중 평균 30회 이상 공연을 반복해서 관람하는 마니아 관객층이 형성되었으며 예리한 평론가와 애정 어린 후원자의 역할을 동시에 수행하며 적극적인 참여를 통한 절대 동기를 주체적으로 만들어 내었다.

마지막으로 '자극'은 소비자가 새로운 경험을 추구하고자 하는 욕망의 발현이라고 할 수 있으며 소비하고 경험할 수 있는 콘텐츠가 있어야 성립된다는 측면에서 콘텐츠 창작과 연결된다. 뮤지컬 무대 위에서 펼쳐진 다양한 영상 기술은 관객들에게 지금껏 경험해보지 못한 새로운 체험을 제공하였으며, 소비의 절대 동기를 발현시키는 강력한 영향력을 발휘했다.

이처럼 '위험회피', '경쟁승리', '새로운 추구'의 차이와 밀도가 결국은 강력한 브랜드 아이덴티티를 결정하는 결정적인 요소로 작동되어 소비자의 행동을 결정할 것이다.

3. 고흐[5] 의 힘, 그리고 응답한 관객

뮤지컬 〈빈센트 반 고흐〉는 약 2년 여의 제작 기간을 거쳐 2014년 첫 무대를 선보였다. 주요 언론 매체에서는 공연장으로 들어간 고흐와 영상 기술의 새로운 체험을 일제히 소개하며 비중있게 조명하였다. 관객들 역시 체험의 자극을 통해 전달되는 내면의 울림을 공유하였고, 그 결과 뮤지컬 〈빈센트 반 고흐〉는 2014년 초연 이후, 공연 포털사이트 스테이지톡이 주최한 관객이 후보를 선정하고 수상자를 결정하는 '관객이 뽑은 2015 최고의 창작뮤지컬상'을 수상하는 등 스테디셀러 작품으로 안착하였다. 서울 공연을 시작으로 전국투어 공연을 진행하였으며, 최근 5주년 공연이 성황리에 막을 내렸다.

관객들의 응답은 공연 관람을 넘어 다양한 방식으로 파생되었는데, 대표적으로 공연의 감동과 여운을 간직하려는 MD 소비의 파생이 일어났다. "하나의 공연이 끝날 때마다 OST, CD, 대본집, 악보집, 파우치, 배지, 책갈피, 유리컵 등의 굿즈 상품이 고객의 마음을 사로잡았다. 심지어 굿즈를 사기 위해 같은 공연을 세 번, 네 번 반복해서 관람하는 이들도 많았다. 공연과 관련된 개성 있는 굿즈를 구매함으로써 관람의 기억을 유형의 형태로 저장할 수 있기 때문이다. 잘 만든 굿즈는 공연에 대한 가심비[6] 까지 높여 매출 상승과 직결되기도 한다. 실제로 예스24 공연사업팀

---

5) 고흐의 풀네임은 빈센트 빌럼 반 고흐(Vincent Willem van Gogh)이지만 국내에서 일상적으로 사용되어지는 고흐로 표기

6) 가격 대비 성능을 뜻하는 가성비(價性比)에 마음 심(心)을 더한 것으로 가성비는 물론이고 심리적인 만족감까지 중시하는 소비 형태를 일컫는다. 가성비의 경우 가격이 싼 것을 고르는 경우가 많지만 가심비의 경우 조금 비싸더라도 자신을 위한 것을 구매한다. 한편, 가심비는 서울대 소비트렌드분석센터가 전망한 2018년 소비 트렌드 중 하나로 선정됐다. 네이버 지식백과 https://terms.naver.com/entry.nhn?docId=4394968&cid=43667&categoryId=43667

의 조사 결과, 예매 고객에게 굿즈를 배포한다고 알리고 전후 티켓 판매량을 비교해보니 뮤지컬 〈빈센트 반 고흐〉의 경우 199% 늘었다고 한다. 굿즈를 무료로 증정하는 것도 아니고 별도의 비용을 지불 하고 구매하는 것인데도 불구하고 뮤지컬 관람의 유인이 될 만큼 높은 가심비 효과를 불러일으킨 것이다."3라고 트렌드 코리아 2019에서 고흐의 사례를 소개하기도 하였다.

한편, 우리가 전혀 예상치 못한 '고흐 앓이'라는 팬덤 문화의 소비가 파생되기도 하였다. 공연에 강한 울림을 받은 관객들이 고흐의 흔적을 찾아 고흐와 테오 형제가 함께 잠들어 있는 프랑스 오베르 쉬르 우아즈 Auvers-Sur-Oise의 무덤가7)를 찾아가거나, 고흐의 그림이 전시되어 있는 뮤지엄을 직접 찾아가는 등의 여행으로까지 확장되었다.

이러한 소비의 파생은 중국, 일본으로 뮤지컬 라이선스를 수출하는 성과로 이어졌으며 본격적인 해외 시장 진출의 마중물이 되어 관객층을 넓혀가고 있다. 이외에도 고흐와 관련된 콘텐츠 도서, 영화, 전시, 카페 등의 소비로 그 범위가 확장되어 가고 있으며 기존 뮤지컬 관객층을 넘어 고흐를 좋아하는 새로운 관객들의 유입으로 공연은 강력한 브랜드 아이덴티티를 구축해 나갈 수 있게 되었다.

지금까지 공급이 넘쳐나는 뮤지컬 시장에서 소비자의 선택을 받기 위해서는 차별화된 가치로 관객들을 자극해야 한다는 것을 한스 게오르크 호이젤 박사의 림빅 시스템 Limbic System을 통해 알아보았으며, 공연을 통

---

7) 고흐는 예상치 못한 자살로 생을 마감한다. 형의 죽음에 충격을 받은 테오 역시 6개월 뒤에 죽는다. 사인은 "마비 증세를 동반한 정신질환·유전·만성질환·과로·슬픔"이었다. 형제간의 우애를 누구보다 잘 알고 있던 테오의 부인 요한나는 테오의 무덤을 형의 무덤이 있는 오베르로 이장해 나란히 쉬게 했다. 중앙선데이, https://news.joins.com/article/6976121, 2019.5.

한 자극이 또 다른 소비로 파생되고 있는 고흐의 힘과 그에 응답한 관객들에 대해 살펴보았다. 다음 장에서는 빈센트 반 고흐를 뮤지컬 제작으로 이끈 '나를 전율하게 만든 고흐'에 대해 나눠보고자 한다.

Ⅲ. 빈센트 반 고흐가 뮤지컬로 들어간 이유

1. 나를 전율하게 만든 고흐, 나는 네가 알고 싶다

2012년 여름 '빈센트 반 고흐' 전시가 한창일 무렵 새로운 뮤지컬 작품을 준비 중이었다. 하지만 계획 중이었던 작품에 콘셉트 문제가 발생하여 급하게 새로운 작품이 필요한 상황에 놓였다. 새로운 관객 체험을 목표로 했기에 소재를 찾기에는 물리적 시간이나 상황이 절망적이었다. 조사와 회의를 거듭해보아도 영감을 주는 작품을 찾지 못해 답보 상태에 빠져있을 때 사무실 한편에 놓인 고흐의 도록이 눈에 들어왔다. 적어도 그때까지는 고흐에 관심이 전혀 없었다. 아니 생각조차 하지 않았다는 것이 정확한 표현이다. 그래서 도록을 쳐다만 보고 펼쳐보지도 않았다.

다시 컴퓨터 온라인 검색창에 이런저런 단어를 조합해가며 작품을 찾고 있을 때 무의식적으로 고흐를 검색하게 되었는데 고흐가 동생 테오와 주고받은 편지가 있었다는 스토리가 눈에 들어왔다. 두 사람이 주고받은 편지 900통, 그 안에 담긴 고흐의 삶은 우리가 알고 있었던 예술적 광기에 빠진 비운의 천재가 아니었다. 기존 화풍의 형식과 구도에 얽매이지 않고 캔버스가 담고 있는 생명력을 전해주는 화가, 단순한 기술만을 담아내는 것이 아닌 인간의 영혼을 담아내려고 했던 화가, 누구보다도 자신의 그림이 많은 사람에게 사랑받기를 간절히 원했던 그림을 사랑한 화가로 영원한 후원자 동생 테오에게 자랑스러운 형이, 또 누군가의 애인이 되고 남편이 되고 아빠가 되고 싶었던 우리와 다르지 않았던 그저 평범한 한 인간의 삶을 살있던 화가4였다.

"그래, 위로, 이들의 슬픔, 고뇌, 좌절, 이 모든 것들이 느껴져
형의 그림엔 그런 진심이 담겨 있다고! 진심은 사람을 감동하게 하잖아."
형, 우리 그림을 그려보는 건 어때? 못할 게 뭐 있어! 내가 도울게
우리, 우리 그림을 그려보자!

<1장. 그림의 시작 중 테오 대사>8)

동생 테오와 주고받은 편지에 담긴 그의 삶은 우리를 뜨거운 전율로 자극했다. 그 전율은 테오가 고흐의 편지에 그려진 그림에서 느낀 '이 모든 것들'이었다. 고흐의 삶과 그림은 테오에게는 화가로, 우리에게는 뮤지컬로 절대적 동기를 만들어 냈다.

2. 고흐와 관객, 무대에서 만나다

고독과 광기로 가득 찬 화가, 결국 자신의 귀마저 자르고 자살을 선택한 화가 빈센트 반 고흐는 살아생전 900점이 넘는 작품을 완성했지만 단 한 점의 그림만이 팔렸다. 그러나 '비운의 화가'의 대명사로 불리는 그가 생

---

8) 뮤지컬 <빈센트 반 고흐>는 형 고흐와 동생 테오가 주고받았던 900여 통의 편지를 바탕으로 제작. 인간의 영혼을 구원하는 전도사의 길을 가려 했지만 거부당해 좌절하고 있는 고흐에게 동생 테오가 편지들 속에 그려진 형 고흐의 그림을 보고 그림을 그리는 화가의 길을 권유하는 극 중 대사.

을 마감한 이후 지금은 세계인이 가장 사랑하는 화가로 시간이 흐를수록 더 다양한 변주를 통해 가치를 인정받고 있다. 이렇듯 그의 삶은 아이러니의 연속을 넘어 운명의 잔혹감을 느끼게 한다. 지금은 왜 이토록 많은 사람에게 사랑을 받는 화가가 된 것일까? 왜 당시에는 제대로 된 평가를 받지 못했을까? 예술의 가치는 누가 정하는 것인가? 수없이 많은 질문의 답을 찾고 싶은 강력한 동기가 작동되었고 우린 그가 남긴 그림과 삶의 여정을 따라가 보았다. 신이 미래의 사람들을 위해 자신을 화가로 만든 것 같다고 생각한 빈센트 반 고흐는, "나는 그림 속에서 음악처럼 인간을 위로해 주는 뭔가를 말하고 싶어"라는 말을 남겼다. 그림으로 말을 걸고 그림으로 사람들의 영혼을 위로하고 격려하고 싶다던 그의 진심이 발현된 대표적인 그림을 함께 살펴보고자 한다.

<그림 1> 꽃 피는 아몬드 나무

출처 : 반 고흐 뮤지엄
https://www.vangoghmuseum.nl/en/search/collection?q=&pagesize=63

〈그림 1〉은 그의 유작 「꽃 피는 아몬드 나무」9) 이다. 1890년, 「꽃 피는 아몬드 나무」가 그려진 해에 동생 테오의 아이가 태어났고 고흐는 기쁨을 나누며 이렇게 편지를 썼다고 한다. "오늘 네가 마침내 아버지가 되었다는 좋은 소식을 들었다. 말로 표현할 수 없을 만큼 즐겁고 기쁘구나" 그리고 조카의 방에 걸어둘 「꽃 피는 아몬드 나무」를 그리기 시작했다는 것이다. 자신의 이름 딴 조카에게, 그리고 영원한 후원자 동생 테오에게 고흐는 그림으로 자신의 한 없는 감사와 사랑을 담아 전달한 것이다.

뮤지컬 〈빈센트 반 고흐〉 최유선 작가는 기자 간담회에서 "기존 뮤지컬과 달리 드라마적이거나 기승전결이 있지 않다. 천재 화가를 보여 주는 것이 아니라 꿈을 위해 치열하게 산 인간을 보여 주는 작품이다. 그가 그림에 쏟은 열정과 인정받기 위해 부단히 노력한 인간다운 모습이 우리와 다르지 않다고 생각한다."라고 집필 의도를 밝혔다. 고흐가 불운의 화가가 아닌 그림을 사랑했고 그로 인해 행복했던 한 인간임을 다른 작품을 만들고자 하였으며, 현시대를 살아가는 우리에게 잃어버린, 혹은 지워버린 감성을 다시 되살려 주는 강력한 원동력이 될 것이라 확신했다. 선우정아 작곡가는 "형제들이 주고받은 편지를 읽으며, 그가 제가 알고 있던 선입견으로 싸여 있던 화가가 아니라 기타 하나 들고 음악을 즐기던 모습으로 상상되었다."며 작곡을 하는 내내 고흐가 옆에서 기타를 치면서 자신의 이야기를 들려준다는 상상을 하며 곡을 완성했다고 말했다. 김규종 연출은 그림을 통해 교감하고 싶었던 고흐의 바람과, 그의 진실한 삶을 관객

---

9) 1890년도 작품, oil on canvas, 73.3 cm x 92.4 cm, 새로운 삶의 상징으로 만들었다. 반 고흐는 그림의 주제, 두꺼운 윤곽선, 그리고 그림 속에서 나무의 구도 등을 일본 판화에서 차용했다.

들에게 올곧이 전달하기 위하여 지금까지 무대에서 시도해보지 않았던 영상을 제3의 배우라는 새로운 무대 언어로 창조하며 다양한 영상 기술을 과감하게 사용하는 연출을 선보였다. 110분의 런타임 동안 무대 위에 살아 있는 영상은 배우들과 호흡하며, 음악, 노래, 소품, 조명 등과 하나로 이루어져 관객들에게 최고의 체험을 제공하였다. 실제 실현되었던 공연 중 한 장면을 통해 구체적으로 설명해본다면 다음과 같다.

테오! 내 동생!
나를 나로 살게 해준(믿어준)
영원한(영원한) 나의(나의) 지원군

빈센트, 그림을 가리키며

테오야, 선물이다!

*아몬드 나무 꽃잎이 객석 앞으로 아름답게 흩날린다. 테오, 감동한다.
그때 문이 열리면 빈센트, 아이 안는 시늉*

내 이름을 딴 나의 조카
빈센트 반 고흐
형의 이름을 딴 나의 아들
빈센트 반 고흐

조카이자 아들을 애틋하게 바라보며 노래하는 형제

너에게 주는 내 그림 내 선물
삼촌이 주는 그림 널 위한 선물
행복하게 살아 건강하게 자라
좋은 것만 보고 좋은 것만 느끼고

<뮤지컬 넘버, 부치지 못한 편지 중 고흐 가사>

<그림 2> 뮤지컬 <빈센트 반 고흐> 중 에필로그 장면 10)

　뮤지컬 넘버 '부치지 못한 편지'와 <그림 2>의 에필로그는 고흐의 진심을 극대화하기 위하여 연기, 대사, 노래, 영상이 일체를 이룬 공연의 한 장면이다. 고흐가 동생 테오에게 미처 다 말하지 못했던 감사와 사랑을 전달하기 위해 영상 기술은 가상현실로 고흐와 동생 테오를 무대 위에서 재회시켰다. 테오에 대한 고마움과 조카에 대한 사랑을 담아 그렸던 「꽃 피는 아몬드 나무」는 그 순간 제3의 배우로 살아 움직여 꽃을 피우고, 꽃잎을 무대 가득 휘날리는 환희의 순간을 두 형제에게 선물했다. 무대의 가상현실과 객석의 현실 세계는 고흐의 진심과 맞닿는 순간 감탄과

---

10) 공연의 마지막 에필로그 뮤지컬 넘버 <부치지 못한 편지> 장면, 자신의 영원한 후원자 동생 테오에게 고흐가 보내는 그림 선물로 고흐가 "테오야! 선물이다."의 대사 큐로 꽃잎이 피어오른다.

환호, 눈물의 상호작용이 일어났으며 관객들에게 지금껏 체험해보지 못한 새로운 경험을 제공하였다. 이를 통해 공연을 관람한 관객들의 기억은 비극적 삶을 마감한 고흐가 아닌 자신의 그림으로 가득 찬 전시회장에서 다정하게 동생 테오와 기념사진을 찍으며 환하게 웃고 있는 고흐와 아름다운 두 형제의 모습으로 변화될 것이다.

<그림 3> 뮤지컬 <빈센트 반 고흐> 중 마지막 장면

"나는 떠나지만 그림만은 남아서 누군가와 얼굴을 마주하고
다정하게 말을 걸 거야."

Ⅳ. 무대는 하얀 캔버스, 그 캔버스를 물들인 영상

살아 숨 쉬는 배우들이 들려주는 사람의 이야기는 관객과의 동시성으로 연결되며 올곧게 전달하는 진정성은 타 장르에서는 느낄 수 없는 공연만의 차별화된 가치이다. 특히 공연 장르 중 뮤지컬은 종합예술(춤, 노래, 연기, 무대, 의상 등)로 대중들이 더욱 쉽게 다가갈 수 있는 대중성을 담보한다. 하지만 이러한 특성과 기존의 무대 언어만으로는 관객들을 공연장으로 불러들일 절대 동기가 부족했다. 약 1년이 넘는 기획 회의와 대본 수정을 통해 고흐의 기억과 열정, 신념과 영혼이 담긴 그림에 투영된 고흐의 진심이 절대적 가치로 관객들에 전달되어야 한다는 결론을 내렸다. 우리는 무대 위 모든 것들을 고흐의 것으로만, 고흐의 시각과 기억으로만 채워나갔다. 이에 배윤경 무대 디자이너와 고주원 영상감독은 커다란 빈 캔버스 위에 고흐의 이야기들로만 가득 채워가는 무대를 만들기 위해 가로 22m, 세로 5m의 대형벽면에 프로젝션 맵핑 기술을 사용했다. 단순히 스크린에 투사되는 형태가 아닌 실재하는 공간에 살아 있는 움직임을 구현해 냈으며 무대와 영상은 구현을 넘어 가상현실의 세계로 확장되어 관람객들에게 고흐의 치열했던 삶 속으로 들어가 그가 그토록 그림을 통해 말하고 싶었던 진심을 직접 느껴볼 수 있는 체험의 무대를 선사했다.

> 세상은 그야말로 전시회
> 강력하게 살아 움직이는 그 힘
> 이를 캔버스에 담아내는 것이야말로
> 나의 온전한 행복, 행복
>
> <뮤지컬 넘버, '나를 행복하게 하는 것들' 중 빈센트, 테오 가사>

실제 공연 중 사용되었던 영상 기술과 그에 관련된 고주원 영상감독의 작업 노트를 간략하게 소개하고자 한다. 고주원 영상감독은 우리가 알고 있는 고흐가 만든 진짜 고흐의 것과 허구적 상상력이 더해진 고흐의 것으로 유추되는 것 사이의 교묘한 접합지점을 모색했다. 우리가 익히 알고 있는 원화에 덧대어 부분적으로 가공된 이미지라 할지라도 그 어느 것도 진짜 고흐의 것이 아닌 게 없어야만 한다는 것을 목표로 하였다. 이를 실현하기 위해 영상 기술을 기능적으로만 사용하는 것에 그치지 않고 개연성과 정당성을 갖춘 살아 있는 배우로 무대 위에 데뷔시켰다.

1. Multi-Channel Projection : 4 Channel Projection

뮤지컬 빈센트 반 고흐에서는 각기 4개의 분할된 영상영역을 4대의 프로젝터를 통해 하나의 영상으로 통합하여 때에 따라 단독 영역으로 혹은 통합영역으로 활용하여 무대의 광활함을 영상으로 표현하는 기법을 사용하였으며 무대 바닥까지 활용하여 일상의 스크린을 뛰어넘는 공간 창출을 시도했다. 고흐의 주요 삶은 가상현실로 몰입하게 하여 마치 그의 삶이 지금 동시대에 존재하고 있는 것처럼 연출하였다. 2D 평면 그림이 3D 공간에서 입체적으로 살아나고, 수많은 액자 프레임들은 공연 속에 사용된 고흐의 그림과 편지들로, 영상은 고흐의 붓이 되어 무대를 터치하며 장면을 완성해 나갔다.

<그림 4> 무대 시안과 프로젝션 맵핑 된 무대 사진

2. Object Mapping

　오브제 맵핑은 영상을 벽이나 바닥 등의 평면 공간이 아닌 실제 입체감이 있는 물체에 투사하여 정밀도를 극대화하는 방법으로 공연에서는 공간의 이동을 표현하기 위해 움직이는 가방에 기차의 연기와 차창 너머의 자연경관을 투사하거나 고흐 방안의 의자, 탁자, 침대, 옷장 등에 정밀하게 맵핑하는 방식 등이 활용되었다. 맵핑과 더불어 벽면과의 연동으로 그림 속의 배경 공간이 실제 무대로 확장된 듯한 착시를 일으키기도 했다.

<그림 5> 고흐의 방, 모델링 작업과 공연 중 재현된 장면[11]

특히 고흐의 방은 영상으로 가상공간을 만드는 방식이 아닌 실제 고흐의 방 원화에 등장하는 가구와 동일하게 재현된 대도구가 무대에 배치되고, 그 대도구 위에 정밀하게 프로젝션 맵핑된 이미지를 투사해 실제 존재하는 고흐의 방을 구현하고자 했다. 이를 위해 고흐의 방 원화에서 각각의 유화적 질감 및 색채를 그대로 추출하여 무대 소품의 위치와 각도에 맞게 재제작 하였으며, 고흐가 고갱을 맞이하기 위해 방을 단장하는 장면에 활용되었다.

3. 3D 애니메이션

2D인 고흐의 그림은 영상 효과를 위해 대부분 3D로 재작업하였다. 그림 속 인물들은 생명이 부여된 제3의 배우로 살아 움직이고, 배경 또한 실

---

[11] 무대 위 고흐의 방은 원작의 그림 형태와 다른 개방형 각도를 가지고 있다. 현실감을 극대화 시키기 위해 침대는 벽면을 따라 다소 작고 비스듬히 놓았고, 벽면을 기준으로 한 영상에 정밀성을 더하기 위해 의자와 탁자도 벽에 붙여 영상과 일체화시키는 데 힘을 쏟았다. 이 과정에서 본 무대의 도면에 정확히 맞는 3D 공간을 그대로 재현해 프로젝터 빛의 각도와 일치시켰다.

제 일상의 풍경과 같이 계속 움직인다. 고흐의 그림이 가진 생동감이 이러한 효과와 성공적으로 맞아 떨어졌다. 고흐가 실제로 걸어 다녔던 클로제 거리와 자주 이용했던 아를의 포룸 광장의 카페 테라스 등 고흐의 주요 작품을 대거 활용해 새로운 3차원 공간으로 재구성했다.

<그림 6> 뮤지컬 <빈센트 반 고흐> 중 그림의 완성 장면[12]

「까마귀가 나는 밀밭」이나 「꽃 피는 아몬드 나무」의 경우 실제 원화의 3:2 혹은 4:3에 해당하는 비율이 무대에 턱없이 부족한 상황이라 양옆

---

[12] 관객들이 고흐의 마지막 순간을 함께 지켜보고 있다는 몰입감을 극대화하기 위하여 완성된 그림이 아닌 고흐가 빈 캔버스에 그림을 그려나간다. 그림이 완성되고 고흐는 마지막 방아쇠를 당기고 총소리에 놀란 까마귀들이 관객들의 눈앞으로 날아든다. 관객들은 실제의 순간으로 체험한다.

으로 모자란 영역을 원본 그림에 가까운 톤으로 새롭게 창조했다. 이러한 무대 전면을 가득 채운 영상들은 까마귀가 날거나 꽃잎을 날릴 때 바닥의 그림자 효과를 이용해 마치 객석으로 날아오듯 움직임을 부여해 본래 그림에 존재하지 않은 입체효과를 통한 생명력을 극대화했다.

4. Interactive Media / 실사와 CG의 합성

<그림 7> 뮤지컬 <빈센트 반 고흐> 중 가족의 수치[13]

배우의 움직임과 음악에 따라 실시간으로 변화하는 영상기법으로, 뮤지컬 <빈센트 반 고흐> 공연에서는 2명의 배우가 일인다역을 소화해내는

---

13) 고흐는 거리에서 만난 시엔과 결혼하겠다고 테오에게 말한다. 긴 정적 후 테오의 그림자가 아버지로 분하며 일어난다. 아버지 등장에 놀라는 고흐, 아버지의 그림자가 점점 커지면서 고흐를 덮칠 듯 다가온다. 고흐는 움츠러든다.

만큼 캐릭터의 변화를 하나의 무대에서 실현해야 했으며, 그 방법의 하나로 테오의 그림자가 고흐의 아버지로 분하는 장면을 영상으로 표현하고, 그 그림자와 고흐가 실제 대화를 하여 가상의 영상과 현실과의 접점을 추구했다. 영상의 크기 차이만으로 고흐의 내면과 감정 상태를 전달하는 효과적인 수단으로 사용되었다. 사전 촬영한 배우의 그림자에 CG를 입히고 무대 위에 크게 투사하는 방식을 활용했다. 영상을 통해 배우와 별개로 움직이는 그림자를 만들어 냄으로써 마치 마술처럼 보이도록 했다.

V. 나가며

지금까지 빈센트 반 고흐가 미술관을 나와 공연장으로 들어간 제작 사례와 관객들의 응답에 대한 경험을 소개하였다. 콘텐츠 제작에 앞서 중요한 것은 관객들에게 차별화된 가치를 명확하게 제시하여 강력한 브랜드 아이덴티티Brand Identity를 구축해 나아가야 한다는 것이다. 한스 게오르크 호이젤 박사는 림빅 시스템을 소개하며 '균형', '지배', '자극'의 3가지 절대 동기가 충족된 콘텐츠 경험을 소비자에게 제시할 때 소비자는 행동을 결정한다고 설명했다. 그중에 우리가 가장 중요하게 생각해야 하는 것은 창작과도 연결된 새로운 추구를 통한 '자극'이며 차별화된 새로운 경험은 소비자들에게 또 다른 자극으로 소비의 파생을 일으킨다는 것이다.

고흐의 그림과 삶의 여정을 따라갔던 일련의 제작 과정 중에서 우리에게 가장 어려웠던 숙제는 인간의 영혼을 담아낸 예술의 영역을 기술적으로 재현한 체험이 관객들을 위로할 수 있는가였다. 영상 기술로 재현되는 고흐의 그림을 관객들이 과연 진정성 있게 받아들일 수 있을지 걱정이 앞서기도 했다. 사실 이 고민은 공연을 올려보기 전까지는 누구도 정답을 제시할 수 없는 문제였다. 고흐의 바람에 담긴 '진심'을 어떻게 관객들에게 올곧이 전달할 수 있을까? 이 질문이 우리가 영상을 제3의 배우로 데뷔시킨 이유이자 뮤지컬 〈빈센트 반 고흐〉를 제작한 목적이기도 했다. 뮤지컬 〈빈센트 반 고흐〉 공연을 본 관객은 그 이전과는 분명 다른 각자의 방식으로 고흐와 교감하고 위로를 느낄 것으로 생각한다. 최소한 공연을 관람한 관객들의 기억은 비극적 삶을 마감한 고흐가 아닌 자신의 그림으로 가득 찬 전시회장에서 다정하게 동생 테오와 기념사진을 찍으며 환하게 웃고 있는 고흐와 아름다운 두 형제의 모습으로 변화될 것이다.

뮤지컬 〈오페라의 유령〉의 성공 이후 비약적으로 성장한 국내 뮤지컬 시장은 콘텐츠 공급과잉과 티켓 가격 상승 등으로 침체기에 들어섰다. 코로나바이러스 감염증으로 인한 언택트 시대에 절대적인 경쟁력을 갖춘 OTT서비스, 게임 등 다양한 콘텐츠들과도 이젠 경쟁해야 하기에 앞으로 국내 뮤지컬 시장은 경쟁이 아닌 차별화를 통한 생존으로 더욱더 치열해질 것이다.

차별화의 영역은 창작의 힘으로 귀결될 수 있을 것이며 지금 사회에 유효한 메시지를 전달할 수 있는 장르적 기획이 이루어져야 할 것이다. 결국, 우리에게 중요한 것은 높아지는 관객들의 절대 동기를 움직일 새로운 가치, 자극을 통한 새로운 경험을 제공해야 한다는 것이다.

수많은 뮤지컬 중 관객은 왜 우리 작품을 보러와야 하는가? 단순히 체험의 질을 높이기 위한 기술이 아닌, 인간의 영혼을 담아내는 예술가들의 삶의 기술을 통해 우리 안의 숨겨진 열정을 되살리는 작업을 지속해 나가고자 한다. 그것이 우리가 존재해야 하는 이유이기 때문이다. 앞으로 살아 숨 쉬는 무대 위에서 펼쳐질 영상 기술과 공연의 결합이 어떤 변화와 자극을 선보일지 기대된다.

---

*저자 한승원은 뮤지컬 <빈센트 반 고흐>의 제작자이다. - 편집자 주

1 이정화, 정가은, 국내 뮤지컬 산업의 발전현황과 변화, 문화산업연구, 제 13권 4호, 2013
2 조현준, 『왜 팔리는가?(뇌과학이 알려주는 소비자 행동의 3가지 비밀)』, 아템포, 2017, 178~179쪽.
3 김난도, 『트렌드 코리아 2019』, 미래의 창, 2019, 73~74쪽.
4 최유선 작, 『뮤지컬 빈센트 반고흐 대본집』, HJ컬쳐, 2020, 37쪽

참고문헌

· 조현준, 『왜 팔리는가?(뇌과학이 알려주는 소비자 행동의 3가지 비밀)』, 아템포, 2017
· 김난도, 『트렌드 코리아 2019』, 미래의 창, 2019
· B.조지프 파인 2세, 제임스 H. 길모어 지음, 김미옥 옮김, 『체험의 경제학』, 21세기북스, 2010
· 바라트 아난드 지음, 김인수 옮김, 『콘텐츠의 미래』, 리더스북, 2019 이상섭 역
· 조이 프라드블래너, 에런 M, 글레이저 지음, 윤영호 옮김, 『슈퍼팬덤』, 세종연구원, 2018
· 최유선 작, 『뮤지컬 빈센트 반고흐 대본집』, HJ컬쳐, 2020

칸을 벗은 만화, 종이를 버린 소설

김 상 남*

> I. 들어가며
>
> II. 칸을 벗은 만화, 종이를 버린 소설
>
> III. 먼치킨과 절륜남 사이
>
> IV. 누가 쓰느냐, 누가 읽느냐 : 브랜드와 빅데이터
>
> V. 나가며

김 상 남*

- 동국대 문예창작학과/컴퓨터공학과 졸업
- 동국대 영상대학원 문화콘텐츠학과 영상시나리오 전공 석사
- 동국대 영상대학원 박사 수료

칸을 벗은 만화, 종이를 버린 소설

Ⅰ. 들어가며

 인류의 역사는 곧 이야기의 역사라 해도 과언이 아니다. 이야기는 인류가 정보를 전해주는 가장 원초적인 방식이다. 문자가 발명되기 이전에는 구술로 자신의 이야기를 전했으며 그림이라는 방식을 통해 의미가 고정되기 시작했다. 구술과 그림으로 전해지던 이야기는 문자의 발명을 통해 역사, 서사시, 시의 형태로 종이에 기록되었다. 그림 역시 글자와 결합하여 카툰, 만화 등의 이름으로 이야기를 전하는 한 형태로 발전했다.

 고대의 파피루스를 지나 구텐베르크의 금속활자를 통해 대량으로 인쇄가 가능해지면서 종이는 모든 지식과 정보를 담는 가장 기본적인 매체가 되었다. 전기의 발명과 함께 전파가 생겨나고 그를 통해 라디오와 텔레비전이라는 새로운 매체가 생겨났을 때도 종이는 지식을 담은 강력한 매개체였다. 여전히 그림과 글자는 종이에 고정되었고 새롭게 생겨난 정보

전달 형태인 전파는 음성과 영상이라는 형식을 통해 각자의 매체로 확고히 자리 잡게 되었다. 바로 매스미디어, 다양한 매체의 시대였다.

하나의 형식이 하나의 매체로 고정된 게 당연하게 여겨지던 어느 날, 형체가 없는 웹이 등장하게 된다. 웹의 등장으로 기존의 매체는 많은 혁명과 같은 변화를 겪게 된다. 신문과 잡지가 종이를 벗어나 웹의 바다로 뛰어들더니 이젠 방송과 라디오가 전파가 아닌 통신을 통해 전달되기 시작했다. 고유의 영역을 가지고 있던 매체가 웹이라는 새로운 세상에서 다른 전달방식과 결합했다. 글자와 이미지, 소리는 모두 데이터라는 눈에 보이지 않는 신호로 치환되고 다시 재구성된다. 이러한 현상을 재매개라 부른다. 재매개란 하나의 미디어가 내용과 형식 차원에서 다른 미디어의 테크놀로지, 표현방식, 사회적 관습 등을 답습하거나 개선improve, 개조 remedy하여 자신의 것으로 만드는 것[1]으로 쉽게 말하면 만화가 인터넷과 결합하여 웹툰이라는 새로운 형식으로 재탄생한 것처럼 말이다.

매체가 결합하고 융합하면서 우리가 이야기를 접하는 방식도 변화했다. 인터넷이 일상화되기 전엔 우리에겐 소설과 만화는 글자나 그림으로 표현되어 종이에 인쇄된 것들이었다. 그러나 인터넷의 등장은 종이의 자리를 위협하기 시작했다. 어느 순간부터 종이는 사라지고 딱딱한 디스플레이와 용량의 한계를 뛰어넘은 서버Server를 통해 이야기를 접하게 되었다. 여전히 종이를 이용한 출판이 이뤄지고 있지만 점점 더 많은 사람들이 인터넷을 이용하여 이야기를 즐기면서 문화의 주도권 역시 바뀌게 되었다. 대체 어떻게, 그들은 문화를 이끌게 되었나. 그를 알아보기 위해 먼저 웹콘텐츠의 시작과 산업의 변화에 대해 알아보고자 한다.

Ⅱ. 칸을 벗은 만화, 종이를 버린 소설

1. 칸을 벗은 만화, 스크롤로 다시 살아나다.

우리나라에서 만화의 시작은 1909년 6월 2일 발행된 《대한민보》에 실린 시사 단평 만화로 볼 수 있다. 신문에서 잡지의 시대를 거쳐 단행본으로 출간되며 문화의 한 영역을 차지하면서도 변하지 않는 것은 만화의 칸 영역이었다. 만화에 있어서 칸은 내용을 나누는 기본 단위이자 그 자체로 정체성이었다. 그러나 그 정체성이 인터넷을 만나면서 커다란 변동을 맞이하게 되었다.

웹툰이 나타나기 전까지 만화의 포괄적 정의는 "스토리를 가지고 있는 연속적인 그림과 글"[2]이며 "수용자에게 정보를 전달하거나 미학적 반응을 일으키기 위하여, 의도된 순서로 병렬된 그림 및 기타 형상들"[3]이다. 소설이 문장으로, 영화가 '컷'으로 내용을 전달한다면 만화는 '칸'이라는 단위를 통해 내용이 분리되고 연결된다. 그리고 칸들이 모인 장, 즉 페이지가 또 다른 이야기 덩어리로 작용한다. 독자는 한 페이지 혹은 한 공간에 펼쳐진 두 쪽의 이미지를 통해 이야기의 흐름을 파악하게 된다. 하지만 만화의 형식이 인터넷으로 넘어오게 되면서 전통적인 칸과 페이지의 개념이 흔들리게 된다. 웹툰은 웹페이지를 기반으로 하기에 기존 만화의 페이지 형식이 아닌 스크롤 형식을 따를 수밖에 없었다.[4] 이러한 형식이 웹툰의 형식으로 이어지게 된 것이다.

만화의 내용이 칸으로 이뤄진 페이지가 아닌 스크롤에 따라 내용이 전개되며 읽는 방향 역시 가로가 아닌 세로의 형태로 변화했다. 스크롤을 통해 전개되는 웹툰은 칸과 페이지를 통해 규격화된 출판만화와 다른 특징을 보인다. 전통적인 만화가 칸에 의해 분할된 면이 좌에서 우로 또는 우에서 좌로 칸을 배열하여 시간의 흐름을 표현하고 페이지 역시 우에서 좌로 또는 좌에서 우로 이어지는 시간의 연속성을 가진 반면 웹둔에서는 칸과 칸이 세로로 연결되면서 시간의 개념이 스크롤을 통해 개입되었다. 또한 칸의 경계가 지면의 구속을 받지 않아 시간을 연속적으로 표현하는 것이 가능해졌고, 페이드 인과 페이드 아웃 같은 영화적 표현 방식을 사용할 수 있게 되었다. 만화가 칸이라는 형식을 국한되지 않고 다양한 방식과 결합하면서 더욱 다양한 형식을 입을 수 있게 된 것이다. 앞서 설명한 스크롤 뿐 아니라 컷 자체가 하나의 페이지로 읽히는 컷툰, 애니메이션과의 결합, BGM 등을 통해 칸이라는 제약을 벗은 그림은 간결해지거나 복잡해졌고 더욱 다양한 소재와 창작자들을 품을 수 있게 되었다. 그러나 이러한 변화가 하루아침에 생겨난 것은 아니다.

90년대 후반, 초고속 인터넷의 보급과 인쇄만화 시장의 불황이라는 환경 속에서 가장 먼저 변화를 시도한 것은 만화가들이었다. 1세대 웹투니스트라 불릴 수 있는 〈스노우 캣〉 등의 작가들은 자신의 일상을 일러스터로 표현하며 개인 블로그에 공유하기 시작했다. 당시 주류였던 일반 출판시장에 편입하지 못한 신생 작가들이 인터넷으로 자신의 작품을 올리면서 잡지나 출판 같은 일반 매체가 아닌 인터넷을 통해 대중과 직접적으로 소통하게 된 것이다. 어떻게 보면 웹툰은 침체 되어가던 만화출판의 새로운 시장 확장이라 볼 수 있다.

본격적으로 웹툰의 시장이 형성된 것은 2003년, 네이버와 다음 등 대형포털에서 트래픽 확보용으로 '웹툰'이라는 서비스를 시작하면서이다.

기존의 출판만화와 달리 무료로 제공되는 서비스에 소비자는 부담 없이 접근하였고 스낵 컬쳐1)를 형성하였다. 이후 단순 트래픽 증가를 위한 무료 서비스에서 요일제 연재 시스템, 미리보기 유료화, 웹툰 간접광고PPL : product placement advertisement의 약자, 지식재산권 IP : Intellectual Property Right의 약자 비즈니스 등 새로운 수익 모델을 도입하며 수익을 창출하는 하나의 시장으로 확대, 성장하게 되었다. 다양한 매체로의 전환으로 스낵 컬쳐였던 웹툰은 드라마·영화·게임 등 콘텐츠 산업을 이끄는 주류 문화로 자리 잡았다.

이러한 변화를 통해 우리나라 웹툰 시장은 급속도로 발전하여 2020년에는 1조원을 돌파할 것으로 전망된다. 심지어 국내 뿐 아니라 해외 시장에서도 우리나라 웹툰의 영향력이 커지고 있다. 우리나라의 웹콘텐츠 플랫폼의 대표인 네이버웹툰은 국내에서 웹툰 유료 모델과 IP 기반의 사업 다각화에 성공했고 이를 글로벌 시장에도 적용했다.

라인 웹툰과 라인 망가 등을 포함한 2019년 2분기의 유료 콘텐츠 거래액은 전년 동기 대비 81% 증가하는 등 빠르게 성장하고 있고 올 한 해 글로벌 콘텐츠 거래액은 6,000억원을 달성할 것으로 예상된다. 카카오도 웹툰이 포함된 유료 콘텐츠 사업 부문 매출이 매년 급성장하고 있다. 카카오페이지는 일본에서 모바일 콘텐츠 플랫폼 '픽코마'를 직접 서비스하고 있다. 2016년 서비스를 시작한 픽코마는 2018년 전년 대비 방문자 수가 2.2배, 매출이 2.7배 늘었다. 미국과 중국에는 웹툰 콘텐츠만 제공하는 간접적인 방식으로 서비스를 제공해 왔다. 올해부터 본격적으로 글로벌 진

---

1) 스낵컬쳐란, 시간과 장소에 구애받지 않고 즐길 수 있는 스낵처럼, 출퇴근 시간이나 점심시간 등에 10~15분 내외로 간편하게 문화생활을 즐기는 라이프스타일 또는 문화 트렌드를 말한다.

출 확대를 꾀하고 있다. 만화의 성지라고 불리던 일본에 역으로 우리의 만화가 수출되고 어느덧 주류를 형성하고 있다.

불황 속에서 살아남기 위해 웹이라는 매체로 들어온 만화는 이제 웹툰이라는 거대한 시장을 형성하고 어느 때보다 호황을 누리고 있다. 단순히 살아남았을 뿐 아니라 국내를 넘어 세계 웹콘텐츠 시장의 왕관을 노리고 있다.

<그림 1> 네이버웹툰 분기 매출

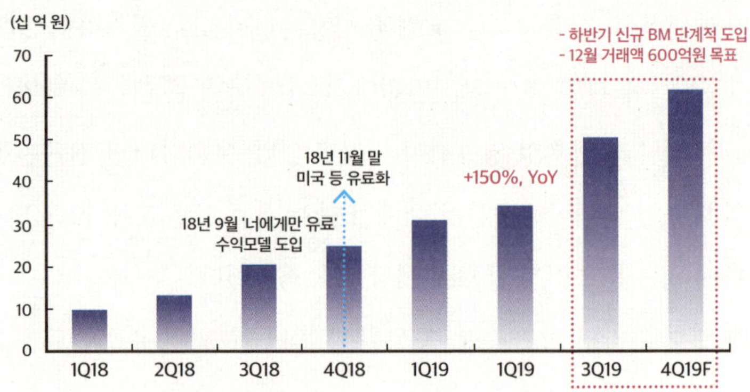

주: 위 매출액은 Sensor Tower 추정치를 참고하였으며 실제와는 차이가 있음
자료 : Sensor Tower, 미래에셋대우 리서치센터 추정

2. 종이를 버린 장르 소설, 서자의 이름을 넘다

웹툰과 마찬가지로 인터넷이라는 새로운 매체를 통해 소설 장르에도 새로운 형태가 나타나기 시작했다. 바로 인터넷 소설로 시작된 웹소설이다. 웹소설 역시 웹툰과 마찬가지로 기존의 소설이 웹이라는 매체와의 결합을 통해 생겨난 형식으로 웹에서 최초로 창작 및 유통되는 대중소설

전반을 지칭한다. 웹툰에 비해 뒤늦게 시장이 열린 웹소설은 2013년 네이버가 '웹소설'의 무료 서비스를 공식 선언하면서 대중화되기 시작되었다. 그러나 본격적인 시장만 늦었을 뿐, 등장은 웹소설이 웹툰보다 빠르다.

웹소설의 시초는 1990년대 온라인 커뮤니티에 연재되던 인터넷 소설이라 할 수 있다. 인터넷 소설은 정보통신 기술의 발달로 PC통신과 인터넷이 생활화하면서 나타난 새로운 소설의 형태로 순수문학이 아닌 장르소설 위주로 발달하기 시작했다.

인터넷 소설은 미국과 유럽에서 1990년대 초부터 시작된 하이퍼픽션과 팬픽션의 한 형식으로 자리잡기 시작하였다. 한국에서는 1990년대 중반부터 나타나기 시작해, 2000년 이후 폭발적으로 증가하였다. 주제는 공상과학소설(판타지)·무협소설·전쟁소설을 비롯해 일반 대중소설 등 다양했다.[5] 인터넷 소설이 커질 수 있었던 것은 그만큼 진입장벽이 낮았기 때문이다. 주류 만화계에 편승하지 못한 젊은 창작자들이 웹을 찾아 자신의 작품을 공유했듯이, 웹소설의 시초 역시 주류라 불리는 문학계에서 아류로 취급받던 판타지, 로맨스 등의 장르 소설이었다.

장르 소설은 '등단'이라는 작가 라이선스를 받지 못한 일반인들이 쓰는 전문성이 없는 글이라는 인식을 가지고 있었다. 등단이라는 관문을 통과해야 작가로 인정 받을 수 있는 순수문학과 달리 인터넷 소설은 키보드와 글을 올릴 수 있는 게시판만 있으면 누구나 자신의 작품을 발표할 수 있었다. 독자 역시 모니터와 글이 연재되는 사이트에 접속만 할 수 있다면 장소나 시간에 구애받지 않고 그 작품들을 공유 받을 수 있었다. 그 중엔 작품성을 인정받아 정식 출판을 거치기도 했으나 대부분의 작품들이 공유 속에서 사라졌다. 그 자체로 시장을 형성할 수 있었던 웹툰과 달리 인터넷 소설이라 불리던 소설들은 그 자체의 시장을 형성했다기보단 영화화되거나 혹은 정식 출판의 형태로 전환되어야지만 수익을 창출할 수 있었다. 즉, 그 자체의 시장이 아닌 타매체로의 전환을 통해서야 비로소 경제적 가치를 가진 콘텐츠로 인식되는 서브 콘텐츠에 불과했다.

이처럼 서브 콘텐츠로의 인식은 인터넷 소설부터 시작된 웹소설의 태생적 한계 때문이었다. 대중적이지 못한 일부 마니아들이 읽는 소설로 인식되던 장르 소설은 순수문학이라는 장자의 그늘에 가려 인정받지 못하는 서자와 같은 취급을 당해야만 했다. 이러한 인식은 인터넷 문학의 시초라 불릴 수 있는 하이텔 시대의 〈드래곤 라자〉나 〈퇴마록〉이나 2기인 귀여니의 시대에도 마찬가지였다. 여기에 아이돌 팬들이 자신들만의 문화로 만든 '팬픽'이 등장하며 인터넷 소설은 더욱 마니아층의 문화로 자리 잡게 되었다. 거기에 인터넷 소설은 일반 소설과 달리 비전문가에 의해 쉽게 쓰이고 인터넷이라는 수평적 구조에서 누구나 접근 가능하다는 인식 아래 '소유'가 아닌 '공유'재로 자리 잡게 되면서 초기 시장형성에 실패하고 된 것이다.

그러나 본격적으로 웹콘텐츠를 다루는 플랫폼이 생겨나며 서브 문화, 공유재와 같던 웹소설 시장에도 변화가 일어났다. 네이버에 의해 웹소설이 정식 서비스가 되고 스낵 컬쳐 문화의 확산, 스마트 기기의 대중화를 통해 하위문화에 머물러 있던 장르 소설이 벽장 속에서 나오게 되었다. 커뮤니티에서 연재되던 글, 음지의 문화인 팬픽으로 인식되던 인터넷 소설이 '웹소설'이라는 용어를 획득하고 플랫폼을 통해 서비스가 된지 10여년 만에 지금은 당당히 웹콘텐츠 시장의 중요한 영역을 차지하게 된다. 2018년 웹소설 시장 규모를 4000억 원으로 추산(한국콘텐츠진흥원) 할 만큼

경제적 규모가 커진 것이 가장 큰 이유이다. 2013년 100억 원 정도이던 것과 비교해 5년 만에 40배 규모로 급성장한 것이다. 2017년 시장 규모가 2,700억 원이었으니 1년 만에 150% 성장세를 기록한 셈이다. '웹소설'이라는 용어가 이처럼 짧은 시간에 보편화되었다는 사실은 웹소설에 대한 폭발적 수요가 있었다는 사실을 보여준다. 네이버 웹소설의 경우 2019년 3월 매출은 전년 동기 대비 30.4%, 독자수는 전년 대비 60% 증가했다고 밝혔다. 또 다른 웹소설 플랫폼 중에 하나인 문피아[2] 역시 2019년 매출액을 420억(2015년 매출액 100억 돌파)으로 예상하고 있으며, 2015년 30만 명인 독자수가 2019년에 이르러 90만 명으로 늘어났다고 한다.[6]

웹소설의 수요 증가는 자연스럽게 웹소설의 창작을 산업적 측면에서 장려하게 되었다. 네이버는 2019년 5월부터 9월까지 "총상금 15억 지상최대 웹툰&웹소설 공모전"을 개최하고 있으며, 문피아 역시 한국대중문학작가협회와 공동으로 "웹소설 공모대전"을 주최하고 있다. 이는 늘어나는 웹소설에 대한 수요를 충족시키기 위해 새로운 작가군을 창출하려는 노력의 일환으로 이해할 수 있다. 뿐만 아니라 각종 웹소설 아카데미가 운용되고 있으며, 도전! 웹소설 쓰기, 펜픽으로 배우는 웹소설 쓰는 법, 웹소설 작가 서바이벌 가이드 등과 같은 각종 웹소설 작법서가 예비 웹소설 작가들에게 호응을 얻고 있다.

초창기 웹툰이 살아남기 위한 만화가들의 '웹에서 살아남기'라면 웹소설은 웹이라는 도술을 통해 자신의 왕국을 건설한 홍길동이라고 할 수 있다. 순수문학의 그늘에서 벗어나 당당히 웹소설이라는 왕국을 건설하고 계속 확장해나가고 있다. 그렇다면 웹소설은 어떻게 인터넷이라는 매체

---

2) 문피아는 카카오페이지, 네이버, 리디북스와 함께 대표적인 웹소설 전문 플랫폼으로 주로 장르소설을 다룬다.

를 이용하여 자신의 왕국을 세울 수 있었을까. 모태라 할 수 있는 인터넷 소설은 실패했지만 웹소설은 성공할 수 있었던 이유는 무엇일까.

3. 재매개와 멀티미디어, 이야기의 확장

결국 웹툰과 웹소설 모두 기존의 종이를 기반으로 유통되던 만화와 소설의 내용들이 웹이라는 미디어로 전환된 것이다. 동시에 그들이 기존에 가지고 있던 문자와 그림이라는 정보 저장 형식은 그대로 사용한다. 이러한 현상을 재매개라고 한다. 앞서 설명했듯이, 재매개란 하나의 미디어가 내용과 형식 차원에서 다른 미디어의 테크놀로지, 표현방식, 사회적 관습 등을 답습하거나 개선improve, 개조remedy하여 자신의 것으로 만드는 것으로 낯섦 속에서 익숙함을 통해 새로운 정보를 받아들이는 것이다. 이런 재매개의 특성은 웹툰보다 웹소설에서 크게 나타난다. 그렇기에 재매개적 특성은 웹소설을 중심으로 알아보려 한다.

단순 문자들의 배열을 통해 서사를 진행시켰던 기존의 소설과 달리 웹소설은 스크롤과 장면전환 등 양한 방식을 통해 독자들과 만난다. 또한 고정되어 있는 인쇄 매체와 달리 웹소설은 유동적이고 가변, 그리고 문자, 소리, 이미지, 영상 등 다양한 방식이 결합되는 디지털 매체의 특성을 나타내고 있다. 유성비선형성과 보편성, 그리고 상호작용성과 공동체 형성이라는 디지털 매체의 특성이 웹소설에도 그대로 나타난다. 바로 이 지점이 일반 소설과 웹소설이 가지는 가장 큰 차이라고 할 수 있겠다.

웹소설이 가지는 가장 큰 멀티미디어적 특성은 서사 분절성3) 이다. 웹

---

3) 서사 분절성이란, 서사가 분절되어 진행되는 것을 말한다. 전통적인 소설이 작품 내에서 "기-승-전-결"의 구조를

소설은 연재라는 형식을 통해 서사의 분절성을 나타낸다. 이는 기존 소설과 달리 사건 중심으로 분절된 서사는 심리묘사가 아닌 행동을 묘사하는 시나리오의 지문형식을 통해 사건의 지연과 독자의 몰입을 가져온다. 신문연재소설이나 드라마 극본의 형식을 부분적으로 재매개remediation를 통해 분절된 서사를 독자들에게 제공함으로서 사건의 지연과 동시에 몰입을 유도한다. 이러한 재매개 방식을 통한 분절성은 영상언어로 트랜스 되기에 적합하다는 장점을 지니고 있다. 일반 소설의 연속성은 때때로 타 매체로의 전환에 있어 걸림돌이 되기도 했다. 그러나 웹소설은 분절된 에피소드들의 재배치가 가능하기에 OSMU[4]에 적합한 원천콘텐츠이다.

서사의 분절로 인해 웹소설은 문자언어인 동시에 이미지 언어의 기능 역시 수행한다. 웹소설은 기존의 소설과 다른 특징을 가지는데 그 중 하나가 바로 문자의 이미지 전환이다. 이러한 특성은 긴장의 연속 플롯과 시청각적 인물 형상화, 그리고 인물 초점화를 통해 구체화된다. 심리나 장면 묘사에 치중하는 소설에 비해 웹소설은 사건과 장면 위주로 서사가 진행되는 경우가 많은데. 이러한 특성 덕분에 독자들은 쉽게 문자언어를 이미지로 전환 시킬 수 있다.

웹소설의 또 다른 특징은 멀티미디어콘텐츠로서의 적극적인 이미지 활용이다. 그를 통해 웹소설은 가독성은 물론이고 독자의 몰입을 유도한다. 웹소설은 기존 소설과 신문연재에서 사용하던 단순 삽화 방식 뿐 아니라 주요인물의 캐릭터를 이미지로 구체화시켜 독자들에게 제공한다. 특히 네

가지는 것과 달리 연재 방식인 웹소설에서는 각 에피소드에 맞게 서사가 진행되며 각 에피소드 자체로 완전성을 가진다. 또한 각 에피소드는 전체 서사의 진행과 다를 수 있다. 서사 진행 중, 특별판이나 외전 등의 스핀오프 형식의 스토리가 등장하기도 한다.

4) 'One Source Multi Used'의 약자로 하나의 콘텐츠를 영화, 게임, 책 등의 다양한 방식으로 개발하여 판매하는 전략이다. 최소의 투자 비용으로 높은 부가가치를 얻을 수 있는 장점이 있다.

이버와 코미코에서 연재 중인 웹소설의 경우, 삽화의 활용 뿐 아니라 대사에 해당 인물의 이모티콘을 활용함으로써 멀티미디어적 성격을 더욱 강화시키고 있다. 이러한 이미지들의 배열 및 결합, 변화를 통해 독자들의 정서를 촉발시키는 것은 물론 캐릭터와의 애착관계를 형성하기도 한다.

웹소설이 가지는 마지막 특징으로는 상호작용성과 공동체 형성이다. 댓글창이라는 가상의 공간을 통해 독자의 2차 향유가 이뤄진다. 이는 단순 감상에서 그치는 것이 아닌, 앞서 말했던 캐릭터와의 애착관계를 드러내고 작품과 독자를 동일시하는 몰입으로까지 진행된다. 이때 독자는 능동적 참여를 함으로써 긍정적 정서 및 의식의 상태를 느끼게 된다. 이러한 몰입을 통해 독자들은 웹소설이 제공하는 기반적 스토리에 스스로 생산하는 우발적 스토리를 더하게 되는 것이다. 이러한 과정을 통해 독자들은 향유를 넘어 재창작 혹은 창작의 간섭 행동까지 취하는 등 참여도가 높아지는 효과를 불러일으킨다. 독자의 참여도가 증가할수록 해당 작품의 몰입도 및 소비 역시 지속적으로 증가할 수밖에 없다.

앞서 말했듯이 만화와 소설은 웹이라는 새로운 미디어를 만났다고 해서 기존의 형식을 바꾼 것이 아니다. 오히려 기존 형식의 한계를 뛰어넘음으로써 새로운 시장의 확장으로 거대한 문화콘텐츠 시장을 열고 있다. 웹으로 발 빠르게 적응한 소설과 만화는 이제 다시 영화와 드라마, 게임 등 문화 전반으로 영역을 넓혀가고 있다.

하지만 단순히 모바일 디바이스 환경에 최적화된 구성과 가독성의 문제만 가지고는 웹툰과 웹소설의 소비 이유를 단정하긴 어렵다. 일반 순수문학 역시 디지털 출판을 통해 모바일 디바이스 최적화를 시도하고 있지만 여전히 웹소설 시장 규모를 역전하지 못하기 때문이다. 소비에는 기본적으로 소비자의 욕구, 욕망이 반영된다. 그렇다면 왜 사람들은 웹툰과 웹소설에 욕망하는가. 그리고 그를 통해 무엇을 보려고 하는가. 이 질문이야말로 웹툰과 웹소설을 소비하는 이유에 물음을 던지는 진정한 목적이다.

Ⅲ. 먼치킨과 절륜남 사이

1. 판타지와 로맨스 속 주인공과 현대인들의 욕망

이야기는 곧 욕망이다. 알고 싶은 욕망이고, 말하고 싶은 욕망이며 남들에게 감춰둔 은밀한 욕망을 충족하고 싶은 욕망이다. 그것이 성취욕 혹은 성적 욕망, 권선징악에 대한 욕망이던 말이다. 사람들은 스스로 채울 수 없는 욕망을 대리인을 내세워 충족한다. 로미오와 줄리엣을 통해 죽음도 갈라놓지 못할 사랑에 대한 갈망을 채우고, 햄릿을 통해 모든 것을 다 내던지며 진실을 밝히는 쾌감을 느끼며, 채털리 부인을 비난하며도 은밀한 동질감을 느끼기며 해방감을 느끼는 것처럼 말이다. 신화 역시 다르지 않다. 불로불사의 신을 보며 죽음과 늙음의 공포를 이겨내고, 전지전능한 그 능력을 보며 인간의 한계 너머를 감히 욕망한다. 이처럼 신의 이야기와 사람의 이야기 모두 무엇을 욕망하는지에 대한 사건의 연속이다. 그 이야기를 바탕으로 생성되는 대중문화에는 그 시대를 살아가는 대중들의 욕망을 담고 있다.

현재 커다란 산업으로 성장하여 하나의 문화의 축을 이루는 웹툰과 웹소설 속에도 현대인이 바라는 욕망을 찾을 수 있다. 비록 흔히 말하는 문학성, 예술성과 미학성에 대해 이견은 있으나 대중들이 소비하는 많은 작품 수와 더 많은 향유자가 가지는 의미는 쉽게 생각할 수 없다. 단순히 웹툰과 웹소설의 인기와 소비가 인터넷이라는 접하기 쉬운 매체와의 결합 때문은 아니다. 이들 작품 안에서 공유하고 있는 내적 특성이 많은 이들에게 보편적인 공감대와 흥미를 보여주고 있다는 사실이다. 많은 사람들이 선택하고 향유한다는 사실은 결국 우리 사회, 우리 문화 구성원들의 일정한 무의식적 욕망을 드러내고 있음을 확인할 수 있기 때문이다. 상업 영화, 웹툰, 광고, 게임 등과 마찬가지로 웹툰과 웹소설은 우리 시대의 한 단면을 드러내는 하나의 욕망이다.

그렇다면 현대인들은 웹툰과 웹소설을 통해 무엇을 욕망하는가. 기본적으로 인간이 꿈꾸는 판타지를 다루고 있는 웹툰과 웹소설에 나타나는 주인공들은 신화 속에 등장하는 영웅의 모습과 흡사하다. 영웅은 이야기가 등장했던 시대부터 이야기의 주인공이었다. 보통의 인간과 신이 가진 능력 사이에 존재하는 이들, 이들 주인공의 공통점을 꼽자면 바로 완벽이다. 먼치킨이라 불리는 판타지 속의 주인공은 세계의 규칙을 비웃으며 강력한 성공을 거머쥐고, 절륜남이라 분류되는 남자 주인공의 유형은 여성들의 유토피아를 실현시킨다. 이는 이전부터 사람들이 가지고 있던 성공과 쾌락이라는 가장 강력한 욕망을 충족시켜준다.

2. 먼치킨, 몰락 없는 영웅의 등장

그렇다면 영웅이란, 누구인가. 우리는 웹툰과 웹소설에 나타나는 영웅을 살펴보기 전에 기존 영웅에 대해 짚고 넘어가고자 한다. "신화는 공적인 꿈이고, 꿈은 사적인 신화"라는 조셉 캠벨 Joseph Campbell[5]의 말처럼 영웅은 자신의 꿈을 이룸으로써 신화가 되고 그를 통해 사회의 꿈을 이룬다. 흔히 알고 있는 영웅 중 하나인 배트맨은 자신의 부모를 죽인 악의 무리를 처단하는 과정과 결과를 통해 고담시를 범죄의 무리로부터 보호한다. 신화에서부터 내려오는 영웅 이야기는 다양한 문화권에서 다양한 형태로 존재해왔다. 이러한 신화를 연구한 조셉 캠벨은 원진신화 이론을 통해 지역과 시대를 막론하고 신화적 모험의 표준 궤도가 존재한다고 주장했다.

조셉 캠벨은 '영웅이란, 자기 삶을 자기보다 큰 것에 바친 사람으로 그의 목표는 도덕적이며 반대 입장의 견해로 인해 고유의 속성을 훼손시킬 수 없으며 그 바탕엔 그 도덕적 목적을 위한 영웅의 희생이 전제된다'고 말했다.[7] 그는 영웅의 수행과정을 세 단계로 구분한 후, 17가지 장면으로 각 단계의 특징을 정리함으로써 신화의 표준적인 플롯 구조를 정립하였다.

이에 크리스토퍼 보글러는 켐벨의 신화 구조 분석을 차용하여 영웅의 모험 12장면을 제안하였다. 보글러에 있어 영웅은 두 가지 유형으로 나눌 수 있다. 첫 번째로 자발적이며 적극적이고 열렬하며 모험으로 뛰어들고, 의심을 지 않고 늘 용감하게 앞장서 나아가고, 스스로 동기부여를 하는 유형이며, 두 번째 유형은 비자발적인 의심과 주저함에서 헤어 나오지 못하며 소극적이고 외적 힘에 의해 동기부여를 받거나 내몰려서만 모험으로 이행해가는 인물로 햄릿이 그 대표적인 예이다.[8] 그러나 신화 속 영웅

---

5) 조셉 존 캠벨(Joseph John Campbell, 1904년 3월 26일 ~ 1987년 10월 30일)은 비교신화학과 비교 종교학을 연구했던 학자로 다양한 민족의 신화를 분석하여 원진 신화 이론을 확립하고 신화를 통해 인간 사회를 돌아보았다. 그의 이론은 신화뿐만 아니라 문학 이론에도 지대한 영향을 미쳤으며 특히 《천의 얼굴을 가진 영웅》(1949)은 현대 헐리웃 시나리오 창작 기법의 토대가 되기도 했다.

이나 기존 영웅 패러다임을 적용한 영웅 캐릭터는 두 번째 유형이 다수를 차지한다. 바로 조지 캠벨과 보글러의 영웅 구조에서 동시적으로 나타나는 '소명의 거부' 단계가 그를 입증한다. 영웅은 소명을 거부함으로써 오는 탁월한 개인의 비극을 부각시킨나. 이러한 엉웅 구소는 스튜어트 보이틸라를 통해 더욱 현대화 된다. 보이틸라는 보글러의 '영웅의 모험' 12장면을 영화에 적용하여 그 각 장면에 걸쳐 영웅의 심리곡선을 분석하였다. 보글러의 12단계가 플롯을 중심으로 이뤄진다면 보이릴라의 영웅 심리곡선은 플롯의 진행에 따라 영웅의 심리 변화를 보여주며 조금 더 인물에 가까운 분석이 가능하다. 그에 대한 정리는 〈표 1〉과 같다.

캠벨과 보글러에서 공통적으로 나타나는 영웅 캐릭터의 특징은 '선택받은 자'가 '소명'을 수행하며 성장하는 구조라는 것이다. 이를 위해 영웅은 먼저 영웅의 세계는 일상세계와 모험의 세계, 둘로 이원화된다. 선-악, 현실-여정의 각각 독립된 세계를 통해 관객들에게 각각 그대로의 형상을 보여줌으로써 영웅이 성취하려는 소명의 도덕적 가치와 희생의 크기를 짐작케 한다. 영웅의 여정을 통해 연결된 두 세계는 소명의 입문과 성공의 단계를 통해 극명하게 대비 되어진다. 세계의 이원화는 두 세계의 극명한 대비를 통해 시대의 참다운 질서(사회 집단의 요구 사항, 도덕적 목표)를 보여줌으로써 이미 알려진 것(기존 세계)을 부수는 동시에 재통합하는 기능을 한다.[9]

<표 1> 영웅의 여정'에 관한 캠벨, 보글러, 보이틸라의 장면분석

조셉 캠벨의 '원질신화' 17단계		크리스토퍼 보글러의 '영웅의 모험' 12단계		스튜어트 보이틸라의 심리곡선 12단계	
출발	영웅에의 소명	분리	일상세계	분리	제한된 인식
	소명의 거부		소명		인식의 확대
	초자연적인 조력		거부		변화에 대한 저항
	첫 관문의 통과		정신적 스승의 만남		거부감 극복
	고래의 배	하강	첫 관문을 통과	하강	변화 천명
	시련의 길		시험들		최초의 변화 경험
	여신과의 만남		접근		커다란 변화 준비
입문	유혹자로서의 여성		시련		커다란 변화 시도
	아버지와의 화해	입문		입문	
	신격화		보상		귀결(진전과 차질)
	홍익				
	귀환의 거부		귀환의 길		변화를 위한 재차 전력투구
	불가사의한 탈출				
귀환	외부로부터의 구조	귀환	부활	귀환	결정적인 변화를 위한 최종 시도
	귀환 관문의 통과				
	두 세계의 스승		영약을 가지고 귀환		문제의 극복
	삶의 자유				

출처 : 안숭범, 최혜실. "멜로영화 스토리텔링의 신화 구조 분석에 관한 시론".
인문콘텐츠(27), 89-103

    독자는 영웅의 여정을 목격함으로써 영웅이 이뤄내려는 도덕적 성공과 그를 통한 세계의 완결성을 대리만족하게 된다. 이러한 도식성은 영웅이 다시 귀환함으로써 완결되고 분리되었던 두 세계는 영웅의 귀환행위를 통해 다시 통합 된다. 그러나 웹소설의 영웅은 기존의 영웅과는 다른 모습으로 진화했다. 신화 속 영웅들의 성장통이라 할 수 있는 변화에 대한 저항이나 최초의 좌절을 겪지 않는, 완성형의 영웅이 등장한다. 이러한 주인공의 유형을 우리는 먼치킨이라고 부른다.

    게임에서 파생된 단어인 먼치킨munchkin은 소설 <오즈의 마법사>에 나오는 난쟁이 '먼치킨'에서 유래되었으며, TRPG[6] 게임 등에서 '룰을 이용해 다른 캐릭터와 협력을 하지 않고, 혼자서 모든 것을 해결하며 게임 진행을 방해하는 게이머'를 뜻하는 단어로 사용되었다.[10] 먼치킨이 가지는 또 다른 의미는 '갈등이 존재하는 상황에서, 갈등을 해결할 극단적인 요소와 잠재력이 있는, 이른바 갈등 해결자'이다. TRPG게임에서는 협력해서 미션을 이끌어야 하는데, 협력 없이 자기 마음대로 미션을 수행할 수 있는 게이머가 먼치킨이다. 간단하게 요약 하자면, 게임이나 소설등에 나오는 캐릭터 주인공과 파티원[7]들이, 마법이나 기술을 난사하면서 한 번에 다량의 몬스터를 잡는다거나 원샷올킬 따위와 같은, 극단적으로 강한 경우를 일컫는 말이다. 이러한 캐릭터 유형이 소설이나 웹툰으로 넘어오면서 작중 세계의 규칙을 뛰어넘는 영웅으로 재탄생하게 된다. 가장 유명한 캐릭터가 바로 먼치킨의 대표라 할 수 있는 〈원펀맨〉[8] 과 〈달빛조각사〉[9] 이다.

원펀맨은 너무 강해서 어떤 적이든 주먹 한 방에 끝장내는 히어로 사이타마의 이야기로 괴수들이 출몰하는 현대 도시에 취미로 히어로 일을 한

---

6) TRPG라는 두문자어로 주로 쓰이는 테이블탑 롤플레잉 게임(영어: tabletop role-playing game), 테이블토크 롤플레잉 게임(영어: table-talk role-playing game, 일본어: テーブルトーク・ロールプレイングゲーム) 또는 테이블 롤플레잉 게임(한국어식 영어)은 롤 플레잉 게임 참가자가 연설을 통해 자신의 캐릭터의 행동을 설명한다. 참가자들에 따라 캐릭터의 특성을 결정한다. 규칙과 지침에 따라 성공하거나 행동이 실패할 수 있다. 규칙 내에서 플레이어가 즉석으로 자유롭게 선택하며, 그들의 선택에 따라 게임의 방향과 결과가 바뀐다.(출처:위키디피아)
7) 파티원은 목적 달성을 위한 게임 내 모임인 파티의 구성원으로 혼자 처치하기 어려운 보스 또는 몬스터를 처치하기 위해 모인 이용자를 뜻한다. 파티란, 온라인 RPG(On-line Role Playing Game)에서 거대 몬스터를 사냥이나 강력한 보스 제거와 같이 혼자서 성공하기 어려운 퀘스트(Quest)를 수행하기 위해 게임 내 다른 이용자와 모임을 구성하여 함께 전투하는 시스템이다.(출처:정우철, 게임용어사전: 장르/제작/플레이용어, 네이버, 2013.)
8) 원펀맨(2009. 07. 03 ~ 연재 중) : 원작은 ONE, 리메이크 작화는 무라타 유스케가 담당하여 출판만화와 더불어 애니메이션으로 제작된 일본의 히어로 웹코믹 만화이다.
9) 달빛 조각사(2007. 01. 15 ~2019. 07. 04, 총 1450화) : 작가 남희성의 작품으로 한국 게임 판타지 소설 역대 최대의 베스트셀러 작품이다. 출판소설부터 시작한 '달빛 조각사'는 이후 카카오페이지에서 웹소설로 다시 연재되면서 웹툰, 게임으로 OSMU 되었으며 중국과 일본에 판권을 팔고 14개국 언어로 번역될 만큼 인기가 높다.

다. 하지만 악당들을 손쉽게 쓰러트리는 바람에 아무도 그의 노고를 알아채지 못한다는 설정으로, 안티는 주인공을 막는 역할이 아니라 주인공의 힘과 실력을 증명해주는 도구로 쓰인다.

〈달빛조각사〉 역시 유니콘사라는 회사에서 개발한 가상현실 온라인 게임 〈로열 로드〉를 배경으로 주인공 위드가 펼치는 모험으로 주인공의 독보적 능력에 의해 이야기가 진행된다. 가상의 세계와 게임이라는 특수성 때문인지 주인공 '위드'가 추구하는 꿈은 앞서 기존 영웅에서 설명한 공적인 꿈과는 거리가 멀다. 심지어 게임의 1인자가 되어 로열 로드의 후계자가 되겠다는 소설 속 다른 인물들의 공통된 목적과도 다르다. 주인공의 목적은 지극히 개인적이며 현실적인 욕망인 '돈'을 향해 처음부터 끝까지 달려나간다. '전설의 달빛 조각사'가 되어 떼돈을 벌기 위해 이따금 비열하기도 하고 좌절하기도 하지만 끝끝내 본인이 원하는 목표를 이루게 된다. 그리고 그 과정과 확실한 결과를 보면서 독자는 희열을 느낀다.

판타지라는 비현실적 공간에서 독자들이 '먼치킨'인 주인공을 통해 얻는 것은 확실한 대리만족이며 화끈한 보상이다. 독자들은 현실에서의 불합리성을 주인공의 작중 세계의 불합리한 규칙을 자신만의 규칙으로 깨부수는 과정을 보며 대리만족과 카타르시스를 얻는다. 작중 세계의 규칙에 부합하지 않고 스스로의 규칙을 통해 세계를 지배하는 성공을 쟁취하는 주인공을 보며 현실에서는 쟁취할 수 없는 만족감을 느끼게 된다. 독자들은 먼치킨의 주인공을 보며 현실의 부조리함과 무력함을 해소시킨다.

좌절하지 않는 주인공은 주어진 뚜렷한 목표를 향해 규칙을 부수고 폭주기관차처럼 달려간다. 운명의 단계마다 주인공이 넘어야 할 장애물이 생기고 고난을 극복할수록 성장해나간다. 그 과정에서 우정과 사랑은 그 성공에 묻혀 있는 달콤한 고물일 뿐이다. 주인공이 목표로 한 성공에 도달하기 전까지 주인공이 행하는 탈선적이고 불법적인 행위는 목적의 당위성에 의해 묻어신다. 그리고 난난할 섯만 같넌 세계의 규칙이 한 사람으로 인해 부서지는 것을 보며 독자는 쾌감을 얻는다. 마침내 목적에 도달한 주인공의 모습을 보며 독자들은 자신의 은밀한 욕망을 대입시키고 대리만족을 얻게 된다. 그렇기에 판타지에 등장하는 영웅은 몰락하지 않는다. 아니, 몰락해서는 안 된다. 무너지고 새로 세워지는 것은 주인공이 아닌 바로 세계이다. 이를 통해 진정한 판타지가 형성된다. 절대 몰락하지 않고, 되려 세계의 규칙을 부수는 주인공을 보며 독자들은 현실과 분리된 욕망을 충족한다.

3. 절륜남, 여성들의 유토피아

판타지에서의 욕망은 좌절하지 않는 성공이라면 로맨스의 욕망은 무결한 획득이다. 로맨스 역시 판타지와 마찬가지로 대상에 대한 추구가 두드러지고 욕망이 비교적 직접적으로 보여진다. 이러한 인물을 통해 독자의 욕망의 변화도 알아볼 수 있다. 로맨스가 추구하는 절대적 가치는 '사랑'이다. 로맨스의 기본적 기능은 독자들의 유토피아를 실현해 주는 것에 있다. 그 유토피아에 가장 필요한 인물은 바로 완벽한 남자 주인공이다. 앞서 판타지와 무협 장르에서 나타나는 주인공의 캐릭터가 몰락 없는 '영웅', 먼치킨의 모습이었다면 로맨스에 등장하는 또 다른 '영웅'은 바로 절륜남이다. 절륜이란, '매우 두드러지게 뛰어나다'라는 뜻을 가진 한자어로, 한자만 놓고 직역을 하면 "인간의 한계를 넘었다" 같은 의미가 된다.

이는 신체적 외형과 능력 뿐 아니라 경제적, 사회적 능력까지 모두 갖춘 존재를 말한다. 심지어 로맨스가 추구하는 절대적 가치를 최우선으로 실현하기까지 한다. 결국 현실에 존재하지 않는, 존재할 수 없는 캐릭터를 통해 독자들의 욕망을 충족시켜준다.

한 가지, 판타지의 영웅과 다른 점이 있다면 절륜남에게는 '하마르티아'[11]가 존재한다는 것이다. 완벽할 것만 같던 인물이 하나의 실수, 혹은 한 번의 삐끗함으로 인해 운명의 소용돌이로 들어서게 되는 것이 아리스토텔레스가 말한 하마르티아라면 로맨스 소설 속 남자 주인공의 그것은 조금 다른 결을 나타낸다. 로맨스 소설 속 남자 주인공의 하마르티아는 스스로의 실수가 아닌 여자 주인공 그 자체이다. 완벽한 그들에게 한 가지 모자란 점이 있으니 그것은 바로 인성의 결여, 혹은 정서적 빈곤이다. 이 결여는 과거의 상처 혹은 물질의 과잉으로 인해 나타난다. 그리고 여자 주인공은 남자 주인공의 결여된 부분을 충족시켜 그 존재 자체를 자신에게 종속시킴으로써 극을 끌고 가는 갈등의 승자로 등극하게 된다.

드라마로도 OSMU 되었던 웹소설 〈김비서가 왜 그럴까〉를 예를 들어보자. 사회적으로도, 신체적으로도 남 부러울 것 없는 소설 속 남자 주인공인 도진에게서도 하마르티아를 찾아볼 수 있다. 모든 것을 다 가진 남자가 유일하게 가지지 못한 것이 인성이었다. 하지만 인성은 그의 성공적 인생에 중요하지 않다. 그러나 어느 한 사건, 자신을 9년 동안 보필했던 자신의 비서인 김미소가 사직서를 쓰는 순간 그 인성의 결여로 인해 그의 목적이 바뀌게 된다. 그 트리거가 바로 자신의 비서인 김미소였다. 모든 것을 가진 남자가 유일하게 가지지 못한 것, 바로 사랑을 위해 자신이 가진 모든 것을 거는 것. 그런 남자 주인공을 가짐으로써 그가 가지고 있는 세상을 가지게 되는 여자 주인공. 이게 바로 로맨스가 가지고 있는 가장 강력한 욕망이다.

결국 로맨스에서의 욕망은 사랑이라는 이름 아래 남자 주인공의 세상을 가지려고 하는 권력욕이 아닐까 싶다. 그렇기에 로맨스의 남자 주인공은 판타지 소설의 먼치킨처럼 강력하고 완전무결한 존재여야 한다. 그런 가치가 크면 클수록 종반에 얻어지는 세상의 크기가 달라지기 때문이다. 다른 절륜남 키워드를 가진 로맨스를 살펴봐도 마찬가지이다. 모든 것을 갖춘 남자, 그러나 그 자신에겐 전혀 걸림돌이지 않으나 결정적인 순간에 결핍을 드러내는 딱 한 조각. 그리고 그 완전무결을 방해하는 한 조각을 채워줄 수 있는 여자. 얼핏 보면 많은 로맨스에서 클리쉐로 쓰였던 신데렐라 콤플렉스를 떠올릴 수도 있다. 그러나 신데렐라에 등장하는 왕자는 완전무결하다. 그를 움직이는 원동력은 결핍이 아닌 잠시간의 만남을 통해 가졌던 사랑을 잃어버린 상실이라 하는 편이 더 맞을 것이다. 신데렐라는 그를 떠나기 위한, 혹은 그를 찾기 위한 노력도 하지 않는다.

그러나 현대 로맨스에 등장하는 절륜남은 상실이 아닌 내적 결핍을 가지고 있다. 그 결핍은 여주인공을 만나기 전까지는 알지 못할 만큼 사소하고도 괘념치 않는 부분일 뿐이다. 절륜남에게 여주인공만이 그가 살아온 삶에서 만난 가장 큰 시련이고 고난이며 행동을 하게 만드는 원동력이다. 여주인공 역시 신데렐라처럼 왕자님이 자신을 찾아오기만을 기다리지 않는다. 적극적으로 운명을 피해 도망을 치거나 맞서 싸운다. 자신의 결핍을 채우기 위해 완벽한 것만 같던 직장을 때려치우고 숨겨졌던 과거의 조각을 찾고 당당하게 도진을 선택하는 미소처럼 말이다. 과연 이 설정을 신데렐라 콤플렉스로 설명할 수 있을까. 가진 것이라곤 운명적 만남과 그 증거인 유리구두밖에 없는 신데렐라와 달리 김미소는 스스로 가치를 증명하는 여성이다. 미소와 같은 현대 웹소설의 여주인공은 자신을 데리러 오는 왕자님만이 자신의 세상 전부가 아니다. 자신의 목표가 뚜렷했고 그 목표를 위해 자신이 쥔 것을 버릴 줄 아는 용기를 가진 여성이다. 도진과 같은 절륜남은 외려 자신이 원하는 것을 찾는 과정 중 굴러들어온 호박 마차 같은 것이다.

여기서 우리는 로맨스의 욕망을 다시 정의 내려야 하지 않을까. 현대의 여주인공은 신데렐라처럼 왕자님이 유리구두를 들고 자신을 찾아오기만을 기다리지 않는다. 현대의 여성들은 모든 것을 다 가진 남자만을 원하지 않는다. 절륜남 역시 모든 것이 완벽한 왕자님이 아니다. 겉으로는 완벽해 보이나 하마르티아를 가진, 그리고 트리거를 통해 결핍을 인식한 한 인간을 완벽하게 만들어주는 절대적인 조각이 되는 것. 작품 안에서 절대 완벽이란 여성의 사랑으로 이뤄진다는 사실을 알게 된다면 신데렐라와 웹소설 속의 여주인공을 같은 선상에 놓고 볼 수 없을 것이다. 과연 로맨스에서 나타나는 사랑은 모든 것을 차지하기 위한 가장 큰 욕망이 아닐까. 결국 로맨스 소설을 통해 독자들이 얻고자 하는 것은 사랑이 아니라 세상을 정복하고 지배하고 싶은 욕망이라고. 다만 모든 현실을 뛰어넘을 수 없기에 절륜남이라는 대리인을 내세운 것이라고.

Ⅳ. 누가 쓰느냐, 누가 읽느냐 : 브랜드와 빅데이터

1. 작가의 브랜드와 독자의 취향

인터넷의 발달로 달라진 가장 큰 변화는 '선택'의 폭이다. 매스미디어 산업 구조 안에서 콘텐츠 향유자들은 소극적 선택에 머물러야 했다. 그러나 인터넷이라는 상호소통의 매체가 생겨남에 따라 향유자들은 자발적이고 적극적 선택을 통해 자신의 욕망을 충족시킨다. 선택의 결정권이 향유자에게 넘어온 것이다. 이러한 결정권의 변화는 콘텐츠의 선택 기준과 시장 구조의 권력까지 변화시켰다.

순수문학이라 불린 기존의 소설은 선택의 기준이 독자가 아닌 창작자였다. 무라카미 하루끼, 베르나르 베르베르, 조엔 롤링 등 우리는 소설 읽기를 선택하기 전에 작가의 이름을 확인했다. 그 작품이 어떤가를 떠나 먼저 누가 썼는가가 중요했다. 한강 작가 신드롬처럼 누군가 유명한 공모전에서 수상하게 되면 작가의 이전 작품까지 덩달아 유명해지고는 했다. 기존 문학에서 주도권은 이렇듯 작가에게 있었다. 만화 역시 작가의 세계관이 절대적으로 영향을 미치기에 작가의 브랜드가 소비 영향에 절대적 영향을 미친다. 이는 웹툰으로 넘어와서도 작가의 브랜드 파워는 이어진다. 네이버 1위를 오랫동안 고수했던 조석과 강풀은 그 이름 자체만으로도 독자의 기대감을 충족시킨다.

그러나 작가의 브랜드가 절대적인 순수문학과 만화와 달리 장르 소설에서 시작한 웹소설은 작가의 영향력이 그렇게 크지 않다. 먼저 웹이라는 비대면적 매체를 활용하여 직접적으로 나서지 않아도 된다는 매체적 특성도 있지만 실명이 아닌 언제든 바꿀 수 있는 필명을 주로 쓰는 것도 그 영향력이 있지 않나 추측해본다. 작가의 작품세계 구축이 아니라 웹이라는 장막 뒤에 서서 숨김없이 가감 없이 독자의 욕망을 충족시키기 위해 태어난 웹소설은 태생 자체부터 독자의 취향이 절대적인 선택의 기준이 된다.

독자의 장르 선택이 어떤 취향을 겨냥하고 있는지를 전제하고 있다는 점은 웹소설의 모태인 장르 소설을 살펴봐도 알 수 있다.[12] 장르 소설은 해당 장르의 특징적인 코드를 선호하는 특정한 집단에 의해 지탱된다. 로맨스, 판타지, 무협, BLBoy's Love의 약자, 남성들끼리의 로맨스 서사물, 백합여성들끼리의 로맨스 서사물, 라이트노벨10) 등으로 분류할 수 있다. 장르 소설의 특징은 독자의 취향의 편중이 매우 심하며 확고하다는 점이다. 또한 성별로 그 취향 차이가 확실히 드러나기도 한다. 즉 로맨스의 경우는 젊은 여성 독자들이 주요 독자층이며 판타지나 무협은 남성 독자들이 대다수를 차지한다. BL 또한 여성 독자층이 주요 대상이며, 백합의 경우는 여성 독자들이 대다수이나 일부 남성 독자들도 읽는데 이들 작품도 로맨스적 요소를 지니고 있어 특정 취향에 얽매인다. 이러한 취향은 결국 확고한 선호도를 나타내게 되고 비슷한 성향의 작품들을 선택하게 되는 중요한 요소가 된다. 순수문학에서 작가의 브랜드가 독자의 선택을 결정짓는 강력한 요인 중 하나라면 장르소설에서는 장르 속 취향이 그 자리를 대신한다. 장르소설의 이러한 성향은 웹이라는 매체를 통해 더욱 강력한 힘을 발휘하게 된다.

웹의 특성인 네트워크와 시공간을 초월하는 정보의 접속은 얼마나 많

---

10) 라이트 노벨(ライトノベル)은 일본의 서브컬처에서 태어난 소설 종류의 하나이다. 펄프매거진과 같이 몇몇 커버의 그림이 나오는 소설보다는 가벼운 소설이다, 주로 청소년을 타겟팅으로 작법되는 소설이어 여타 다른 미디어믹스인 게임과 만화와같이 주로 애니화가 진행되는 종류의 게임소설이다. (출처: 위키디피아)

은 네트워크 지점을 가지는지가 그 정보의 효율성, 가치를 나타낸다. 웹소설 역시 마찬가지이다. 그 작품을 쓴 작가가 얼마나 많은 인정을 받았는지, 보다 얼마나 많은. 혹은 확고한 취향을 확보하는지가 성공의 중요한 포인트가 되었다. 이는 기존 대중문화가 가지고 있는 대중성과는 또 다른 지점이다. 대중성이 대중의 공통된 관심사나 욕망을 나타냈다면 웹에서 나타나는 취향은 세분화되고 구체화 된 형태로 나타난다. 그러한 형태 변화는 장르의 세분화로 나타난다. 초창기 판타지와 로맨스로 분류되던 장르 소설은 웹으로 넘어옴에 따라 더욱 세분화되고 다양해졌다. 로맨스와 판타지가 결합하기도 하고 게임이라는 장르와 결합하여 게임웹소설이라는 장르를 생성하기도 한다. 그러나 독자층이 넓어지고 작품의 수가 많아짐에 따라 취향은 더욱 세분화되어 캐릭터 성격, 작품의 분위기까지 확장된다.

그런 점에서 적어도 웹소설은 작가의 브랜드가 아닌 소비자의 욕구와 욕망이 더 우선시 된다고 할 수 있다.

2. 소비자의 키워드가 우월한 시장

앞장에서 설명하였듯이 웹소설에 있어서는 작가가 들려주는 이야기를 수동적으로 받아들이는 것이 아닌 이젠 소비자가 자신의 취향을 능동적으로 찾아 작품을 선택함으로써 이제 작품의 주도권은 소비자에게 넘어갔다고 봐도 과언이 아니다. 소비자의 욕망이 반영된 장르의 도식성은 창작 과정에도 영향을 미친다. 웹소설 같은 장르물은 해당 장르의 특징적인 코드를 선호하는 특정한 집단에 의해 소비된다.[13] 웹소설을 창작하는 작가는 기존의 다른 판타지물과 자신의 판타지 작품의 서사 전개, 설정 어떠한 부분에서 유사하게 받아들일 수 있고 어떠한 부분에서 차이가 있는지를 끊임없이 비교하면서 이야기를 진행시키게 된다. 독자들이 원하는 욕망과 욕구를 얼마나 세분화시켜 충족시키는지가 작품의 흥행 여부를 판가름하게 되기 때문이다.

이처럼 세분화되고 확고해지는 소비자의 욕구를 반영하여 웹콘텐츠를 제공하는 플랫폼 역시 변화하고 있다. 새로운 산업의 형태로 떠오른 플랫폼은 단순히 웹콘텐츠를 제공해주는 마켓의 역할과 더불어 소비자의 욕구를 구체화시켜 제공해주는 서비스로 확대하고 있다. 플랫폼이 제공하는 빅데이터와 AI 기술의 서비스를 통해 이제는 작품을 다 읽지 않더라도 독자들은 자신의 취향에 맞는 작품을 고를 수가 있다. 단순한 장르에서 연령 등급과 캐릭터 성향, 독자의 반응까지 분석하여 독자 맞춤형의 작품을 추천해준다. 이러한 환경에서 독자는 자신이 원하는 작품을 높은 성공률로 선택할 수 있는 것이다.

소비자의 취향이 중요해짐에 따라 태그 형식#으로 작품의 성격을 키워드화 시켰던 리디북스에 이어 카카오페이지는 그에 더 발전된 'Ai 키토크'라는 AI 추천시스템을 제공함으로써 대중의 욕망과 개인의 욕망을 세분화시켰다. 키토크[14]는 대화형 인터페이스 기반의 인터넷 서비스에서 사용되는 기본 정보 탐색 단위를 의미하며 기존의 빅데이터에 감성을 결합하여 키워드로 분류한 것이다.

감성을 표현하는 키워드는 기존에 단어 형태인 키워드와 달리 '재미있는', '야릇한' 등의 말뭉치corpus의 형태로 표현된다. 단순한 문서 내 단어 매칭 방식이 아니라 다양한 표현 간의 인접도와 유사도, 그리고 색체나 질감 등 속성 데이터를 바탕으로 한다는 점에서 일반적인 키워드와 구분된다. 일반적으로 하나의 표제어와, 이 표제어와 연관도가 높은 복수의 하위 속성 단어 및 가중치들로 구성된 함수로 표현된다. 이는 기존의 키워드 매칭 방식으로는 도출하기 어려운 사용자의 취향과 의도를 검색 요청 발화로부터 추론하여 이에 대응하는 결과를 추천할 수 있는 구조로 설계되어 있다. 사용자가 일상에서 사용하는 언어들을 바탕으로 머신러닝 기술에 적용한 결과, 플랫폼은 끊임없이 변화하는 데이터를 실시간으로 분석해 현시대 대중의 취향을 추출할 수 있는 것이다.[15]

<그림 2> 카카오페이지 Ai 키노트 UI

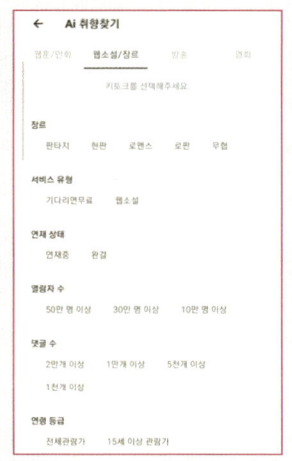

이러한 키노트 시스템을 활용하여 카카오페이지는 흥행 분석에 있어 직접적인 요인과 간접적인 요인도 분석할 수 있게 된다. 실시간으로 나타나는 순위를 통해 직접적인 흥행 요인 분석을 할 수 있는 동시에 독자 스스로 키워드를 지정하여 자신의 욕구를 구체적으로 만족시키게 함으로써 잠재적 흥행 요인까지 예측할 수 있는 것이다. 카카오페이지의 키노트

시스템은 사용자의 숨은 욕구를 찾아내기 위해 객관적 요소인 형식과 주관적 요소인 내용적 부분을 세분화하였다. 작품의 형식적 분류를 위해 장르와 서비스 유형, 연재 상태, 열람자 수 등의 객관적 정보를 세분화하여 독자가 자신이 원하는 작품을 선택할 수 있도록 제공했다. 내용적 측면에서는 캐릭터와 스토리를 감성적 단어로 분류하여 독자들이 선택할 수 있게 하는데 바로 여기에서 소비자의 숨은 취향을 찾아낼 수 있다.

숨은 취향을 찾아낸다는 것, 곧 독자의 욕망을 찾는다는 것이다. 소비자의 취향이 중요해지면서 누가 얼마나 구체적인 욕망을 충족시켜주느냐가 흥행의 요소로 중요해졌다. 이처럼 감성적 키워드를 통해 축적된 데이터는 결국 다시 창작에 영향을 미치게 된다. 욕망을 충족시키지 못하는 작품은 독자에게 외면받고 데이터의 경쟁에서도 밀려나게 된다. 독자는 작가의 이름을 쫓지 않는다. 데이터로 분석된 취향과 욕망을 충족시키기 위해 작가는 이야기를 만든다. 자신의 경쟁자보다 더 많은 독자를 만들기 위해.

이제 소비자의 욕구가 작가의 브랜드를 이기는 시대가 온 것이다.

V. 나가며

지금까지 이야기는 소비재의 형태라기보단 예술의 영역에 가까웠다. 그렇기에 이야기를 소비하는 계층을 우리는 소비자가 아닌 독자, 시청자 등으로 불러왔다. 능동적으로 소비하는 것이 아닌 주어진 것을 즐기는 자들로 소극적인 형식으로 이해했다. 그러나 웹이라는 새로운 매체의 등장과 함께 이야기를 즐기는 방식도 변화했다. 모바일 디바이스를 들고 다니는 현대 소비자들은 자신이 원하는 방식으로 짧은 시간에 즐길 거리를 찾았고 그 형식에 적응한 콘텐츠들이 살아남았다. 매체의 변화는 곧 이야기를 표현하는 형식의 변화를 뜻한다. 그러나 이야기 표현의 형식이 변화한 것은 매체의 영향만이 아니었다. 우리는 그 이유를 인터넷 소설의 실패를 통해 알 수 있다. 만화와 신문보다 먼저 웹의 세상에 자리 잡았으나 자생적 산업구조는 형성하지 못했던 인터넷 소설은 모바일의 시대가 열리면서 다시 웹소설이라는 이름으로 부활했다. 기존 소설의 문법이 아닌 소비자의 편의를 위한 문법으로 성형하고 나서야 서자의 이름을 버리고 자신의 왕국을 건립할 수 있었다. 결국, 웹소설은 자신을 선택한 소비자의 권력을 등에 업고서야 스스로 설 수 있게 된 것이다.

주어진 것을 받아들이던 매스미디어 시대와 달리 모바일 웹을 통해 웹툰과 웹소설을 즐기는 소비자들은 스스로 어느 사이트, 플랫폼에 접속할 것인지 결정한다. 그리고 수많은 콘텐츠 중 자신의 욕구 충족에 가장 근접한 작품을 선택하여 대가를 지불 한다. 책 한 권의 값을 모두 지불 해야 했던 과거와 달리 연재라는 이름으로 토막난 글을 보며 자신이 지불을 이어갈지, 중단할지 결정한다. 더 이상 독자의 영역이 아닌 소비의 주체가 된 진정한 소비자를 잡기 위해 이야기를 제공하는 창작자와 관련 산업 종사자들은 그들이 가지고 있는 욕망을 충족시키기 위해 노력한다.

본격적인 4차산업 시대로 들어오며 사람들은 더욱 개인화된 콘텐츠를 선택하고 즐기게 될 것이다. 더 이상 남들은 내가 읽고 있는 책의 제목을 읽을 수 없고, 나의 허락 없이는 서재에 꽂힌 목록을 알 수 없다. VR기기와 같은 외부와 완벽한 단절을 제공하는 디바이스가 발달 될수록 욕망은 더욱 직접적이고 구체화되며 세밀해질 것이다.

이제 웹툰과 웹소설의 창작자들은 자신들의 독자를 다시 바라보아야 한다. 대중이라는 덩어리가 아닌, 객관적 지표로 나눌 수 있는 집단이 아닌, 각자의 감성을 가진 솔직한 욕망의 주체로 소비자를 바라보아야 한다. 은밀해서는 위대해질 수 없다. 소비자는 이제 솔직하고 담대하게, 직접적으로 그들이 원하는 쾌락의 지점을 건드려주길 원한다. 그리고 한 번의 실패를 겪은 홍길동은 충실히 그들의 욕망을 자극하며 자신의 왕국을 공고히 한다.

가라앉는 섬을 버리고 새로운 영지에 성공적으로 정착한 바이킹과 마침내 제 왕국을 건립한 홍길동은 이제 먼치킨과 절륜남 군대를 내세운 소비자를 뒷배에 두고 영원한 영광을 꿈꾼다.

1 제이 데이비드 볼터·리처드 그루신, 이재현 역, 『재매개』, 커뮤니케이션북스, 2006, 66~67쪽.
2 권경민, 『만화학개론』, 북코리아. 2013
3 서은영. "한국 만화 용어에 대한 문제제기 및 제언". 인문콘텐츠(26), 101-128, 2012, 8쪽.
4 정규하, 윤기헌. "웹툰에 나타난 새로운 표현형식에 관한 연구". 『만화애니메이션 연구』, 2009
5 두산백과
6 <2019년 이야기산업 실태조사>, KOCCA, 2019.
7 <신화의 힘>, 조셉 캠벨, 빌 모이어스, 이윤기 옮김, p.95
8 <신화, 영웅 구성 쓰기>, 크리스토퍼 보글러, 함춘성, 무수, 2005, p.87
9 <신의 가면IV-창작신화>, 조지 캠벨, 정영목 옮김, p.13.
10 위키디피아(https://ko.wikipedia.org/wiki/%EB%A8%BC%EC%B9%98%ED%82%A8_(RPG)), 2019.12.20. 검색
11 아리스토텔레스, 이상섭 역, 『시학』, 문학과지성사, 2005
12 손남훈. "웹소설, 우리 시대의 표정", 오늘의 문예비평, 132-151, 2018
13 최수웅, 『판타지 장르서사의 가치와 창작방법론 연구』, 『한국문예창작』 제14권 제1호, 한국문예창작학회, 015.04, 3쪽.
14 위키디피아 (https://ko.wikipedia.org/wiki/%ED%82%A4%ED%86%A0%ED%81%AC), 2020.03.10. 검색
15 "우울한데 무슨 영화 볼까" 음성 기반 생활 포털 앱 '말해' 업계 관심, SBS 뉴스, 2018.05.26 (http://news.sbs.co.kr/news/endPage.donews_id=N1004775465&plink=COPYPASTE&cooper=SBSNEWSEND)

참고문헌

· 권경민, 『만화학개론』, 북코리아. 2013
· 서은영, "한국 만화 용어에 대한 문제제기 및 제언". 『인문콘텐츠』, 26, 2012
· 손남훈, "웹소설, 우리 시대의 표정", 오늘의 문예비평, 132-151, 2018
· 아리스토텔레스, 이상섭 역, 『시학』, 문학과지성사, 2005
· 안숭범, 최혜실, "멜로영화 스토리텔링의 신화 구조 분석에 관한 시론". 『인문콘텐츠』, No.27, 2012
· 정규하, 윤기헌. "웹툰에 나타난 새로운 표현형식에 관한 연구". 『만화애니메이션 연구』, 2009
· 제이 데이비드 볼터·리처드 그루신, 이재현 역, 『재매개』, 커뮤니케이션북스, 2006
· 조셉 캠벨, 빌 모이어스, 이윤기 옮김, 『신화의 힘』, 21세기북스, 2017
· 조지 캠벨, 정영목 옮김, 『신의 가면IV-창작신화』, 까치, 2003
· 최수웅, "판타지 장르서사의 가치와 창작방법론 연구", 『한국문예창작』 No.14, Vol,1, 2015.
· 크리스토퍼 보글러, 함춘성, 『신화, 영웅 구성 쓰기』, 무수, 2005
· KOCCA, 『2019년 이야기산업 실태조사』, 2019
· 두산백과
· 위키디피아
· "우울한데 무슨 영화 볼까" 음성 기반 생활 포털 앱 '말해' 업계 관심, SBS 뉴스, 2018.05.26.

콘텐츠, 미래를 입다

VFX를 입은 공연과 해방된 관객

이 관 준*

I. 환영(幻影)이 환영(歡迎)받는 공연시대

II. VFX와 공연의 만남

III. 자유, 그 이상으로 해방된 관객

IV. 소비관객에서 생산관객으로

이 관 준*

- (주)올댓퍼포먼스 대표
- 건국대학교 겸임교수(언론홍보대학원 공연예술경영전공)
- 허베이미술대학교 미디어대학 객좌교수
- 정보통신기술진흥센터(IITP) ICT R&D 평가위원
- 동국대학교 문화예술학 박사
- 건국대학교 언론학 석사

VFX를 입은 공연과 해방된 관객

Ⅰ. 환영幻影이 환영歡迎받는 공연시대

 2009년 10월 26일 서울 대학로예술극장에서 관객의 눈을 의심케 하는 낯선 무대가 펼쳐졌다. 캐나다 '르미유 필론 4D아트Lemieux Pilon 4D Art'[1]의 〈노먼[2] : 맥래런을 위한 헌정〉Norman : a Tribute to Norman McLaren, 2007 이 공연된 것이다. 저녁 8시 정각, 공연의 시작을 알리는 시보와 함께 대극장의 객석 조명이 어두워지자 객석 오른쪽에서 정적을 깨는 휴대전화

---

1) '르미유 필론 4D아트'는 멀티미디어 아티스트 '미셸 르미유(Michel Lemieux)'와 비주얼 아티스트 '빅터 필론(Victor Pilon)'이 이끄는 공연단체로서 1983년 설립 이후 아날로그와 디지털을 결합한 복합장르의 작품으로 명성을 쌓아왔다. 연극, 무용, 시 등과 같이 인문학적 가치를 담은 예술 장르와 하이테크 미디어아트를 결합한 복합장르의 창작공연만 30개 이상 보유하고 있다.

2) 영국 스코틀랜드 출생. 글래스고의 미술학교 재학 때부터 추상화에 열중하였다. 졸업 후 영국 체신부의 영화부에 들어가 기록영화의 대가(大家) 존 글리어슨 밑에서 영화제작을 배웠으며, 추상영화 작가 렌 라이와 작업하면서 그의 영향을 받았다. 1939년 신설된 캐나다 국립영화국에 초청되어 필름의 막면(膜面)을 바늘로 긁어서 그림을 그리고 사운드트랙도 손으로 그린 〈선과 색의 즉흥시〉, 동작의 중간 중간을 극도로 생략함으로써 애니메이션 효과를 낸 〈이웃사람들〉 등을 만들어 세계적 명성을 얻었다. 탁월한 기법으로 독특한 조형미를 추구한 그래픽 아트파의 존재였다. 두산백과, https://terms.naver.com/entry.nhn?docId=1092023&mobile&cid=40942&categoryId=34409, 2019년 05월 10일 검색.

소리가 들려왔다. 평범한 서양 남성이 휴대전화를 받아들고는 뜬금없이 자리에서 일어나 큰 소리로 통화하면서 유유히 무대 쪽으로 걸어 내려왔다. 불편한 시선으로 그를 응시하던 관객들은 차츰 그가 극의 주인공임을 눈치채고 긴장을 풀었고, 이내 공연이 시작됐다. 이렇게 다소 낡은 1990년대 에든버러식 아날로그 코미디로 시작된 공연은 시간이 갈수록 의외의 신선함과 낯섦으로 가득 찼다. 애니메이션 거장 노먼의 아방가르드적이고 추상적인 애니메이션들이 무대 위에 공중 부양한 미디어아트로 화려하게 부활한 것이다. 더욱 놀라운 것은 그렇게 부활한 미디어아트가 무대 위 주인공과 한 치의 오차 없이 함께 뒤섞여 춤추고 대화하는 퍼포먼스를 펼쳤다는 것이다. 어떤 것이 영상이고 어떤 것이 사람인지, 어디까지가 현실이고 어디까지가 가상인지 구분할 수 없을 정도로 아날로그와 디지털이 뒤섞인 거짓말 같은 현실이 눈 앞에 펼쳐진 것이다.

[그림 1] 르미유 필론 4D아트가 제작한 <노먼 : 맥래런을 위한 헌정>의 공연장면 모습

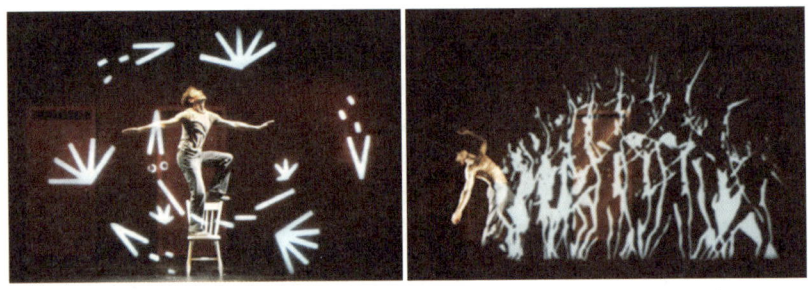

자료 : 르미유 필론 4D아트 홈페이지(www.4dart.com)

[그림 1]에서 볼 수 있는 것처럼 관객들은 마치 VFX를 입은 영화의 한 장면 속에 들어가 있는 것 같은 낯선 무대를 경험하였다. 아날로그와 디

지털의 경계를 알 수 없을 정도로 자연스럽게 혼합된 낯선 무대는 세계 거장을 단순히 회고하고 추모하는 의미를 넘어서는 예술적 혁신의 현장이었다. 이러한 혁신이야 말로 거장에 대한 진정한 헌정인 동시에, 예술사에 한 획으로 기록될 새로운 예술의 탄생이라 할 수 있을 것이다.

새로운 예술과 예술적 혁신의 중심에는 기존 틀의 예술에 새로움을 보태주는 매체나 이종 장르의 예술이 늘 존재해 왔다. 16세기 이탈리아에서는 음악을 중심으로 문학, 시, 무용, 미술, 연극 등의 예술이 결합하여 오페라가 탄생 되었고, 19세기 말 영국에서는 연극을 중심으로 무용, 음악, 미술 등의 예술과 발달한 무대장치기술이 결합하여 뮤지컬이 탄생 되었다. 그리고 이렇게 탄생한 새로운 예술들은 당대 예술의 흐름과 가치관을 변화시키는 예술적 혁신으로 역사에 기록되었다.

이처럼 예술 장르 간의 결합 또는 예술과 매체 간의 결합을 통한 예술적 혁신은 매체기술이 발달할수록 더욱 활발해진다. 특히 2000년대에 들어서면서 급속도로 발달하고 있는 디지털 영상기술은 공연예술계에 큰 변화를 가져오고 있다. 영화에서 컴퓨터 그래픽기술을 활용하는 것처럼 평면의 무대 공간에 고해상도의 영상을 투사하여 새로운 가상공간을 꾸며내고, 몽환적이고 추상적인 환영幻影을 눈앞에 실감 나게 연출해내기도 한다. 1990년대 후반부터 입체무대영상기술 분야에서 선도적 역할을 해온 '르미유 필론 4D아트'도 디지털 영상기술과의 과감한 결합이 없었다면 지금의 선도적 패러다임은 존재할 수 없었을 것이다.

[그림 2]는 르미유 필론 4D아트가 1998년부터 2018년까지 입체무대영상기술을 활용하여 만든 작품들의 공연장면 모습들이다.

[그림 2] 르미유 필론 4D아트의 작품들

상단 좌측부터 시계방향으로 <Orfeo(1998)>, <Ocean of Hope(1999)>, <Anima(2002)>, <The Tempest(2005)>, <Norman(2007)>, <La Belle et la Bête(2011)>, <Icarus(2014)>, <Temporel(2018)>

출처 : 르미유 필론 4D아트 홈페이지(www.4dart.com)

디지털 영상기술과 함께 급속도로 발달하고 있는 입체무대영상기술은 최근 들어 그 중요성이 날로 높아지고 있다. 무대라는 한정된 공간에서 언제든 시간과 공간을 그럴듯하게 초월하는 것이 가능할 뿐만 아니라 프로젝션 맵핑이나 홀로그램과 같은 다양한 연출기법을 통해 관객으로 하여금 기존 전통 장르의 무대극에서 경험하지 못했던 새로운 공감각[3]을 이끌어낼 수 있기 때문이다. 또한 이러한 공감각은 수동적이고 관조적인 자세로 관망하는 관객을 적극적으로 지각하고 해석하며 소통하는 능동적인 관객으로 변화시킨다. 이는 무대 위의 배우들이 가상으로 구현된 공간, 배우, 이미지 등과 함께 혁신적인 퍼포먼스를 만들어낼 때, 기존 공연에서 발산되지 않았던 새로운 공감각들이 부지불식간에 발현된다는 것이며, 그로 인해 관객들이 무한해석을 통한 해방감을 느낀다는 것이다. 이처럼 관객이 능동적으로 느끼고 생각하고 해석하는 것에 대해 자크 랑

---

[3] 시각, 청각, 후각, 미각, 촉각 등과 같은 단일감각이 둘 이상 합쳐져서 동시에 지각되는 복합적이고 종합적인 감각

시에르Jacques Rancière는 '해방된 관객'4) 이라는 개념으로 정의하면서 확장된 지적 해방의 사유를 설명하고 있다.

관객해방이라는 개념은 현대예술의 본질이자 사명이라 해도 과언이 아닐 것이다. 이러한 차원에서 볼 때 입체무대영상은 그 어떤 장르의 예술이나 기술보다도 월등한 가능성을 지닌 매체예술이라 할 수 있다. 가상으로 구현된 허구의 낯선 환영幻影이지만 관객에게 무한해석의 해방감을 제공하는 새로운 개념의 매체예술로서 오늘날 공연예술계의 중요 이슈라는 사실은 누구도 부인할 수 없을 것이다. 그리고 이러한 입체무대영상기술은 머지않은 미래에 초고도화를 거쳐 완벽에 가까운 환영으로 관객의 공감각을 지배할 것이다. 바야흐로 디지털 환영幻影이 환영歡迎받는 공연시대가 도래한 것이다.

Ⅱ. VFX와 공연의 만남

VFXVisual Effects는 영화에서 컴퓨터 그래픽스CG 기반의 특수영상기술을 활용하여 구현해내는 시각효과를 총칭하는 용어로서 촬영한 장면의 시각효과를 극대화하거나 촬영이 어려운 장면을 시각화하여 구현하기 위한 모든 종류의 영상제작기법을 의미한다. 킹콩이나 골룸5) 같은

---

4) 랑시에르는 관객이 수동적으로 관조하는 입장에서 능동적으로 즐기는 입장으로 전환되는 것을 "해방된 관객"이라고 정의하면서 "관객 없는 연극"이라는 개념으로 관객의 해방을 주장한다. 관객 없는 연극은 수동적으로 관망하고 관음하는 관객이 없다는 것이며, 관객이 수동적 입장에서 벗어나 능동적인 입장을 취할 때 비로소 관객해방이 이뤄진다고 주장하고 있다.
5) 영국 작가 존 로널드 루엘 톨킨(John Ronald Reuel Tolkien)의 동화 <호빗>(The Hobbit, 1937)과 판타지소설 시리즈 <반지의 제왕>(The Lord of the Rings, 1954-1955)에 등장하는 주인공급 인물로서 절대반지를 향한 탐욕으로 인해 타락의 길로 들어서고, 결국 절대반지와 함께 운명의 산의 용암 속에 빠져 죽는다.

가상의 디지털 배우를 탄생시키고 우주나 미래도시 같은 가상의 공간을 진짜처럼 만들어내기도 한다. 이처럼 VFX는 영화의 시각효과를 풍부하게 해 줌으로써 작품의 완성도를 높여준다. 그리고 이러한 기법은 디지털 기술의 발달과 함께 그 쓰임새와 가치가 날로 확장되어 가는 추세이다.

영화의 VFX기법이 공연예술계에서는 입체무대영상기술이라는 형식으로 확장되어 자리를 잡았다고 할 수 있다. 대표적인 기법으로 프로젝션 맵핑projection mapping, 인터랙티브 미디어interactive media, 홀로그램hologram6) 등이 있으며, 이러한 기법들은 영화에서 VFX기법을 활용하는 것처럼 무대 위에 가상의 배우, 가상의 공간, 가상의 이미지 등을 구현해냄으로써 영화처럼 시간과 공간을 자유자재로 넘나들 수 있도록 해 준다. 무대 위에 실존하는 배우가 진짜 공간처럼 펼쳐진 가상공간에서 역동적으로 춤추고 생동감 있게 연기할 수 있으며, 때로는 가상 배우와의 호흡과 내면의 감정까지도 시각화하여 생생하게 보여줄 수도 있다. 입체무대영상기술을 통해 시간과 공간에 구애받지 않고 상상할 수 있는 모든 장면을 실감 나게 연출해내는 것이 가능해진 것이다.

입체무대영상분야에서 선도적 역할을 한 대표적인 사례로는 캐나다의 '르미유필론 4D아트Lemieux Pilon 4D art'가 있다. 르미유 필론 4D아트는 1983년 설립 이후 연극, 무용, 시 등 인문학적 가치를 담은 무대예술과 디지털 미디어아트를 결합한 선험적인 공연을 지속적으로 창작함으로써 입체무대영상기술의 저변확대에 크게 기여하였다. 특히 홀로그램기술 기반

---

6) 여기서의 홀로그램은 보조 장치나 장비 없이 구현되는 완전한 형태의 홀로그램이 아닌 유사 홀로그램으로서 경사형(45도)과 수직형(90도)으로 나뉜다. 경사형은 플로팅방식의 3D 홀로그램이고, 수직형은 다이렉트방식의 4W 홀로그램이다. 3D 홀로그램은 고비용의 한계로 일회성의 메가급 이벤트에 간헐적으로 활용되며, 대부분의 공연무대에서는 저비용・고효율의 4W 홀로그램이 활용된다.

의 독자적인 연출기법을 고안해냄으로써 홀로그램 무대장치의 상용화에도 크게 기여하였다. 한편 우리나라 홀로그램 퍼포먼스는 2010년 디지로그 사물놀이 〈죽은 나무 꽃피우기〉가 최초이며, 2014년 올댓퍼포먼스의 〈카르마 : 운명의 랩소디〉[7] 이후 본격화[8] 되었다. 따라서 본고는 국내외 입체무대영상기술을 활용한 공연 중 입체무대영상기술의 핵이라 할 수 있는 홀로그램 공연 분야에서 선도적 역할을 수행해 온 르미유 필론 4D 아트와 올댓퍼포먼스의 작품들을 위주로 입체무대영상기술의 연출사례와 효과를 알아보고자 한다.

1. 가상공간과 가상 배우가 눈앞의 증강현실로

입체무대영상기술의 기본적인 목적은 가상의 실체를 만들어내는 것이다. 가상의 실체는 무대 위에 가상으로 증강된 공간이나 배우 또는 초현실적이고 형이상학적인 이미지 등을 의미한다. 이러한 가상실체는 배우와 관객 사이의 상호작용을 활성화시켜 주는 효과를 지닌다. 무대 위에 증강된 가상실체가 배우, 관객 등과 함께 또 다른 주체와 객체로 작용함으로

---

7) 〈카르마 : 운명의 랩소디〉는 4W 홀로그램 기반의 국내 최초 증강현실 퍼포먼스로서 2014년 8월 중국 베이징공인체육관 특설무대(약 3,500석 규모)에서의 15회 공연을 통해 2만 3천여 명의 관객을 유치하였으며, 당시 베이징공인체육관 개관(1951년) 이래 최장기 공연으로 기록된 바 있다. 이는 국내 대극장형 증강현실 퍼포먼스 최초로 해외에 수출된 사례였으며, 아시아 최대 규모(200㎡)의 홀로그램 기술을 구현함으로써 현지 언론과 전문가들의 주목을 받았다. 이관준, 「증강현실 퍼포먼스의 감성적 지각 연출방안 연구 : 게르노트 뵈메의 분위기 미학을 중심으로」, 동국대학교 영상대학원 박사학위논문, 2019, 13쪽.
8) 〈죽은나무꽃피우기〉이후 3D홀로그램은비보잉퍼포먼스〈VR브레이크아웃〉(2011), 뮤지컬〈살짜기옵서예〉(2013), 뮤지컬〈디셈버〉(2013) 등에 적용된 사례가 있으나 극히 일부 장면에서 제한적으로 구현되었다. 〈카르마 : 운명의 랩소디〉 이후 〈별의 전설 : 견우직녀성〉(2014), 〈킥스〉(2015), 〈아리랑, 흙의 노래〉(2019) 등 4W 홀로그램을 적용한 창작 증강현실 퍼포먼스가 다수 제작되었다. 이외에 〈라바〉(2015), 〈프리파라〉(2017) 등과 같은 어린이 뮤지컬과 〈벤허〉(2017), 〈아리 아라리〉(2018) 등과 같은 뮤지컬에서도 4W 홀로그램이 다양하고 적극적인 형태로 활용되고 있다. 이관준, 「증강현실 퍼포먼스의 감성적 지각 연출방안 연구 : 게르노트 뵈메의 분위기 미학을 중심으로」, 동국대학교 영상대학원 박사학위논문, 2019, 9쪽.

써 매 순간 새로운 찰나의 분위기를 만들어낸다는 것이다. 입체무대영상 기술로 증강된 가상실체의 사례를 살펴보면 다음과 같다.

[그림 3]은 태양의서커스의 〈TORUK : The First Flight〉(2015)에서 프로젝션맵핑 기법으로 숲속, 바다 등 스토리에 따른 공간 구성을 다양하게 구현한 모습이다.

[그림 3] <TORUK>에서 스토리에 따른 다양한 공간을
프로젝션맵핑 기법으로 증강시킨 모습[1]

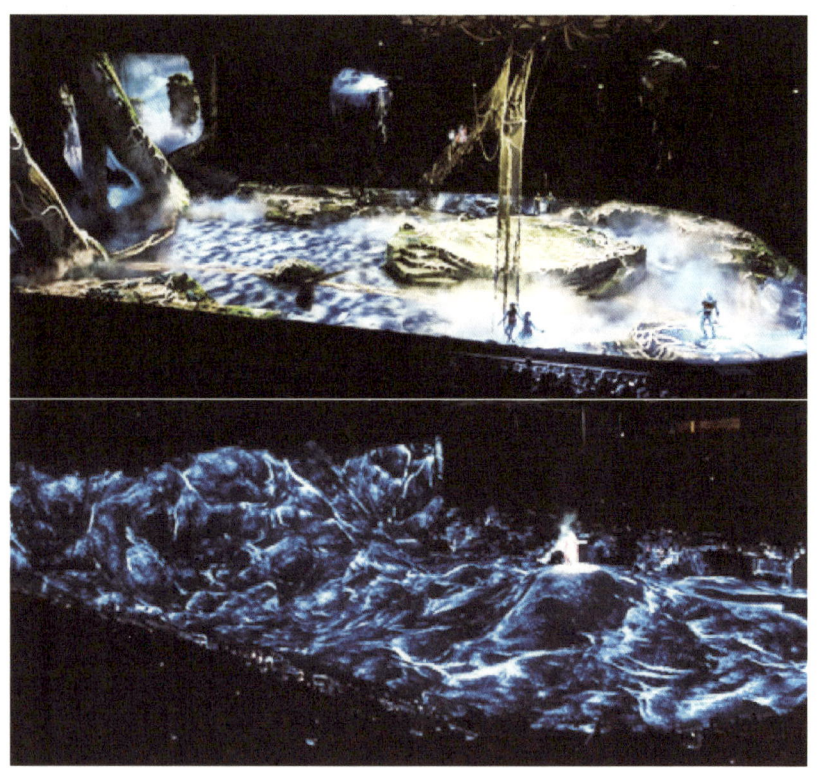

출처 : 태양의서커스 홈페이지(https://www.cirquedusoleil.com/toruk)

[그림 4] <카르마 : 운명의 랩소디>에서 폭포수와 호수를
실재하는 공간처럼 증강시킨 모습[2]

　[그림 4]는 올댓퍼포먼스 <카르마:운명의 랩소디>[9] 의 공연장면으로 여주인공 마고가 샹그릴라 로프노르의 웅장한 폭포를 배경으로 하늘을 나는 장면이다. 배경의 폭포와 하늘은 원근감을 살려 웅장하게 재현하였고, 무대 바닥의 폭포수는 뒤쪽 배경과 이어지게 구상화함으로써 먼 거리의 폭포수가 배우들의 발아래까지 펼쳐진 것처럼 실재감 있게 표현하였다. 또한 무대 바닥의 폭포수는 퍼포머들의 역동적인 움직임이 있을 때마다 실시간으로 파도와 물결이 실감 나게 일렁이는 것처럼 표현하였다. 다음은 [그림 4] 장면의 극본 내용이다.

---

9) 4W 홀로그램 기술에 기반한 국내 최초 증강현실 퍼포먼스로서 2014년 8월 중국 베이징공인체육관 특설무대(약 3,500석 규모)에서의 15회 공연을 통해 2만 3천여 명의 관객을 유치하였으며, 당시 베이징공인체육관 개관(1951년) 이래 최장기 공연으로 기록된 바 있다. 이는 국내 대극장형 증강현실 퍼포먼스 최초로 해외에 수출된 사례였으며, 아시아 최대 규모(200㎡)의 홀로그램 기술을 구현함으로써 현지 언론과 전문가들의 주목을 받았다. 이관준, 「증강현실 퍼포먼스의 감성적 지각 연출방안 연구 : 게르노트 뵈메의 분위기 미학을 중심으로」, 동국대학교 영상대학원 박사학위논문, 2019, 13쪽.

"천상에 울려 퍼진 아리아에 감동한 마고는 환희 가득한 몸짓으로 하늘을 날고 함께하는 요정들은 기쁨에 겨워 춤춘다. 카르마와 마고의 자비로운 사랑이 샹그릴라에 넘치고, 로프노르 호숫가 숲속 요정들은 평화로운 불로불사의 지상낙원에서 아름답게 살아간다. 로프노르의 미의 여신인 이슬 라시아들은 아침마다 풀잎 바마나들과 함께 안개와 이슬을 만들어 세상을 촉촉히 적셔주고, 램프 바마나들은 밤마다 반딧불을 불러 모아 달맞이를 시켜준다. 바마나들은 춤과 음악을 좋아하여 매일 새로운 축제를 열면서 뛰어난 재주를 한껏 뽐낸다."

[그림 5] <카르마 : 운명의 랩소디>에서 숲속 공간을 무대 위에 증강시킨 모습[3]

[그림 5]는 올댓퍼포먼스의 <카르마 : 운명의 랩소디> 공연장면으로 숲속의 정령들과 반딧불 요정들이 저녁 무렵 요정들만의 축제를 준비하는 모습이다. 뒤쪽의 배경은 배우들의 동선과 움직임에 따라 줌 인-아웃 zoom in-out과 좌우 회전을 교차적으로 반복하면서 공간감과 깊이감을 표현하였다.

[그림 6] <아리랑, 흙의 노래>에서 홀로그램 기술로
지옥문이 실재하는 것처럼 형상화하여 증강시킨 모습[4]

[그림 6]은 올댓퍼포먼스의 <아리랑, 흙의 노래>[10] 에서 타락술사 파천이 현계顯界의 아우라지로 순간이동 하기 위해 그림자 자객 무리를 이끌고 지옥문으로 진입하는 장면으로 홀로그램 스크린에 불타오르는 지옥문의 이미지를 추상화하여 공간을 증강시킨 모습이다. 이처럼 홀로그램 기술은 형이상학적인 기류나 에너지 등을 눈앞에 실재하는 것처럼 무대 위에 형상화하여 증강시킬 수도 있다. 다음은 이 장면에 해당하는 극본 내용이다.

---

10) <아리랑, 흙의 노래>는 유네스코 인류무형문화유산으로 등재된 아리랑을 소재로 한 4WX 기술 기반의 증강현실 퍼포먼스로서 한국과 중국의 합작으로 제작되었으며, 2019년 1월 중국 란저우대극원에서 초연 후 같은 해 3월 한국 정선아리랑센터에서 공연하였다. 특히 중국 초연에서는 264㎡(가로 22미터, 세로 12미터)의 홀로그램 기술을 구현함으로써 2014년 <카르마 : 운명의 랩소디> 중국 초연 때 기록한 아시아 최대 면적 기록을 갱신하였다. 이관준, 「증강현실 퍼포먼스의 감성적 지각 연출방안 연구 : 게르노트 뵈메의 분위기 미학을 중심으로」, 동국대학교 영상대학원 박사학위논문, 2019, 13-16쪽 참조.

"악의 기운을 부르는 북소리가 울려 퍼지자 동굴 곳곳에 지옥 불과 용암이 치솟는다. 핏빛 화염을 뚫고 지옥문이 열리고 먹구름과 천둥 번개가 몰려든다. 파천의 등 뒤로 거대한 이무기와 구렁이가 뒤엉켜 위협하듯 꿈틀대고 박쥐 떼가 무리 지어 날아든다. 지옥신과의 접신 의식을 마친 파천은 오륜이 잠시 아우라지를 떠난 틈을 타 그림자 자객들을 이끌고 아우라지로 이동한다."

[그림 7] <Cinématique>에서 배우들이 증강된 가상공간과 상호작용하면서 연기하는 모습[5]

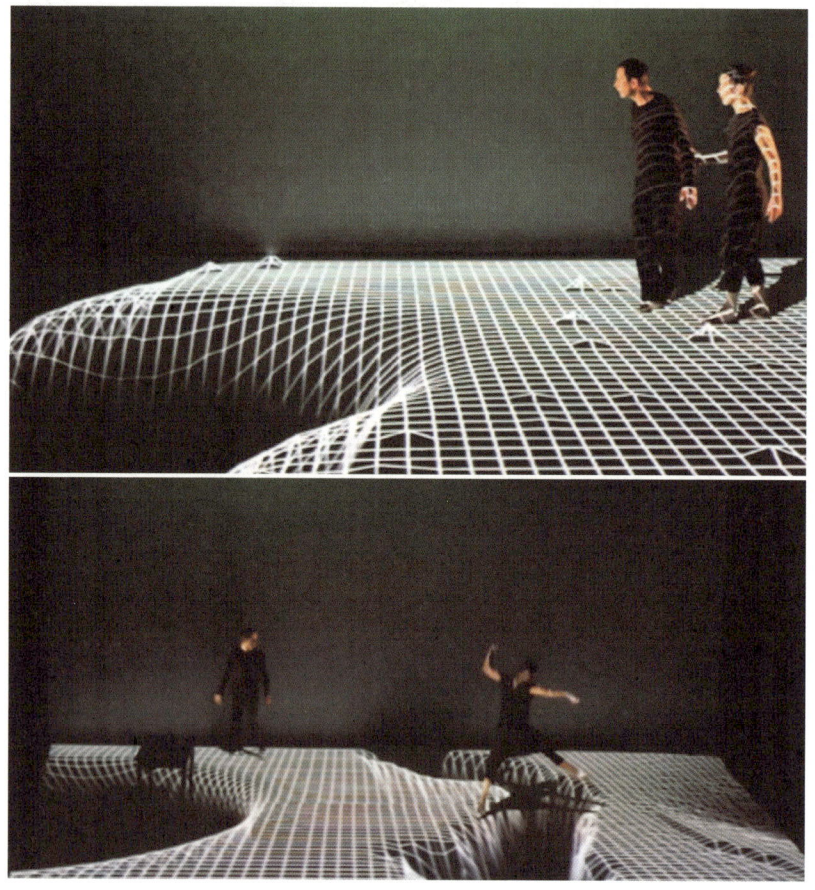

출처 : 〈Cinématique〉 하이라이트 영상 캡처(https://vimeo.com/9782048)

[그림 7]은 프랑스 아드리앙 몽도Adrien Mondot와 클레어 바딘Claire Bardainne의 〈Cinématique〉 (2010)에서 무대 바닥에 증강된 가상공간과 상호작용하는 장면을 연출한 모습이다. 상단의 그림처럼 무대 왼편 바닥이 갑자기 움푹 패면서 싱크홀이 생기면 남녀 두 주인공은 뒷걸음쳐 반대편으로 피한다. 그러자 하단의 그림처럼 무대 바닥의 그리드 전체가 컨베이어 벨트가 이동하듯 왼편으로 이동하면서 싱크홀이 두 사람에게 계속 다가온다. 위기에 처한 두 사람은 씽크홀을 피해 이동하고 달리고 점프하는 움직임으로 무대 바닥의 가상공간과 상호작용한다.

[그림 8] <죽은 나무 꽃피우기>에서 홀로그램으로 증강된 가상의 김덕수 3명이 현실의 진짜 김덕수와 협연하는 모습[6]

출처 : 김종헌, 「진짜 김덕수는 누구?」, 뉴시스 기사, 2010년 1월 26일.

[그림 8]과 [그림 9]는 증강된 가상실체와 실재하는 사람이 무대 위에서 상호작용하면서 공연하는 모습이다. [그림 8]은 디지로그 사물놀이 〈죽은 나무 꽃피우기〉에서 국악연주자 김덕수가 꽹과리, 징, 북을 각각

연주하는 모습을 홀로그램 기술로 무대 위에 증강시키고, 무대 위에 실재하는 김덕수가 장구를 실제 연주하는 장면이다. 즉, 4명의 김덕수가 사물놀이 공연을 펼치는 것처럼 연출한 것으로 좌측으로부터 세 번째 인물이 진짜 무대 위에 실재하는 김덕수이다. [그림 9]는 르미유 필론 4D아트의 〈Orfeo〉(1998)에서 무대 위 주인공이 홀로그램으로 증강된 환영과 대화를 나누는 모습이다.

[그림 9] 〈Orfeo〉에서 실재하는 주인공이 홀로그램으로 증강된 가상배우와 대화를 나누는 모습[7]

출처 : 르미유 필론 4D아트 홈페이지(https://4dart.com/en/creation/1998/orfeo/)

[그림 10]은 〈카르마 : 운명의 랩소디〉 공연에서 아수라로 변신한 주인공이 거인 분신술로 마라 무리를 제압하는 장면이다. 이 장면에서는 배경의 블랙홀 기운이 홀로그램 스크린과 연동하여 빠른 속도로 빨려 들어가면서 음악이 고조된다. 그리고 속도감과 음악이 정점에 도달하면서 폭

발음과 함께 사방이 그림의 모습처럼 화염으로 뒤덮인다. 이와 동시에 거인 모습을 한 네 명의 아수라가 배경과 홀로그램 스크린에 동시에 나타나면서 마라를 옥죄어 제압한다. 좌측으로부터 첫 번째와 네 번째의 거인은 홀로그램 스크린에 투영된 형상이고, 두 번째와 세 두 번째의 거인은 배경의 후면 스크린에 투영된 형상이다. 다음은 이 장면에 해당하는 극본 내용이다.

"카르마는 그 동안 참아왔던 울분을 토해낼 겨를도 없이 아수라를 향해 혼신의 기를 모아 천둥과 번개를 내리꽂고 분신술로 아수라와 마라 무리들의 정신을 혼미하게 만든다. 우주를 떠돌던 풍운의 기운을 모아 아수라와 마라의 도깨불을 순식간에 한숨의 재로 만들어 버린다."

[그림 10] <카르마 : 운명의 랩소디>에서 거인 형상으로 증강된 가상배우가 무대 위 실재하는 배우와 연기하는 모습[8]

[그림 11]은 〈아리랑, 흙의 노래〉의 주인공 오륜이 힘겨운 전쟁을 모두 끝내고 홀로 살아남아 옛 동지들과 함께 우정과 의리를 다지던 추억을

회상하는 장면이다. 홀로그램 스크린에 일곱 명의 동지들이 호탕하게 웃으며 즐거워하는 모습을 느린 속도의 가상실체로 환영처럼 증강시키고, 무대 위 실재하는 주인공 오륜을 병치시킨 장면이다. 사랑과 우정을 모두 잃고 전쟁에서 가까스로 홀로 살아남은 오륜의 심리를 간접적으로 표현하고 있다.

[그림 11] <아리랑, 흙의 노래>에서 일곱 명의 환영을 홀로그램 기술로 증강시킨 모습[9]

지금까지의 사례처럼 입체무대영상기술은 한정된 무대공간에서 시간과 공간을 초월할 수 있는 가장 효과적인 방법이라 할 수 있다. 특정하고 싶은 공간-은하계, 화성, 천국, 지옥, 전쟁터 등-이 있다면 언제든지 그 공간으로 이동하는 것이 가능하다. 또한 실재하지 않아 눈으로 볼 수 없는 기류, 기운, 환영까지도 눈앞에 보이는 것처럼 재현할 수 있다. 특히 이러한 가상실체는 공간 구성뿐만 아니라 무대 위 실재하는 배우와 상호작용하는 연기를 수행함으로써 배우의 기능까지도 수행한다. 프로젝션 맵핑, 홀로그램, 인터랙티브 미디어 등과 같은 입체무대영상기술을 도입

함으로써 시간과 공간의 한계를 초월하는 무대연출이 가능해진 것이다.

2. 생각, 감정, 느낌까지 보이는 공연

앞서 살펴본 것처럼 가상공간이나 가상배우를 배치하는 기법은 가장 일반적이고 직관적인 기법이라 할 수 있다. 시각화할 수 있는 사물이나 생명체를 가상으로 증강시킴으로써 시공간적 한계를 극복하는 것이다. 반면에 시각화할 수 없는 감정이나 느낌을 초현실적이고 추상적인 이미지로 무대 위에 증강시키는 기법은 관객으로 하여금 장면에 대한 이해와 해석의 폭을 확장시켜주는 효과를 지닌다.

[그림 12] <Temporel>에서 주인공의 생각과 심리를 홀로그램 기술을 통해 초현실적으로 묘사한 모습[10]

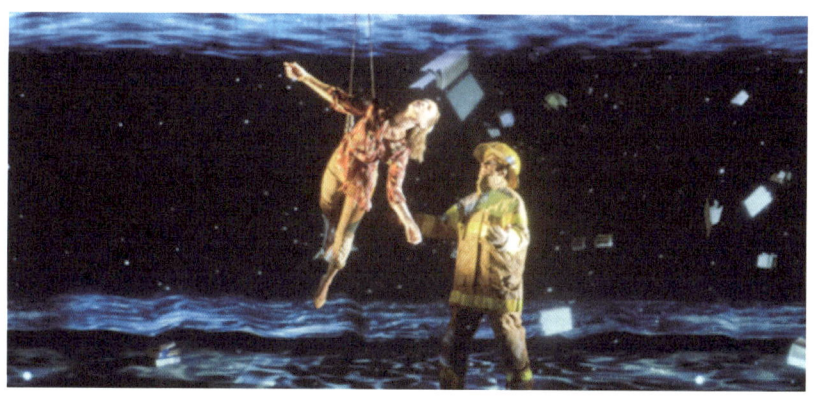

출처 : 르미유 필론 4D아트 홈페이지(https://4dart.com/en/creation/2018/temporel/)

[그림 12]는 르미유 필론 4D아트의 <Temporel>(2018)에서 주인공의 뇌리에 깊이 잠재된 기억들을 수십 개의 책과 책장으로 표현하고 있다.

공중 와이어에 몸을 맡긴 주인공이 수중에서 느린 속도로 유영하는 몽환적인 연기를 펼치고, 주인공 주변은 수많은 책과 책장들이 맴도는 모습을 홀로그램으로 재현함으로써 주인공의 굴곡진 인생과 방황하는 심리를 초현실석으로 묘사하고 있다.

[그림 13] 〈La Belle et la Bête〉에서 거울이 깨지는 영상과 배우의 감정연기를 병치하여 주인공의 감정을 표현한 모습[11]

출처 : 르미유 필론 4D아트 홈페이지
(https://4dart.com/en/creation/2011/la-belle-et-la-bete/)

[그림 13]은 르미유필론 4D아트의 〈La Belle et la Bête〉(미녀와 야수, 2011)의 주인공이 아내의 갑작스런 죽음을 받아들이지 못하고 분노에 가까운 슬픔을 대형 거울에 폭발하듯 투영시키는 장면이다. 거울을 통해 괴로워하는 자신을 바라보다가 거울 속으로 투신하면 거울이 깨지고, 동시에 산산이 조각 난 파편이 주인공을 관통하면서 사방으로 흩어진다. 이러한 장면을 접한 관객들은 주인공이 처한 감정의 밀도를 효과적으로 이해하고 다양하게 해석하게 된다.

[그림 14] 〈Le mouvement de l'air〉에서 돌풍의 느낌을
홀로그램 영상으로 표현한 모습[12]

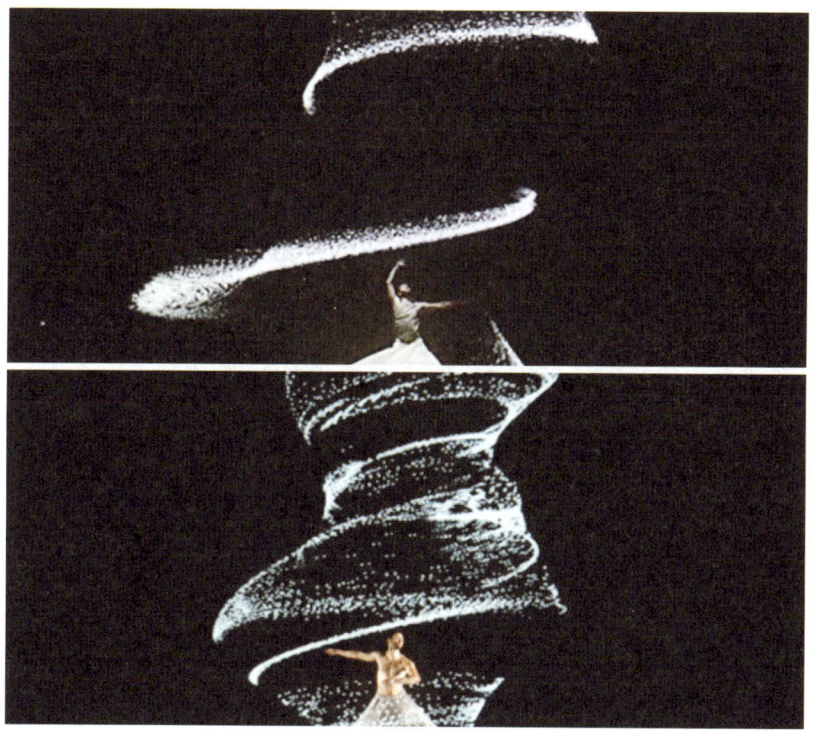

출처 : 〈Le mouvement de l'air〉하이라이트 영상 캡처 (https://vimeo.com/145201272)

[그림 14]는 아드리앙 몽도와 클레어 바딘의 〈Le mouvement de l'air〉 (2015)에서 넓고 긴 스커트를 착용한 무용수가 홀로그램 기술로 서서히 증강되는 태풍 영상과 함께 회전하는 동작을 취하면서 돌풍을 일으키는 장면이다. 하단의 그림은 무용수의 회전속도가 빨라질수록 돌풍의 속도도 거세지는 것을 표현한 것이다. 눈에 보이지 않는 거센 돌풍의 느낌을 시각화하여 증강시킴으로써 마치 돌풍이 부는 것 같은 느낌을 표현하였다.

[그림 15] 〈카르마 : 운명의 랩소디〉에서 두 주인공의 에너지와 진동의 느낌을 홀로그램 영상으로 시각화한 모습[13]

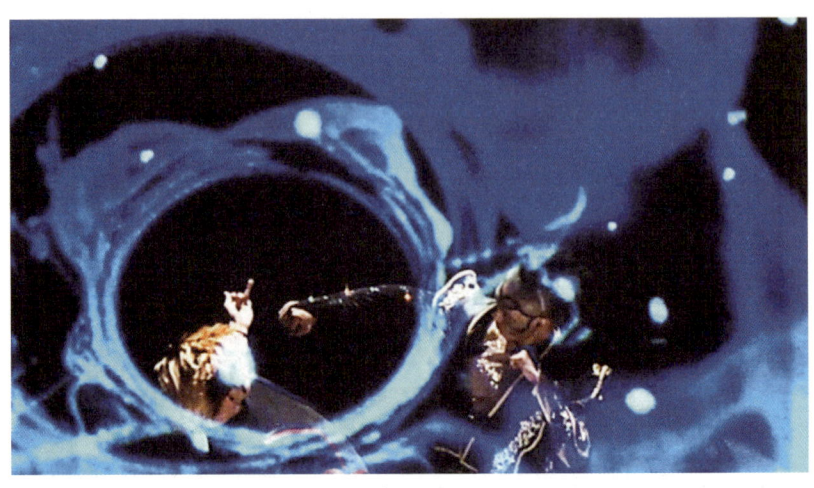

[그림 16] 〈아리랑, 흙의 노래〉에서 두 주인공 사이에서 분출되는 에너지를 홀로그램 영상으로 시각화한 모습[14]

[그림 15]와 [그림 16]은 극 중 대결 구도의 주인공들이 결투하는 장면에서 두 인물을 둘러싼 아우라와 같은 기류를 홀로그램으로 표현한 모습이다. [그림 15]는 〈카르마:운명의 랩소디〉의 주인공 카르마와 악신 마라가 대결하는 장면에서 서로 타격을 주고받으면서 내뿜는 에너지와 진동의 느낌을 형이상학적인 홀로그램 이미지로 시각화하여 표현한 것이다. [그림 16]은 〈아리랑, 흙의 노래〉의 주인공 오륜과 타락술사 파천이 대결하는 장면에서 분출되는 에너지를 추상적으로 시각화하여 재현함으로써 관객으로 하여금 극적 긴장감과 생동감을 높여주는 효과를 유도한 장면이다.

[그림 17] <아리랑, 흙의 노래>에서 이무기의 혼이 파천의 몸에서
폭발하는 장면을 홀로그램 영상으로 재현한 모습[15]

　[그림 17]은 〈아리랑, 흙의 노래〉의 파천이 오륜과의 마지막 결투에서 최후를 맞이하면서 빙의되어 있던 이무기의 혼이 폭발하여 산산이 흩어지는 장면을 추상적으로 이미지화하여 재현한 장면이다.

초창기 무대영상기술은 가시적인 공간, 사물, 인물 등을 프로젝션맵핑 기법을 통해 무대 위에 직관적으로 재현해내는 정도로 활용되었다. 그런데 최근 영상미디어기술의 발전으로 급부상한 입체무대영상기술은 가시적인 것들을 재현하는 것뿐만 아니라 가시적이지 않은 것들, 즉 감정, 생각, 기운, 기류 등과 같은 느낌까지도 세련된 이미지로 시각화하여 재현해낼 수 있게 되었다. 특히 홀로그램과 같은 기술은 허공에 표현하고자 하는 비주얼을 움직이는 이미지로 공중에 재현해줌으로써 관객들에게 실재감과 몰입감을 증폭시켜준다. 영화가 VFX기법을 활용하여 상상의 나래를 시각적으로 쾌적하게 재현해내는 것처럼 공연도 입체무대영상기술을 활용하여 상상하는 모든 것들을 무대 위에 생동감 있게 재현하는 것이 가능해진 것이다. 앞으로 이러한 입체무대영상기술은 하루가 다르게 급속도로 고도화될 것이며, 관객의 상상력과 해석력 또한 무한대로 확장될 것이다.

Ⅲ. 자유, 그 이상으로 해방된 관객

기존 가치에 대한 저항은 새로운 사유를 낳고, 새로운 사유는 또 다른 가치 혁신을 이끈다. 공연예술과 디지털 테크놀로지의 결합은 새로운 미적 가치를 끊임없이 창출해내면서 관객과의 미적 소통을 확장시켜왔다. 영화의 VFX에 비견할 수 있는 입체무대영상기술을 무대에 도입함으로써 혁신적인 퍼포먼스 미학을 수행하고 관객의 지각에 능동적으로 호소하는 새로운 관객 패러다임을 이끌어낸 것이다.

무대 위에 증강된 가상의 경험은 기존 아날로그 현실의 경험을 초월하는 새로운 공감각적 경험을 선사한다. 즉, "제한된 아날로그 공간에서 제한된 도구와 세트로 행하는 기존 방식의 공연보다 시공간적 개념을 확장시키는 것이 비교적 자유로울 뿐만 아니라 화려하고 풍성한 볼거리로 관객들의 몰입감을 높여주고 다양한 감각을 자극함으로써 깊은 공명11)을 만들어낸다는 것이다."[16] 궁극적으로 이러한 공감각적 경험은 관객을 객석으로부터 해방시키는 결과를 가져온다. 수동적으로 관망하고 관조하는 입장이 아닌 느끼고 생각하며 끊임없이 해석하는 능동적인 관객으로 변화시킨다는 것이다. 능동적인 관객에 의해 생성된 공명은 시간이 흘러도 소멸하지 않고 또 다른 관객에 의해 끊임없이 호흡 되면서 또 다른 분위기의 새로운 공명을 끊임없이 만들어 낸다.

이처럼 오늘날의 관객은 절대가치를 지닌 예술을 수동적으로 학습하는 존재이길 거부한다. 관객은 작품의 메시지를 수동적으로 해석하는 입장에서 벗어나 배우, 조명, 세트, 의상, 도구 등 공연을 구성하는 모든 요소들과 상호작용하는 또 다른 공연 요소이자 자아로서 존재한다. "관객은 더 이상 수동적인 구경꾼이 아닌 '인지하는 관찰자', 즉 거리를 유지하면서 관망하는 관찰자가 아닌 참여를 통해 '공명을 생성시키는 구성원'이라는 것이다. 이러한 관객의 입장에 대해 자크 랑시에르 Jacques Rancière는 자신의 저서에서 '해방된 관객'이라는 개념으로 다음과 같이 설명하고 있다."[17]

---

11) 공명은 순우리말의 문화어로 '울림'이다. 공연에서의 울림은 무대와 관객 사이의 상호교감으로 생성되는 수용자 중심의 공감각적 분위기라 할 수 있다. 이관준, 「증강현실 퍼포먼스의 감성적 지각 연출방안 연구 : 게르노트 뵈메의 분위기 미학을 중심으로」, 동국대학교 영상대학원 박사학위논문, 2019, 11쪽.

"해방은 보기와 행위 사이의 대립이 의문에 부쳐질 때 시작된다. 해방은 말하고, 보고, 행하는 관계들을 구조 짓는 명증성들 자체가 지배와 예속의 구조에 속한다는 사실을 우리가 이해할 때 시작된다. 해방은 보기 역시 이 위치 분배를 확인하거나 변형하는 행위일 수 있음을 이해할 때 시작된다. 관객 역시 학생이나 학자처럼 행위 한다. 관객은 관찰하고 선별하고 비교하고 해석한다. 관객은 자신이 본 것을 그가 다른 무대에서, 다른 종류의 장소에서 보았던 다른 많은 것들과 연결한다. 관객은 자기 앞에 있는 시의 요소들을 가지고 자기만의 시를 짓는다. 관객은 퍼포먼스에 참여한다. 퍼포먼스를 자기 방식대로 다시 하면서, 예를 들어 퍼포먼스가 전달한다고 간주되는 생의 에너지를 회피하면서 퍼포먼스를 단순한 이미지로 만들고 이 단순한 이미지를 자신이 책에서 읽었거나 꿈꾸었던, 자신이 겪었거나 지어냈던 이야기와 연결시키면서 말이다. 그리하여 관객은 거리를 둔 구경꾼인 동시에 자신에게 제시되는 스펙터클에 대한 능동적 해석가이다."[18]

러시아의 연출가 프세볼로트 메이예르홀트 Vsevolod Meyerhold가 관객을 "제4의 창조자"로 정의한 것처럼 관객의 지각과 반응은 공명을 생성시키는 중요한 요소이다. 이에 대해 김겸섭은 "관객은 보는 것만이 아니라 선택하고, 비교하고, 해석한다. 그는 무대 위에서 본 것을 다른 무대에서 본 것들과, 무대 바깥에서 본 것들과 연결시켜 사유할 수 있는 능력이 있다. (중략) 관객의 시각은 작가와 연출가, 배우들의 행위와 마찬가지로 그들이 보고 느끼고 이해한 것을 바탕으로 한 스스로의 작품을 창조한다"[19]고 설명하고 있다.

이처럼 해방된 관객의 존재론적 의미는 지각된 감성을 느끼고, 즐기고, 해석하고, 공유하고, 소통함으로써 무수한 공명을 생성시키는데 있다. 입체무대영상기술의 존재론적 의미 또한 관객이 활력적으로 지각하고 능동적으로 행동할 수 있도록 관객의 감성을 자극하는 것이다.

관객해방은 다매체적이고 혼종적인 공연일수록 그 효과가 배가된다.

특히 첨단 테크놀로지가 미학적으로 집약된 공연일수록 낯선 지각을 구현하는 것이 수월해지며 관객해방효과도 증대된다. 관객을 관망하는 입장에서 해방시키고 무한 상상, 무한 해석, 무한 사유, 무한 공명의 세계로 인도하기 때문이다.

Ⅳ. 소비관객에서 생산관객으로

매체기술의 발달은 관객을 해방시켰다. 공연의 메시지를 순종적으로 받아들이고 학습하던 수동적 관객을 유연하게 감상하고 적극적으로 소통하면서 해석하는 능동적 관객으로 변화시킨 것이다. 이러한 경향은 4차 산업기술이 고도화될수록 더욱 뚜렷해진다.

4차 산업혁명의 핵심기술, 즉 인공지능, 사물인터넷, 자율주행차, 가상현실, 증강현실, 블록체인, 3D프린팅 등과 같은 기술은 '초데이터, 초연결, 초지능, 초실감' 등과 같은 가치를 공통적으로 지니고 있다. 그런데 중요한 것은 이러한 공통 가치의 최종 수혜자가 제각각의 사고방식과 라이프스타일을 지닌 '초개인'이라는 것이다. 이러한 맥락에서 볼 때 4차 산업혁명의 핵심은 초데이터, 초연결, 초지능, 초실감 기술을 기반으로 한 '초개인화Hyper-Personalization 기술'[12]이라 할 수 있을 것이다.

초개인화 기술은 공연계에서도 새로운 변화로 작용하고 있다. 예를 들면 스마트 디바이스를 통해 공연영상을 감상하는 '언택트 씨어터 서비스

---

12) 실시간으로 소비자의 상황과 맥락을 이해하여, 궁극적으로 고객의 니즈를 예측해 이에 정확히 맞춘 서비스와 상품을 제공하는 기술. 김난도 외 『트렌드 코리아 2020』, 미래의창, 2019, 294쪽.

untact theater service'13) 의 발전을 촉진시키는 것이다. 언택트 씨어터 서비스는 말 그대로 공연장에 가지 않고 공연 무대를 간접적으로 감상하는 서비스이다. 이는 공연과는 본질적으로 다른 별개의 콘텐츠로서 공연을 대체할 수 있는 성질의 콘텐츠는 아니다. 그럼에도 불구하고 이러한 개념의 언택트 씨어터는 미래 미디어기술의 발달에 발맞춰 다양한 관람가치를 생성해내는 무한 가능성의 콘텐츠로 확장되고 있다.

사실 언택트 씨어터 서비스는 과거 수십 년 전부터 존재해 온 개념으로서 2006년 뉴욕 메트로폴리탄 오페라Metropolitan Opera의 생중계와 2009년 영국 NT라이브National Theatre Live 등장으로 본격화되고 체계화되었다. 그런데 최근 전 세계적인 질병 바이러스코로나19 확산 방지를 위해 실시되고 있는 '사회적 거리두기'의 시행으로 인해 언택트 씨어터의 수요와 공급이 급증하고 있다. 국내에서 '공연의 영상화'에 가장 앞장섰던 '예술의전당 싹온스크린SAC On Screen'의 경우 단순 스트리밍 서비스임에도 불구하고 2주 만에 73만 뷰를 기록하였다. 재난 덕에 언택트 씨어터의 잠재수요를 시대에 앞서 재발견하게 된 것이다. 또 한편으로는 4차산업시대에 걸맞은 '초개인 언택트 씨어터'의 개발이 절실하다는 것도 깨닫게 되었다. 공연의 오리지널리티에 가려져 인식하지 못했던 부가적인 공연서비스의 숨은 공감각을 발견하는 계기가 된 것이다.

'초개인 언택트 씨어터'는 동일한 공연을 개개인의 성향에 맞춰 감상할 수 있는 개인 맞춤형 서비스를 의미한다. 이러한 서비스는 공연장에서 특정 개인을 위한 맞춤형 공연을 하지 않는 이상 주로 VR, AR, 5G 이동통

---

13) 기존의 언택트 씨어터 서비스는 TV 방송에서 흔히 접할 수 있는 공연중계영상으로 관람자(시청자)가 수동적으로 바라보는 단순 스트리밍 서비스 형태의 콘텐츠를 의미한다.

신 등과 같은 실감형 인터페이스를 통해 개인 체험형 콘텐츠로 제공된다. '태양의서커스Cirque Du Soleil'의 경우 2017년부터 자체 공연작품들을 VR 콘텐츠로 제작하여 서비스하고 있다. 이러한 VR 서비스의 경우 개개인이 원하는 시야를 자유롭게 확보할 수 있으므로 맞춤형 '초개인 언택트 씨어터'의 개념을 반영한 것이라 할 수 있다.

기존 언택트 씨어터가 정형화된 영상을 관조하는 것이라면 초개인 언택트 씨어터는 HMD, 스마트 태블릿 등과 같은 실감형 인터페이스를 통해 개개인이 원하는 장면을 자유로운 시점으로 선택해서 관람하는 서비스이다. 따라서 이렇게 시야를 마음대로 선택 관람하는 방식의 공연영상은 개인의 취향, 습관, 환경 등에 따라 제 각각의 형태가 될 수밖에 없다. 결국, 세상에 단 하나밖에 없는 초개인적인 공연영상으로 재생되고 기록되는 것이다.

언택트 씨어터와 초개인 언택트 씨어터의 가장 큰 차이점은 '공연을 보는' 관객의 자세에 있다. 아니, 어쩌면 '공연에 임하는' 관객의 자세라는 표현이 더 적절할 수도 있다. 태양의서커스 VR과 같은 초개인형 서비스를 접하는 관객들은 관망하지 않는, 능동적으로 소통하고 해석하려는 해방된 관객이기 때문이다. 또한 더 나아가 이러한 관객들은 나만을 위한 나만의 맞춤형 공연을 초개인적으로 만들어내는 '생산관객'이다. 즉, 보여주는 대로 보는 '소비관객'이 아닌 맞춤형 콘텐츠를 생산해내는 진정 해방된 관객이라는 것이다.

이처럼 언택트 씨어터의 초개인화 기술은 소비하는 관객을 생산하는 관객으로 진화시키고 있다. 그리고 생산관객으로의 진화는 초고속, 초연결, 초고화질을 기반으로 한 5G 실감기술의 발달로 그 속도를 더욱 높여가고 있다. 현재 프로야구나 골프와 같은 스포츠 분야에서는 수십 대의 고화질 카메라를 활용한 포지션뷰14), 리플레이뷰15), 매트릭스뷰16) 등과 같은 기능을 탑재한 5G 서비스를 제공하고 있다. 그리고 이러한 기술들은 K-pop 아이돌 중심의 5G 콘덴츠에도 응용되어 서비스되기 시작했으며, 향후에는 더욱 활성화될 것이다.

[그림 18]은 매트릭스뷰 영상을 제작하기 위해 24대의 풀HD급 카메라를 120도 부채꼴로 배치한 모습이다. 이렇게 촬영하여 제작된 영상은 120도 화각 내에서 화면을 좌우로 자유롭게 이동하면서 다양한 시점으로 관람하는 것이 가능하다. [그림 19]는 '라이트필드Light Field'17) 나 '플렌옵틱Plenoptic' 과 같은 기술을 구현하기 위한 카메라 배열 시스템으로서 100~128대의 카메라를 직방형으로 배치한 모습이다. 상하좌우 1~2인치 간격으로 배치된 각각의 카메라는 약 10피트 거리의 피사체에 완전히 중첩되도록 조준되어 있다. 따라서 시점을 사방으로 자유롭게 이동하더라도 피사체가 왜곡 없는 입체로 인식됨으로써 현실감과 몰입감을 높여줄 수 있다. 이와 같은 다시점 영상 촬영기술들-매트릭스뷰, 라이트필드, 플렌옵틱 등-은 초실감형 언택트 씨어터에 매우 적합한 기술로서 미국을 비롯한 유럽 여러 나라에서는 이미 상용화를 위한 다양한 연구개발이 본격적으로 추진되고 있다.

---

14) 관람을 원하는 뷰포인트(1루수, 2루수, 외야, 내야 등)를 실시간 자유롭게 선택해서 볼 수 있는 기능.
15) 다시 보고 싶은 결정적 순간을 실시간 자유롭게 되돌려서 볼 수 있는 기능
16) 피사체를 중심으로 20~60대의 고화질 카메라를 120~180도의 부채꼴로 나란히 배치하여 동시 촬영한 영상을 활용하여 제공하는 관람기능. 다시점 뷰포인트의 피사체가 120~180도의 이어진 모습으로 회전하므로 자유자재로 돌리면서 다양한 각도로 볼 수 있다.
17) 대형 디스플레이나 VR 이용자가 시야각이나 관람위치를 이동하더라도 왜곡 없이 완전 입체의 실감영상을 제공하는 기술로서 라이트로(Lytro)사에서 개발한 기술이다. 동일개념의 기술로 어도비(Adobe)사에서 개발한 플렌옵틱이 있다.

[그림 18] 매트릭스뷰 영상을 촬영하기 위해 24대의 카메라를 120도로 설치한 모습

출처 : 김순신, 「'120도 입체 스윙영상'... 이런 것도 있네!」, 한국경제 기사, 2020년 04월 27일, A27쪽.

[그림 19] 라이트필드(또는 플렌옵틱)미디어를 구현하기 위해 100~128대의 카메라를 직방형으로 배치한 모습

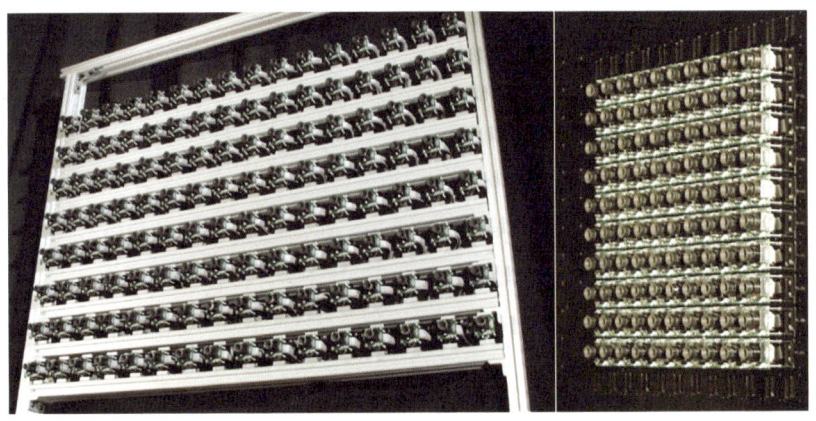

출처 : 스탠포드 컴퓨터 그래픽 연구소(Stanford Computer Graphics Laboratory) 홈페이지 (http://graphics.stanford.edu/projects/array/)

[그림 20] 인텔이 구축한 세계 최대 규모의 360도 볼류메트릭 스튜디오

출처 : 인텔 홈페이지 뉴스룸 (https://newsroom.intel.com/news/huge-geodesic-dome-worlds-largest-360-degree-movie-set/#gs.6wdhx3)

초개인화에 초점을 맞춘 5G 서비스는 실감콘텐츠 제작환경에도 새로운 변화를 이끌어내고 있다. 대표적인 예로 '360도 입체콘텐츠 제작스튜디오'[18]가 있다. 현재 상용화되고 있는 매트릭스뷰 영상은 수평으로 설치된 20~60대의 카메라를 기반으로 좌우 수평방향으로 회전시키면서 관람하는 것이 가능하다. 반면, 360도 입체영상콘텐츠는 [그림 20]처럼 반구半球 형태의 360도 제작스튜디오에서 수백 대의 카메라를 기반으로 제작된 것으로서 상하, 좌우, 대각선 등 어느 방향으로든 자유자재로 회전시키고 확대, 축소할 수 있다. 이러한 360도 스튜디오 기술을 언택트 씨어터에 적용할 경우 관객은 초개인화를 실현하기 위해 다양한 인물, 다양

---

[18] 인텔(Intel)의 볼류메트릭 콘텐츠 스튜디오(volumetric content studio)가 대표적이며, 유사한 시스템으로는 4Dviews(프랑스), 8i(뉴질랜드), Volucap(독일) 등이 있다. 2020년 5월 우리나라 과학기술정보통신부도 100억 원 규모의 예산을 투입하여 아시아 최대 규모(280평 규모, 카메라 200대, 스토리지 약 10PB 수준)의 'K-실감스튜디오'를 개소한 바 있다.

한 각도, 다양한 크기를 실시간 직접 선택하고 제어하면서 나만의 공연을 만들어서 볼 수 있게 된다. 이처럼 5G 시대의 생산관객은 자율 욕구에 의해 초개인화 기술을 스스로 구현하고 문화적 생산성을 능동적으로 끌어올림으로써 완벽한 생산관객이 될 수 있는 것이다.

공연은 생산자이고 관객은 소비자이다. 관객은 욕망을 채우기 위해 재화를 지불하면서 공연장에 입장하고, 공연은 관객의 욕망을 채워주기 위해 공연장에서 용역의 형태로 소비되기 때문이다. 그러나 4차산업시대의 관객은 이러한 전통적 개념에 안주하지 않는다. 미디어기술의 발달과 함께 관조하는 관객에서 해방된 관객으로, 소비하는 관객에서 생산하는 관객으로 진화하고 있다. 4차산업시대의 미디어기술과 콘텐츠는 초개인화를 향해 빠른 속도로 달려가고 있으며, 거기에 부응하는 우리는 부지불식간 '해방된 생산관객'이 되어가고 있는 것이다.

초데이터, 초고속, 초연결, 초지능, 초실감, 그리고 초개인화…. 초개인화의 다음 단계는 어떤 가치의 세계일까? 어쩌면 인간, 인류, 생명의 원초적 경계를 초월하는, 그리고 초월해야만 하는… 그러한 세계는 아닐까? 초인간, 초인류, 초생명의 세계를 상상해 본다.

* 저자 이관준은 본문 속의 <카르마:운명의 랩소디>, <아리랑, 흙의 노래>의 제작자이다.
  – 편집자 주

1   https://www.cirquedusoleil.com/toruk, 2019년 05월 07일 검색.
2   올댓퍼포먼스, <카르마 : 운명의 랩소디>, 베이징공인체육관, 2014년 08월 20일~2014년 08월 31일 공연.
3   올댓퍼포먼스, 위의 공연.
4   올댓퍼포먼스, <아리랑, 흙의 노래>, 정선아리랑센터, 2019년 03월 01일.
5   https://vimeo.com/9782048, 2019년 05월 14일 검색.
6   http://www.newsis.com/view/?id=NISI20100126_0002229722, 2019년 05월 07일 검색.
7   https://4dart.com/en/creation/1998/orfeo/, 2019년 05월 07일 검색.
8   올댓퍼포먼스, 위의 공연, 2014년 08월 20일~2014년 08월 31일.
9   올댓퍼포먼스, 위의 공연, 2019년 03월 01일.
10 https://4dart.com/en/creation/2018/temporel/, 2019년 05월 07일 검색.
11 https://4dart.com/en/creation/2011/la-belle-et-la-bete/, 2019년 05월 07일 검색.
12 https://vimeo.com/145201272, 2019년 05월 14일 검색.
13 올댓퍼포먼스, 위의 공연, 2014년 08월 20일~2014년 08월 31일.
14 올댓퍼포먼스, 위의 공연, 2019년 03월 01일.
15 올댓퍼포먼스, 위의 공연, 2019년 03월 01일.
16 이관준, 「증강현실 퍼포먼스의 감성적 지각 연출방안 연구 : 게르노트 뵈메의 분위기 미학을 중심으로」, 동국대학교 영상대학원 박사학위논문, 2019, 105쪽.
17 이관준, 위의 논문, 106쪽.
18 Jacques Rancière, 양창렬 옮김, 『해방된 관객 : 지적 해방과 관객에 관한 물음』, 현실문화, 2016, 25쪽.
19 김겸섭, 「브레히트의 독자, 랑시에르-"불화"의 연극과 리얼리즘의 갱신」, 인문과학연구 제20집, 2013, 34쪽.

참고문헌

· 김겸섭, 「브레히트의 독자, 랑시에르-"불화"의 연극과 리얼리즘의 갱신」, 인문과학연구 제20집, 2013.
· 김난도 외 『트렌드 코리아 2020』, 미래의창, 2019.
· 이관준, 「증강현실 퍼포먼스의 감성적 지각 연출방안 연구 : 게르노트 뵈메의 분위기 미학을 중심으로」, 동국대학교 영상대학원 박사학위논문, 2019.
· Jacques Rancière, 양창렬 옮김, 『해방된 관객 : 지적 해방과 관객에 관한 물음』, 현실문화, 2016.

게임의 소비자는 숫자다

한 상 기*

> I. 들어가며 - 게임은 숫자다.
>
> II. 게임 산업의 변화
>
> III. 미래의 게임
>
> IV. 나가며 - 게임은 일상이다.

한 상 기*

- 현(現), '카카오 게임즈' 자회사 (주)엑스엘게임즈 재직 중
- 전(前) 넥슨 코리아 근무
- 동국대학교 영상대학원 문화콘텐츠학과 콘텐츠시나리오 석사 수료
- 서울디지털대학 광고홍보영상학과 졸업

게임의 소비자는 숫자다

Ⅰ. 들어가며 - 게임은 숫자다

영화 〈머니볼〉[1]은 아래와 같은 문구로 시작한다.

'자신이 평생 해온 경기에 대해 우린 놀랄 만큼 무지하다.'- 미키 맨틀

이 영화에서는 인성이나 성격 같은 것으로 판단하던 당시 메이저리그의 선수 몸값에 대한 것을 꼬집고 있다. 선수를 평가하는 건 '출루율'이어야 한다는 것이 주인공의 신념이다. 작품 내에서 그것은 적중했다. 결국, 주인공과 영화가 말하고자 한 중요한 포인트는 무언가 문제점을 해결하거나 목표를 설정하기 위해서는 데이터에 기반을 둬야 한다는 것을 말하고 있는 것이 아니었을까.

---

[1] 2011년 9월 23일 개봉한 베넷 밀러 감독의 영화. 실화를 바탕으로 쓴 소설 '머니 볼'을 원작으로 했다.

게임 역시 기록과 데이터의 세계다. 모든 게임은 영화 〈매트릭스〉의 세상처럼 숫자로 구성되어있다. 숫자가 캐릭터나 그래픽, 익숙한 형태의 룰을 갖춘 놀이로 포장되어있는 것이 게임이다.

현재 모바일 게임에서 가장 중요하면서 큰 즐거움을 선사하는 '가챠 Gacha'2) 역시 확률에서 시작해서 확률로 끝난다. 이렇게 모든 것이 숫자로 되어있던 게임을 개발자들 역시 너무 감성적으로만 접근하였고, 문제의 분석이나 해결도 유저의 여론에 휩쓸려 다니기 일쑤였다. 유저의 피드백을 받는 것이 물론 좋은 해결 방법 중 하나지만, 유저들 역시도 자신의 주관을 이야기하는 경우도 있기에 항상 정답이 될 수만은 없었다. 데이터의 제한이 심할 때 좋은 게임의 조건은 적은 용량으로 최고의 표현을 하는 것이었다면, 빅데이터와 인터넷의 비약적인 발전으로 인해 이제는 사소한 것 하나까지 모두 기록할 수 있고, 오랜 기간의 데이터를 축적할 수 있는 발전에 도달하게 되었다. 이 거대한 데이터를 이제 효율적으로 정리하는 단계에 이르게 되면서 게임 자체를 지배하던 숫자는 이제 영화 〈머니볼〉의 출루율과 같이 게임을 넘어 소비자인 유저까지 숫자 형태로 된 데이터로 접근하는 시대가 도래한 것이다.

필자는 현재 모바일 게임업계에서 데이터를 어떻게 활용하고, 개발과 사업에서 활용하는지 얇고 넓은 지식과 경험을 통해 주관적인 이야기를 해보고자 한다.

---

2) 일명, 뽑기. 원하는 캐릭터나 장비를 뽑는 콘텐츠를 뜻한다.

Ⅱ. 게임 산업의 변화

게임이 처음 등장했을 때는 누구도 유저를 데이터의 기준으로 접근하지 않았었다. 개발자의 철학과 유저의 여론으로 좌지우지되던 것이 초기 게임이 바뀌는 동기였다. 이러던 게임의 변화 동기가 현재에 와서는 데이터로 게임을 볼 수밖에 없었는지 과거를 돌아볼 필요가 있다.

1. 게임 산업과 함께 변화한 유저

레트로 게임은 개발자의 철학과 같은 감성으로 접근하고, 참신함으로 승부하는 정공법의 세계였다. 그리고, 게임 자체가 지금처럼 많은 타이틀이 출시되지 않았기 때문에 유저들은 하나의 게임을 좀더 곱씹어 가며 클리어할 수밖에 없었다. 그래서 콘텐츠의 수명을 개발사에서 컨트롤하는 것이 아닌 유저가 자체적으로 즐길 거리를 늘려가는 방식이었다. '삼국지 영걸전'[3] 의 플레이 방식 중 '1599'라는 것이 있다. 마지막 스테이지에 출전 가능한 15명의 장수를 99레벨까지 만드는 걸 뜻하는데, 단 한 번의 비효율적인 플레이도 용납하기 어려운 난이도라 불린다. 결국, 이러한 것도 유저가 스스로 목표를 만들어 계속해서 플레이의 재미를 찾아가던 일례라 하겠다.

---

[3] 코에이(Koei)사에서 개발한 SRPG. 1995년 2월에 출시하였고, 이후, '삼국지 공명전', '삼국지 조조전'으로 시리즈가 승계되었다. 넥슨에서 '삼국지 조조전 Online'이라는 이름으로 리메이크되어 2016년 10월 7일에 출시 되었으나 2020년 6월 11일 서비스 종료 예정이다.

<그림 1> '삼국지 영걸전' 시리즈인 '삼국지 조조전 Online' 게임 장면

출처 : 삼국지 조조전 Online 정식출시! 론칭 프로모션 영상 2016.10.06. https://www.youtube.com/watch?v=xHFhybZnJKo)

　예전에는 유저들의 표본이 적다 보니, 작은 목소리에도 많은 피드백이 갔고, 후속작에서 변화가 보이는 것도 볼 수 있었다. 하지만, 서브컬쳐 팬들의 집합소였던 게임의 시장이 거대하게 바뀌면서 TV에서도 광고하는 것을 쉽게 접할 수 있고, 비게임 유저들의 유입이 자연스러울 정도로 대중화되었다. 이러한 변화 속에서 예전 소수 표본이었던 게임 마니아들의 의견만 들어서는 모든 유저의 니즈에 충족된다고 하기에는 무리가 있었다. 게임에 많은 시간을 투자하는 유저들의 의견은 경험과 실험에서 비롯되기 때문에 분명 게임의 밸런스나 발전을 위한 좋은 의견이 많지만, 주관적인 의견들이 분명 섞여 있고, 악의적으로 본인이 주로 플레이하는 캐릭터나 직업이 약하다는 여론을 조장해서 게임을 더 안 좋게 만드는 예도 있으므로 개발자의 입장에서는 항상 게임을 변화시킬 때 고심해야만 한다.

<그림 2> '별의 커비' 시리즈인 '별의 커비 스타얼라이즈' 게임 장면

자료 : 별의 커비 스타 얼라이즈 소개 영상 2018.04.05
(https://www.youtube.com/watch?v=qk8mlbBhHuY)

    2020년 현재 8세대를 거쳐오며, 바뀌어온 '포켓몬스터'[4] 시리즈의 변화를 살펴보면, 왜 이러한 변화를 선택했는가에 대한 답을 찾을 수 있지 않을까. 이전에는 매우 복잡했던 개체 값 시스템이 많이 단순화되었고, 접근성을 높였다. 많은 신규 유저들을 위한 선택이라 봐야겠다. 역시 닌텐도 게임 중 '별의 커비'[5] 시리즈 역시 시리즈 초기에는 귀여운 캐릭터성과는 반대로 어려운 퍼즐과 복잡한 구성이었다. 하지만, 기존의 팬들을 거의 버린다는 각오로 완벽하게 유아 대상이 되어버린 게임 IP로 탈바꿈하고 다른 성공의 길로 가고 있다. 닌텐도에서 '포켓몬스터'와 '커비'의 프랜차이즈를 이렇게 변화시켜가는 데는 이유가 있다. 난이도가 높은 코어

---

[4] 1996년부터 2019년까지 총 8세대의 게임 시리즈가 출시되고 있는 수집형 RPG. 일반인들에게는 애니메이션 시리즈가 더 친숙하다. (Nintendo)의 세컨드 파티인 게임프리크(GAME FREAK)에서 개발되고 있다.
[5] 1992년 4월 27일 발매된 후, 2019년까지 10여개의 시리즈가 출시되고 있는 횡스크롤 액션 게임 시리즈. 닌텐도(Nintendo)의 세컨드 파티인 HAL 연구소(HAL Laboratory, Inc./HALLAB)에서 개발되고 있다.

게임은 대중들이 접하기가 어렵다. 확실히 대중적 성공 가능성이 있기에 누구나 쉽게 접할 수 있는 편이 훨씬 시장 논리에서는 유리하다고 판단 내릴 수 있겠다. '포켓몬스터'나 '커비'의 '메타크리틱Metacritic'1 점수를 보면 일명 '고티GOTY'6)와는 거리가 있다. 70점~80점 대 정도로 평작 수준의 평가를 확인할 수 있다.

<그림 3> '포켓몬스터' 시리즈인 '포켓몬스터 소드 실드' 게임 장면

자료 : [공식]「포켓몬스터소드·실드」 NEWS #03 포켓몬 배틀편 2019.08.16
(https://www.youtube.com/watch?v=LstteDHCfXg)

하지만, 판매량에서 왜 이러한 선택이 옳았는지 여실히 보여주고 있다. 어린이층의 고객들이 해당 나이가 될 때 계속해서 유입되었으며, 청소년이 되면 빠져나가고, 새로운 충성 고객들이 생겨난다. 이렇게 지속적인 유저 유입이 반복되는 것이다. 필자가 어릴 때 애니메이션으로 접하고, 게임을 구매하던 1996년 1세대의 '포켓몬스터'가 벌써 2019년에는 8세대

---

6) Game of the Year의 약자. 매년 각 게임 웹진에서 올해 최고의 게임을 선정하는데 이를 칭한다.

에 이르게 되었다. 애니메이션의 제작과 게임의 구매가 자연스럽게 연결되어있는 원소스멀티유즈OSMU의 시초라 할 수 있는 구조가 잘 갖춰진 탓일까. 오랜 세월이 지나도 매 세대에서 천 만장이 넘게 팔리는 타이틀이 되었다.

모바일 게임에서 핵과금 유저[7] 와 무과금 유저[8] 로 대변되는 두 집단의 갈등은 어느 누가 옳다고는 할 수 없지만, 결국 머리가 두 개이고 몸이 하나인 새와 다를 게 없다. 정치권에서 이슈화되었던 공명지조[9] 와 같이 결국 신규 유저와 구 유저도 같은 형태로 살아가고 있는 것이다. 결국에 게임이 서비스 종료를 하면 핵과금 유저는 투자했던 모든 것이 사라지고, 무과금 유저도 즐길 거리가 사라지게 된다. 둘 다 결국 손해를 본다고 볼 수 있다.

상위권을 유지하는 핵과금 유저는 자신을 뽐낼 대상이 필요하다. 망해가는 게임들의 고랭크 핵과금 유저들의 특징 중 하나는 게임사에게 강력하게 게임에 대한 개선을 요구하기 마련이다. 주로 많이 지적하는 사항이라 한다면 그들이 모객을 해오지 못한다는 점이다. 빠른 업데이트 주기와 많은 마케팅을 요구한다. 이벤트를 하면 신규 유저를 붙잡기 위해 사실 아이템을 많이 지급해주고 성장의 속도를 높여주는 것만큼 효과적인 방향이 없다. 그러한 과정에서 게임에 재미나 만족을 느껴 과금한다면 게임을 더 오래 하게 되는 것이고 아니면 이탈하게 되는 생태계의 반복이다. 어쨌든 초반 이벤트를 통해 보상하면 유저층이 두터워지지만, 게임사의

---

[7] 명확한 기준은 없지만 한 달에 1000만원 이상 게임에 투자하는 유저를 칭한다.
[8] 게임에서 기본적으로 주어지는 시간으로 생산 가능한 인프라로 한 푼도 쓰지 않고 플레이를 하는 유저
[9] 共命之鳥. 불본행집경 및 잡보장경에 등장하는 머리는 두 개로 몸은 하나인 새를 뜻함. 나무위키(https://namu.wiki/w/공명지조) 2020.05.30. 검색

능력에 따라 후반 콘텐츠가 빈약하다면 게임의 수명이 더 단축되고, 돈을 쓴 유저들은 돈을 쓴 보람이 없게 되고, 결국 과금 유저와 무과금 유저와의 차이가 없어지므로 인해 과금 유저들의 지출이 줄어들면서 점점 게임 매출의 급격하게 하락하기 시작한다.

이 두 세력 간의 선을 지켜주는 것이 사업부와 개발사가 해줘야 하는 사항인데 경험이 부족한 게임사들은 이것을 간과한다. 잘 만들어지고 재미있는 게임일지라도 결국 모바일 게임의 수명은 양분화되어있는 유저간의 만족도를 적절히 맞춰야 생존하게 되는 것이다.

과금을 많이 하는 유저는 확실히 그 과금의 보상을 책임져주는 것. 이래서 나오는 시스템 장치가 확률 가챠에 의한 랜덤성과 함께 천장 시스템 10) 이라는 일정 과금을 하면 보상으로 원하는 것을 확정 지급해주는 방법이 있다.

게임사에서는 많은 동원할 수 있는 마케팅 수단을 모두 동원하여, 지속해서 새로운 유저를 모으고 이렇게 유입된 유저들이 오래 남을 수 있도록 잔존율을 높이는 것이 기본적인 사업 전략이다. TV나 유튜브에서 쉽게 게임광고를 접하는 되는 이유는 바로 이것 때문이다.

2. IT의 3대 키워드 클라우드, 빅데이터, AI

거대 IT 업체들은 현재 클라우드, 빅데이터, AI라는 키워드에 주목하고 있다. 이 3가지 정보통신 관련 분야에 정부에서 5조를 투자한다.[2] 왜 국가 차원에서 이것에 목매고 구글Google이나 아마존Amazon, 테슬라Tesla, 유

---

10) 뽑기를 일정 횟수에 도달했을 때 원하는 뽑기 결과를 보장해주는 시스템

튜브YouTube가 왜 모두 이곳에 주목하는가?

<표 1> 지능정보기술투자 분야 및 내용

투자분야	사업수	투자금액	내용
클라우드 컴퓨팅	313	6,008	국가보훈처 G-p클라우드 전환사업 등
빅데이터	132	3,670	국세청 엔티스 빅데이터 도입 등
인공지능	111	3,283	과기정통부 ICT기반 공공서비스 촉진사업
사물인터넷	47	1,987	해양수산부 IoT기반 항만물류 기술개발
모바일	34	483	복지부 모바일 헬스케어 플랫폼 개편 및 관리 등
블록체인	11	113	관세청 블록체인 기반 전자통관 등
VR / AR / MR	15	166	산업부 제조 AR서비스 보급 등
5G	8	1,111	과기정통부 지능정보서비스 확산 등

자료 : "내년 국가 정보화 5조 투자, 클라우드 > 빅데이터 > AI 順", 『아이뉴스24』(2019.12.09.)
(http://www.inews24.com/view/1227958)

단순한 데이터 세이브를 넘어 이제 거대화된 클라우드를 통해 더 많은 데이터를 수집하고, 활용한다. 테슬라의 약관·정보수집 동의·자동차 역시 소비자의 데이터 하나하나를 소중하고 수집하고, 이것에 동의한 사용자에게 이익Benefit을 준다.

'노아Navigation On Autopilot'[11] 도 그러한 기능 중 하나라고 알려져 있다. 국내 자동차 기업들이 외국 자동차의 기술력은 이제 어느 정도 따라잡았

---
11) 테슬라(Tesla)의 자율주행 시스템

다는 것은 많은 사람들이 느끼고 있을 것이다. 하지만, 기술력만으로는 뒤처진 노하우의 공백이 항상 느껴지기 마련인데, 바로 그건 유저들이 자동차를 운전하면서 쌓이는 의미 있는 데이터다. 세계에서 알아주는 거대한 자동차 산업의 대표주자인 벤츠나 BMW, 폭스바겐, 토요타는 전 세계에서 수집되는 이런 운전자들의 데이터를 항상 주시하여 새로운 모델에 반영하고 있다. 이에 후발주자라 할 수 있는 테슬라 역시 빅데이터와 클라우드, 다른 자동차 메이커들에서는 시도하지 않는 즉각적인 업데이트 형태의 새로운 형태의 서비스 제공을 하며 구매자들을 납득 시켜가는 것이다. 그들이 변화하는 포인트는 바로 고객 즉, 소비자의 사용 패턴에 맞춰져 있고, 후발주자인 테슬라는 이것에 더 기민하게 대응하는 시스템이 생존방법이라 여겼을 것이다. 이러한 한 후발주자의 도전으로 기존의 왕좌를 유지하던 그룹들도 긴장하며 변화에 동참할 수 밖에 없게 될 것이다.

<그림4> 테슬라의 NOA 기능 설명

자료 : 테슬라 (https://www.tesla.com/)

용량의 제한이 이제 거의 없다고 봐도 무방한 이 시대에 시시콜콜한 것까지 모두 기록이 가능해지는 게임의 유저 데이터는 게임이 가진 본질적인 문제점을 진단하는 좋은 방법이 되었다. 이는 소비자를 숫자로 인식하는 게 얼마나 유익한 방식인지를 확실히 알려준다.

예전에는 유저의 반응 하나하나에 반응하여 게임을 수정해나갔다면 이제는 유저가 빠져나가는 구간, 유저가 유지되는 구간을 데이터로 파악하여 진짜 문제점에 가깝게 접근할 수 있다.

예를 들어 튜토리얼[12] 부분에서 이탈이 높다. 그러면 해당 튜토리얼 각 튜토리얼 단계에 로그를 기록하도록 해놓고, 어떤 단계에서 이탈이 높은지 유저가 해당 단계를 통과했는지 세부적으로 기록을 한다. 이렇게 되면, 신규 유저가 어느 단계에서 더 이상 접속을 안 하는지 확실히 분석할 수 있게 되고, 이후, 이 부분을 개선하고 다시 잔존율을 확인한다. 반복하다 보면 분명 해당 부분에서 유저들의 이탈 곡선이 완화되는 것을 확인할 수 있다.

위와 같은 쓸데없는 데이터들을 저장하는 것이 현실이 아니라고 의심하는 독자가 있을 수도 있다. 하지만, 실제 위 사례는 현업에서도 사용하고 있는 형태의 데이터 기법이다. 데이터 저장의 대용량화는 쓸데없는 데이터들도 모두 저장할 수 있는 블랙박스가 되어가는 것이다.

이제 업계에서는 이 데이터들을 더 의미 있게 분석해가는 것에 주안점을 두고 있으며, 넥슨과 같은 대기업들은 데이터 분석만을 의뢰받아서 필요한 데이터를 분석하는 조직도 별도로 운영하고 있다.

---

[12] Tutorial, 게임을 처음 설치했을 때, 해당 게임을 하는 방법을 일일이 설명해주는 것을 지칭한다.

3. 모바일 게임의 판을 바꾼 과금러들

　인디게임의 블루오션이었던 모바일 시장에 대기업들이 뛰어들기 시작하면서 그 판은 크게 바뀌었다. '애니팡'[13] 과 같은 단순한 게임이 대세였던 모바일 게임 시장이 이제는 PC에서나 플레이하던 대형 MMORPG의 격전지가 되어버렸다.

　생태계 교란의 종착지는 리니지M의 출시와 함께 '린저씨'[14] 들이 몰려오면서부터 완전히 정해졌다. 작게만 느껴졌던 모바일 게임 시장에서 '린저씨'들의 등장은 충격을 불러왔다. 이들의 과금력은 실로 어마어마한 것이었다. 2017년 6월 21일 출시 당시 일 평균 이용자 150만, 누적 가입자 700만, 일 평균 매출 90억 원을 달성했다.[3]

　모바일 게임은 특성상 상위 순위에 노출되어야 신규 유저의 관심도가 높아지고, 이들의 유입으로 성공의 기회를 얻게 되는 구조였다. 하지만, 상위 랭크를 대기업의 코어 게임들이 차지하고 나서부터 이러한 생태계에 이상이 생기기 시작했다.

　물론 이런 와중에도 마켓들은 여전히 인디 게임들을 지원하는 사업을 하거나 피쳐드Featured[15] 를 하는 데에도 노력하고 있고, 아직도 많은 영세 개발자들이 꿈을 품고 도전장을 내밀고 있다. 하지만, 소비자들의 높아진 기준 때문에 소형 인디 게임들은 힘든 길을 가고 있다.

　유튜브에서 중간 광고와 같이 게임에서도 광고를 보면 게임 아이템을 지급하는 시스템을 통해 무과금 유저들에게 일정의 타협점을 제시하는

---

13) 선데이토즈(SundaytoZ)에서 2012년 7월 30일 출시한 모바일 퍼즐 게임. 출시 당시 평소에 게임을 하지 않던 유저들을 많이 끌어모아 화제가 되었다.
14) '리니지를 하는 아저씨'를 줄여 칭하는 말
15) '애플'(Apple)사의 앱 스토어(App Store)의 마켓 게임 분야의 메인에 게임이 소개되는 것을 칭한다.

게 일반적이다. '길 건너 친구들'[16] 이라는 인디게임 역시 이러한 수익 시스템을 통해 인디게임의 성공 가능성을 보여준 바 있다.

유튜브에서도 비슷한 현상들을 목격해볼 수 있다. 선점 효과와 대중의 물결은 무시하기 어렵다. 백종원 씨의 유튜브 채널 구독자 수 추이를 확인해보면 그 움직임은 여실히 드러난다. 지상파 방송사들도 이제 유튜브를 활용하고 있다. 이렇게 개인 크리에이터들 역시 소속사로 뭉쳐져 가고 있고, 모바일 게임의 대기업 잠식화와 비슷한 수순이 보인다. 이제는 연예인이라 볼 수 있는 백종원 역시 요리 컨셉으로 유튜브 채널을 개설하였는데, 3일 만에 무려 100만 명의 구독자를 모았다.[4]

4. 모바일 마켓 : 구글 플레이, 애플 앱스토어

모바일 게임에서 가장 큰 매출을 나는 구간이 존재한다. 바로 유저들이 가장 지출에 대한 고민이 적어질 때이다. 그건 바로 월급날과 관련이 있는 월말 월초이다. 이 시기에는 과금 그래프가 껑충 뛰는 것을 확인할 수 있다. 그래서, 집중 과금이 필요한 패키지 상품 역시 이 주기에 맞추어 제공하는 것을 목표로 하며, 모든 구매패턴을 커버하기 위해 월중에 구매한도가 정해져 있는 상품들을 디자인하게 된다. 이러한 구매패턴을 발견하기 쉬워진 것도 데이터의 수집과 분석이 이전보다 쉬워졌기 때문이다. 모바일 애플리케이션 마켓에서 제공하는 과금 데이터는 게임 업체들에게 새로운 사업 방향을 제시하고 있다.

모바일 마켓으로 인해 세계의 소비 경계가 사실상 사라졌다. 이제 전

---

16) 힙스터 웨일(Hipster Whale)에서 2014년 10월에 출시한 고전게임 '프로거'(Frogger, Konami에서 개발하고 1981년에 출시된 아케이드 게임)를 오마쥬한 게임

세계의 어떤 국가의 유저든지 게임을 플레이하고 과금하는 것이 간편하게 바뀌었고, 국가별 빌드 역시 마켓에서 제공을 잘 해주고 있다. 이제 전문적으로 애플리케이션 마켓 데이터 통계를 내고 분석하는 '게볼루션'[5] 과 같은 전문 업체들도 생겨났으며, 웹이나 애플리케이션을 통해 일반인도 손쉽게 조회할 수 있다. 세부적인 분석데이터는 과금을 통해 제공한다.

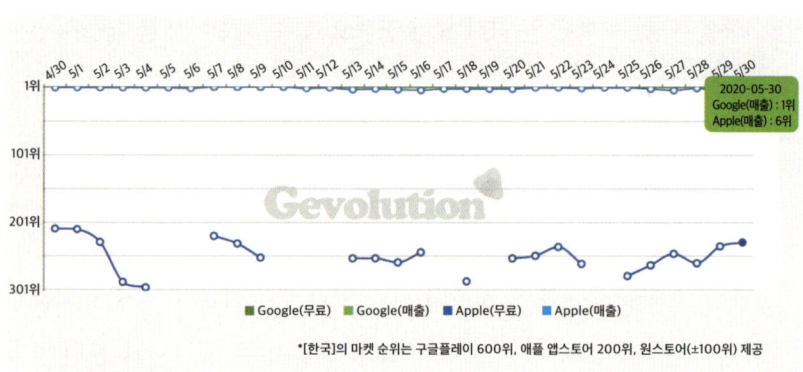

<표 2> 리니지2 한달 간 매출 순위 변동 차트

자료 : 게볼루션 (http://www.gevolution.co.kr/) 2020.05.30. 검색

게임의 마켓은 더 국내에 국한되지 않는다. 마켓 자체가 글로벌하게 열려 있다. 해당 국가의 언어도 요즘은 손쉽게 전문 외주업체를 통해 로컬라이징[17] 할 수 있는 시스템 역시 갖춰져 있다. 대기업의 경우에는 자체적으로 로컬라이징 팀을 운영하는 예도 있다.

---

17) Localizing : 언어 현지화

5. ARMY들 게임에서 BTS를 만나다

자유로운 수출이 쉬운 애플리케이션 스토어 덕분에 'BTS' 역시 게임 마켓에 도전장을 내게 되었다. '넷마블'의 방준혁 의장, '빅히트엔터테인먼트'의 방시혁 대표가 뭉쳤다. 여담이지만 둘은 친척 관계라 알려져 있다. 이 둘의 합작으로 BTS를 이용한 게임이 공개되었다. 'BTS 월드'는 기존 게임 유저와는 완전히 새로운 파이Pie라 할 수 있는 소비자들을 게임 시장에 불러들였다. 바로 '아미A.R.M.Y'를 대상으로 한 게임이 등장한 것. 출시의 반응은 생각보다 강력했다. 린저씨와 '아미'의 대결도 초미의 관심사였다.

하지만 출시 직후, '넷마블'의 주가가 폭락했다. 뭐 사실 출시 직후 게임사의 주가는 내려가는 법칙이 있긴 하지만, 원인은 다른 것으로만 평가하는 시선들이 많았다. 게임의 평점은 아미들의 힘으로 상당히 높았다. 하지만 그 과금력 있는 팬들의 지갑을 열기는 힘들었다. 사실 이러한 형태의 아이돌 콘텐츠 게임들이 없었던 것은 아니다. 더 많은 아이돌 팬을 수렴할 만한 게임들도 존재했었다. NHN에서 출시했었던 '아이돌 드림걸즈'라는 게임이 있었는데, 2014년 걸그룹 홍수 시절이라 불리던 당시 활동 그룹이던 미쓰에이, 소녀시대, 원더걸스, 시크릿, 씨스타, 애프터스쿨, f(x), 레인보우 등을 매니지먼트할 수 있는 육성 시뮬레이션 장르로 팬들이 관심을 가질만한 게임이었다. 하지만 초기의 기대와 달리 게임은 6개월만에 서비스 종료에 이르게 된다. 필자도 당시 소녀시대의 팬으로 해당 게임을 접했지만, 게임 자체가 반복적이고, 미니게임 위주인데다 메인 게임 마저도 재미를 찾기 어려웠고, 모으기 위한 사진의 퀄리티도 사실 기대에 미치지 못했다.

아마 넷마블도 이러한 선례들을 많이 참고했을 것이고, 대한민국 역사상 유일무이한 성공을 거둔 대형 스타인 BTS의 잠재력을 믿었을 것이다. 하지만 역시 게임은 게임이다. 이제껏 거의 실패율이 적은 IP 운영력을 가진 넷마블도 아미만을 위한 게임을 만들다 보니 매출이 예상외로 저조했다. 하지만, 필자는 아미들만을 타겟팅으로 삼은 게임치고는 글로벌 랭킹이 상당히 높다고 평가하고 싶다. 여전히 100위권에 머무는 매출 순위가 그 반증이다. 더 큰 성공을 위해서 앞서 망했던 아이돌 게임들을 좀 더 참고할 필요가 있지 않았을까.

유저들의 반응이 싸늘했던 건 일단 생동감이 없는 BTS와의 의사소통 방식이었다. 팬심으로 초반에 시작했지만 결국 BTS에게 오는 통화나 메신저와 같은 연출은 오글거리거나 비슷한 대화 패턴으로 인해 흥미가 떨어진다.

'BTS 월드'가 사실 추구하고자 했던 건 BTS와 연애하는 느낌을 들게 하는 것이 아니었을까? 연애 시뮬레이션 장르는 사실 게임계에서는 역사가 꽤 오래된 장르이다. 차라리 이런 장르의 장점과 진화 과정들을 분석하는 방법도 있었을 것이다. 아니면 게임 내에서 좀 더 성장하는 모습을 강조하고 싶었다면 육성 시뮬레이션 장르도 선택지였을 것이다. 오타쿠를 대상으로 선전하고 있는 '아이돌 마스터'[18] 시리즈의 형태도 참고할 수 있었을 법하다.

---

18) 2005년부터 2019년까지 이어지는 육성 시뮬레이션과 리듬 액션의 혼합 장르

<그림 5> 'THE IDOLM@STER CINDERELLA GIRLS STARLIGHT STAGE' 게임 장면

자료 : 【アイドルマスター シンデレラガールズ スターライトステージ】事前登録15秒 2015.06.28
(https://www.youtube.com/watch?v=6HNSwfi4DEw)

실제로 유저가 원했던 건 뭔지 어떤 체험을 해야 만족감을 얻을 수 있는지 알 필요가 있었던 것이다. 앞서서 실제 아미들을 대상으로 게임을 체험시키고, 유저 행동 패턴을 분석할 필요가 있다. 사실 이미 대기업들을 FGT Focus Group Test라는 방식을 통해 게임이 가야 할 방향을 가늠하기도 한다. 아미 특화 게임인 BTS World는 좀더 FGT를 심화할 필요가 있는 장르였다. 대기업인 넷마블에서 이렇게 허술하게 게임을 만들었다는 점에서 의아하긴 했다.

BTS의 두 번째 게임 신작 역시 곧 출시할 것이다. 이 게임은 앞서 출시했던 BTS WORLD가 얼마나 큰 타산지석이 되었는지 확인할 수 있는 자리가 될 것이다. 데이터가 제시하는 두 번째 BTS 게임은 과연 어떤 모습이고, 어떤 결과가 될지 주목할 필요가 있다.

스토리텔링에 중점을 뒀다는 점과 3D 캐릭터로 변신한 BTS 멤버들의 모습을 티저로 공개하면서 큰 기대를 불러일으키고 있다.

Ⅲ. 미래의 게임

이렇게 대략적인 데이터 기반이 어떻게 활용되었는지 게임 데이터의 역사와 함께 알아보았다. 이렇게 파악된 데이터를 통해 앞으로 게임 산업은 어떠한 새로운 신기술과 콘텐츠를 준비하고 있을까? 이 데이터 기반의 환경이 앞으로 어떻게 활용될지 미래를 준비하는 게임 산업들의 모습을 더 살펴보기로 하자.

1. 게임의 미래는 VR, AR, 뇌파 컨트롤러?

게임의 미래는 마치 VR, AR[19]인 것처럼 이야기가 되어오던 시절이 있었다. 그리고, '포켓몬 고'[20] 뉴스가 끊이지 않던 시절이 있었다.

VR 게임은 고글 형태의 디스플레이를 통해 완전한 1인칭의 입장에서 마치 게임 안의 세상에 직접 들어가 는 것과 같은 플레이 형태의 게임이며, AR 게임은 카메라를 통해 현실의 모습을 담고 나서 그 이후에 현실에 일부 게임 그래픽의 형태를 혼합해서 보여주는 방식이라 이해하면 된다.

평소 다니던 출퇴근 또는 등굣길에서 자신이 친숙해서 게임에서 만났던 캐릭터나 몬스터를 조우하게 된다며 이 얼마나 반가운 일이겠는가? 배

---

19) 증강 현실(Augmented Reality) 가상현실과는 다르게 현실을 비추는 현실 세계에 가상현실의 형체를 겹쳐 보여주는 방식이다.
20) 2016년 7월 출시한 포켓몬스터의 외전 시리즈. 나이언틱(Niantic, Inc.)에서 개발하였다.

경은 현실의 카메라가 담고 이 위에 캐릭터가 실제 있는 것처럼 겹쳐서 표현된다. 이것이 AR 게임이다.

VR게임은 본인이 지구를 침공한 외계인들과 우주에서 일전을 벌인다든지 좀비가 우글거리는 저택에서 살아남기 위해 고군분투하는 과정을 표현할 때 배경마저도 완벽한 3D로 구현된 세계에서 고글이나 안경을 쓰고, 360도 시점을 통해 체험하는 것이다.

AR게임의 경우 현실의 위치를 카메라에 담고, 해당 지역에서 몬스터가 출몰하는 것을 납득시킬 수 있는 구현을 위해서는 GPS와의 연동이 필요했다. '포켓몬 고'를 플레이해보면 하천 변에서 산책하면 물 속성이거나 물 근처에서 살법한 포켓몬스터가 많이 출몰하는 것을 볼 수 있다. GPS 분석을 통해 주변에 하천이 있어서 그렇게 되는 것이다. AR 증강 현실과 위치기반 GPS의 혼합은 사업성이 있어 보였고, 후속 게임들이 장르에 도전장을 낸 바 있다.

'토종 포켓몬 고'라는 가명을 달고 나왔던 많은 게임이 개발 중단의 순서를 밟는 모습을 자주 보여왔다. 국내에서 '몬타워즈 AR'[21] 이라는 게임이 출시된 적이 있었는데 공식 카페를 둘러보면 2018년 이후 아무런 관리가 안 되고 있다. 이후, 이러한 형태의 게임 출시 소식은 접한 바 없다. 오랫동안 아무런 후속 게임이 없었고, 얼마 전 다시 가능성이 있는 신작이 등장했다.

바로, 스퀘어에닉스사의 '드래곤 퀘스트 워크'[22] 이다. 이 게임은 일본 모바일 게임 매출 순위 상위권에 랭크 되면서 주목받고 있다. 파이널 판

---

21) 2018년 5월 15일 출시한 증강 현실 모바일게임. 버프스톤(BuffStone)에서 개발하였다.
22) 2019년 9월 5일 스퀘어 에닉스(SQUARE ENIX Co.,Ltd.)에서 개발한 증강 현실 모바일게임. 자사 IP인 드래곤 퀘스트를 활용하였다.

타지[23] 시리즈와 함께 JRPG[24] 의 양대 산맥으로 일컬어지는 일본 대표 게임이다.

<그림 6> '드래곤 퀘스트 워크' AR 관련 장면

자료 : '드래곤 퀘스트 워크' :https://www.dragonquest.jp/walk/

'포켓몬스터'와 '드래곤 퀘스트'[25] 두 강자의 성공을 보며 내린 실망스러운 결론은 이거다. AR, 위치기반 이런 것은 중요하지 않았다. 이미 익숙하고 역사가 오래된 게임의 새로운 형태 중 하나일 뿐. 새로운 기술이 아니라 '포켓몬스터'와 '드래곤 퀘스트' 본연의 IP 파워였던 것이다.

AR는 주로 카메라가 장착되어있는 모바일 플랫폼으로 많이 활용되고 있다. VR은 반대로 거치형 게임기인 콘솔형 게임에서 많이 활용되고 있

---

23) '드래곤 퀘스트'(Dragon Quest)와 더불어 스퀘어 에닉스(SQUARE ENIX Co.,Ltd.)의 대표 RPG. 1987년 12월 18일 '파이널 판타지'(FINAL FANTASY) 1편이 출시된 이후, 2016년 11월에 '파이널 판타지 15'가 출시된 상태다. 최근에는 2020년 4월 10일 ;파이널 판타지 7'이 화제 속에 리메이크 되었다.
24) Japanese Role Playing Game. 일본식 RPG를 뜻한다.
25) 1986년 5월 27일 처음으로 발매한 일본의 국민 RPG. 시리즈를 거듭하여 2017년 7월 29일 '드래곤 퀘스트 11'이 출시되었다.

다. VR은 가상현실이기 때문에 1인칭 게임에서의 활용도가 극대화된다. 그렇기에 특유의 멀미 현상이 동반되어 장기간 플레이는 힘든 단점이 있다. 그리고, 모션 카메라 인식을 위해 공간의 제약을 많이 받을 수밖에 없다. 그리고, 멀미 현상의 최소화와 실제 가상현실이라는 느낌을 위해 그래픽 퀄리티의 타협을 하는 순간 몰입도가 급격하게 하락하게 된다. 그래서, 하이엔드HighEnd26) 급 그래픽 표현이 가능한 콘솔 게임기(거치형 게임기)나 PC에 집중되는 것이다. 이제서야 평가가 괜찮은 게임들이 출시하고 있는 수순이라 앞으로의 발전 가능성과 장르의 다양화까지 기대해 볼 만하겠다. 필자가 생각하는 궁극의 가상현실은 모션의 제약도 없고, 공간의 제약도 없는 형태인데, 그런 미래의 가능성을 보여주는 것이 바로 뇌파 컨트롤러이다.

<그림 7> '룩시드 링크' 시연 이미지

자료 : LOOXID LABS https://looxidlabs.com/looxidlink/

---

26) 하드웨어(Hardware)의 최고 사양을 뜻함.

현재 뇌파 컨트롤러의 개발상태는 뇌파로 에너지를 모으거나 뇌파를 시각화하는 것이 가능하고, 자신의 심리상태에 따라 선택지를 결정하는 수준까지 가능하다 한다. 앞으로 이 컨트롤러와 VR이 만들어나가는 게임의 형태는 무궁무진할 수도 있겠다는 생각이 든다. 룩시드랩스LOOXID LABS의 뇌파 컨트롤러인 룩시드링크6가 이것을 현실화하였다.

<그림 8> '룩시드 링크' 뇌파로 심리상태를 수치화

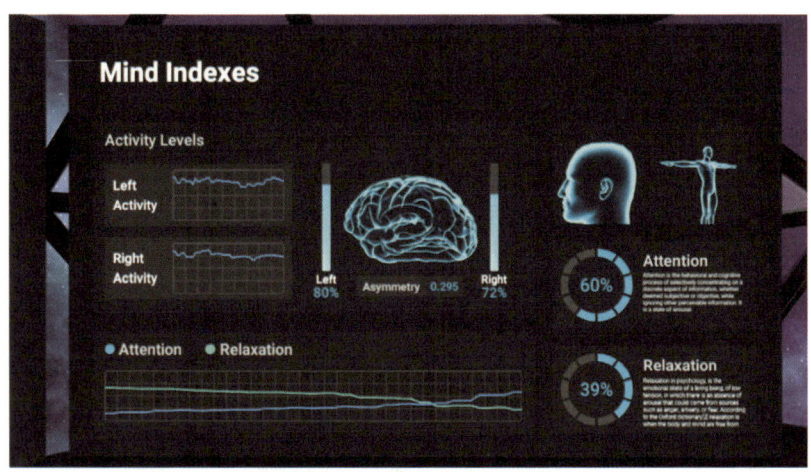

자료 : LOOXID LABS https://looxidlabs.com/looxidlink/

2. 게임의 새로운 접근 방법 구글 스태디아 vs 애플 아케이드, 미래는 스트리밍?

'넷플릭스'는 많은 영상 관련 기업들과 콘텐츠 제작자들에게 꽤 인상적인 영향을 미쳤고, 다른 방향을 생각하게 했다. 스트리밍의 발전으로 인해 '유튜브'에서 멈출 줄 알았던 이러한 플랫폼이 탄생하게 된 것이다. 공룡이라 할 만한 디즈니 역시 스트리밍 사업에 뛰어들기 위해 '디즈니 플러스' 서비스를 시작했다.

이러한 새로운 기술들의 콘텐츠를 돌아볼 필요가 있다. 사실 원래부터 존재하던 드라마, 영화다. 그렇다. 미래라고 해서 콘텐츠가 마를 것 같지는 않다. 지금과 같은 익숙한 형태로 계속해서 즐거운 줄 것이다. 다만 이것을 접하는 방식이 달라질 뿐이다.

많은 게임 유저들이 콘솔이나 PC에서 모바일로 옮겨갔듯이 게임이라는 본질과 형태는 달라지지 않았다. 많이 유저들이 손쉽게 접근이 가능한 대세 플랫폼에 맞춰서 살짝 튜닝이 될 뿐이다.

모바일 게임이 장족의 발전을 이루긴 했지만, 아직 거치형 게임기나 PC 게임의 플랫폼과 퍼스트 파티First Party[27] 에서 즐길 수 있는 게임의 종류가 차이가 크게 날 수밖에 없다. 일부 유저들은 모바일게임을 게임으로 취급하지 않는 경우도 있을 정도이다. 하지만, PC와 거치형 게임기의 최대 약점은 역시 모바일처럼 하고 싶을 때 아무 때나 플레이가 할 수 없는 점이다. 그래서 유저들은 어디서든 본인이 집에서 즐기던 게임을 모바일 기기나 낯선 TV에서 아무 때나 즐기는 편리함에 니즈가 있었던 것이 분명하다.

게임의 스트리밍 서비스는 분명 고퀄리티의 게임은 어떤 플랫폼에서건 손쉽게 접근하고 즐길 수 당연히 있게 해줄 것이다. 그리고 역시 많은 게임 산업 관련 기업들이 이러한 기술을 그냥 둘리가 없다. 이 게임 스트리밍 서비스를 선점하기 위해 두 공룡이 다시 2차 대전을 준비하고 있다. 바로 IT의 대표 기업 '애플Apple'과 '구글Google'이다. 두 기업은 '애플 아케

---

[27] 보통 게임 플랫폼들은 해당 콘텐츠에서만 출시하는 고유 게임 콘텐츠가 있는데, 이러한 콘텐츠를 개발하는 게임사를 칭한다.

이드Apple Arcade', '구글 스태디아Google Stadia'로 이 시장을 개척하려 한다. 게임기 패드만 있으면, 이제 고사양의 게임을 모바일 화면으로도 즐기고, 어떤 디스플레이 플랫폼으로건 선 없이 즐기는 시대가 오려고 한다.

<그림 9> 구글의 게임 스트리밍 서비스 '구글 스태디아'의 스펙 정보

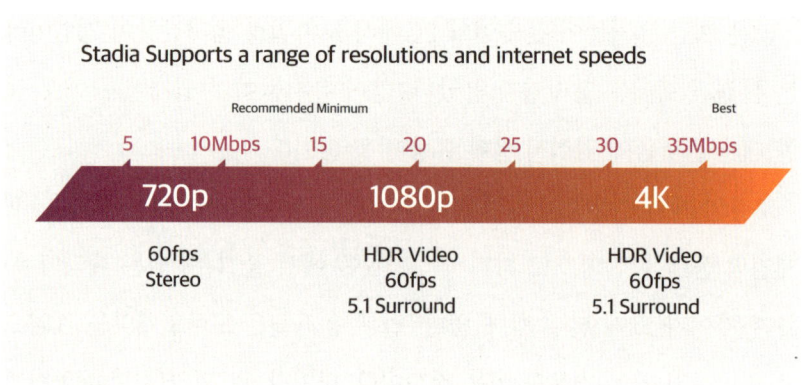

자료 : Stadia Connect 6.6.2019 – Pricing, Game Reveals, Launch Info & More
(https://www.youtube.com/watch?v=k-BbW6zAjL0)

Ⅳ. 나가며 – 게임은 일상이다

레트로 게임 유저들은 게임기와 소프트웨어, TV가 없으면 게임을 즐길 수 없었다. 이 모든 것이 지금은 스마트폰으로 어느 정도 해결이 되었다. 하지만, 게임이 지금까지 발전해온 형태를 모바일에 다 담을 수는 없는 것이 현실이다. 많은 제약은 결국 빅데이터와 스트리밍이라는 것이 해결해 줄 수 있는 환경이 되어가고 있다.

이 맛있고도 미래가 창창한 영역인 빅데이터와 클라우드, 스트리밍은 구글와 애플이 선점하여 계속해서 IT를 이끌어 나가려 한다. 이 기술들은 소비자들을 숫자로 분석할 수 있게 해주었고, 콘텐츠들의 성장을 가속하고 있다. 이미 선점을 완성한 구글과 애플은 지금까지 그래왔듯 다시 자신들이 가진 숫자를 많은 콘텐츠 제작사들에 공유할 것이고, 콘텐츠 제작사들은 유저들의 니즈에 근접하는 고퀄리티의 컨텐츠를 마음 놓고 만들어 갈 것이다. 산업을 가진 권력은 거대 기업들에 의해 조종되겠지만, 작은 기업들도 손해를 보는 구조는 아니기에 이 틀 안에서 공생하게 되는 것이다.

　게임 유저들의 입장에서는 산업이야 어떻게 되든 나쁠 것이 없다. 이제는 원하는 게임을 어디서는 아무 때나 즐길 수 있는 시대가 멀지 않았기 때문이다.

　VR 게임을 하면서 고글로 눈을 가린 채 이동을 하다가 TV를 부수는 유저의 사례를 종종 볼 수 있다. VR 게임은 분명 1인칭 시점의 게임의 궁극적인 형태라 할 수 있겠지만, 공간의 제한이라는 걸림돌에 항상 부딪혀왔다. 이를 해결할 방법은 분명 뇌파 컨트롤러가 될 것 같다. 아직은 발전의 시간이 더 필요한 단계이지만, 그렇게까지 먼 미래이거나 허황된 이야기는 아니라고 본다.

　공간의 제약이 해결되었다면, 이제 플랫폼의 제약이라는 부분이 다시 발목을 잡는데, 게임을 즐기기 위한 기계를 준비해야 하는 과정이다. 모바일은 분명 이러한 역할을 해내고 있지만, 아직 코어 게이머들을 만족하게 하는 모바일 게임은 없다. 모바일 기기 역시 사양이 많이 발전되긴 했지만, PC나 거치형 게임기에 비하면 아직도 멀기만 하다. 이제 출시된 지 오래된 노트북도 아직 사양은 현존 최고에 미달되는 것을 보면 이해할 수 있을 것이다. 하지만, 발상을 전환 시켜 볼 필요가 있다. 모바일이나 노트북의 디스플레이는 PC 모니터나 TV와 비슷한 기술력을 사용하고 있으며, 크기만 작을 뿐이다. 스트리밍과 클라우드가 그 마무리를 지어줄 수 있다. 아직은 퍼스트파티 게임은 독점의 특징 때문에 어쩔 수 없겠지만, 적어도 고화질에 높은 프레임FrameRate의 게임을 즐기기 위해 PC나 TV 앞으로 가야 하는 상황 정도는 막아줄 수 있을 것이다.

위와 같은 제약들이 사라지는 상상이 이제 현실로 다가오고 있다. 손도 쓸 필요 없이 뇌 파 컨트롤러로 원하는 게임을 아무 때나 접속해서 어디든 이어서 플레이 가능한 그런 세상을 꿈꿔보지 않은 게임마니아는 없지 않을까?

영화 '레디 플레이 원Ready Player One'[28) 의 게임 세계를 보면 공간의 제약을 러닝머신을 개조한듯한 기기 위에서 유저가 다람쥐 쳇바퀴를 돌듯이 힘들게 뛰어다니는 모습을 볼 수 있다. E-Sports의 Faker 선수가 스포츠 선수처럼 피지컬이 뛰어나서 세계적인 선수가 될 수 있었을까? 게임에서는 유저들의 수준을 나눌 수 있는 또 다른 반응 속도라는 것이 존재한다. 이는 분명 육체보다는 정신과 뇌와 연관이 있을 것이라 필자는 생각한다. '레디 플레이 원'의 장면을 비웃을 정도의 세상이 어서 오기를 기대해본다.

---

28) 2018년 3월 29일 개봉한 스티븐 스필버그 감독의 가상현실 게임을 소재로 한 영화

1. 메타크리틱 : https://www.metacritic.com/
2. "내년 국가 정보화 5조 투자, 클라우드 > 빅데이터 > AI 順 ", 『아이뉴스24』(2019.12.09.)
3. "'린저씨' 추억 자극했더니 … 리니지M, 화끈한 흥행돌풍 ", 『중앙일보』(2019.07.04.) https://news.joins.com/article/21724578
4. ""3일 만에 100만 구독"...백종원, 유튜브 채널 '대박'", 『이데일리』(2019.07.04.) https://www.edaily.co.kr/news/read?newsId=02296006622521392&mediaCodeNo=258
5. 게볼루션 : http://www.gevolution.co.kr/
6. LOOXID LABS: https://looxidlabs.com/looxidlink/

참고문헌

· 삼국지 조조전 Online 정식출시! 론칭 프로모션 영상 : https://www.youtube.com/watch?v=xHFhybZnJKo

· [공식]「포켓몬스터소드·실드」NEWS #03 포켓몬 배틀편 : https://www.youtube.com/watch?v=LstteDHCfXg

· 별의 커비 스타 얼라이즈 소개 영상 : https://www.youtube.com/watch?v=qk8mlbBhHuY

·【アイドルマスター シンデレラガールズ スターライトステージ】事前登録15秒 : https://www.youtube.com/watch?v=6HNSwfi4DEw

· Stadia Connect 6.6.2019 - Pricing, Game Reveals, Launch Info & More : https://www.youtube.com/watch?v=k-BbW6zAjL0

· '포켓몬 고' : https://pokemongolive.com/ko/

· '드래곤 퀘스트 워크' : https://www.dragonquest.jp/walk/

· 나무위키

· 테슬라 : https://www.tesla.com/

· 게볼루션 : http://www.gevolution.co.kr/

· LOOXID LABS: https://looxidlabs.com/looxidlink/

· 넷플릭스 : https://www.netflix.com/

· 애플 아케이드 : https://www.apple.com/kr/apple-arcade/

· 구글 스태디아 : https://stadia.google.com/

· "프린세스 커넥트, 300연차 천장 시스템 도입한다", 『게임메카』(2019.07.22.) https://www.gamemeca.com/view.php?gid=1568224

· "내년 국가정보화 5조 투자, 클라우드 > 빅데이터 > AI 順", 『아이뉴스24』(2019.12.09.) http://www.inews24.com/view/1227958

· "'린저씨' 추억 자극했더니 … 리니지M, 화끈한 흥행돌풍", 『중앙일보』(2019.07.04.) https://news.joins.com/article/21724578

· ""3일 만에 100만 구독"...백종원, 유튜브 채널 '대박'", 『이데일리』(2019.07.04.) https://www.edaily.co.kr/news/read?newsId=02296006622521392&mediaCodeNo=258

콘텐츠, 상상의 극한을 실현하다 (Feat. 미래기술)
- 현실을 꿈처럼, 꿈을 현실처럼 -

김 종 철*

Ⅰ. 들어가며

Ⅱ. 콘텐츠 소비 환경의 변화

Ⅲ. 초실감 체험(Immersive Experience)

Ⅳ. 상상의 극한(Extreme Imagination)

Ⅴ. 맺음말

김 종 철*

- 현(現), ㈜AI콜라보 대표
- 현(現), 동국대학교 영상대학원 겸임교수
- 지니뮤직 신사업TF장
- KT AI 연구소, AI 사업단
- 네이버 경영지원그룹장
- 인큐베이팅 회사 공동 창업
- 쌍용정보통신 신사업TF
- 서울대학교 산업공학과 학사/석사

콘텐츠, 상상의 극한을 실현하다(Feat. 미래기술)
- 현실을 꿈처럼, 꿈을 현실처럼

Ⅰ. 들어가며

어렸던 시절, TV를 보면서 막연히 미래를 어림잡아 보던 그 시기, 언제나 SF 애니메이션은 일본 것들이었다. 물론 〈태권 V〉, 〈황금날개〉 같은 극장용 애니메이션은 있었지만, 친숙한 건 역시 TV에서 본 〈은하철도999〉, 〈미래소년 코난〉, 〈마징가〉, 〈독수리 5형제〉 같은 것이었다.

1989년 우리에게도 내세울 만한 SF 애니가 나왔다. 바로 〈2020 원더키디〉. 그때의 소년들은, 2020년이 되면 정말로 외계를 자유롭게 가볼 수 있을 줄 알았다.

21세기가 시작된 지 20년이 되었다. 그때 가볼 줄 알았던 외계의 모습은, 아직은 〈정글의 법칙〉에 등장하는 먼 나라 오지에서 비슷한 풍광을 볼 수 있는 수준이다.

그 보다 먼저 1982년, 저주받은 걸작의 시조새쯤 되는 영화 〈블레이드 러너Blade Runner〉에서 룻거하우어와 대릴 한나가 연기했던 '안드로이드

(지금 구글 스마트폰 운영체제 이름의 원조)', 그 안드로이드가 자아를 깨닫고 창조주를 찾아가던 시기는 바로 2019년이었다. 당시 실사영화라서 정말로 2019년 근처가 되면 현실적으로 가능해 보였는데… 그 시기를 통과하는 요즈음, 그 단계까지 가려면 아직은 훨씬 더 많은 시간이 필요해 보인다.

그때는 그때의 기술 기준으로 상상 가능한 SF 영화나 애니메이션을 보며 미래의 세계를 들여다 보는 꿈을 꿀 수 있었다. 그러면 요즘은 어떨까?

기술이 발달하면서 사람들은 현실을 꿈처럼, 꿈을 현실처럼 콘텐츠를 소비하는 쪽으로 진화하고 있다. 미래는 미지의 영역이지만, 미래를 나타내는 콘텐츠는 언제나 소비되고 있고, 그 표현 문법은 상상력의 전개에 따라 계속 발전하고 있다.

영화, 애니메이션, 드라마, 음악 뿐만 아니라 전세계에서 열광하는 BTS, 트와이스 같은 K-pop 아이돌의 공연과 뮤직비디오, 모바일 게임, 실시간 개인방송, 융합현실MR: Mixed/Merged Reality 등 새 기술과 결합된 콘텐츠를 내놓으면서, 콘텐츠 소비자들의 꿈과 현실을 접목하는 시도들이 계속 되고 있다.

5GGeneration시대의 개막으로 인해 가상현실VR, 증강현실AR: Augmented Reality 등의 초실감 체험Immersive Experience이 주목 받고 있다. 사람들은 초실감 체험을 통해 현실에 상상력을 보태서 마치 '현실을 꿈과 같이 경험'할 수 있다. 또한 인공지능AI : Artificial Intelligence, 생체기술, 인간 존재에 대한 상상의 극한Extreme Imagination을 통해 '꿈을 현실처럼 경험'할 수도 있게 되었다.

이 두 가지를 다루기 전에 먼저 워밍업으로 콘텐츠를 소비하는 환경과 방법의 변화를 살펴 보도록 한다.

Ⅱ. 콘텐츠 소비 환경의 변화

1. 네트워크N/W: Network : 5G 5 Generation 네트웍 시대의 도래

최근 보급되는 무선 N/W인 5G는 2018년 평창올림픽에서 시범적으로 선보인 이후, 2019년 4월 3일에 우리나라가 세계 최초로 상용 서비스에 성공하게 되었다. 5G 기술에 대해서는 한국, 미국, 중국이 Tier1 그룹으로 가장 앞서 있고, 또 서로를 치열하게 견제하고 있다. 일본 또한 Tier1 그룹에 속해, 2020년 동경올림픽을 일본의 5G를 알리기 위한 장으로 삼기 위해 오래 전부터 준비해왔다(코로나19로 인해 동경올림픽은 2021년으로 연기 되었다).

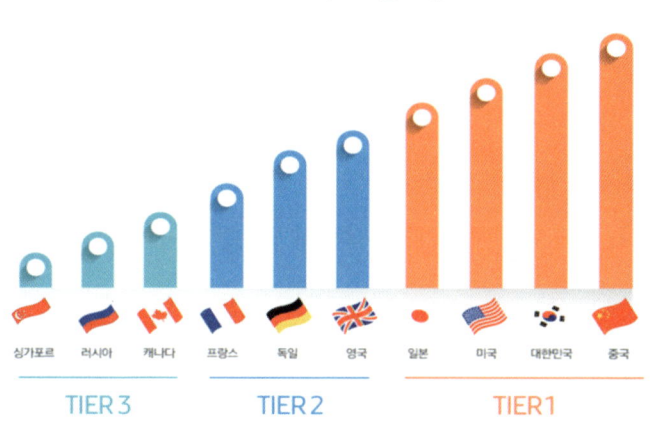

<그림1> 5G 추진그룹 분류

출처 : CTIA(Global Race to 5G, April 2018

우리나라는 1984년 최초의 모바일 1세대가 등장하였고, 2019년에 세계 최초로 초광대역, 초저지연, 초연결성 등을 특징으로 하는 5G 시대를 시작하였다. 이런 특징을 고려하여, 5G 시대에 유망한 분야는 아래 그림과 같다.

<그림2> 5G 활성화 예상 분야

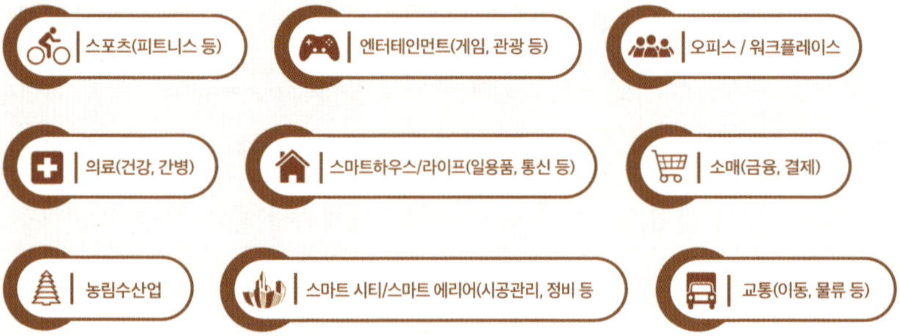

스포츠(피트니스 등)	엔터테인먼트(게임, 관광 등)	오피스 / 워크플레이스
의료(건강, 간병)	스마트하우스/라이프(일용품, 통신 등)	소매(금융, 결제)
농림수산업	스마트 시티/스마트 에리어(시공관리, 정비 등)	교통(이동, 물류 등)

출처: CTIA(Global Race to 5G), April 2018

CD-ROM, 인터넷, 모바일 등 새로운 기술이 등장할 때, 우리는 사회적 주목을 받을 수 있는 콘텐츠가 있으면 더 빨리 보급되는 것을 봐왔다. 콘텐츠를 제작하는 입장에서 본다면, 기술 보급으로 소비시장이 충분히 형성되어 투자비 이상을 회수할 것 같을 때 제작에 투자할 마음이 들 것이다. 그래서 '닭이 먼저냐 달걀이 먼저냐'의 문제가 여기서도 나오게 된다.

이전의 경험을 참고할 때 5G N/W과 단말이 더 보급되고 나면, 콘텐츠는 예상한 분야 뿐만 아니라, 상상 못한 다른 여러 분야에서도 소리소문 없이 늘어날 것이다.

N/W 기술의 발전으로 인해 기존의 온라인 사용 경험 외에도 초고화질 스트리밍, VR/AR 영상 미팅 등 콘텐츠와 밀접한 분야 역시 발전할 것이다.

<표1> 무선통신과 콘텐츠의 발전

특징	1G 1984	2G 1996	3G 2003	4G 2011	5G 2019
	아날로그 이동통신	디지털 이동통신	유심 폰 등장	LTE 등장 (~ 1Gbps)	LTE 등장 (~ 1Gbps)
통신	음성통화	음성통화 문자송수신	음성통화 문자송수신 영상통화	음성통화 문자송수신 영상통화	음성통화 문자송수신 영상통화 RCS
콘텐츠			인터넷서핑 음악 스트리밍	3G 콘텐츠 동영상 스트리밍 IoT	4G 콘텐츠 4K/8K 스트리밍 VR/AR 홀로그램

2. 새로운 디스플레이Display의 등장

2002년, 과학기술자들의 도전욕을 자극할 매력적인 영화 한 편이 개봉했다. 바로 탐 크루즈 주연의 영화 〈마이너리티 리포트Minority Report〉이다. 미래범죄를 사전 예측한다는 기둥 줄거리도 좋았지만, 마치 허공에 대고 휙휙 손으로 젓는 듯한 투명 Display가 당시 사람들에게 강한 인상을 주어, 이후 수많은 영화, 그리고 최근의 미드인 〈West World〉에 이르기까지 투명 Display가 미래의 기술로 등장한다. 그리고는 급기야 투명 스마트폰까지 등장하게 된다.

<그림3> 투명 Display 사례들

출처: 좌, 구글 이미지 검색(투명 Display) 우, 인사이트 (https://m.insight.co.kr/news/222140)

근본적인 질문이 나오게 된다. 왜 투명 Display인가? 정말 효과적일까? 우주선, 비행기, 탱크 등을 조종할 때는 전면 유리를 통해 바깥을 보면서 정보까지 그 위에 나오는 게 의미가 있을 수 있다. 가정이나 회사에선 비싼 가격에 걸맞는 용도를 찾아봐야 할 것 같다. 실생활에 투명 Display가 활용될 경우 아마도 광고 분야에서 먼저 도입하게 될 것으로 보인다. 그러면 관련 기술은 어디까지 와있을까? LG전자에서는 2019년 CES에서 이미 투명 Display를 PC 모니터 형태로 선보였다.

<그림4> 투명 Display 시제품

출처: 구글 이미지 검색(투명 Display)

투명 Display 외에도 자주 등장하는 게 롤러블 H/W들이다. 이 부분도 이미 국내 업체에 의해서 TV 형태의 시제품은 선보였다.

<그림5> 롤러블 TV 시제품

출처: LG디스플레이 기업블로그 (https://blog.lgdisplay.com)

그리고 스마트폰은 동영상을 많이 보는 소비 트렌드 상 점점 화면이 커지면서 휴대하기에 크고 무거워지고 있다. 이를 위해 폴드폰은 물론이고, 구부러지는 스마트폰, 돌돌 말 수 있는 스마트폰이 오래 전부터 IT업계 사람들의 도전 대상이 되고 있다.

<그림6> 롤러블 폰 시제품

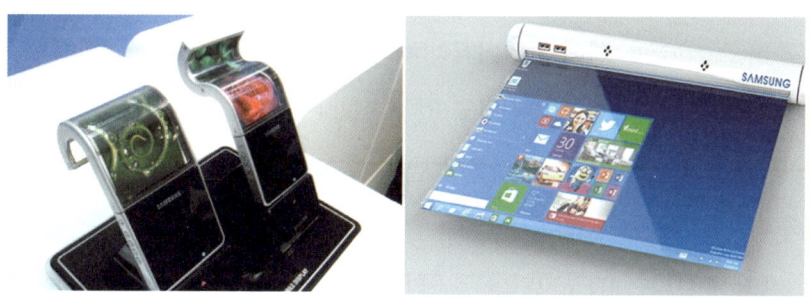

출처: 구글 이미지 검색(롤러블)

3. 인터랙션Interaction의 변화

인류의 가장 오래된 커뮤니케이션 수단은 몸짓, 그리고 소리이다. 수많은 시대와 방법을 거친 후, 최근의 기기들에서는 몸짓과 음성 인터페이스 Interface가 다시 등장하였다. 몸짓은 센서를 몸에 부착하는 방법, 간단한 기기를 들고 하는 방법, 그리고 영상 분석을 통한 방법 등으로 인식할 수 있다. 게임, 의료, 그리고 시뮬레이션 등에 활용된다.

<그림7> AI스피커 국내 상용 제품들

KT 기가지니2 · 아마존 에코 · 구글 홈 · 카카오 미니 · 네이버 클로바

음성 Interface는 최근 AIArtificial Intelligence 스피커가 등장하면서 크게 주목받고 있다. 음성인식 기술이 발전하면서 기계가 사람의 많은 말들을 듣고 텍스트Text로, 신호로 바꿀 수 있는 수준이 되었다. 그리고 상호 Interaction을 위해 자연어처리Natural Language Process, 음성합성Text To Speech 기술도 함께 발전하고 있다. 이제는 단기간 내에, 사전에 목소리를 입력한 사람을 그대로 흉내 낼 수 있는 수준Personal Text To Speech까지 도달했다.

생각해 보라~. BTS 지민의 목소리를 조금만 녹음해 놓으면, 이후 아침에 깨울 때에도, 책 읽어 줄 때에도, 뉴스나 일정을 알려줄 때에도, 잠 잘 때 'Good Night'도 모두 지민의 목소리로 들어볼 수 있다면 얼마나 근사할 것인가?

음성을 통한 Interaction의 수준이 향상되면서, 일상생활에서 서서히 자리를 잡기 시작하고 있다. 뿐만 아니라 한낱 어린이 장난감 수준이었던 로봇이, 음성 Interface를 적용하면서 이제는 어르신들, 나홀로 족들의 외로움을 달래는 용도로 활용되기 시작하고 있다. 머지 않아 펫의 자리를 대체하기 시작할 것으로 예상된다. 일 나간 부모 대신 로봇AI스피커 or 로봇 형태과 노는 어린이들은 어릴 적부터 대화 뿐만 아니라 콘텐츠 소비까지 함께 하게 되므로, 문화적, 교육적 측면에서 중요성이 증가하게 될 것이다.

그리고 인류의 오랜 숙원인 실시간 통번역이 어느 정도 가능해지고 있다. 바벨탑의 저주가 드디어 풀리는 시대로, 글로벌 콘텐츠 소비의 가속화를 예고하고 있다.

4. '내'가 '나'임을 증명

우리나라는 예전에 제국주의 국가가 아니었는데도, 2차 대전 이후 가난한 나라 중 드물게 선진국 진입의 문턱까지 도달하였다. 그 원동력이 무엇일까에 대한 분석과 의견은 다양하다. 그 중 무시할 수 없는 부분이 바로 수평적 사고방식이다. 똑같은 동아시아의 왕조 국가였으나, 수직적 사고방식이 자리잡은 일본과는 극히 대비되는 성향이다. 이것이 표출된 것이 고려시대 만적의 난에서 '왕후장상의 씨가 따로 있냐'이며, 조선시대 홍길동전에서 '아버지를 아버지라 못하고…'라는 유명한 말들이다. 일찍부터 사회에서의 '나'라는 존재의 포지셔닝을 이해하고, 혁명으로 시스템을 바꾸거나, 또는 납속책과 공명첩 등 시스템을 활용하거나, 족보를 사는 등의 편법으로 신분상승을 도모하였다.

이런 개념을 미래의 우주개척사에 표현한 것이 1997년 영화 〈가타카 Gattaca〉이다. 유전적으로 하층으로 결정된 나의 사회적 신분Identity를, 족보나 생물학적으로도 완벽한 사람의 사회적 Identity로 비밀리에 바꾸고, 또 그에 맞도록 노력하여 기어이는 성공하는 과정을 보여주었다.

<그림8> 영화 가타카(Gattaca) 중

출처: 구글 이미지 검색(가타카)

현재 사회에서 최상층이 아니라고 믿는 모든 사람들에게, 과거제도, 또는 고시를 통해 상류사회로 한 방에 진입할 수 있다는 달콤한 마약 같은 유혹… 이것이 이런 콘텐츠가 기나 긴 시간 동안 사랑 받게 만드는 힘이다. 이에 대한 증거는 로또나 복권도 될 수 있을 것이다.

반대로 상류사회의 구성원, 또는 안정적인 중산층, 조직화된 사회에는 이런 시스템 교란, 이로 인한 범죄나 파괴는 결코 환영할 일이 아니다. 그래서 예방을 위해 신원확인에 대한 방안 역시 계속 발전해 왔다. 최근에는 기술 발달로 생체정보를 활용하는 방식이 점점 늘어나고 있다.

다음 그림은 생체인증의 유형과 특징이며, 이외에도 DNA, 치아와 뇌의 구조를 확인하는 방법 등도 활용되고 있고, 기술 발전에 따라서 인식의 정확도도 계속 개선되고 있다. 그리고 이런 정확도 높은 기술을 교묘한 방법으로 깨뜨리는 방법은 언제나 스릴이 있으며, 그래서 영화와 드라마에서 계속 등장할 것이다.

<그림9> 생체인식 기술의 유형과 특징

생체인식 기술의 유형과 특징
생체적 특징

지문
- 개인 지문 특성을 DB와 비교해 인증
- 장점:편리하고 안전, 위조 어려움
- 단점:땀, 먼지 등에 의한 인식률 저하

홍채·망막
- 홍채 무늬, 형태, 색, 망막 모세혈관 분포 패턴 분석
- 장점:낮은 오인식률, 고도의 보안성, 위조 불가능, 분실위험 없음
- 단점:눈을 뜨고 있어야 하는 불편함, 인식거리

지정맥
- 혈관 패턴 특징을 비교
- 장점:편리, 복제 불가능
- 단점:높은 구축 비용, 소형화 어려움

얼굴
- 눈, 코, 입 등 얼굴요소 특징 분석
- 장점:비접촉식으로 편리성, 시스템 비용 저렴
- 단점:빛 세기, 촬영 각도, 자세 등에 따라 인식률 저하

행동적 특징

서명
- 서명객체(펜 움직임, 속도, 압력), 모양 분석
- 장점:분실, 도난 위험 없음
- 단점:서명 복제, 위조 가능

음성
- 음성 특징을 DB와 대조해 개인 인증
- 장점:편리성, 전화·인터넷으로 원격지에서 이용 가능
- 단점:녹음으로 타인 이용 가능성, 목소리 상태에 따른 오인식

자료 KCA, "스마트폰 얼굴인식 기술 적용 현황 및 전망" (2012.06)

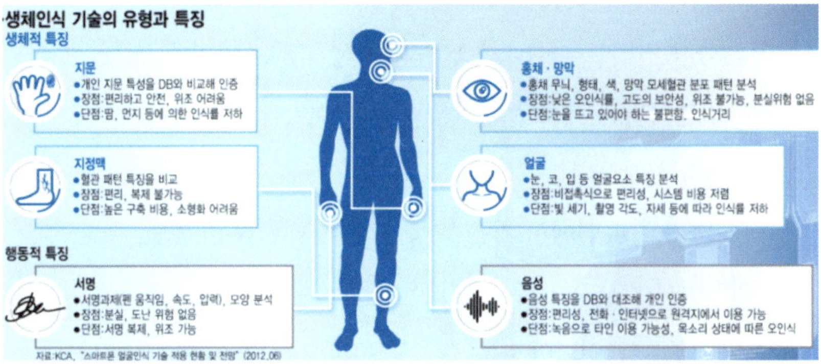

출처: KCA, 스마트폰 얼굴 인식 현황 및 전망, 2012

5. 언택트Untact와 온택트Ontact 시대로의 진입

2020년은 지금 세대를 살고 있는 인류에게 잊을 수 없는 해가 될 것이다. 바로 코로나19COVID19가 전세계적으로 창궐한 것을 경험하는 팬데믹Pandemic의 해이기 때문이다.

영화 <부산행>과 넷플릭스의 <킹덤>을 이미 본 사람이라면, 세계에서 코로나19 확산의 여러 양태가 좀비 영화의 문법과 유사하다고도 느낄 수 있을 것이다. 사람에서 사람으로의 감염, 백신과 치료제 개발, 배신자와 응징하는 정의, 피어나는 휴머니즘 등등…

여기에 꼭 들어가는 요소가 바로 상호 불신과 기피이다. 하지만 사람은

사회적 동물이기도 하다. 그래서 코로나19 시대 초기에는 언택트Untact가 주요하게 부각되었다.

　세계 최초로 우리나라에서 시도되어 K-방역의 우수성을 전세계에 알린 드라이브 스루 코로나19 검사에 이어, 드라이브 스루 영화 관람, 그리고는 제주도에서 드라이브 스루 광어 판매까지 활성화 되었다고 한다. 최근에는 드라이브 스루 공연관람, 드라이브 스루 오디션까지 확장되고 있다. 기존까지 컨택트Contact가 필수라고 생각했던 영역에, 상황 상 어쩔 수 없이 언택트라는 새로운 패턴을 적용한 것이다. 여기서 성공하는 것들이 나타나기 시작했다.

　언택트가 오프라인에서 기존 활동을 일부 대체하는 동안, 온라인에서는 온택트Ontact가 뜨기 시작했다. 온택트는 온라인 항상 연결 상황과 관련 기술을 말한다. 영화에서는 주로 모바일, 인터넷을 통한 커뮤니케이션과 생활이다. 이미 많이 성장했는데, 코로나19 시대를 맞아 훨씬 더 광범위하게, 깊이 활용되고 있다.

　기업활동 측면에선 최소 40년 전부터 끊임없이 기술적으로 가능하다고 제시되었으나, 확산되지 못하던 원격회의가 드디어 본격화되기 시작했다. 기업들이 살아남기 위해 어쩔 수 없이 재택근무를 선택하게 되면서부터이다. '줌Zoom' 같은 실시간 영상 공유, 'Skype'나 '카카오톡' 같은 채팅, 그리고 이메일 등이 기업들의 온택트 방안으로 활용되고 있다. 비대면으로 커뮤니케이션하는 게 장점이 될 수도 있지만, 실시간 커뮤니케이션Real Time Communication의 경우에는 조금만 늦어도 상대방이 나가거나, 주의력이 단절되는 단점도 존재한다. 그래서 정말로 계속 PC나 노트북, 스마트폰 앞에 앉아 있어야 하는 온On 상황이 되었다.

문화예술 업계 또한 코로나19의 직격탄을 맞았다. 관계자들 이야기를 들어보면 상황이 암울하기 그지 없다. 하지만 막히면 뚫을 방법을 찾는 우리나라 사람들 답게 기업들의 해결책과 유사한 기술, 서비스를 활용하여 온라인 공연을 하기 시작했다.

선두는 역시 BTS이다. BTS는 2020년 04월 18일과 19일, 기존 콘서트와 팬미팅 실황을 담은 온라인 스트리밍 축제 '방에서 즐기는 방탄소년단 콘서트방방콘·BTS ONLINE CONCERT WEEKEND'를 무료로 공개해 전 세계 '아미ARMY'를 열광하게 만들었다.

<그림10> 방방콘 예시 화면

당시 양일간 공연 총 조회 수 5,059만건, 최대 동시접속자 수 224만명을 기록했다. BTS는 이후 유료 라이브 스트리밍으로 전환하면서 고객들과의 커뮤니케이션과 수익성 모두를 잡을 수 있는 기반을 테스트한 셈이다.

이후 'NCT127' 등 많은 아티스트들이 이렇게 추진하고 있다. 심지어 SBS의 〈트롯신이 떴다〉는 매주 트롯 가수들의 공연을 글로벌 팬들에게 실시간으로 보여주면서, 또한 글로벌 팬 수백명이 공연을 지켜보는 장면을 실시간으로 보여주어 온라인 공연의 현장감을 살리고 있다.

이런 추세에 맞춰 좀 더 실감나게 공연을 즐길 수 있도록 가상현실VR : Virtual Reality 기술이 적용되기도 한다. 또한 원하는 지점을 선택하여 볼 수 있는 옴니뷰Omni View, 특정 장면을 펼쳐서 보는 타임 슬라이스Time Slice 기술도 적용되어, 현장에 가볼 수 없는 아쉬움을 극복하도록 현실감을 제공하기도 한다.

Ⅲ. 초실감 체험 Immersive Experience

1. 확장 현실 XR : Extended Reality

(1) 메타버스 Metaverse

한 때 '2nd Life'가 미국에서 화제가 된 적이 있었다. 배경도, 캐릭터도 모두 가상인 Virtual World였고, 국내에서도 많은 사람들이 관심을 가졌다. 하지만 필자는 국내에선 '필패'가 될 것으로 예견했었다. 훨씬 더 강력한 그래픽, 가상 만남, 자극을 갖춘 Virtual World가 이미 우리나라에선 굳건하게 자리를 잡고 있었다. 바로 MMORPG, 즉 온라인 게임들이다. 예상대로 '2nd Life'는 국내에선 전혀 기를 못펴고 접었다. 하지만 '2nd Life'가 남긴 게 있다. 바로 '메타버스Metaverse'라는 단어이다. 이 말은 원래 2nd Life의 원작으로 알려진, 닐 스티븐슨Neal Stephenson이 쓴 1992년 소설 〈Snow Crash〉에 처음으로 등장한 것으로 알려져 있다.[1]

메타버스는 외부 세계와의 관계, 공간의 표현방법에 따라서 생활기록 Lifelogging, 증강현실AR : Augmented Reality, 복제현실Mirror Worlds, 가상세계VW : Virtual Worlds로 분류할 수 있다.

<그림11> Snow Crash 예시 화면

출처 : 나무위키 Snow Crash 설명

<그림12> 기존의 메타버스 분류

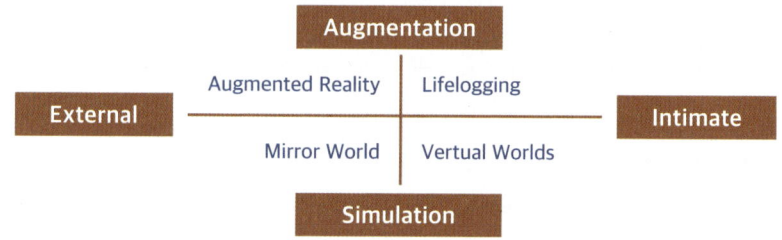

이런 분류는 가상세계와 현실을 본딴 세계가 훨씬 다양해지고, 그 위에 표현되는 정보나 캐릭터의 특성도 다양해지면서 지금은 다른 분류 방법이 필요해졌다.

먼저 가상과 현실을 기준으로 공간을 재구성해보면 <표 1>과 같다.

<표1> 공간의 재구성

공간분류	세부공간	설명
가상공간	3D 모델링 가상공간	가상공간을 3D 모델링하여 표현
	실사 가상공간	존재 않는 가상공간을 실제처럼 구현
	현실 모델링 가상공간	실세계를 모델링, 현실감 있는 가상공간
현실공간	현실 이미지 공간	사진 이미지 연결하여 현실 구현
	녹화된 현실 배경	현실을 영상으로 찍은 공간
	실시간 현실	실제 현재의 공간

<표2> 공간 안의 Object

공간분류	세부공간	설명
캐릭터	2D 가상캐릭터	가상의 캐릭터를 2D로 표현
	3D 가상캐릭터	가상의 캐릭터를 3D 모델링
	실물 2D 캐릭터	실제 캐릭터를 2D로 표현
	실물 3D 모델링 캐릭터	실제 캐릭터를 3D 모델링
	비실시간 실물 영상	캐릭터의 현실 모습을 미리 영상으로 촬영
	실시간 실사 아바타	나를 따라 하는 내 아바타
	실시간 실물(직접)	캐릭터의 실물, 직접 행동을 실시간 노출
정보	문자, 검색	사진 이미지 연결하여 현실 구현
	이미지, 영상	현실을 영상으로 찍은 공간
	위치	실제 현재의 공간
	실시간 Communication	실제 Communication을 그대로 표시

공간 속에 표현되는 정보나 개체를 분류하면 〈표2〉와 같다.

〈표 3〉에서는 공간과 개체를 조합하여 초실감 세계 XR : eXtended Reality 를, 〈그림 13〉처럼 그 개념이 표현된 영화/애니/드라마 등의 사례와 함께 정리해볼 수 있다.

<표3> eXtended Reality 분류

		가상공간			현실공간		
배경 Object		3D모델링 가상공간	실사 가상공간	현실모델링 가상공간	현실 이미지 공간	현실 녹화 배경	실시간 현실
		정면/360도	사실감 부여	실제 공간 복사	현실을 사진 으로 만든 공간	현실을 영상 으로 찍은 공간	Glass, 캠으로 보는 실제
정보	문자정보				Street View		터미네이터
	이미지정보	VR 스페셜 포스		Navi - 3D View			Jeruzalem
	위치정보						Connected Car
캐릭터/대상	2D 가상 캐릭터						올레캐치캐치
	3D 가상 캐릭터	리니지(NPC)	라이온킹2019	데이팅 앱			블레이드 러너 거리 광고
비실시간	실물 2D 캐릭터						
	실물 3D 모델링						
	실물영상					VR 뮤직비디오 데이팅 앱	알함브라 궁전의 추억(NPC)
	3D 가상 캐릭터	리니지 2nd life		포켓몬고			
실시간	실사 아바타	Lindsey Stirling Virtual Concert	Virtual Revolution				아바타
	본인(직접)		이상한 나라의 앨리스 호두까기 인형	레지던스 이블5			알함브라 궁전의 추억 홀로그램

Virtual Reality | Mirror Reality | Lifelogging | Augmented Reality | Mixed/Merged Reality

<그림 13> eXtended Reality 공간 예시

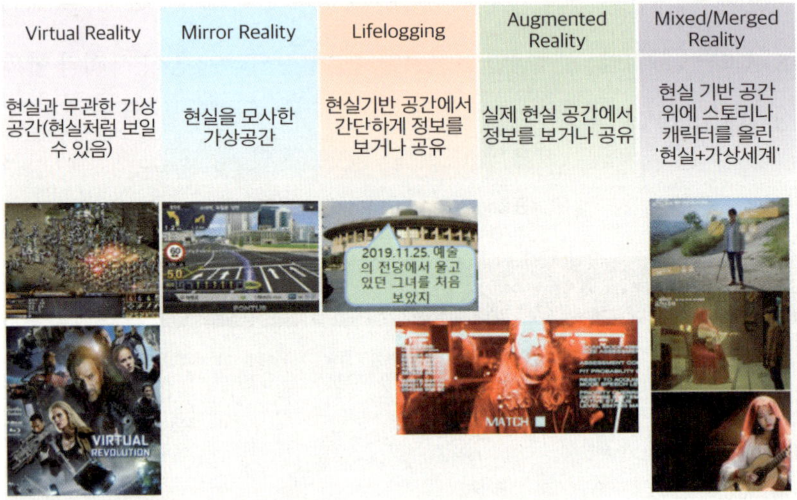

Virtual Reality
Mirror Reality
Lifelogging
Augmented Reality
Mixed/Merged Reality
현실과 무관한 가상 공간(현실처럼 보일 수 있음)
현실을 모사한 가상공간
현실기반 공간에서 간단하게 정보를 보거나 공유
실제 현실 공간에서 정보를 보거나 공유
현실 기반 공간 위에 스토리나 캐릭터를 올린 '현실+가상세계'
2019.11.25. 예술의 전당에서 울고 있던 그녀를 처음 보았지
VIRTUAL REVOLUTION
MATCH

출처 : 구글 이미지(Starcraft, Virtual Revolution, 알함브라 궁전의 추억 등)

(2) 가상현실 VR : Virtual Reality

VR은 'Computer Graphics의 아버지'라 불리는 Ivan E. Sutherland에 의해 정의되고 연구되었다.[2]

<그림14> Ivan E. Sutherland 와 VR 연구

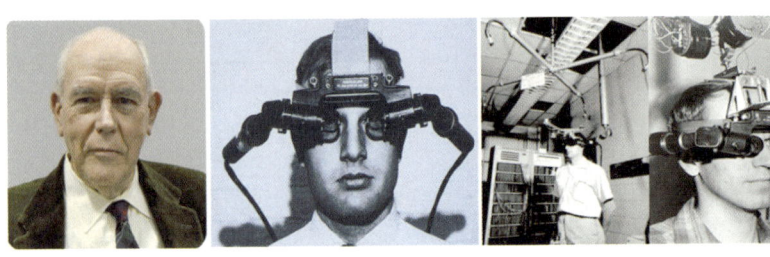

출처: 나무위키, Ivan E. Sutherland

Ivan E. Sutherland 는 VR의 개념을 다음과 같이 정의하였다.

> The ultimate display would, of course, be a room within which the computer can control the existence of matter (•••) With appropriate programming such a display could literally be the Wonderland into which Alice walked.

이후 VR은 IT 기술의 발전에 따라 하드웨어H/W 제조업체들에서 조금씩 시도되다가 2016년에 구글에서 스마트폰을 끼워서 보는 카드보드를 판매하면서 새로운 전기를 맞게 된다. 값비싼 전용 기기 대신 몇 천원 ~ 몇 만원 수준으로도 VR 콘텐츠를 즐기게 되었다.

<그림15> VR 기기 카드보드, KT Super VR

출처: 구글 이미지 검색, KT.com

콘텐츠도 경치 구경, 여행, 게임, 공연, 뮤직비디오, 소설 등의 다양한 분야에서 가 쏟아져 나오기 시작했다. 뿐만 아니라, 면접 교육, 군사 교육 등 타 영역에서의 시뮬레이션에도 활용되기 시작했다.

<표4> VR 활용처

재미 / 즐기기	기능 / 필요
영화 공연 여행/관광 게임 강화된 소설/웹툰 스포츠 체험 노래 등	시뮬레이션(군사/산업) 교육 선행 체험 가이드북 등

그러나 아직은 전세계적으로 대중화 되었다고 하기에는 이르다. 구글이 카드보드에서 철수하고, MS 역시 X박스원 게임기 이후에는 VR 탑재를 하지 않는다고 밝혔다. 삼성전자 조차도 VR에서 발을 빼고 있다. VR 콘텐츠 업체들은 아직 H/W도 보급이 더디고, 콘텐츠를 얹어서 서비스할 플랫폼도 표준화가 안돼서 H/W 제조사나 판매사 별로 각각 커스터마이징을 해서 공급해야 한다. 더구나 영상이나 음악과 달리 유료로 팔 수 있는 OTT Over the setTop 플랫폼도 거의 없는 상황이라, H/W 팔 때 끼워주는 구색용에 머무르고 있다.

왜 아직 이런 상황일까? 기기 제조업체 입장에서 보면 결정적인 콘텐츠가 없고, 콘텐츠 제작업체 입장에서 보면 기기 보급도 적고, 수익을 만들 방법도 없어서 큰 비용을 들여서 제작하기 어려운 상황이다. 그야 말로 '닭이 먼저냐? 달걀이 먼저냐?' 이다. 이것을 돌파한 사례가 우리에게는 있다.

바로 엔씨소프트의 온라인 게임 '리니지'이다. '리니지'는 많은 이용자를 확보하며 돈을 많이 벌었다. 이후 게임의 품질을 높이는 업그레이드를 단행했고, 충분히 즐기기 위해서는 고사양 PC가 필요하게 되었다. 이때 우리나라의 PC방과 '리니지' 이용자들의 PC 사양이 고급화 되었고, 모니터도 더 좋은 스펙으로 바뀌었다. 즉, 자금력을 갖춘 콘텐츠 제작업체가 먼저 자금을 확보하고, 파괴력 있고 지속성 있는 콘텐츠를 내놓을 경우 관련 H/W 보급이 늘어나게 된다. 물론 이 과정에서 H/W 업체들도 상생을 위해 노력을 해야 한다.

예전 PC방, 플스플레이스테이션 게임장의 뒤를 이어, 최근 1 ~ 2년 사이 VR 체험존 사업이 오프라인으로 성장했다. 하지만 꾸준히 방문할 계기를 제공하지 못해서, 아직까지는 열심히 분투 중인 상황이다.

<그림16> VR 체험존

출처: 구글 이미지 검색(VR 체험존)

현재 국내 VR 업계는 <표 5>와 같은 이슈와, 또 그에 따른 방향이 예상된다.

여러 많은 이슈에도 불구하고 VR 자체를 포기하기엔 아직 이르다. 그 이유는 5G 시대에 적합한 콘텐츠 서비스이기 때문이다. 5G 가입자에게 왜 5G인지에 대해 설명을 하기 위해서는 VR에 대한 언급이 없을 수 없다.

<표5> VR업계 이슈 및 예상 방향

항목	이 슈	예상 방향
표준화	• H/W 제조업체, 통신업체, 서비스 업체들의 군웅할거 • 플랫폼, 파일 포맷, 인터페이스가 서로 상이하여 제작에 부담	• 시장 선택을 통해 플랫폼, 파일 포맷, 인터페이스의 표준화가 이뤄질 것
H/W 성능	• 전체적으로 Display 해상도가 낮아 몰입감에 지장 • 배터리, 발열, 시력 문제로 장시간 이용 어려움 • 일체형: 오디오 성능 부족 • PC 결합형: 장소에 제약 • 폰 결합형: 이용 시 불편	• 무선으로 고화질 대용량 영상을 실시간 스트리밍하며, 몰입감 증대하는 방향으로 발전 • 오디오 지원 및 음질 향상 • 장시간 이용을 위한 배터리, 발열 문제, 시력 보호 개선
콘텐츠	• 초기에는 5G 기기 보급 또는 VR기기 보급 차원의 무료 콘텐츠들이라 VR의 특성을 충분히 표현하지 못함 ➡ VR에 대한 호기심이 1회성 이용으로 끝남	• Focusing on Me, Touch 인터페이스 등 VR 문법에 최적화된 콘텐츠 제작 및 활성화 • VR의 H/W 이슈들이 해결되면 콘텐츠 대기업이 참전할 것
시장형성	• VR 체험공간 위주의 유료 시장 형성 • B2C 형태의 유료 시장은 플랫폼 지원 부족으로 지연 ➡ 좋은 콘텐츠를 만들어도 돈 벌기 어려움 • H/W 보급 및 유료 플랫폼 미비로 정부 제작비 지원에 의존	• B2C용 VR 기기가 확산되면, 현재 체험공간형 사업 위주에서 확대 가능 • 엔터 : 초기에는 게임, 19금 영상 등 고자극성 위주로 유료 시장 형성 • 산업 : 고비용 분야 트레이닝 위주

넷플릭스에서 서비스하는 〈Sky 캐슬〉 1회 모바일 데이터 처리량은 200M 정도라고 한다. 그런데 VR용으로 만들면 30초가 0.6G, 4분 5초짜리가 2.57G 수준이다.[3] 금방 데이터 용량 한도에 가까워지므로, 통신사들이 VR을 포기할 수 없는 이유이다. 또한 코로나19 시대, 언택트를 보완할 도구로서도 현실감이 높은 VR이 주목 받고 있다.

VR 산업을 활성화 시키기 위해서는 콘텐츠 제작 시에도 VR에 최적화한 문법이 필요하다. 다음의 사항을 고려하면 더 실감을 줄 수 있을 것이다.

<표6> 지속 이용을 고려한 VR 콘텐츠 제작 시 고려사항

재미 / 즐기기	기능 / 필요
구성	360도 둘러보기 ➡ 계속 이동 ➡ 미션 수행
Interaction	보기만 가능 / 터치 가능 / 반드시 터치
이동성	이용자 선택 / 주어진 경로 / 불가
내 존재	Spectator(구경꾼), Focusing on Me
각도	좌우, 천정-바닥, 뒷면

(3) 증강현실 AR : Augmented Reality

흔히 증강현실이라 하는 AR은 실시간 현재 세계를 배경으로, 사람/사물/공간의 관련 정보를 Overlay해서 보여주는 것이다. 국내에서 스마트폰이 도입될 때부터 시작되었다.

<그림17> AR의 개념

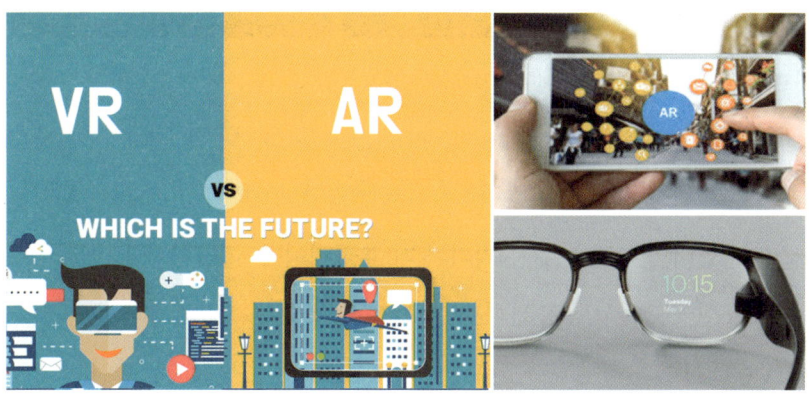

출처 : 구글 이미지 검색(AR)

2007년에 '진대제 펀드'에서 영상처리 기술을 보고 37억원을 투자했던 '올라웍스', 그리고 '오브제'가 초기 선수들이다. 두 회사의 AR은 시장에서 조용히 사라졌지만, 스마트폰 세상에서 AR이란 언제든지 치고 나올 수 있는 주제란 걸 당시 업계 사람들에게 인식시켰다.

그 당시 필자가 '올라웍스'를 통해 AR 앱을 추진하면서, 사람들을 이해시키기 위해 설명했던 방식이 바로 영화 〈터미네이터〉와 게임 '스타크래프트'였다. 터미네이터에서 기계인간들이 사람이나 주변을 볼 때 숫자와 뜻 모를 Text들이 주르륵 나왔다. 스타크래프트에서는 물론 PC환경이었지만, 미래군인들이 착용하는 글래스 형태의 기기에 터미네이터처럼 Text, 위치, 통화/채팅 내용이 Text로 표시되었다.

<그림18> AR의 예시

출처 : 구글 이미지 검색(터미네이터, 스타크래프트)

폰으로 AR에 대한 시도는 계속 되고 있지만, 실제 AR이 활성화 되려면 글래스 형태의 투명한 전용 기기가 더 효과적이다. VR과는 달리 앞이 보이므로 실생활에서도 충분히 이용 가능하다.

AR 글래스가 실생활에 활용되면 어떤 모습인지를 잘 볼 수 있는 작품이 영화 〈예루잘렘JeruZalem〉이다. 다소 TMIToo Much Information기기 같은 느낌이 나기도 한다.

<그림19> AR의 예시(영화 JeruZalem)

출처 : 구글 이미지 검색(영화 JeruZalem)

향후 'BTS'나 아이돌 공연 때 멤버를 보면 이름, 나이, 컨디션, 포지션 등 관련 정보들이 현실 배경 위에 얹혀져서 나온다면, 좀 더 몰입해서 즐길 수 있을 것이다. AR은 공연 뿐만 아니라, 다른 콘텐츠, 실생활에도 유용한 도구가 될 수도 있고, 아직은 낯선 AR 기술, 또는 기기 자체가 'Jeruzalem' 처럼 새로운 콘텐츠의 내용에 포함될 수도 있을 것이다.

(4) 융합현실MR : Mixed/Merged Reality

MR은, AR의 기술발전과 세분화에 따라서 분리해낸 개념이다. 실시간 현실 공간을 배경으로 정보 성격을 추가한 것을 AR, 캐릭터 등을 표현하고 Interaction 할 수 있도록 한 것이 MR이라고 할 수 있다. 초기엔 합쳐서 AR로 통용되었는데, 그 시절 MR의 대표적인 애니메이션인 〈전뇌코일〉의 전뇌안경, 'AR Vision'이 바로 그것이다. 일본 Ani 답게 단순히 MR을 한 번 보여주는 데서 더 나아가, 가상 스팸, 가상 키보드를 이용한 코딩까지 보여준다.

<그림20> 전뇌코일 4)

출처 : 구글 이미지 검색(전뇌코일 4))

<그림21> 한국 드라마 '알함브라 궁전의 추억' 5)

출처: 구글 이미지 검색(알함브라 궁전의 추억)

IT 종사자 중 콘텐츠를 즐기는 매니아 층에서만 알던 이 쟝르는, 2018년 12월 '알함브라 궁전의 추억'이란 우리나라 웰메이드 드라마로 다시 전면에 등장하였다. AR렌즈(실제로는 MR렌즈)를 끼면 현재의 실제 배경 위에 게임 캐릭터가 나타나고, 역시 게임 캐릭터가 된 '나'를 돕거나, 전투를 벌이거나, 힐링을 시켜준다.

MR 콘텐츠를 제작할 때는 나와 등장 캐릭터와의 Interaction을 잘 고려할 필요가 있다. 알함브라 궁전의 추억은 MMORPG에 기반으로 런 Interaction이 적절하게 구현된 것으로 보여 더욱 실감이 났다.

상상을 더해 보면 MR 글래스로 BTS(7명) 공연을 보면, 별도의 스토리를 가진 제 8의 멤버가 등장하여 함께 공연하는 모습을 보여주는 것도 가능해질 수 있다. 내 아바타를 설정하면, 그 8의 멤버가 내가 될 수도 있을 것이다.

2. 초실감 뷰 Immersive View

(1) '매트릭스 View'

최근 기술이 발전하면서 새롭게 체험 가능한 기술이 등장하였다. 시간을 조각내서 대상을 빙 돌아가면서 볼 수 있게 하는 기술, 마치 매트릭스의 가장 유명한 장면을 닮았다고 하여 일명 매트릭스 View라고 한다. 평창올림픽에서의 5G 경험을 위해 KT에서 개발한 기술로, 동일한 대상에 대해 보는 각도를 시간에 따라 조각조각 잘라서 보는 타임 슬라이스 Time Slice 기법이다. 이렇게 하려면 수많은 카메라 설치가 필요하다. 최근에는 골프장, 야구장의 타석에 시설이 상용설치되어 새로운 경험을 보여준다.

<그림22> 매트릭스 View 제작

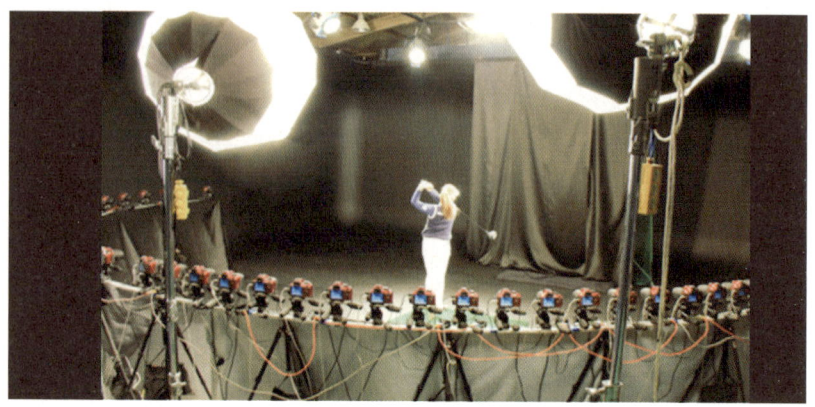

출처 : 구글 이미지 검색(Matrix View)

(2) 초다시점 디스플레이Display

안경없이 3D를 보고 싶다면, 초다시점 Display를 활용하는 방법이 있다. TV를 보는 시선을 유지하면서 옆으로 이동할 때, 마치 입체영상인 것처럼 보는 각도마다 보이는 모습이 달라지는 것이다. 안경없이 실감나게 만드려는 시도인데, 광고 쪽에서 더 각광을 받을 수 있는 기술이다.

우리나라에선 ETRI에서 수년 째 관련 기술을 개발해오고 있다.

<그림23> 초다시점 Display

 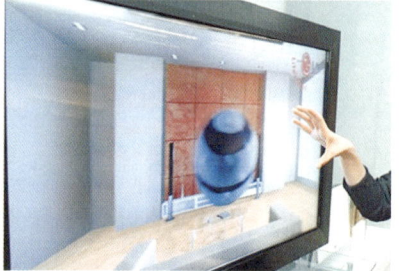

출처: 구글 이미지 검색(초다시점 Display)

(3) 옴니뷰 Omni View

'Omni View'는 평창올림픽을 위해 제안했던 것으로 'Multi View'라 불리기도 한다. 크로스 컨츄리, 마라톤 같은 경기의 기존 관람 방식은 방송사 카메라가 보여주는 것만 보게 된다. 선두 그룹, 관심 그룹, 후미 그룹 정도만 비춰준다. 이걸 경기장 요소요소에 카메라를 설치하고, 또 일부는 선수들을 추적하는 카메라를 배치한다. 드론이나 비행선으로 공중에서 보여주는 화면도 배치한다. 그리고 온라인 이용자들은 원하는 지점이나, 원하는 선수의 현재 모습, 관련 정보를 볼 수 있다. 또 전체 경기장의 현황을 한 번에 파악할 수도 있다. 이후 야구장의 여러 곳에 카메라를 설치하여 다양한 영상을 제공하는 포지션 뷰 Position View로 발전하였다.

<그림24> 평창올림픽 Omni View

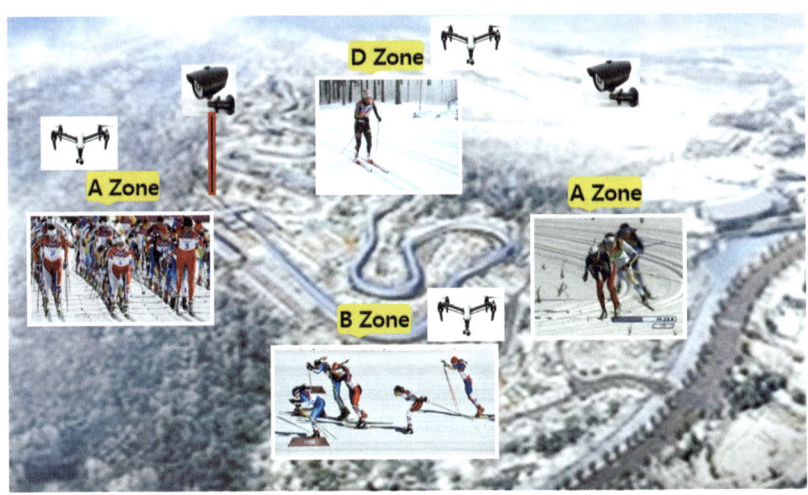

출처 : 평창올림픽 Omni View 소개(KT)

(4) 홀로그램

　미래의 모습을 보여주는 SF영화나 드라마 같은 콘텐츠에서 빠지지 않고 등장하는 것이 바로 홀로그램이다. 〈킹스맨〉, 〈스타워즈〉에서도 등장하였다. 오랜 시간 사람들이 동경해 오던 장면이라서 관련 기술 개발도 꾸준히 진행되었다.

　현재는 KT와 YG가 제휴하여 콘텐츠를 만들고, 동대문의 전용 극장에서 제공했던 유사 홀로그램 방식이 활용되고 있다. 광학 기술을 통해 마치 실제 홀로그램처럼 보이게 하는 것인데, 소형의 전용 기기 개발로 까지 이어지고 있다.

<그림25> 유사 홀로그램(사례)

출처 : 연합뉴스, 홀로그램 소개(KT, SKT)

　유사 홀로그램이 아니라 빈 공간에 상을 띄우는 실제 홀로그램은, 현재 기술로는 특정 환경에서 아주 작게 구현 가능하다. 홀로그램 기술은 좀 더 대형화, 선명화하는 방향으로 발전하면서, 자금력을 갖춘 기업/지자체 등에 의해 지속적으로 콘텐츠를 보여주는 매체로 활용될 것이다.

　전세계적 팬덤을 갖춘 BTS, 예를 들어 '지민'의 모습을 소규모 실제/유사 홀로그램으로 만들어, 아침에 상큼한 목소리로 나를 깨우고, 심심하면 춤추고, 잠잘 때 대화를 통해 적당한 자장가를 찾아주게 한다면 홀로그램이 보다 빨리 발전하는 계기가 될 것이다.

<그림26> 홀로그램(사례)

출처: 구글 이미지 검색(홀로그램)

Ⅳ. 상상의 극한eXtreme Imagination

1. 인간다움Human 'Being'

사람이 다른 동물과 다른 것 중의 하나가 바로 상상력이다.

상상력은 아주 오래 전부터 다양한 서사의 형태로 인류 역사에 남아 있다. 전형적인 스토리 중의 한 종류는 누군가가 내 모습으로, 또는 내가 다른 사람의 모습으로 되어 평상시와는 다른 행동을 하는 것이다. 우리나라에선 옹고집전에서 가짜가 진짜를 혼내주고, 그리스에선 제우스가 걸핏하면 다른 모습으로 연인들 앞에 나타난다.

이렇듯 사람이 다른 존재가 되고, 다른 존재가 사람의 형상을 띠는 경우들, 즉, 일반적인 사람의 정체성을 뛰어넘는 이런 것들이 바로 인류의 오래된 극한의 상상이라고 볼 수 있을 것이다. 이런 상상력이 새로운 기술을 만나게 되면 그 위력은 증폭된다.

1956년에 나온 영화 〈신체강탈자들Invasion of Body Snatcher〉는 외계인이 인류의 정신을 지배하면서 몸을 빼앗는다. 외형은 내 가족과 내 친구인데 정신은 외계인, 이럴 경우 사실상 외계인이 되어, 지구 침공을 계속한다. '인간됨' 자체를 건드리는 상상으로, 이후 수없이 다시 만들어지거나 인용이 되고 있다.

'인간답다'는 것이 어떤 의미인지에 대한 과학기술적 접근을 다룬 유명한 영화와 드라마는 매우 많다. 공포, 불안함, 소수자, 권력, 첩보 등의 익숙한 스토리와 결합하여 사람들에게 보여진다. 사람들이 그 만큼 관심 있고, 그래서 비교적 성공확률이 높은 주제이다. 유명한 것으로는 영화 〈스타트렉Star Trek〉, 영화 〈블레이드 러너Blade Runner〉와 영화 〈공각기동대Ghost in the Shell〉 등이다.

'호아킨 피닉스' 주연의 영화 〈허(He)r〉의 조상쯤 되는 영화가 1966년의 〈스타트렉〉이다. 20세기에 우주로 쏘아보낸 우주탐사선 보이저호는 분명 기계였는데, 우주 여러 곳을 거치면서 스스로 지능을 가지게 되었고, 창조주를 찾아서 지구로 온다는 내용이었다. 이때 AIArtificial Intelligence화된 우주선의 목소리는 영화 제작자 부인의 목소리였다고 한다.

영화 〈블레이드 러너Blade Runner〉의 배경은 2019년, 강화된 인간의 몸을 가지고, 자아도 가진 AI가 등장하는데 바로 안드로이드인 '룻거하우어' 일행이다. 1993년에 생각한 2019년에는 그 정도 기술에 도달할 것으로 봤는데, 현실은 몸 강화 기술이나 AI 기술이나 모두 아직 한참 멀었다.

<그림27> 영화 '블레이드 러너(Blade Runner)'와 '공각기동대(Ghost in the Shell)'

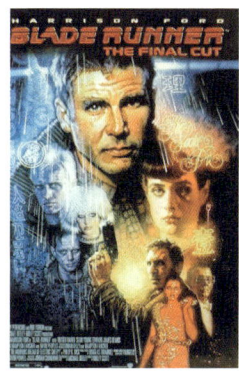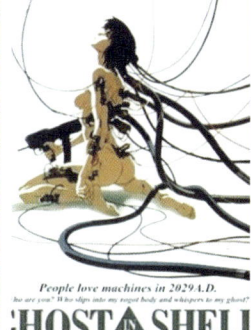

출처: 구글 이미지 검색(Blade Runner, Ghost in the Shell)

〈Ghost in the Shell〉에서 원래의 인간 몸을 유지하는 사람도 있지만, 인공으로 제작한 몸에 사람의 뇌만 이식하여 새로운 인간을 만드는 것도 큰 거부감 없는 사회가 된다. 확실히 '사람의 뇌 = 사람 그 자체'라고 전제한다. 여기에 사람의 뇌가 아닌, 해킹을 통한 또다른 자아가 몸을 차지하면서 보는 사람들에게 인간다움이 무엇인지에 대해 다시 한 번 생각해 보게 한다.

이런 설정을 고려하면, 〈터미네이터6〉에서의 강화인간 그레이스Grace는 너무도 '인간'이다.

AI가 전환점을 넘어서면 스스로 생각하고 자아를 가지게 된다. 바로 〈Her〉이다. 더 발전하면 영화 〈엑스 마키나Ex Machina〉나 영화 〈아이로봇I- Robot〉 처럼 사람을 속이거나 죽이기도 한다. 더 극단으로 가면 〈터미네이터〉나 영화 〈매트릭스Matrix〉의 미래 로봇처럼 사람을 대체하며 지구를 점령하기도 한다.

반대로 사람의 생체는 그대로 두고, 뇌를 PC의 칩이나 메모리처럼 끼우고, 빼고, 기억을 다운로드 받고, 또 올리고… 이런 것에 대한 상상의 결과도 다양한 작품으로 나타난다.

미드 '돌 하우스Doll House'는 의뢰를 받을 때 마다 직업적으로 기억과 경험을 지우고, 고객이 원하는 내용으로 셋업하여 고객과 시간을 보내는 내용이다. 미드 '알터드 카본Altered Carbon' 역시 선정적인 화면의 뒤에는, 기억과 경험을 백업해 두었다가 늙어가는 몸 대신 새로운 몸으로 계속 교체하면서 영생을 꿈꾸는, 다분히 인간다움에 대한 고민이 기저에 깔려 있다.

심지어 영화 '트랜센던스Transcendence'에서는 주인공이 죽자, 그 부인이 미리 백업해둔 남편의 '정신'을 서버에 올리고, 이게 살아서 실제 사람의 생각과 동일하게 사고하고, 행동하며, 문제를 일으킨다.

2. 상상의 극한(eXtreme Imagination)

상상과, 상상을 실제처럼 그럴 듯 하게 보여주는 기술의 발전으로 인해 인간이라는 것의 정의, 경계가 모호해지고 있다. 마치 음지의 뱀파이어 들이 인간으로서의 권리를 주장하면서 양지로 나오는 '트루블러드True Blood'라는 미드처럼, 몸은 로봇이고 뇌는 생체인 경우나, 뇌까지도 백업 받았다가 다시 올리는 경우 안드로이드나 로봇, 인간사이의 구별이 조금씩 헷갈려 지고 있다. 뿐만 아니라 법제도적, 정의와 규제, 반발 등과 맞물리면서 앞으로도 콘텐츠의 단골 소재로 계속 쓰일 것이다.

사람의 몸뚱아리에 기술을 적용하는 것에 대해 분류하면 〈그림 28〉과 같다.

<그림 28> 사람의 몸과 기술

생체	강화 생체	로봇	몸없음
사람의 몸, 미래로 갈수록 운동 많이 해서 아름답고 건강함.	신체의 일부 ~ 대부분을 강화	생체가 아닌 기계로 만들어진 몸. 외형은 사람과 동일할 수도 있음.	별도의 몸은 없이, 지능과 의식이 살아있음.
사람	Terminator 6	엑스 마키나 태권V	뇌만 있고 몸은 없음

출처 : 구글 이미지 검색(영화 '개인의 취향', '터미네이터', '엑소 마키나', '태권 V'등)

사람의 정신이 생체인 뇌에 있다는 전제 하에, 뇌에 대한 기술 적용 여부로 분류하면 <그림 29>와 같다.

<그림29> 생체인 뇌와 기술

자연 뇌	강화 뇌	Programmable
뇌가 생체조직 그대로 살아서 본성을 유지	유전, 약물, 부품에 의해 기존 뇌의 한계 극복	사람의 기억과 경험들을 Backup, Edit, Delete, Upload
Terminator 6	Limitless	Doll House

출처: 구글 이미지 검색(터미네이터, Limitless, Dolll House)

사람의 정신이 뇌를 떠나서도 유지될 수 있는 기술이 전제된, 그래서 다운로드 받을 수도, 올릴 수도 있는 상황을 분류하면 〈그림 30〉과 같다. 뇌에 대한 기술 적용, 몸에 대한 기술 적용을 대표적인 사례들로 분류하면 〈표 7〉과 같다.

<표7> 뇌와 몸 적용 기술에 따른 분류

유형	뇌			몸			
	분류	세분류	생체	강화 생체	로봇	몸없음
생체	자연뇌			T6 : 그레이스	총몽/배틀엔젤 공각기동대 은하철도999 메텔	마루치아라치 : 파란해골 13호
	강화뇌	선천적	Unforgettable			
		약	Limitless, 루시			
		부품	아이보이(영드)			
	Program-mable	Backup & Upload	Altered Carbon - 새몸으로 교체			
		Backup & Edit - Delete & Upload	Doll House - 기존 몸에 뇌 업데이트			
모듈	단순 Appl				키봇	
	Managed AI			블레이드 러너	터미네이터 West World 아이로봇 공각기동대(해킹)	Monolith(자동차) 아이언맨(Javis)
	Independent AI (자의식)		Zoe	블레이드 러너	West World 엑스마키나 아이로봇	Her 블레이드러너 2019 (조이)
	인간 뇌					Transcenence

<그림 30> 생체가 아닌 뇌

Appl	Managed AI	Indedpendent AI	인간 뇌
사람이 용도를 정해서 만든 Appl	사람이 제어가능한 AI	스스로 생각하고 결정하는 AI	모듈이나 캡슐 속에 들어있는 인간의 지식/경험/의지
키봇	Blade Runner	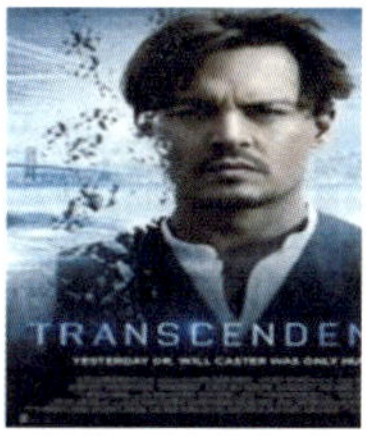	Transcendence

V. 맺음말

IT 기술은 다양한 방법으로 콘텐츠에 대해 꿈을 현실로, 또 현실을 상상 속의 모습으로 만들어 준다. 그 등장 메커니즘은 기술 활성화를 위해서일 수도 있고, 콘텐츠의 비즈니스적 도전에 대한 시장의 선택일 수도 있다.

어느 쪽이든 결국은 사람들의 창의성, 상상력이 우선이다. 이게 뒷받침되어야 콘텐츠가 사람들로부터 외면 당하지 않는다. 특히 기술적 요소, 미래 모습이 들어가는 경우는 반드시 필요하다.

그 체험의 매개는 XR이나 홀로그램을 통해서 일 수도 있고, 새롭게 시도되는 다른 기기와 서비스일 수도 있다.

그리고 사람들의 원초적, 본질적 관심을 유도하는 데 '인간의 존재' 자체를 잘 다루는 것은 충분히 효과적이다. 인간의 존재와 정체성에 대한 기술적인 영역에서의 극한의 도전, 그럴 듯한 해결방안은 늘 흥미를 부른다.

이상 문화콘텐츠와 콘텐츠를 담는 매체, 또는 활용될 수 있는 기술들에 대해 살펴 보았다. 새로워 '보이는' 기술이, 누가 봐도 말이 되는 형태로 콘텐츠 속에 녹아져 있다면 사람들의 흥미를 자극할 것이다. 또 기존의 스토리를 새로운 기술에 담아 콘텐츠의 포장을 바꾸는 것 또한 사람들의 관심을 모을 것이다.

즉, 콘텐츠와 새 기술은 계속 서로 시너지를 낼 수 있는 관계인 만큼, 지속적으로 시도될 것이다. 기술을 빨리 전파하는 방법으로도 좋은 콘텐츠는 필요하기 때문이다.

다행히 우리나라는 ICT 기술 강국에, 문화적으로도 반만년의 뿌리와 신화들, K-pop과 드라마, 예능 등 기반이 튼실하다.

중요한 사항이니 다시 한 번 기억하자.

사람들의 관심, 즉 시간과 대가를 지불하고 소비하게 하는 건 결국 스토리와 상상력이다. 기술은 스토리의 소재가 될 수도 있고, 스토리를 끌고 나가는 도구가 될 수도 있다. 또한 기술이라는 도구를 다루는 자체가 콘텐츠가 될 수도 있다.

이제 〈미래소년 코난〉의 배경인 2028년에는 지구가, 세상이 어떤 모습이 될지 기대하며 기다려본다.

1 나무위키. 'Metaverse' 설명에 나옴
2 네이버 검색. 'Ivan Sutherland'
3 위정현. '실감콘텐츠, 캐즘을 뛰어넘는 비즈니스 모델은 가능한가?'. 2019.12.
4 NHK 엔터프라이즈, 반다이 제작. TV. '전뇌코일'. 2007.
5 tvN. '알함브라 궁전의 추억'. 2018.12

참고문헌

- 대신증권 장기전략리서치부. 'VR/AR 스마트폰 이후의 파괴적 혁신'. 2019.08
- KT 경제경영연구소, '5G의 사회경제적 파급효과 분석'. 2018.07
- KCA, 스마트폰 얼굴 인식 현황 및 전망, 2012
- 디지에코 보고서 동향브리핑, 'Magic Leap, 8년 만에 혼합현실 헤드셋 출시'. 2018.08
- 구글 Image Search, '투명 디스플레이'. 2019.11
- 과기정통부, '무선데이터 트래픽 통계'. 2019.07
- 네이버 검색, 'Ivan Sutherland'. https://terms.naver.com/entry.nhn?docId=3579549&cid=59086&categoryId=59090
- 위정현, '실감콘텐츠, 캐즘을 뛰어넘는 비즈니스 모델은 가능한가?'. 2019.12

저자 소개 - 편집자 주

김상남. 컴퓨터공학과와 문예창작학과 두 개의 학사학위를 가진 독특한 작가. 동국대학교 영상대학원에서 영상시나리오를 전공, 석사 졸업 후 박사를 수료하였다. 거기에다 아름다운 남해의 소도시 통영 출신으로, 아름답지만 거친 환경에서 자란 성장 과정은 저자에게 작가로서의 충분한 자양분이 되었을 것임이 틀림없다. 단아하고 간결한 문체는 지금 이 시대가 원하는 시스템에 더 없이 적합하다. 그러나 그 문체 속 절제된 표현은 오히려 독자에게 그 이상의 진한 감정을 불러일으키는 마법을 가진 '천상 작가'라고 편집자는 말하고 싶다. 스스로는 현재 다양한 매체에서 활동 중인 다다익선형 작가라고 말한다. 오늘보다 내일이 기대되는 이 작가는 본명과 필명으로 웹소설, 애니메이션 등 다양한 작품으로 활약 중에 있다.

김상욱. 1990년 대학 졸업하면서 콘텐츠가 좋아 문화부에 지원했다. 직업상 문화체육관광부의 여러 부서를 거쳤지만 언제나 콘텐츠에 대한 그의 관심은 한결같았다. 재직 중에 호주에서 영화, 라디오, TV스쿨에서 수학하고 미국 인디애나 대학에서 예술경영 석사 학위를 취득했다. 콘텐츠와 예술을 좋아하고 즐기고 연구하고 사랑하는 사람이다. 이 모든 이력에도 불구하고 궁극적으로 그냥 사람을 사랑할 줄 아는 사람이다. 앞으로는 한국의 콘텐츠 산업 발전에 기여할 수 있는 공적인 연구에 더욱 매진할 계획이면서도 언젠가는 모든 짐을 내려놓고 지방 어디쯤에서 전원에서의 삶도 꿈꿔보기도 한다. 저서로는 「문화콘텐츠산업정책과 창조산업」, 「4차 산업시대의 문화콘텐츠산업」이 있다.

김은경. 대학에서 신문방송학을 전공하고 광고 카피라이터로 사회생활을 시작했지만, 격랑의 세월을 항해하다가 닿은 곳은 IT였다. 한국 휴대폰이 유럽시장에 진출할 때 쯤부터 현재까지 UX개발에 참여하고 있으며, 현재는 스마트 기술이 접목된 모든 제품으로 영역이 확장되었다. 친구들이 소방차에 열광할 때 노르웨이 그룹 아-하의 덕후였던 그는, 커서 매우 왕성한 콘텐츠 소비자가 되었다. 고양이같은 호기심으로 모든 예술을 탐닉하며 띵까띵까 늙어가는게 나름의 꿈.

저자 소개 - 편집자 주

김종철. 서울대 산업공학과 학사 및 석사. 뒤이은 대기업에서의 경력은 너무나 당연해 보였다. 우리나라가 IT 강국으로 막 발돋움 하던 시절, 돌아보면 그 시절도 이미 한 분야에서만 뛰어난 천재를 원하던 시절이 아니었다. 그 때 그의 멀티 플레이어의 속성이 발현되지 않았을까. SI(System Integration), 온라인서비스, 게임, 통신회사, 그리고 액셀러레이팅까지 두루 거쳤다.
2000년대 중반, 당시 존폐 위기의 WiFi를 스마트폰과 무선인터넷 시대를 예상하며 오히려 키워보자는 그의 보고서는 수조 원 대 매출에 기여했다는데, 그런 비하인드 스토리를 듣다보면 세계가 부러워하는 우리나라 WiFi 천국이 몇 년은 더 늦어질 수 있었겠다는 생각도 든다. 그런 그도 사실은, 실제 데이터를 이용한 지역 정보 서비스를 제공해 보겠다며 2년 동안 고생만 하다가 결국 입원까지 한 대책없는 '열정보이'이기도 했다. 성공도 하고 실패도 했었지만, 현실에 대한 고찰과 제한 없는 상상을 통해 언제나 새로운 것에 대해 도전하는 인생을 살고 싶었다는 그에게 실패란 다른 의미의 도전이었으리라.
지금, 다시, '보이스 콘텐츠 플랫폼'이라는 새로운 도전에 나선 CEO 김종철에게 무한한 응원을 보낸다.

노창현. 학부는 철학을, 석사는 MBA를, 박사는 문화예술학을 운좋게도 같은 학교에서 마쳤다. 2006년, 공연콘텐츠 제작사인 미디어코드를 설립, 운영 중이며 건국대 대학원 공연예술경영 전공에서 겸임교수로 강의하고 있다. 이런 스펙트럼 넓은 이력만 보아도 그의 인문학에 대한 폭넓은 관심과 이해도 짐작이 가지만, 인간 노창현은 평생 친구하고 싶은, 누구나 좋아할 수 밖에 없는 사람이다. 즐겁고 유쾌하고 센스가 넘친다. 유머속에 겸손함을 감춘, 내심 내 편일때 든든한 사람이다.
콘텐츠문화학회, 미디어콘텐츠학회, 한국멀티미디어학회 이사로 활동 중인 노창현은 학계와 업계의 간극을 몸으로 느끼며 살고 있다 말한다.

저자 소개 - 편집자 주

신상기. 친구따라 들어간 mbc에서 적응못해 미국유학을 준비했지만 막상 간 곳은 일본. 일본 유학길에선 본인 말로 운좋게 오사카 예술대학 대학원에 입학하며 영화감독을 꿈꿨으나 자신에겐 재능이 없음을 일찌감치 깨달았다 한다. 귀국 후 다시 방송 제작에 매달리던 중 다시 대학원에 진학, 머리가 하얘지도록 연구에 매달려 박사학위를 받았지만 탈모도 함께 얻었다.
이 후 교수로 재직 중 다시금 큰 뜻이 있어 백수로 돌아왔다.
대표작은 「네 바퀴의 행복」(한국방송통신전파진흥원, 2016 방송프로그램 제작지원사업 글로벌다큐멘터리부문 선정), 「불가살이」(2014 방송프로그램 제작지원사업 뉴미디어영화부문 선정) 외 다수 공중파 프로그램 제작.

윤석진. 연세대에서 행정학을 전공한 그의, 반듯하고도 화려한 이력 끝에 조금은 뜬금없는 경력 등장은 매우 흥미를 가지게 되는 지점이었다. 서울시정개발연구원에서의 도시기본계획 프로젝트와 이후 증권회사에서의 이력 뒤에 바로 이어지는 엔터테인먼트와 음악 스튜디오 창업같은 것 말이다. 2020년 6월 현재, 그의 카톡 프로필엔 "정말 하고 싶은데 너무 하기 싫어."라고, 자유로운 영혼의 냄새가 뿜뿜나는 자기 소개로 미루어 보아, 무언가 뜻한 바가 있었을 것이다. 다만 편집자가 느끼는 그는, 부드러운 외피속엔 매우 단단하고 치열한 자아가 있다. 현재 진행형인 그의 흥미로운 여행이 어디에 다다를지 편집자는 주욱 지켜보고 싶다.

이관준. All That Performance의 대표. 2014년 아시아 최초의 홀로그램 뮤지컬 〈카르마:운명의 랩소디〉로 중국 시장에 진출한 이후, 홀로그램과 같은 증강현실 IT기술을 공연예술에 접목해 온 선두주자이다. 단순히 한 순간의 화려한 퍼포먼스에 그치지 않고 관객들이 스토리에 더욱 몰입할 수 있는 콘텐츠 융·복합 테크놀로지에 있어 독보적인 존재이다. K-pop에 보이그룹 NCT(Neo Culture Technology)가 있다면, 그야말로 공연계의 NCT는 당연히 'All That Performance'라 자신있게 말할 수 있다. 적지 않은 시간을 매진하며 지금의 수준을 이뤄내고 해외에서 먼저 인정받았던 이관준 대표는 앞으로의 기대가 더 크기 때문이다.
대표작으로는 「아리랑 '흙의 노래」, 「카르마 : 운명의 랩소디 」 등이 있다.

저자 소개 - 편집자 주

한상기. 닌텐도 마니아이자 마리오 마니아로 살아가는 열혈 게이머. 게임덕후답게 장르 가리지 않고 다양한 게임을 잡식하다가 게임이 좋아 게임업계에서 일하게 되었고, 게임 시나리오를 연구하고 싶어 동국대학교 영상대학원 문화콘텐츠학과에서 시나리오를 전공했다. 수료 후 다시 게임업계로 컴백하여 (주)넥슨 코리아에서 근무했다. 현재는 (주)카카오 게임즈의 자회사인 (주)엑스엘 게임즈에 재직 중이다. 열혈 게이머이자 개발자이지만, K-pop이나 드라마, 뮤지컬, 영화에도 폭넓은 관심을 가지고 있는 미래의 스토리텔러이기도 하다. 앞으로 게임산업을 이끌 젊은 피 한상기, 그의 행보를 눈여겨 보고 싶다.

한승원. 현재 예술과 문화로 즐거운 일상의 삶을 만들어가는 문화콘텐츠 전문그룹 HJ컬쳐의 대표. 누구나 아는 예술가지만 그들의 알려지지 않은 삶과 인간적인 내면을 재조명한 기획이 돋보이는 작품을 여럿 발표하여, 국내외 두터운 마니아층을 형성한 창작 그룹을 이끌고 있다. 단국대 연극영화과 재학 시절부터 뮤지컬 창작을 꿈꾸던 저자는 한국 창작뮤지컬계의 보석같은 존재로서, 대표작으로는 〈빈센트 반 고흐〉, 〈파리넬리〉, 〈라흐마니노프〉, 〈살리에르〉, 〈리틀잭〉 〈세종, 1446〉, 〈더 픽션〉등이 있으며 그 외 10여 편의 작품을 제작하였다. '더 뮤지컬 어워즈' 올해의 창작 뮤지컬상, '예그린 어워드' 극본상 등 유수의 뮤지컬 시상식에서 수상하였으며, 키즈 콘텐츠와 미래 창작인력을 육성하는 아카데미 사업까지 국내 뮤지컬 산업의 발전을 위해 노력을 아끼지 않고 있다.